Lukas Harich

113/2000
Univ.-Prof. Dr. Anton Meyer
Institut für Marketing
Ludwig-Maximilians-Universität München
Ludwigstr. 28 RG
80539 München

Die Einheit der Gesellschaftswissenschaften

Studien in den Grenzbereichen der Wirtschafts- und Sozialwissenschaften

Band 102

Begründet von

ERIK BOETTCHER

Unter der Mitwirkung von

HANS ALBERT · GERD FLEISCHMANN · DIETER FREY · CHRISTIAN KIRCHNER
ARNOLD PICOT · VIKTOR VANBERG · CHRISTIAN WATRIN · EBERHARD WITTE

herausgegeben von

KARL HOMANN

Strategie und Struktur

Eine Re-Analyse empirischer
Befunde und Nicht-Befunde

von

Gerhard Schewe

Mohr Siebeck

Gedruckt mit Unterstützung der Deutschen Forschungsgemeinschaft.

Die Deutsche Bibliothek – CIP-Einheitsaufnahme

Schewe, Gerhard:
Strategie und Struktur : eine Re-Analyse empirischer Befunde und Nicht-Befunde / von Gerhard Schewe. – Tübingen : Mohr Siebeck, 1998
   (Die Einheit der Gesellschaftswissenschaften ; Bd. 102)
   ISBN 3-16-146920-8

1998   J.C.B. Mohr (Paul Siebeck) Tübingen.

Das Werk einschließlich aller seiner Teile ist urheberrechtlich geschützt. Jede Verwertung außerhalb der engen Grenzen des Urheberrechtsgesetzes ist ohne Zustimmung des Verlags unzulässig und strafbar. Das gilt insbesondere für Vervielfältigungen, Übersetzungen, Mikroverfilmungen und die Einspeicherung und Verarbeitung in elektronischen Systemen.

Das Buch wurde belichtet aus der Times-Antiqua von Computersatz Staiger in Pfäffingen, gedruckt von der Druckerei Gulde in Tübingen auf archivfähigem Werkdruckpapier der Papierfabrik Weissenstein in Pforzheim. Den Einband besorgte die Großbuchbinderei Heinr. Koch in Tübingen nach einem Entwurf von Uli Gleis in Tübingen.

ISSN 0424-6985

Geleitwort

Nach etwa 30 Jahren empirischer Forschung in der Betriebswirtschaftslehre mehren sich Publikationen, die die vielfältigen Forschungsergebnisse zusammenfassend würdigen und auf den gesicherten Bestand an Wissen reduzieren. Üblicherweise werden dabei lediglich große Listen von einzelnen Untersuchungen vorgelegt, in denen die wichtigsten Befunde verbal erläutert sind und einzelne Angaben zur Testtechnik und zur Stichprobengröße auftauchen. Kennzeichen dieser kompilierenden Studien ist es aber, daß die Originär-Studien unkritisch und ungewichtet in die Darstellung übernommen werden. In einzelnen Fällen kommt es zu echten Meta-Analysen, die die vielen Einzelbefunde quantifizierend zusammenfassen.

Dabei neigt die scientific community dazu, positive Befunde wesentlich höher zu schätzen als Falsifikationen oder Nicht-Befunde, das sind Befunde, die die Signifikanzschwelle nicht erreichen. Der so ermittelte Wissensbestand gibt damit die Forschung unzutreffend wieder. Hier setzt die erste, die methodische Absicht Schewes an. Er will ein Instrument entwickeln, das wie ein Filter die Forschungsartefakte entlarvt. Er will zudem die vielfältigen Nicht-Befunde systematisch auswerten. Naturgemäß kann er dann auch die metaanalytische Würdigung der positiven, uneingeschränkt akzeptierten, nicht als Artefakte entlarvten Befunde vornehmen. Diese dreifache Funktion – Qualitätsfilter, Nicht-Befund-Analyse, Meta-Analyse – bezeichnet er zusammenfassend als Re-Analyse.

Schewe geht aber weit über diese methodische Absicht hinaus, indem er die Anwendung dieser Re-Analyse auf ein traditionsreiches Beispiel der Organisationsforschung zeigt, auf den Zusammenhang von Strategie und Struktur. Auch hier kann er nicht einfach anfangen, denn zunächst ist es nötig, theoretisch zu differenzieren, was die Vielfalt der empirischen Untersuchungen unter Strategie und unter Organisationsstruktur verstanden hat. Die zweite, die theoretische Absicht der vorliegenden Arbeit besteht darin, die Dimensionen der Strategie und der Struktur in einem vieldimensionalen morphologischen Raster einzufangen, und die unterschiedlichen Beziehungen zwischen ihnen theoretisch zu entwickeln.

Die dritte, die empirische Absicht Schewes besteht darin, das Verfahren der Re-Analyse auf die vorliegenden empirischen Untersuchungen anzuwenden, in denen der Zusammenhang von Strategie und Struktur zentral oder am Rande beleuchtet wird. In dieser Bestandsaufnahme des Standes der Forschung und in der neuartigen Verdichtung dieses Wissensstandes liegt die dritte Leistung der vorliegenden Schrift.

Diese Untersuchung liefert einen hervorragenden Beitrag zur Entwicklung unseres Faches. Dieser Beitrag ist sowohl ein methodischer als auch ein inhaltlicher. Es werden Maßstäbe für die metaanalytische Aufarbeitung empirischer Untersuchungen gesetzt.

Kiel, im Januar 1998   Jürgen Hauschildt

Vorwort

Die Wahl und Umsetzung einer erfolgsversprechenden Unternehmungsstrategie wie auch die Entwicklung effizienter organisatorischer Unternehmungsstrukturen stehen immer wieder im Zentrum unternehmerischer Führungsentscheidungen. Bereits im Jahre 1962 zeigte Alfred Chandler am Beispiel der Entwicklung der Unternehmungen DU PONT, GENERAL MOTORS, STANDARD OIL COMPANY OF NEW JERSEY und SEARS, ROEBUCK & COMPANY, daß die Entscheidung der Wahl einer Unternehmungsstrategie bzw. der Wahl einer bestimmten Organisationsstruktur nicht unabhängig voneinander zu treffen sind. Die Strategie der Unternehmung führt zur Wahl einer ihr angepaßten Organisationsstruktur. Am Beispiel der DAIMLER BENZ AG sei dies verdeutlicht. In den siebziger und achtziger Jahren führte die strategische Ausrichtung zu einer ausschließlichen Konzentration auf das Automobilgeschäft. Die gewählte Organisationsstruktur war eine Funktionalstruktur. Die Zentralisierung der betrieblichen Funktionen ermöglichte die Realisierung spezifischer Organisationsvorteile bei einem vergleichsweise homogenen Produktprogramm wie z.B. die Nutzung von Größenvorteilen. Ganz anders das Bild in den neunziger Jahren: Die strategische Ausrichtung als Technologiekonzern führte zu einem wesentlich heterogeneren Produktprogramm. Konsequenterweise änderte sich auch die Organisationsstruktur. Im Zuge einer Management-Holding-Organisation kam es zu einer weitgehenden Eigenständigkeit der einzelnen Geschäftsbereiche.

Die betriebswirtschaftliche Forschung hat sich seit 1962, sowohl in theoretischer als auch in empirischer Hinsicht, sehr intensiv mit der Beziehung von Unternehmungsstrategie und Organisationsstruktur beschäftigt. Man könnte insofern vermuten, daß mittlerweile zum Zusammenhang von Unternehmungsstrategie und Organisationsstruktur ein gesicherter Wissensstand vorliegt und sich folglich weitere Forschungsanstrengungen erübrigen. Bei genauer Betrachtung zeigt sich jedoch, daß oftmals nur ein ganz bestimmter Aspekt der Unternehmungsstrategie wie auch der Organisationsstruktur analysiert wird. Es ist dies die Strategie der Diversifikation und die sich daraus ergebenden Konsequenzen für die zu wählende Spezialisierungsform.

Werden hingegen andere strategische Optionen wie auch andere strukturelle Komponenten betrachtet, so zeigen insbesondere die empirischen Ergebnisse, daß die Chandler'sche These »structure follows strategy« nur eingeschränkt zu gelten scheint.

Vor diesem Hintergrund ist die Konzeption der vorliegenden Arbeit zu sehen. Es soll untersucht werden, welches Bild eine studienübergreifende Analyse bei über 700 Zusammenhangsmaßen von der Beziehung Unternehmungsstrategie und Organisationsstruktur zeichnet. Die Besonderheit dieser Untersuchung liegt in der gewählten Analysetechnik. Es wird nicht nur der jeweils berechnete statistische Kennwert betrachtet, sondern darüber hinaus auch die Frage, ob dieser als Befund oder als Nicht-Befund zu klassifizieren ist, d.h. ob er die Gütekriterien eines statistischen Signifikanztests verletzt oder einhält. Das Hauptaugenmerk der Untersuchung gilt dabei den Nicht-Befunden, da es sich gezeigt hat, daß »nicht signifikante« Ergebnisse in der Literatur wesentlich weniger Beachtung finden als »signifikante«. Man kann insofern vermuten, daß die systematische Analyse publizierter aber höchstwahrscheinlich inhaltlich nur unzureichend gewürdigter Nicht-Befunde zu zusätzlichen Erkenntnisgewinnen führt.

Mit seiner Aufforderung »(...) man müsse den Kohlenkeller empirischer Forschung einmal aufräumen« gab mein akademischer Lehrer Herr Prof. Dr. Dr. h.c. Jürgen Hauschildt den Anstoß zur vorliegenden Arbeit. Es ist mir an dieser Stelle ein besonderes Anliegen, ihm für seine immerwährende und tatkräftige Unterstützung und Förderung ganz herzlich zu danken, ohne die diese Arbeit nicht möglich gewesen wäre. Unter seiner Betreuung wurde sie in einer modifizierten Fassung als Habilitationsschrift von der Wirtschafts- und Sozialwissenschaftlichen Fakultät der Christian-Albrechts-Universität zu Kiel angenommen. Für die Übernahme des Zweitgutachtens gebührt mein Dank Herrn Prof. Dr. Sönke Albers.

Eine solche Arbeit läßt sich nur mit Hilfe vieler fleißiger Hände fertigstellen. In diesem Zusammenhang sei besonders Herrn Sebastian Kleist, Herrn Harro Pahl und Herrn Tim Stübinger gedankt.

Schließlich und nicht minder nachhaltig gilt der Dank auch meiner Familie. Ohne ihre tatkräftige Unterstützung wäre die Arbeit in der vorliegenden Form sicherlich nicht entstanden.

Altenholz, im Januar 1998   Gerhard Schewe

Inhaltsverzeichnis

Geleitwort.................................... V
Vorwort...................................... VII
Abbildungsverzeichnis......................... XV
Tabellenverzeichnis........................... XVI

1. Teil
Das Problem:
Die Re-Analyse empirischer Forschungsergebnisse zum Strategie-Struktur-Zusammenhang   1

A. Die Beziehung von Strategie und Struktur 2
B. Die Re-Analyse empirischer Forschungsarbeiten 9
C. Die gewählte Vorgehensweise der Untersuchung........... 12

2. Teil
Der Zusammenhang von Strategie und Struktur in der Organisationsforschung   15

A. Die Strategie aus der Perspektive einer Betriebswirtschaft .. 16
   I. Aspekte strategischen Begriffsverständnisses 20
      a. Die Rolle der Interaktion im Strategieverständnis........... 20
      b. Die zeitliche Perspektive im Strategieverständnis........... 21
      c. Der Phasenbezug im Strategieverständnis 22
      d. Die Bewußtseinskomponente im Strategieverständnis 25
   II. Inhalte betrieblicher Strategien 26
      a. Strategien und ihr organisatorischer Geltungsbereich 26

    b. Strategie als Instrument zur Bestimmung der Art des
Ressourceneinsatzes 29
    c. Strategie als Instrument zur Gestaltung der Umweltabhängigkeit   30
    d. Strategie als Ausdruck einer Grundhaltung der Unternehmung .. 33
    e. Strategie als Instrument zur Erlangung von Wettbewerbsvorteilen 35
    f. Strategie zur Festlegung von Produkt und Markt 36

B. Die Organisationsstruktur aus der Perspektive einer Betriebswirtschaft 40

I. Organisationsstruktur als Ergebnis formaler Regelungskomponenten 40

    a. Das Zusammenwirken von Spezialisierung und Koordination ... 42
    b. Die Konfiguration als Ergebnis mehrstufiger Spezialisierung und hierarchischer Koordination 43
    c. Der Grad der Entscheidungszentralisation als Ergebnis der Verteilung von Entscheidungsbefugnissen 45
    d. Der Grad der Formalisierung und Standardisierung organisations-struktureller Regelungen 46
    e. Die Bildung von Organisationsstrukturtypen als Kombination von Spezialisierung und Koordination 47

II. Organisationsstruktur und die Berücksichtigung nicht formaler Aspekte 50

III. Zusammenfassende Systematisierung organisations- struktureller Komponenten 51

C. Der Zusammenhang von Strategie und Struktur in seiner theoretischen Begründung 53

I. Der strategische Imperativ: Die Organisationsstruktur als Konsequenz strategischer Entscheidungen 55

    a. Die »Struktur-Folge-Hypothese« 56
    b. Die »Strategische-Wahl-Hypothese« 62
        1. Strategie als Wahlakt der Unternehmungsleitung 63
        2. Die Unternehmungsumwelt als Erklärung für die eingeschränkte Wahlfreiheit 65
        3. Das Entscheidungsverhalten als Erklärung der Wahl von Strategie und Struktur 67
        4. Konsequenzen für die »Struktur-Folge-Hypothese« 68

II. Der Zwang zum Fit von Strategie und Struktur 69

Inhaltsverzeichnis XI

    a. Die »Fit-Hypothese« von Strategie und Struktur unter
       Vernachlässigung des Zweck-Mittel-Bezuges............... 71
      1. Ein grundlegender Modellansatz..................... 71
      2. Ergänzende Überlegungen zum Strategie-Struktur-Fit...... 73
    b. Die »Fit-Hypothese« von Strategie und Struktur
       unter Beibehaltung des Zweck-Mittel-Bezuges 75

III. Der strukturelle Imperativ:
    Die Organisationsstruktur als Bestimmungsfaktor
    strategischer Entscheidungen 78
    a. Die »Strategie-Folge-Hypothese« in ihrer Konkretisierung
       als »Informations-Filter-Hypothese«..................... 79
    b. Die »Strategie-Folge-Hypothese« in ihrer Konkretisierung
       als »Fähigkeitsstruktur-Hypothese«...................... 82
    c. Die »Strategie-Folge-Hypothese« in ihrer Konkretisierung
       als »Prozeßstruktur-Hypothese« 84

IV. Der interdependente Zusammenhang von Strategie
    und Struktur...................................... 87
    a. Die »Zeitliche-Segregations-Hypothese«.................. 88
    b. Die »Strukturelle-Segregations-Hypothese«................ 89
    c. Die »Strategische-Segregations-Hypothese« 91

V. Der fehlende direkte Zusammenhang von Strategie
    und Struktur...................................... 94

VI. Zusammenfassung der Hypothesen zum Strategie-Struktur-
    Zusammenhang.................................... 95

3. Teil

Die Nicht-Befund-Analyse und das gewählte Analysedesign   99

A. Die Nicht-Befund-Analyse als Re-Analyse-Konzept 101

  I. Begriff des »Nicht-Befundes« in der empirischen Forschung . 101
    a. Der Nicht-Befund als Konsequenz des Überschreitens
       eines kritischen α-Fehlers........................... 101
    b. Der Nicht-Befund als Konsequenz des Unterschreitens
       eines kritischen β-Fehlers........................... 103
    c. Der Nicht-Befund als Konsequenz des Unterschreitens
       einer kritischen Effektstärke 105

II. Beweggründe für die Analyse von Nicht-Befunden 106

a. Die Analyse von Nicht-Befunden als Konsequenz des Publikations- und Forschungsverhaltens 107
b. Die Analyse von Nicht-Befunden als Konsequenz der Kritik an der Durchführung von Signifikanzprüfungen 108
c. Die Analyse von Nicht-Befunden als Konsequenz des Auftretens von Forschungsartefakten 109

III. Konzeption der Nicht-Befund-Analyse 111

a. Die Nicht-Befund-Analyse im Überblick 111
b. Modul A: »Hypothesentest« 113
c. Modul B: »Merkmalskonstrukt« 115
d. Modul C: »Ergebnis eines Hypothesentests« 118
e. Modul D: »Nicht-Befund im weiteren Sinne« 122
f. Modul E: »Nicht-Befund im engeren Sinne« 124
g. Modul F: »Metaanalyse« 127

B. Die Charakteristika der Re-Analyse-Stichprobe 133

I. Auswahl der Stichprobe 133

II. Codierung der Strategie-Struktur-Effekte in der Re-Analyse-Stichprobe 135

III. Prüfung der einzubeziehenden Effekte im Rahmen der Nicht-Befund-Analyse 137

a. Notwendigkeit des Ausschlusses von Effekten 137
   1. Problematische Aspekte der Datenerhebung 137
   2. Problematische Aspekte der Datenauswertung 139
   3. Problematische Aspekte aufgrund fehlender Daten 143
b. Klassifikation eines Effektes 144
   1. Bestimmung einer Mindesteffektstärke 144
   2. Recodierung der Klassifikation eines Effektes 147
   3. Recodierung der Richtung eines Effektes 147
c. Abschätzung des »file-drawer« Problems 148
d. Konsequenz der Anwendung der Nicht-Befund-Analyse für die Re-Analyse-Stichprobe 149

IV. Verteilung der untersuchten Strategie-Struktur-Zusammenhänge 151

4. Teil
Prüfung eines Hypothesensystems zum Strategie-Struktur-Zusammenhang 157

A. Überlegungen zur allgemeinen Vorgehensweise 158
   I. Aufbau des zu prüfenden Hypothesensystems 158
   II. Ablauf der Hypothesenprüfung 160

B. Die Prüfung der Abhängigkeitshypothesen 163
   I. Zum Verhältnis von Abhängigkeitsbeziehung und korrelativer Effektstärke 163
      a. Das Problem der Analyse von Abhängigkeitsbeziehungen 163
      b. Die Vorgehensweise bei der Prüfung von Abhängigkeitshypothesen 165
   II. Prüfung der Hypothesen zum strategischen Imperativ 167
      a. Die Struktur-Folge-Hypothese 167
         1. In Abhängigkeit vom Strategieverständnis 167
         2. In Abhängigkeit vom Strategieinhalt 170
         3. Die Analyse möglicher Moderatoreneinflüsse 173
      b. Die Strategische-Wahl-Hypothese 174
   III. Prüfung der Hypothesen zum strukturellen Imperativ 177
      a. Allgemeine Ergebnisse der Prüfung 177
      b. Die Informations-Filter-Hypothese 180
      c. Die Fähigkeitsstruktur-Hypothese 181
      d. Die Prozeßstruktur-Hypothese 184
   IV. Prüfung der Hypothesen zur Strategie-Struktur-Interdependenz 186
      a. Die Strukturelle-Segregations-Hypothese 187
      b. Die Strategische-Segregations-Hypothese 189
   V. Richtung und Stärke der Abhängigkeit 192

C. Die Prüfung der Fit-Hypothesen 195
   I. Allgemeine Überlegungen zur Hypothesenprüfung 195
      a. Zur Prüfung der Fit-Annahme 195
      b. Zur Strenge des hypothetischen Schlusses 196

II. Re-Analyse-Ergebnisse zum Zusammenhang
von Strategie und Struktur 198
    a. Die Ergebnisse der Befund-/Nicht-Befund-Klassifikation 198
    b. Die Ergebnisse der quantitativen Metaanalyse 202

III. Re-Analyse-Ergebnisse zum Zusammenhang von Strategie
und Struktur unter Berücksichtigung moderierender
Variablen 211
    a. Die Identifikation moderierender Variablen 211
    b. Der Strategie-Struktur-Zusammenhang unter Berücksichtigung
des Einflusses der Variablen »Forschungsfokus« 212

IV. Prüfung der Fit-Hypothese 1 220

D. Die Prüfung der Unabhängigkeits-Hypothese 229

5. Teil

Zusammenfassung und Ausblick   235

A. Methodische Konsequenzen für die Re-Analyse
empirischer Forschungsarbeiten 236

B. Zusammenfassende Beurteilung der Beziehung
von Strategie und Struktur 240

    I. Der Zusammenhang von Strategie und Struktur 240
        a. Die Vorgehensweise der Analyse 240
        b. Die Ergebnisse der Hypothesenprüfung 244

    II. Praxeologische Konsequenzen der Re-Analyse-
Ergebnisse zum Strategie-Struktur-Zusammenhang 245
        a. Der Einfluß der Strukturkomponente 245
        b. Die Abhängigkeit der Strukturkomponente 247
        c. Das Zueinanderpassen von Strategie und Struktur 247
        d. Die Unabhängigkeit von Strategie und Struktur 248

Literaturverzeichnis 251
Sachregister 275

Abbildungsverzeichnis

2.1:	Systematik zur Analyse des Strategiebegriffs	19
2.2:	Die unterschiedliche Ausgestaltung des Strategie-Struktur-Zusammenhangs	55
2.3:	Strategie und Struktur im evolutorischen Prozeß	59
2.4:	Die Aufnahme von Rückbeziehungen in das Strategie-Struktur-Modell	61
2.5:	Filterfunktion der Organisationsstruktur bei der Strategieentwicklung	81
3.1:	Befund-/Nicht-Befund-Klassifikation bei Berücksichtigung der β-Fehlerwahrscheinlichkeit	104
3.2:	Modularer Aufbau der Nicht-Befund-Analyse	112
3.3:	Modul A: »Hypothesentest«	114
3.4:	Modul B: »Merkmalskonstrukt«	117
3.5:	Modul C: »Ergebnis eines Hypothesentests«	119
3.6:	Modul D: »Nicht-Befund im weiteren Sinne«	123
3.7:	Modul E: »Nicht-Befund im engeren Sinne«	125
3.8:	Modul F: »Metaanalyse«	128
3.9:	Einfluß des Nicht-Befund-Algorithmus auf die Wahl der Re-Analyse-Stichprobe	150
4.1:	Hierarchie der Hypothesen zum Strategie-Struktur-Zusammenhang	159
4.2:	Klassifikationsschema zur Beurteilung des Einflusses der Moderatorvariable »Forschungsfokus«	214

Tabellenverzeichnis

2.1:	Hypothesen zum Strategie-Struktur-Zusammenhang	96
3.1:	Ausgewählte Probleme im statistischen/empirischen Design	138
3.2:	Ausschluß empirischer Ergebnisse von der Befund-/Nicht-Befundklassifikation	142
3.3:	Ausschluß empirischer Ergebnisse von der quantitativen Metaanalyse	144
3.4:	Verteilung der einbezogenen Zusammenhänge der Strukturmerkmale mit den Dimensionen des Strategieverständnisses	152
3.5:	Verteilung der einbezogenen Zusammenhänge der Strukturmerkmale mit den Dimensionen des Strategieinhalts	154
4.1:	Befund-Anzahl und Befund-Anteil der Effekte, bei denen der Einfluß der Strategievariablen (Verständnis) auf die Strukturvariablen untersucht wurde	168
4.2:	Befund-Anzahl und Befund-Anteil der Effekte, bei denen der Einfluß der Strategievariablen (Inhalt) auf die Strukturvariablen untersucht wurde	171
4.3:	Befund-Anzahl und Befund-Anteil der Effekte, bei denen der Einfluß der Strukturvariablen auf die Strategievariablen (Verständnis und Inhalt) untersucht wurde	178
4.4:	Korrigierte Korrelation und Befund-Anteil der Zusammenhänge der Strategiemerkmale mit den Strukturmerkmalen unter Berücksichtigung der Abhängigkeit der Strukturmerkmale von den Strategiemerkmalen	193
4.5:	Verteilung der Befund-/Nicht-Befund-Klassifikation der einbezogenen Effekte der Strukturmerkmale mit den Dimensionen des Strategieverständnisses	199
4.6:	Verteilung der Befund-/Nicht-Befund-Klassifikation der einbezogenen Effekte der Strukturmerkmale mit den Dimensionen des Strategieinhalts	200

Tabellenverzeichnis

4.7:	Korrigierte Korrelation und Varianz der Zusammenhänge der Strukturmerkmale mit den Dimensionen des Strategieverständnisses	203
4.8:	Strategie-Struktur-Kombinationen, bei denen Ergebnisse der Befund-/Nicht-Befund-Klassifikation und der quantitativen Metaanalyse auseinanderfallen	205
4.9:	Korrigierte Korrelation und Varianz der Zusammenhänge der Strukturmerkmale mit den Dimensionen des Strategieinhalts	207
4.10:	Strategie-Struktur-Kombinationen, bei denen die Ergebnisse der Befund-/Nicht-Befund-Klassifikation und der qualitativen Metaanalyse auseinanderfallen	210
4.11:	Korrigierte Korrelation und Befund-Anteil der Zusammenhänge der Strukturmerkmale mit den Dimensionen des Strategieverständnisses unter Berücksichtigung der Moderatorvariable »Forschungsfokus«	216
4.12:	Ergebnisse der Re-Analyse der Zusammenhänge der Strukturmerkmale mit den Dimensionen des Strategieverständnisses unter Berücksichtigung der Moderatorvariable »Forschungsfokus«	217
4.13:	Korrigierte Korrelation und Befund-Anteil der Zusammenhänge der Strukturmerkmale mit den Dimensionen des Strategieinhalts unter Berücksichtigung der Moderatorvariable »Forschungsfokus«	218
4.14:	Ergebnisse der Re-Analyse der Zusammenhänge der Strukturmerkmale mit den Dimensionen des Strategieinhalts unter Berücksichtigung der Moderatorvariable »Forschungsfokus«	219
4.15:	Generalisierende Ergebnisse der Re-Analyse der Zusammenhänge der Strukturmerkmale mit den Dimensionen des Strategieverständnisses	222
4.16:	Generalisierende Ergebnisse der Re-Analyse der Zusammenhänge der Strukturmerkmale mit den Dimensionen des Strategieinhalts	226

1. Teil

Das Problem:
Die Re-Analyse empirischer Forschungsergebnisse zum Strategie-Struktur-Zusammenhang

A. Die Beziehung von Strategie und Struktur

Die Analyse der Beziehung von Strategie (Unternehmungsstrategie) und Struktur (Organisationsstruktur) in der betriebswirtschaftlichen Forschung wurde maßgeblich durch die noch heute sehr populäre Arbeit Alfred Chandlers[1] geprägt. Dessen zentrale These: »structure follows strategy« fand vielfältige Beachtung und war Ausgangspunkt für eine große Zahl weiterführender theoretischer und empirischer Arbeiten. Auf Basis von Einzelfallstudien bei vier amerikanischen Großunternehmungen (Du Pont, General Motors, Standard Oil Company of New Jersey und Sears, Roebuck and Company) postulierte Chandler: »The thesis (...) is then that structure follows strategy and that the most complex type of structure is the result of the concentration on several basic strategies. Expansation of volume led to the creation of an administrative office to handle one function in one local area. Growth through geographical dispersion brought the need for a departmental structure and headquarters to administer several local field units. The decision to expand into new types of functions called for the building of a central office and a multidepartmental structure, while the developing of new lines of products or continued growth for a national or international structure with a general office to administer the different divisions.«[2]

Die vergleichsweise lange Tradition, die die Forschung zum Strategie-Struktur-Zusammenhang mittlerweile besitzt, aber insbesondere auch die vielfältigen empirischen Untersuchungen, die sich diesem Thema gewidmet haben, könnten vermuten lassen, daß hinsichtlich der Beziehung von Strategie und Struktur inzwischen gesicherte Erkenntnisse vorliegen und weitere Forschungsanstrengungen insofern nicht mehr notwendig sind. Offenbar ist jedoch eine solche Schlußfolgerung nicht zulässig, da bei vielen Studien zum Strategie-Struktur-Zusammenhang die dort entwickelten »Implikationen für zukünftige Forschung« noch Defizite feststellen. Zu weitergehenden Forschungsbemühungen wird aufgerufen. Selbst Veröffentlichungen

---

[1] Vgl. Chandler (1962), dessen Werk 1984 in der 13. Auflage erschienen ist.
[2] Chandler (1962) S. 14.

A. Die Beziehung von Strategie und Struktur

der achtziger und neunziger Jahre sind in ihrer Argumentation eher zurückhaltend. Ein Indiz hierfür ist das Attribut »explorativ«, das vielfach bei der Charakterisierung der eigenen empirischen Untersuchung zum Strategie-Struktur-Zusammenhang Verwendung findet.[3]

Diese doch überraschenden Aussagen sind sicher nicht nur mit der »Bescheidenheit« der Forscher im Hinblick auf die Gültigkeit der von ihnen vorgelegten Ergebnisse zu erklären. Sie sind auch Ausdruck einer enormen Vielfalt und Heterogenität der Ergebnisse, wie sie sich in Untersuchungen zum Strategie-Struktur-Zusammenhang zeigen. Postulierte Chandler noch die Abhängigkeit der Struktur von der Strategie, zumindest soweit es sich um die Beziehung einer Diversifikationsstrategie und die Hinwendung zu einer divisionalen Organisationsstruktur handelt, so wird diese These nicht immer geteilt.[4] Für Gabele z.B. steht nicht mehr das Abhängigkeitsverhältnis von Strategie und Struktur im Mittelpunkt seiner Überlegungen, sondern vielmehr der Zwang zum Zueinanderpassen von Strategie und Struktur, will eine Unternehmung ihre Erfolgszielsetzung verwirklichen.[5] Noch einen Schritt weiter gehen Hall und Saias, die eine Abhängigkeit der Strategie-Entscheidung von der gewählten Organisationsstruktur unterstellen.[6]

Die zum Teil sehr unterschiedlichen Ergebnisse zum Strategie-Struktur-Zusammenhang sowie die Defizite, die diesem Forschungsgegenstand sowohl theoretischer als auch in empirischer Hinsicht bescheinigt werden, sind der Ausgangspunkt für die vorliegende Untersuchung.

Wenn wir mit unserer Arbeit dazu beitragen wollen, derartige Defizite zu verringern, dann wirft eine solche Zielsetzung zwangsläufig die Frage auf, wie in einem Forschungsgebiet, welches seit über 30 Jahren bearbeitet wird und welches eine Vielzahl von Einzelstudien hervorgebracht hat, noch ein geeigneter, weiterführender Beitrag geleistet werden kann.

In Anbetracht der Vielfalt der Untersuchungen und der Heterogenität der Einzelergebnisse erscheint uns eine Re-Analyse der bisher vorgelegten empirischen Ergebnisse zum Strategie-Struktur-Zusammenhang ein erfolgversprechender Weg zu sein. Unter einer *Re-Analyse* wollen wir dabei eine Vorgehensweise verstehen, deren Ziel es ist, die Vielzahl der bisher vorgelegten empirischen Forschungsergebnisse zu verdichten und integrativ zu analy-

---

[3] Vgl. z.B. Donaldson (1982) S. 914, Daniels/Pitts/Tretter (1984) S. 292 und Egelhoff (1988) S. 13.
[4] Vgl. hierzu die Übersicht bei Müller-Stewens (1992) Sp. 2348 ff., der jedoch nur die beiden Fälle »Organisationsstruktur als Determinante der Unternehmensstrategie« und »Strategie und Struktur sind voneinander unabhängig« unterscheidet.
[5] Vgl. Gabele (1979) S. 181.
[6] Vgl. Hall/Saias (1980) S. 149.

sieren.⁷ Im Rahmen einer Re-Analyse ist es möglich, <u>Ursachen für die Heterogenität der Ergebnisse aufzuzeigen</u>, deren Erkennen oftmals erst im studienübergreifenden Vergleich der Einzelergebnisse möglich ist. Insofern besitzt die Re-Analyse in einem sehr intensiv bearbeiteten Forschungsgebiet entscheidende Vorteile gegenüber der Durchführung einer weiteren Einzelstudie, deren Ergebnisse die Heterogenität der bisher veröffentlichten Forschungsergebnisse allenfalls vergrößert, jedoch kaum dazu beiträgt, diese auch nur in Ansätzen einer Erklärung zugänglich zu machen.

Eine weitere Überlegung leitet unseren Entschluß zur Durchführung einer Re-Analyse: Die oftmals unzureichende Interpretation und Würdigung der <u>veröffentlichten Einzelergebnisse</u>. Wir wollen dies an einigen Beispielen verdeutlichen und wählen hierzu die immer wieder als Beleg für die »Gültigkeit« der Chandler'schen These angeführten empirischen Untersuchungen.

Ihre Kommentierung in der Literatur erfolgt meist in der Form:

- »Following the seminal work of Chandler (1962), which suggested that divisionalization followed geographic then product diversification (...) Pavan (1972), Thanheiser (1972), Dyas (1972), Channon (1973), and Rumelt (1974) showed that diversification and divisionalization were related in the United States and Western Europe.«[8]
- »Policy scholars suggest that business firm strategy influences such variables as structure (...) (Berg, 1973; Chandler, 1962; Pitts, 1974; Rumelt, 1974).«[9]
- »A well-grounded theoretical perspective is that structure follows strategy (Chandler, 1962) and that in particular the multidivisional structure follows the strategy of diversification (Channon, 1973; (...) Dyas and Thanheiser, 1976; Pavan, 1972; Rumelt, 1974).«[10]
- »(...) we would expect (...) strategy to determine (...) structure, as has been shown in a variety of industrial enterprises (Chandler, 1962; Channon, 1973; Rumelt, 1974).«[11]

---

[7] Eine derartige Re-Analyse ist von der beispielsweise bei Beutelmeyer und Kaplitz (1987) S. 293 ff. vorgestellten Sekundäranalyse zu unterscheiden, deren Ziel es ist: » (...) eine Auswertung statistischen Materials [vorzunehmen], das nicht für den speziellen Zweck dieser Auswertung erhoben wurde, sondern aus verschiedenen Quellen zusammengetragen und unter neuen Gesichtspunkten analysiert wird« (S. 293).
[8] Grinyer/Yasai-Ardekani (1981) S. 471.
[9] Napier/Smith (1987) S. 195.
[10] Mahoney (1992a) S. 51.
[11] Evan (1993) S. 222.

Analysiert man die als »Beleg« für eine Abhängigkeit der Struktur von der Strategie angeführten Studien genauer, so fällt auf, daß eine derartige pauschale Interpretation der Ergebnisse wohl kaum zulässig ist. Einige Aspekte sollen dies verdeutlichen:

(i) Der Gültigkeitsbereich der vorgelegten Ergebnisse ist stark eingeschränkt. Sämtliche Untersuchungen betrachten ausschließlich große Industrieunternehmungen.[12] Eine Übertragung der Ergebnisse auf kleine oder mittlere Unternehmungen oder Dienstleistungsunternehmungen ist zumindest aufgrund der Ergebnisse dieser Untersuchungen nicht ohne weiteres möglich. Man könnte beispielsweise vermuten, daß der Zusammenhang von zunehmendem Diversifikationsgrad und Übergang von einer Funktional- zu einer Divisionalstruktur eine Funktion der Unternehmungsgröße ist. Bei kleinen und mittleren Unternehmungen wäre möglicherweise eine funktionale Struktur geeigneter für die Umsetzung einer Diversifikationsstrategie; zumindest, wenn man das Meßkonzept der Strategievariable der oben genannten Studien übernimmt. Danach bedeutet ein hoher Diversifikationsgrad, daß eine Strategie verfolgt wird, die das bisherige Produktprogramm um nicht verwandte Produkte bzw. Produktgruppen erweitert.[13] Kleinen Unternehmungen mag anhand dieser Operationalisierung ein hoher Diversifikationsgrad attestiert werden, ohne daß das Umsatzvolumen einer einzelnen Produktlinie jedoch eine Größenordnung erreicht hat, für welches es sinnvoll erscheint, eine eigenständige Division zu bilden. Eine funktionale Struktur mit einheitlichem Vertrieb, Produktion etc. wird möglicherweise als erfolgversprechender angesehen.[14]

(ii) Nicht nur die jeweils gewählte Stichprobe schränkt die Gültigkeit der empirischen Ergebnisse zum Zusammenhang von Strategie und Struktur ein, sondern auch die Art der Merkmalsmessung. Besonders deutlich wird dies bei der Variable Organisationsstruktur. Die Organisationsstruktur wird mit Hilfe eines nominalskalierten Merkmals gemessen, welches je nach Studie leicht unterschiedliche Ausprägungen aufweist. Dyas und Thanheiser[15]

---

[12] Vgl. Pavan (1972) S. III–1 ff., Channon (1973) S. 51 ff., Rumelt (1974) S. 40 ff., Dyas/Thanheiser (1976) S. 25 und Franko (1976) S. 4 ff.

[13] Vgl. Channon (1973) S. 13, Pavan (1972) S. III–18 ff., Rumelt (1974) S. 29 ff., Dyas/Thanheiser (1976) S. 25 und Franko (1976) S. 244 f., die alle das Meßkonzept von Wrigley (1970) verwenden bzw. mehr oder minder stark abgewandelt haben.

[14] Wenn wir hier eine derartige Vermutung äußern, so richtet sich diese nicht gegen die oben genannten Studien. Diese weisen sämtlich darauf hin, daß ihre Ergebnisse sich nur auf Großunternehmungen beziehen. Eine Verallgemeinerung setzt in der Regel erst bei der Kommentierung durch die Sekundärliteratur ein.

[15] Vgl. Dyas/Thanheiser (1976) S. 25.

unterscheiden: »functional structure«, »functional holding structure«, »multidivisional structure« und »holding structure«. Channon[16] wie auch Franko[17] übernehmen, leicht abgewandelt, die Klassifikation von Stopford und Wells.[18] Sie unterscheiden: »international divisions«, »worldwide product divisions«, »area divisions« und »grid structure«. Stellt man diesen Messungen – ungeachtet einiger Unterschiede – Definitionen des Begriffs der Organisationsstruktur gegenüber, so wird deutlich, daß die oben genannten Studien die Organisationsstruktur wohl kaum umfassend messen:

- »(...) the [organizational] design, whether formally or informally defined has two aspects: first the lines of authority and communication between the different administrative offices and officers and second the information and data that flows through these lines of communication and authority.«[19]
- »Organizational structure is defined as the formal allocation of work roles and administrative mechanisms to control and integrate work activities including those which cross formal organizational boundaries.«[20]

Im Zentrum der Strukturoperationalisierung steht die Art der Spezialisierung, Koordinationsaspekte werden allenfalls durch die Ausprägungen »holding structure« oder »grid structure« gemessen. Insofern muß die Gültigkeit der empirischen Ergebnisse auch hinsichtlich der Einflußnahme der Strategie auf die Organisationsstruktur als Ganzes eingeschränkt werden.

(iii) In ähnlicher Weise ließe sich auch für das Merkmal »Strategie« argumentieren. Auch hier wird nur eine bestimmte Art von Strategie gemessen: die Diversifikationsstrategie. Andere strategische Verhaltensweisen wie z.B. das Verfolgen einer Strategie der Kostenführerschaft oder einer Innovationsstrategie werden nicht berücksichtigt. Insofern ist auch hinsichtlich der untersuchten Strategiekomponente nur eine eingeschränkte Gültigkeit der Ergebnisse zu verzeichnen.

(iv) Das Design der Studien ist so gewählt, daß sowohl das Strategie- als auch das Strukturmerkmal in der Regel nur zu drei Zeitpunkten erhoben wird.[21] Diese Zeitpunkte liegen in der Regel 10 Jahre auseinander. Streng genommen wird also eine Querschnittsanalyse zu bestimmten Zeitpunkten

---

[16] Vgl. Channon (1973) S. 14 f.
[17] Vgl. Franko (1976) S. 192 f.
[18] Vgl. Stopford/Wells (1972) S. 11 ff.
[19] Chandler (1962) S. 14.
[20] Child (1972a) S. 2.
[21] Vgl. Pavan (1972) S. IV–18 ff., Channon (1973) S. 17, Rumelt (1974) S. 47 ff. und Dyas/Thanheiser (1976) S. 131 ff.

A. Die Beziehung von Strategie und Struktur

vorgenommen und keine Längsschnittsuntersuchung, die eigentlich notwendig wäre, will man die Kausalität einer sich ändernden Struktur in Abhängigkeit von der gewählten Strategie überprüfen. Ein derartiges Analysedesign gibt damit beispielsweise keine Antwort auf die Fragen:

- Welche Strukturform folgt einer Strategieänderung? Ist es diejenige Struktur, die sich nach 10 Jahren beobachten läßt? Existieren eventuell nicht erkannte Übergangsformen?
- Welche Zeitspanne vergeht, bis eine Struktur sich ändert? Ist bei einem langen Zeitraum die Strukturänderung noch als Ergebnis einer Strategieänderung zu verstehen, oder müssen dann nicht auch andere Faktoren berücksichtigt werden?
- Ist die Richtung der Strategieentwicklung (zunehmende Diversifikation) zwischen den Meßzeitpunkten konstant geblieben? Wurde z.B. eine gemessene Strategieänderung von »single product« zu »related product« direkt vorgenommen, oder kam es zu einem nicht gemessenen Zwischenschritt über die Kategorie »dominant product«?

Insofern ist es wohl kaum zulässig, die vorgelegten Ergebnisse in der Weise zu interpretieren, als bestehe zwischen einer Strategieänderung und einer Strukturänderung eine Abhängigkeitsbeziehung, die als kausal zu interpretieren ist.

(v) Darüber hinaus muß auch die oftmals gewählte Kommentierung durch die Sekundärliteratur kritisch gesehen werden: Die starke Fokussierung der Ergebnisinterpretation auf die Abhängigkeit der Struktur von der Strategie verstellt oftmals den Blick für die Vielschichtigkeit der vorgelegten Ergebnisse. In den betrachteten empirischen Studien finden sich nämlich auch Anzeichen dafür, daß zwischen Strategie und Struktur ein Zusammenhang offenbar nicht besteht.[22] So zeigen die Ergebnisse Pavans, daß von 31 Unternehmungen, die in einem Intervall von 10 Jahren die Strategie einer Diversifikation in verwandte Produktgruppen verfolgt haben, 14 am Ende dieses Intervalls eine Funktionalstruktur aufweisen, sechs eine Holdingstruktur und 11 eine Divisionalstruktur.[23] Auch Rumelt kann den Zusammenhang von Strategie und Struktur nicht durchgängig zeigen. Er führt entsprechend aus: »This suggests that until the early 1960s the adoption of product-division structures was strongly contingent upon the administrative pressures created by diversification but then in more recent years divisionalization has become accepted as the norm and managements have sought re-

---

[22] Vgl. auch Kieser/Kubicek (1992) S. 210 f.
[23] Vgl. Pavan (1972) S. IV-38.

organization along product-division lines in response to normative theory rather than actual administrative pressure.«[24] Offenbar wird eine Divisionalstruktur auch unabhängig von einer Strategie der Diversifikation implementiert.

Die vorangegangenen Ausführungen haben gezeigt, daß eine Abhängigkeitsbeziehung, wie sie die Literatur in Anbetracht der soeben betrachteten empirischen Arbeiten für den Zusammenhang von Strategie und Struktur postuliert, in ihrer Eindeutigkeit wohl kaum aufrechterhalten werden kann. <u>Die oftmals unzureichende Interpretation der empirischen Ergebnisse erfordert es unserer Meinung nach, nicht nur diese, sondern auch später noch vorgelegte empirische Ergebnisse zum Strategie-Struktur-Zusammenhang einer studienübergreifenden Re-Analyse zu unterziehen.</u> Nur so läßt sich entscheiden, wie die von uns angeführten kritischen Aspekte zu beurteilen sind. Mit einer Re-Analyse empirischer Ergebnisse kann in unseren Augen ein wesentlich weitergehender Beitrag zur Analyse des Zusammenhangs von Strategie und Struktur geleistet werden, als dies bei der Durchführung einer weiteren empirischen Untersuchung der Fall wäre.

---

[24] Rumelt (1974) S. 77.

B. Die Re-Analyse empirischer Forschungsarbeiten

Bei der durchzuführenden Re-Analyse empirischer Forschungsergebnisse stehen zwei Aspekte im Mittelpunkt des Interesses. Zum einen muß versucht werden, Gültigkeitsbereiche aufzuzeigen, für die sich eine Abhängigkeit oder ein Zusammenhang von Strategie und Struktur zeigt. Es gilt hierbei insbesondere die Frage zu beantworten, ob derartige Beziehungen für sämtliche Strategie- und Strukturaspekte gelten oder ob sich ein Zusammenhang nur für bestimmte Strategiearten und bestimmte Strukturformen zeigt? Zum anderen sollten auch diejenigen Ergebnisse intensiver untersucht werden, für die sich ein Zusammenhang von Strategie und Struktur nicht zeigt, da ein solches empirisches Ergebnis in der Literatur meist keine, allenfalls geringe Beachtung findet. Ein solches empirisches Ergebnis verblaßt gewöhnlich vor dem Hintergrund der Existenz eines empirischen Ergebnisses, welches die a priori gemachten theoretischen Überlegungen – also z.B. die Existenz eines Zusammenhangs von Strategie und Struktur – zu bestätigen scheint.

Mit der soeben getroffenen Klassifikation empirischer Ergebnisse wenden wir uns zugleich einem Problem zu, welches nicht nur bei der Analyse des Strategie-Struktur-Zusammenhangs von Bedeutung ist, sondern allgemein empirische Forschungsarbeiten betrifft.

Entsprechend ihres Resultats bei der statistischen Signifikanzprüfung lassen sich *empirische Ergebnisse* anhand zweier Untergruppen klassifizieren: Zum einen diejenigen, die durch einen zufriedenstellenden α-Fehler gekennzeichnet sind – im folgenden von uns als *Befund* bezeichnet – und zum anderen diejenigen, bei denen der α-Fehler eine kritische Grenze überschreitet – im folgenden von uns als *Nicht-Befund* bezeichnet. Während Befunde in vielfältiger Weise interpretiert werden, sind Nicht-Befunde oftmals dadurch gekennzeichnet, daß sie – wenn überhaupt beachtet – nur oberflächlich und knapp gewürdigt werden. Man folgt also scheinbar dem Popper'schen Plädoyer[1] der Falsifikation einer Forschungshypothese.

---

[1] Vgl. Popper (1964).

Die gewählte Vorgehensweise im Rahmen einer statistischen Signifikanzprüfung führt jedoch dazu, daß nachhaltig nur der Versuch unternommen wird, die zur Forschungshypothese alternative Nullhypothese zu falsifizieren. Da sich in der Nullhypothese nicht das eigentliche Anliegen des empirisch Forschenden widerspiegelt, wird auch nur sehr selten der Versuch unternommen, Gründe für ein mögliches Scheitern der Falsifikationsabsicht im Hinblick auf die Nullhypothese zu suchen.

In der expliziten Betrachtung der Nicht-Befunde sehen wir eine Möglichkeit, unter Umständen bisher nicht erkannte Interpretationsspielräume zu nutzen. Denn auch das Wissen um einen nicht-existenten Zusammenhang zwischen zwei Phänomenen ist nicht ohne theoretische und praxeologische Relevanz. Vielschichtige und damit komplexe Einfluß- und Zusammenhangssysteme ließen sich so in einen Zustand geringerer Komplexität überführen. Weitere empirische Untersuchungen können darauf verzichten, bestimmte Variablen immer wieder zu erheben. Das Management seinerseits kann diese Größen aus der enormen Vielzahl von Aktionsparametern, die es zu beobachten und zu gestalten gilt, ausblenden.

Das soeben kurz skizzierte Szenario empirischer Forschung führt zu einem zentralen Aspekt der vorliegenden Arbeit. Wir wollen eine spezielle Vorgehensweise für die Re-Analyse empirischer Forschungsergebnisse konzipieren: die sogenannte *Nicht-Befund-Analyse*. In ihrem Zentrum steht die studienübergreifende Analyse der Verteilung empirischer Ergebnisse auf Befunde und Nicht-Befunde, die Berechnung studienübergreifender Korrelationskoeffizienten sowie die Prüfung der studienübergreifenden Ergebnisse auf mögliche Einflüsse moderierender Variablen.

Für die Durchführung dieser Analyseschritte haben wir einen entsprechenden Algorithmus entwickelt. Dieser Algorithmus ist als ein Konzept zur Re-Analyse empirischer Forschungsergebnisse zu verstehen. Aufgrund der besonderen Stellung, die in diesem Zusammenhang die sogenannten Nicht-Befunde einnehmen, wollen wir dieses Konzept der Re-Analyse als *Nicht-Befund-Analyse* bezeichnen.

Dieser besondere Fokus unserer studienübergreifenden Analyse – die Unterscheidung von Befunden und Nicht-Befunden – ist auch der Grund, warum wir hier immer wieder von einer Re-Analyse empirischer Forschungsergebnisse sprechen und nicht etwa von einer Metaanalyse. Dieser Begriffswahl liegen die folgenden Überlegungen zugrunde:

Der Begriff der Metaanalyse wird in der Literatur nicht immer einheitlich verstanden, wobei sich allerdings zusehends ein Begriffsverständnis zu etablieren scheint, wonach unter einer Metaanalyse ein quantitatives Verfahren verstanden wird, welches es ermöglicht, studienübergreifende Effektstärken oder Irrtumswahrscheinlichkeiten zu berechnen.[2] Zwar werden auch wir derartige Berechnungen im Rahmen unserer Untersuchung durchführen, wir wollen jedoch noch weitergehendere studienübergreifende Analysen vornehmen, in deren Mittelpunkt dann die Klassifikation eines empirischen Ergebnisses als Befund oder Nicht-Befund steht.

Insofern sehen wir uns gezwungen, hier einen neuen Oberbegriff zu entwickeln: die sogenannte *Re-Analyse*. Unter ihr wollen wir sämtliche Verfahren zur integrativen Analyse empirischer Forschungsergebnisse subsummieren, also auch die vielfältigen Verfahren der *Metaanalyse* sowie unser Konzept der *Nicht-Befund-Analyse*. Mit dem Attribut »*quantitativ*« wollen wir dabei jene metaanalytischen Verfahren kennzeichnen, deren Ziel es ist, studienübergreifende Effekte oder Irrtumswahrscheinlichkeiten zu berechnen. Da im Rahmen einer quantitativen Metaanalyse auch Effekte integriert werden, die sich durch die Verletzung einer kritischen Signifikanzgrenze auszeichnen, ist für uns konsequenterweise die quantitative Metaanalyse auch Bestandteil der Nicht-Befund-Analyse. Die Nicht-Befund-Analyse ist damit als umfassendes Re-Analyse-Konzept zur Integration sämtlicher studienübergreifender Effekte und ihrer Wahrscheinlichkeiten zu verstehen.

---

[2] Vgl. zu den vielfältigen – nicht nur quantitativen – Verfahren der »Metaanalyse« Hedges/Olkin (1985) S. 28 ff. und Fricke/Treinies (1985) S. 15 ff.

C. Die gewählte Vorgehensweise der Untersuchung

Mit den vorangegangenen Ausführungen ist die Zielrichtung unserer Untersuchung umrissen: Wir wollen den Zusammenhang von Strategie und Struktur untersuchen, wie er sich in vielfältigen empirischen Arbeiten der betriebswirtschaftlichen Forschung zeigt. Hierzu wollen wir uns eines Instrumentariums bedienen, welches die studienübergreifende Re-Analyse empirischer Forschungsergebnisse unter besonderer Berücksichtigung der sogenannten Nicht-Befunde erlaubt. Entsprechend wählen wir für den Aufbau unserer Arbeit die folgende Vorgehensweise:

(i) Im Anschluß an den im ersten Teil der Arbeit vorgenommenen Problemaufriß wird sich intensiv der Analyse des Phänomens von Strategie und Struktur zugewandt. Es gilt dabei nicht nur, die vielfältigen in der Literatur anzutreffenden Begriffsdefinitionen einander vergleichbar zu machen. Wir wollen darüber hinaus versuchen, ein System zu entwickeln, welches in der Lage ist, die unterschiedlichen Ausprägungen abzubilden, die sowohl bei der Strategie- als auch bei der Strukturkomponente auftreten können. Nur so wird es unserer Meinung nach möglich sein, eine Antwort auf die Frage zu geben, bei welcher speziellen Strategie-Struktur-Kombination von einer Abhängigkeit oder einem Zusammenhang gesprochen werden kann und bei welcher eine solche Vermutung zurückzuweisen ist.

In einem nächsten Schritt wollen wir uns dann dem Zusammenhang von Strategie und Struktur zuwenden, wie er Gegenstand vielfältiger Modelle organisationstheoretischer Forschung ist. Unser Ziel ist dabei, ein System von Hypothesen zum Strategie-Struktur-Zusammenhang abzuleiten, welches den unterschiedlichsten Überlegungen der Literatur Rechnung trägt. Dieses Hypothesensystem gilt es anschließend, im Rahmen einer Re-Analyse empirischer Forschungsergebnisse zu überprüfen.

(ii) Bevor eine solche Prüfung jedoch erfolgen kann, ist das Instrumentarium hierfür zu entwickeln: die Nicht-Befund-Analyse. Neben einer genaueren Abgrenzung der von uns gewählten Nicht-Befund-Definition wollen wir darlegen, warum es unserer Meinung nach sinnvoll erscheint, ein Schwergewicht der Re-Analyse auf die sogenannten Nicht-Befunde zu legen. Ferner wird ein Algorithmus entwickelt, dessen Aufgabe es ist,

- empirische Einzelergebnisse danach zu beurteilen, ob eine Einbeziehung in eine integrative Analyse zulässig ist,
- den Gültigkeitsbereich der einzelnen Ergebnisse zu bestimmen,
- die empirischen Ergebnisse danach zu klassifizieren, ob sie einen Befund oder einen Nicht-Befund darstellen,
- studienübergreifende Korrelationskoeffizienten und Häufigkeitsverteilungen der Befund-/Nicht-Befund-Klassifikation zu berechnen sowie
- eine Prüfung der studienübergreifenden Ergebnisse auf die Existenz moderierender Variablen vorzunehmen.

(iii) Mit Hilfe der Nicht-Befund-Analyse werden wir dann die studienübergreifende Re-Analyse empirischer Forschungsergebnisse zum Strategie-Struktur-Zusammenhang durchführen. Im Zentrum unserer Untersuchung steht dabei die Prüfung des oben abgeleiteten Hypothesensystems.

Anhand dieser Prüfung wollen wir ferner noch aufzeigen, wo die von uns entwickelte Nicht-Befund-Analyse dazu beitragen kann, die bisher häufig angewandten Verfahren der quantitativen Metaanalyse zu ergänzen.

(iv) Im letzten Teil der Arbeit werden wir dann eine Zusammenfassung unserer Ergebnisse vornehmen sowie versuchen, einen Ausblick auf theoretische und praxeologische Konsequenzen zu geben, die aus unserer Untersuchung zu ziehen sind.

Die soeben beschriebene Vorgehensweise macht deutlich, daß im Rahmen unserer Analyse zwei Ebenen voneinander zu unterscheiden sind:

- Auf einer *inhaltlichen Ebene* wird der Zusammenhang von Strategie und Struktur analysiert. Das Schwergewicht liegt dabei auf der Re-Analyse empirischer Forschungsergebnisse.
- Auf einer *methodischen Ebene* wird schließlich versucht, die von uns konzipierte Nicht-Befund-Analyse auf ihre Eignung zur studienübergreifenden Analyse von Einzeleffekten zu beurteilen.

2. Teil

Der Zusammenhang von Strategie und Struktur in der Organisationsforschung

Ziel unserer Untersuchung ist die Analyse des Zusammenhangs von Organisationsstruktur und Unternehmungsstrategie. Bevor wir uns jedoch dem Strategie-Struktur-Zusammenhang zuwenden, soll zunächst geklärt werden, was sich hinter den Begriffen »Strategie« und »Struktur« verbirgt bzw. welche theoretischen Überlegungen ihren Zusammenhang begründen.

A. Die Strategie aus der Perspektive einer Betriebswirtschaft

Will man sich Klarheit über den Inhalt des Begriffs Strategie verschaffen, erweist es sich als hilfreich, zunächst die Perspektive der Betrachtung festzulegen. In der vorliegenden Arbeit soll dies in erster Linie die Sichtweise der Unternehmung sein. Notwendig erscheint eine solche Eingrenzung vor dem Hintergrund der historischen Entwicklung des Strategiebegriffs.[1]

Trotz einer solchen Eingrenzung auf unternehmungspolitische Sachverhalte ist der Strategiebegriff immer noch äußerst vielschichtig; ein Umstand, der nicht verwunderlich ist, folgt man etwa Gälweiler[2], der in diesem Zusammenhang von einer »Mode« spricht. Illustriert wird dieser Modecharakter noch bei Kreikebaum[3], der als Beispiele für die in Mode gekommene Bezeichnung vielfältiger Aspekte der Betriebswirtschaftslehre als »strategisch«, die »strategische Motivation«, die »strategische Kostenrechnung« oder aber auch das »strategische Marketing« anführt.

Wird etwas zur Mode, so bedeutet dies nicht nur, daß viele Personen sich dieser Sache annehmen, sondern auch, daß der Gegenstand des Interesses eine vielfältige Interpretation erfährt – immer entsprechend der individuellen Handlungsabsicht. Konsequenz ist, daß für den Strategiebegriff – selbst wenn man ihn nur aus der unternehmerischen Perspektive betrachtet – eine Vielzahl von Definitionen in der Literatur zu finden sind.

Mit unserer Analyse wollen wir vordringlich empirische Ergebnisse dritter Studien untersuchen. Es kann an dieser Stelle deshalb nicht unsere Aufgabe sein, aus den vielfältigen Definitionen des Strategiebegriffs diejenige herauszugreifen, die für uns am geeignetsten erscheint bzw. aus Elementen

---

[1] An dieser Stelle soll die historische Entwicklung des Strategiebegriffs nicht weiter vertieft werden. Vgl. hierzu ausführlich Hinterhuber (1990) S. 3 ff.

[2] Vgl. Gälweiler (1987) S. 55 sowie auch Link (1985) S. 1.

[3] Vgl. Kreikebaum (1993) S. 24. Ähnlich auch Staehle (1991) S. 561: »Da inzwischen alles strategisch gesehen wird, vom strategischen Marketing bis hin zum strategischen Personalmanagement, droht die ursprüngliche Bedeutung des Begriffs verlorenzugehen.«

anderer Definitionen einen eigenen Strategiebegriff zu kreieren. Wir wollen hier auch nicht den Versuch analog zu Scholz unternehmen, einen »Minimalkonsens des Begriffsinhalts ‚strategisch'«[4] zu suchen. Der Grund hierfür liegt in der Tatsache, daß die Vielzahl der Studien, die das Phänomen der Strategie analysieren, nicht immer von einer einheitlichen Begriffslegung ausgehen. Die einseitige Festlegung unsererseits auf einen bestimmten Begriffsinhalt würde damit zwangsläufig zu einer Verengung unseres Analysefeldes führen. Wir wären dann genötigt, bestimmte Arbeiten auszuschließen, da sie unsere Strategiedefinition nicht erfüllen.

Für uns ist der umgekehrte Weg zu beschreiten: Es muß versucht werden, die enorme Vielschichtigkeit des Strategiebegriffs mit all seinen Facetten zu erfassen. Nur so wird es uns gelingen, unserer Forschungsabsicht folgend, empirische Arbeiten, die vielfach sehr unterschiedlich sind und das strategische Phänomen entsprechend heterogen behandeln, miteinander zu vergleichen.

Wir werden insofern versuchen einen »Begriffsraum« aufzuspannen, dessen unterschiedliche Dimensionen es uns erlauben, das Strategiebegriffsverständnis sämtlicher zu analysierender Studien abzubilden.[5]

Im folgenden wollen wir kurz den Aufbau erläutern, der es uns erlauben soll, die jeweils auftretenden Strategiedefinition in einer einheitlichen Weise zu untersuchen. Auf die jeweiligen Einzelaspekte der Dimensionen wird erst später eingegangen. Es soll hier lediglich ein Überblick über die Vorgehensweise zur Bestimmung der Vielfalt in der Literatur anzutreffender Strategiedefinitionen gegeben werden. Wir wollen Strategiedefinitionen daraufhin untersuchen, welches *Strategieverständnis* mit ihnen einhergeht und welcher spezielle *Strategieinhalt* durch sie beschrieben wird. Diese Vorgehensweise ist jedoch nicht so zu verstehen, daß mit einer Strategiedefinition entweder ein Strategieverständnis oder ein Strategieinhalt festgeschrieben wird. Vielmehr werden im Regelfall beide Aspekte berücksichtigt.[6] Ein be-

---

[4] Scholz (1987) S. 6.
[5] Vgl. hierzu auch den Versuch von Klaus (1987) S. 50 ff., eine »semantische Umhüllungskurve« für das strategische Management abzuleiten.
[6] Vgl. Romme/Kunst/Schreuder/Spangenberg (1989) S. 4 ff., die ebenfalls versuchen, die vielschichtigen Dimensionen des Strategiebegriffs unter zwei Hauptdimensionen zu subsumieren, den Inhalt der Strategie und den Prozeß der Strategiebildung. Wir wollen eine derartige Systematik hier nicht übernehmen, da sie unserer Meinung nach hinsichtlich der prozessualen Dimension zu eng ist. Romme/Kunst/Schreuder/Spangenberg betrachten hierunter nur den Aspekt des Beabsichtigtseins einer Strategie im Sinne Mintzbergs. Dies hätte zur Folge, daß eine so verstandene Prozeßbetrachtung der Strategie nur einen Teil derjenigen Aspekte betrifft, die wir im folgenden unter dem Oberbegriff »Strategieintention« analysieren wollen.

stimmtes Verständnis von Strategie wird artikuliert und das Objekt – der Inhalt –, auf welches sich die Strategie richtet, umschrieben. Die von uns als Hauptdimensionen zur Systematisierung der Strategiedefinitionen gewählten Gesichtspunkte lassen sich wie folgt beschreiben:[7]

(i) Das *Strategieverständnis*: In ihm kommt die Auffassung des Definierenden darüber zum Ausdruck, was letztendlich eine Strategie ist. Da wir uns auf die Unternehmung als Analyseobjekt konzentrieren, wäre infolgedessen hier zu fragen, ob mit einer Strategie

- eher eine eigenständige, autonom entwickelte Verhaltensweise einer Unternehmung gemeint ist oder ob mit ihr eher das interaktive Verhalten gegenüber einem Wettbewerber beschrieben wird,
- ausschließlich langfristig orientierte Handlungsweisen abgebildet werden oder ob auch kurzfristige Aspekte Berücksichtigung finden,
- auch gleichzeitig die Ziele einer Unternehmung festgelegt werden oder ob sich eine Strategie den Unternehmungszielen anzupassen hat,
- immer eine bewußt vorgenommene Handlungsweise einhergeht oder ob sich eine Strategie erst als Folge einer Vielzahl von inkrementalen Einzelentscheidungen ergibt.

(ii) Der *Strategieinhalt*: Er bezieht sich auf die konkrete Ausgestaltung einer Strategie. Strategieinhalte beschreiben das Objekt, auf welches sich eine strategische Verhaltensweise erstreckt. Fragt man, welche Inhalte strategischer Entscheidungen es zu unterscheiden gilt, so läßt sich zunächst festhalten, daß sich die Inhalte zum einen auf die Unternehmung selbst beziehen können, zum anderen auf die unternehmungsspezifische Umwelt. Als Objekt strategischen Handelns werden dabei genannt:

- ein betrieblicher Teilbereich oder die Unternehmung als Ganzes,
- der zu steuernde Ressourceneinsatz,
- die zu beeinflussenden Umweltparameter,
- eine grundlegende unternehmerische Verhaltensweise,

---

[7] Vgl. hierzu auch die eher allgemein gehaltene Systematisierungsversuche im strategischen Management bei Bracker (1980) S. 219 ff., Leontiades (1982) S. 47 f., Jauch (1983) S. 152 ff., Hambrick (1984) S. 27 ff., Müller (1984) S. 106 ff., Chaffee (1985) S. 89 ff., Scheuss (1985) S. 19 ff., Fahey/Christensen (1986) S. 168 ff., Herbert/Deresky (1987) S. 135 ff., Huff/Reger (1987) S. 212 ff. und Klaus (1987) S. 52 ff. Vgl. ferner die Systematisierung von Marketingstrategien bei Becker (1992) S. 219 sowie Meffert (1994) S. 124. Trotz ihrer primären Ausrichtung auf das strategische Management sind in diesen Ansätzen auch Systematisierungsgesichtspunkte zur Definition unterschiedlicher Strategiebegriffe enthalten.

A. Die Strategie aus der Perspektive einer Betriebswirtschaft   19

- die angestrebten Wettbewerbsvorteile oder
- die Wahl bestimmter Produkt/Markt-Kombinationen.

Im Überblick gibt die folgende Abbildung die von uns gewählte Systematik zur Analyse der unterschiedlichen Strategiebegriffe wieder.

Abb. 2.1: Systematik zur Analyse des Strategiebegriffs

Strategieinhalt		Strategieverständnis			
		Interaktions-bezug	Zeit-bezug	Phasen-bezug	Bewußtseins-bezug
bezogen auf Unternehmung	Betroffene organisatorische Einheiten				
	Steuerung des Ressourcen-einsatzes				
	Festlegung einer Grundhaltung				
bezogen auf Umwelt	Beeinflussung der Umwelt				
	Erlangung von Wettbewerbs-vorteilen				
	Wahl bestimmter Produkt/Markt-Kombinationen				

Die vielfältigen Strategiedefinitionen lassen sich mit dieser aus den beiden Hauptdimensionen Strategieverständnis und Strategieinhalt bestehenden Systematik vollständig erfassen. Wie die weiteren Ausführungen noch zeigen werden, sind die Subdimensionen als Skalen aufzufassen. Das Niveau einer solchen Skala geht dabei meist nicht über einen nominalen Charakter hinaus. Jede Strategiedefinition sollte sich in diesem Definitionsraum mit seinen Subskalen wiederfinden. Dabei ist allerdings nicht anzunehmen, daß sich ein Strategiebegriff anhand sämtlicher Dimensionen beschreiben läßt. Es ist auch nicht auszuschließen, daß bestimmte Kombinationen zu inhaltlich unsinnigen Strategiedefinitionen führen und sie aus diesem Grunde unterbleiben.

I. Aspekte strategischen Begriffsverständnisses

a. Die Rolle der Interaktion im Strategieverständnis

Indem wir eine unternehmungsspezifische Sichtweise der Strategie wählen, wollen wir über den vornehmlich interaktiven Charakter der Strategie, wie er vor allem in der mathematischen Spieltheorie[8] anzutreffen ist, hinausgehen. Dabei soll jedoch nicht ausgeschlossen werden, daß die Interaktion mit Wettbewerbern oder allgemein mit der Umwelt oftmals auch Bestandteil betriebswirtschaftlicher Strategiedefinitionen ist. So spricht beispielsweise Ansoff von der »interaction with the environment«,[9] wobei Umwelt den Wettbewerb umschließt. Nur selten wird allerdings der Wettbewerbsaspekt explizit in der Strategiedefinition angesprochen.[10] Meist wird allgemein von Interaktion mit der Umwelt gesprochen. Der Wettbewerb wird implizit eingeschlossen. Oft unterbleibt jedoch ein expliziter Interaktionsbezug bei betriebswirtschaftlichen Strategiedefinitionen.[11] Als Ausnahme mag da eine Definition angesehen werden, wie sie bei Pearce und Robinson erfolgt: »By strategy, managers mean their large-scale, future-orientated plans for interacting with the competitive environments to optimize achievement of organization objectives. Thus, strategy represents a firm's game plan.«[12]

Es mag verwunderlich erscheinen, daß eine Vielzahl betriebswirtschaftlicher Arbeiten nur sehr selten die Interaktion von »Spielern« (Wettbewerbern) explizit in ihrer Strategiedefinition betonen. Über den Grund hierfür mag man spekulieren. Er ist vielleicht darin zu sehen, daß strategisches Denken einer Unternehmung nicht in erster Linie im militärischen Sinne die Auseinandersetzung mit einem oder mehreren Wettbewerbern meint. Der

---

[8] Unabhängig von der Ausgestaltung einer Spielsituation (Zweipersonen- vs. Mehrpersonenspiele, Kooperative vs. nicht-kooperative Spiele, Spiele mit unvollständiger Information) wird in der mathematischen Spieltheorie von einem Auswahlproblem zwischen verschiedenen Handlungsalternativen ausgegangen, wobei dieses entscheidend von der Wahl der anderen am Spiel beteiligten Spieler abhängt. Vgl. hierzu Borch (1969), Schwödianer (1976) Sp. 3617 ff., Holler/Illing (1993) und Beuermann (1993) Sp. 3929 ff.

[9] Ansoff (1979) S. 4. Ähnlich in der Begriffsfassung auch Porter (1981) S. 610, Hentze/Brose (1985) S. 129, Jauch/Glueck (1988) S. 11, Pearce/Robinson (1988) S. 6 f., Schermerhorn/Hunt/Osborn (1991) S. 328, Welge/Al-Laham (1992) S. 178 und Kreikebaum (1993) S. 25.

[10] Vgl. hierzu Schreyögg (1984) S. 5 und Schermerhorn/Hunt/Osborn (1991) S. 328.

[11] Vgl. Learned/Christensen/Andrews (1965) S. 17, Channon (1973) S. 7, Ulrich (1978) S. 107, Quinn (1980) S. 7 und Certo/Peter (1991) S. 17.

[12] Pearce/Robinson (1988) S. 6 f. Vgl. ferner auch Szyperski/Winand (1980) S. 8 ff. und den dort aufgezeigten Zusammenhang von Unternehmungsplanung und spieltheoretischen Überlegungen.

Erfolg der Unternehmungsführung wird nicht nur daran festgemacht, ob es gelingt, einen Konkurrenten »am Markt zu besiegen«, sondern inwieweit es gelingt, Nachfrage für die eigenen Produkte bzw. Dienstleistungen zu schaffen. Wenn dies zu Lasten von Wettbewerbern geht, mag damit ein erfreulicher Zusatznutzen verbunden sein. Ein solcher »Verdrängungswettbewerb« muß jedoch nicht zwangsläufig der Fall sein, wenn man an stark wachsende innovative Märkte denkt. Insofern erscheint es uns erklärlich, warum der unternehmungsbezogene Strategiebegriff meist weiter gefaßt wird als der der Spieltheorie. Auch ein expliziter Verzicht auf die Betonung des Interaktionsgedanken kann eine strategische Handlung beschreiben.

Nimmt man den Interaktionsgedanken in der Strategiedefinition auf, so lassen sich die einzelnen Definitionen wie folgt auf einer Dimension abtragen:

Eine hohe Ausprägung besagt, daß Strategien explizit die Interaktion mit einem »Gegenspieler« betonen. Eine niedrige Ausprägung bedeutet, daß der Interaktionsgedanke bei der Strategiedefinition keine oder nur eine untergeordnete Rolle spielt.

b. Die zeitliche Perspektive im Strategieverständnis

Betrachtet man die zeitliche Perspektive im jeweiligen Strategieverständnis, so fällt auf, daß auch hierbei unterschiedliche Sichtweisen zu verzeichnen sind. Zwar wird einer Strategie überwiegend eine langfristige Orientierung zugeschrieben,[13] es werden aber auch eher kurzfristige Aspekte betont. So spricht Katz[14] von der strategischen Position als einem Bestandteil der Strategie, die die aktuelle Situation des Unternehmung beschreibt. Nach Boseman und Phatek[15] bestimmt die Strategie zwar die Zukunft der Unternehmung, gleichzeitig dient sie jedoch auch der Verwirklichung kurz- und mittelfristiger Zielsetzungen.

Die kurzfristige Komponente im Strategieverständnis wird meist als Ausgangspunkt für die Formulierung der langfristigen Absichten angesehen. Mintzberg[16] spricht hier von der *Interpretation* der unternehmungsrelevan-

---

[13] Vgl. Chandler (1962) S. 13, Katz (1970) S. 195, Child/Francis (1977) S. 112, Caves (1980) S. 64, Schreyögg (1984) S. 5 und Galbraith/Kazanjian (1986) S. 3.
[14] Vgl. Katz (1970) S. 195.
[15] Vgl. Boseman/Phatak (1989) S. 4. Vgl. ferner ähnlich Frederick/Davis/Post (1988) S. 98 f. und Galbraith/Kazanjian (1986) S. 3.
[16] Vgl. Mintzberg (1979) S. 25.

ten Umwelt. Je nach Interpretation ergeben sich unterschiedliche strategische Ausgangssituationen. Die kurzfristige Orientierung impliziert damit meist die Implementation langfristiger Strategien.

Explizit berücksichtigt Glueck[17] eine unterschiedliche zeitliche Perspektive bei seiner Beschreibung alternativer Strategietypen. Einer *Strategie des Rückzugs* aus bestimmten Geschäftsbereichen weist er eher kurzfristigen Charakter zu. Derartige Strategien ergeben sich häufig erst in Krisensituationen. Sie sind daher nicht als langfristig beabsichtigt zu kennzeichnen. Ähnliches gilt auch für eine *Stabilisierungsstrategie*, die aufgrund sich ändernder Umweltbedingungen meist nur kurz- oder mittelfristig Bestand haben wird. Langfristige Orientierung besitzen hingegen für Glueck diejenigen Strategien, die sich auf das *Wachstum* bestimmter Zielgrößen richten.

Für unsere Analyse ergibt sich die zweite Dimension des Strategieverständnisses:

In der zeitlichen Dimension stehen sich die ausschließliche Betonung der Langfristorientierung des Strategieverständnisses und die Betonung kurz- und langfristiger Komponenten gegenüber.

c. Der Phasenbezug im Strategieverständnis

Ein weiterer Aspekt der Unterschiedlichkeit des Strategieverständnisses kommt im Prozeß der Strategiebildung zum Ausdruck. Legt man einschlägige Phasenschemata der Entscheidungstheorie zugrunde, so ergeben sich zwei Phasen, deren Behandlung im Rahmen des strategischen Managements unterschiedlich erfolgt: die Phase der Zielbildung und die Phase der Realisation. In der Literatur besteht keine einheitliche Auffassung darüber, ob der Prozeß der Zielbildung unter dem Prozeß der Strategieformulierung zu subsumieren ist oder nicht. Bei der Abgrenzung des Strategiebegriffs wird es oftmals vermieden, sich darauf festzulegen, ob Strategien der Zielformulierung dienen oder aber Strategien aus bereits existenten Zielen abgeleitet werden.[18]

Der explizite Einschluß der Zielbestimmung kommt in der Strategiedefinition bei Chandler zum Ausdruck, indem er Strategie als »the determination of the basic long-term goals and objectives of an enterprise«[19] versteht. In

---

[17] Vgl. Glueck (1972) S. 186 ff.
[18] Vgl. z.B. Jauch/Osborn (1981) S. 492.
[19] Chandler (1962) S. 13, ähnlich auch Learned/Christensen/Andrews (1965) S. 17, Khandwalla (1977) S. 272 und Fahey/Christensen (1986) S. 168.

ähnlicher Weise – folgt man Porter – wird der Strategiebegriff auch von der Industrieökonomik verstanden.[20]

Dem widersprechen Galbraith und Kazanjian, die Unternehmungsstrategie explizit von der Unternehmungszielsetzung abgrenzen: »We (...) define organization's strategy (...) that indicate how the organization will achieve its objectives.«[21] Ähnlich auch Kreikebaum: »Mit der obigen Definition von Unternehmensstrategien grenzen wir uns ab gegenüber anderen Auffassungen, die den Prozeß der Zielbildung in den Prozeß der Strategieformulierung einbeziehen.«[22]

Je nach Begriffsauffassung mißt man der Strategie mehr oder minder hohe Bedeutsamkeit im Rahmen der Gesamtunternehmungsführung bei. Klammert man die Zielformulierung aus der Strategiebildung aus, so bedeutet Strategieformulierung in erster Linie eine Handlungsweise, die in ihrem Freiraum stark eingeschränkt ist. Eine Strategie kann sich nur soweit entwickeln, wie sie dem unternehmerischen Ziel nicht zuwider läuft. Wesentlich bedeutsamer ist eine Strategie immer dann, wenn mit ihr auch eine Festlegung der anzustrebenden Zielsetzungen einhergeht.

Die Trennung der Strategiebildung in mehrere Phasen wird in der Definition Chandlers sehr gut deutlich, da er neben der Festlegung der langfristigen Zielsetzungen der Unternehmung auch von »(...) the adoption of courses of action and the allocation of resources (...)«[23] spricht. Er wählt eine integrative Perspektive, indem für ihn Strategie sowohl die Formulierung der Ziele als auch die Auswahl zur Zielrealisation geeigneter Aktionen – hier im Sinne der Spieltheorie zu verstehen – als Elemente einer Strategie umfaßt. Demgegenüber vertreten Autoren wie Ansoff[24] oder Glueck[25] eher die engere Begriffsfassung, indem sie die Zielbildungsphase ausschließen. Begründet wird eine derartige enge Sichtweise des Strategieverständnisses beispielsweise bei Hofer und Schendel folgendermaßen: »First, research on structured problem-solving and decision making processes has indicated that most persons perform far better when they separate these processes into distinct components, address each component separately and then combine the results at the end. (...) Second, it is clear that there is a narrow concept of strategy and that it does have components. Thus if we do not call it strategy,

---

[20] Vgl. Porter (1981) S. 610.
[21] Galbraith/Kazanjian (1986) S. 3, ähnlich auch Ansoff (1979) S. 4. und Steiss (1985) S. 7.
[22] Kreikebaum (1993) S. 26.
[23] Chandler (1962) S. 13.
[24] Vgl. Ansoff (1965) S. 93.
[25] Vgl. Glueck (1972) S. 3 ff.

we shall have to invent a new name for it. Finally, and most important, it is also clear that for many organizations the goal-setting and strategy formulation processes are separate and distinct.«[26]

Eine solche Begründung kann nicht überzeugen; es ist sogar zu fragen, ob sie sachgerecht ist. Zum einen muß – und dies räumen Hofer und Schendel[27] ein – bezweifelt werden, ob man bei dem Prozeß der Strategieformulierung wirklich von einem wohl strukturierten Entscheidungsprozeß sprechen kann und insofern eine Trennung in einzelne Entscheidungsphasen überhaupt sinnvoll ist. Zum anderen sollten inhaltliche Erwägungen bei einer Begriffsfassung eine Rolle spielen und nicht Probleme der Namensgebung oder die Vermutung, daß dies »allgemein so gehandhabt wird«.

Bereits Ende der sechziger Jahre konnte Witte[28] feststellen, daß bei hoch komplexen, innovativen Entscheidungsprozessen ein nach Einzelphasen strukturiertes Entscheidungsverhalten nicht anzutreffen ist. Es lassen sich Überschneidungen der einzelnen Phasen aber auch Rückverweise zwischen den Phasen beobachten. Speziell für strategische Entscheidungsprozesse bestätigt Mintzberg[29] diesen Befund. Die Strategieformulierung entspringt nicht einer bestimmter Abfolge von Einzelschritten.

Für unsere Analyse von besonderem Interesse sind dabei die Ergebnisse zum Zielbildungsprozeß bei Hamel[30] und Hauschildt.[31] Für komplexe innovative Entscheidungsprozesse – und die Bildung einer langfristig-orientierten Strategie kann sicherlich, da hoch komplex und nur sehr selten getroffen, als innovativ vom Charakter her verstanden werden[32] – kommen sie zu dem Ergebnis, daß die Zielfestlegung einen kognitiven Prozeß darstellt, bei dem sich die Ziele stark an den vorhandenen Möglichkeiten zur Problemlösung orientieren. Es kommt nach kritischer Prüfung der Alternativen vielfach zu einer Änderung zumindest des Anspruchsniveaus der Ziele, wenn nicht sogar zu einer Änderung der Zielprioritäten. Der wechselseitige Prozeß der Anpassung der Ziele an die Alternativen bzw. der Alternativen an die Ziele läßt in unserem Fall eine strikte Trennung der Zielbil-

---

[26] Hofer/Schendel (1978) S. 20.
[27] Vgl. Hofer/Schendel (1978) S. 20, die ausführen: »While we are unaware of similar evidence regarding unstructured problem-solving and decision making processes (...)«.
[28] Vgl. hierzu ausführlich Witte (1968) S. 625 ff. Vgl. ferner Cyert/March (1963) S. 29 ff., Bourgeois (1980) S. 239 und Hauschildt/Petersen (1987) S.1043 ff.
[29] Vgl. Mintzberg/Raisinghani/Théorét (1976) S. 246 ff., Mintzberg (1988) S. 73 ff. und Mintzberg/Waters (1990) S. 1 ff. Vgl. ferner Pettigrew (1990) S. 6 ff.
[30] Vgl. Hamel (1974) S. 41 ff.
[31] Vgl. Hauschildt (1977) S. 112 ff.
[32] Vgl. hierzu auch Gemünden (1983) S. 103 ff.

dungsphase von der Strategiebildungsphase als nicht sachgerecht erscheinen. Insbesondere bei unternehmungsübergreifenden strategischen Entscheidungen wird sich die Zielbildung nur sehr schwer von der Strategiebildung trennen lassen. Strategie- und Zielbildung gehen ineinander über.

Unabhängig davon, wie man die Diskussion um die Einbeziehung der Zielbildung als Teil des Strategiebegriffs wertet, bleibt festzuhalten:

Strategiedefinitionen zeichnen sich durch einen unterschiedlich weiten Phasenbezug aus: Ein umfassender Phasenbezug liegt vor, wenn der Strategiebegriff auch den gesamten Bereich des Setzens von Unternehmungszielen umfaßt. Ein enger Phasenbezug liegt vor, wenn eine Strategiedefinition unterstellt, daß eine Strategie den Unternehmenszielsetzungen folgt.

d. Die Bewußtseinskomponente im Strategieverständnis

Eine stark veränderte Interpretation erfährt der Strategiebegriff, wenn man analysiert, inwieweit hinter einer Strategie eine bewußte Entscheidung für bestimmte Maßnahmen steht. Bereits Hedberg und Jönsson[33] weisen darauf hin, daß man bei Unternehmungen durchaus ein bestimmtes strategisches Verhalten beobachten kann, ohne daß das Management explizit Aktivitäten ergriffen hat, um eine solche Strategie auch zu implementieren. Dieser Gedanke ist von Mintzberg[34] aufgegriffen worden. Er versucht, eine entsprechende Systematik zu entwickeln, indem er zwei Strategiedimensionen voneinander trennt, die Dimension des »Geplantsein« einer Strategie und die Dimension der »Realisation« einer Strategie.

Für Mintzberg muß eine Strategie nicht geplant oder beabsichtigt sein, sie kann sich auch durch einen Lernprozeß ergeben. Als Konsequenz dieser Erkenntnis formuliert Mintzberg ein sogenanntes »Grassroot Model of Strategy Formulation«, welches die Strategiebildung folgendermaßen beschreibt: »Strategien wachsen zu Beginn wie Unkraut im Garten. Sie werden nicht wie Tomaten im Treibhaus kultiviert. (...) Strategien können überall Wurzeln schlagen, praktisch überall, wo Leute lernfähig sind und die Mittel dazu haben, diese Fähigkeit auszubauen.«[35]

---

[33] Vgl. Hedberg/Jönsson (1977) S. 90. Ähnlich auch Quinn (1980) S. 9.
[34] Vgl. Mintzberg (1978) S. 945 ff. Eine derartige Sichtweise ist von der Literatur inzwischen auch vereinzelt aufgegriffen worden. Vgl. hierzu beispielhaft Batelaan (1991) S. 2 ff. und Hill/Jones (1992) S. 9.
[35] Mintzberg (1991) S. 221. Eine derartige Sichtweise der Strategieentwicklung erinnert

Darüber hinaus muß sich nicht jede geplante Strategie auch später in der Realität wiederfinden. Ein Teil der beabsichtigten Strategien werden sich nicht durchsetzen, da sie eventuell auf falschen Umweltannahmen beruhen oder aber Fähigkeiten der eigenen Unternehmung falsch eingeschätzt wurden. Aus diesen Überlegungen heraus leitet Mintzberg drei Typen von Strategien ab: »(1) Intended strategies that get realized; these may be *deliberate* strategies. (2) Intended strategies that do not get realized (...); these may be called *unrealized* strategies. (3) Realized strategies that are never intended (...); these may be called *emergent* strategies.«[36] Den vierten theoretisch denkbaren Fall, daß eine nicht geplante Strategie auch nicht realisiert wird, behandelt Mintzberg nicht.

Folgt man Mintzberg, so muß man also von einer Trennung der Strategien in solche ausgehen, die das Ergebnis eines bewußten Entscheidungsprozesses darstellen und solche, die eher emergenten Charakter besitzen. Für unsere Untersuchung gilt es insofern eine weitere Dimension festzulegen:

Die Dimension des »bewußten Geplantseins einer Strategie«, deren eines Ende ein hohes Maß an bewußter a priori Festlegung einer Strategie beschreibt und dessen Gegenpol sich durch ein hohes Maß an inkrementaler, unbeabsichtigter Entwicklung einer Strategie auszeichnet.

II. Inhalte betrieblicher Strategien

Als zweite Hauptdimension zur Systematisierung der unterschiedlichen Strategiebegriffe wollen wir neben dem jeweils vorherrschenden Strategieverständnis den Strategieinhalt analysieren. Als Einzelaspekte des Strategieinhalts wollen wir die bereits in Abbildung 2.1 genannten Subdimensionen betrachten und sie an dieser Stelle eingehender analysieren.

a. Strategien und ihr organisatorischer Geltungsbereich

Sehr unterschiedlich in ihrem Inhalt sind Strategien, wenn man betrachtet, welche Position in der Organisation einer Unternehmung in ihrem Handeln durch die Strategie determiniert wird. Ist es die Unternehmung als Ganzes oder sind nur einige betriebliche Teilbereiche bzw. »strategische Geschäfts-

---

an das bereits von Lindblom (1965) S. 148 ff. beschriebene Phänomen des »muddling through«.

[36] Mintzberg (1978) S. 945.

einheiten«[37] von der strategischen Entscheidung betroffen. Dieses Betroffensein von einer strategischen Entscheidung besagt nicht, daß dieser Bereich auch selbst für die Entwicklung der Strategie verantwortlich ist. Dies kann so sein, es ist jedoch nicht zwingend notwendig.

In der Literatur werden unterschiedlich detaillierte hierarchische Ordnungen im Hinblick auf die einzelnen Strategiearten vorgestellt, deren Hauptanliegen im wesentlichen gleich ist. Je nach hierarchischer Positionierung ist die Strategie für die Unternehmung als Ganzes mehr oder minder bedeutsam. Unterscheidungskriterium ist demnach der organisatorische Geltungsbereich der einzelnen Strategie. Von zwei hierarchischen Strategieebenen geht der Ansatz von Andrews[38] aus. Er unterscheidet »corporate strategy« und »business strategy«. Erstere betrifft die Unternehmung als Ganzes. Mit ihr werden die Unternehmungsziele und die Art der Unternehmungsaufgabe(n) festgelegt. Aus der corporate strategy abgeleitet ergeben sich dann die business strategies, die konkret das Verhalten in einer bestimmten Produkt/Markt-Kombination festlegen.

Der in diesem Zusammenhang sicherlich am stärksten beachtete Ansatz wurde von Hofer und Schendel vorgelegt. Sie unterscheiden drei Ebenen:[39] Die Ebene der »Unternehmungsstrategie« (corporate strategy), die Ebene der »Geschäftsfeldstrategie« (business strategy) und die Ebene der »Funktionalbereichsstrategie« (functional area strategy). Inhalt der Unternehmungsstrategie sind Fragen hinsichtlich der Geschäftsfelder, die zu besetzen sind, der Aufteilung der Ressourcen auf die einzelnen Unternehmensbereiche sowie generelle Entscheidungen bezüglich der Finanzstruktur und des organisatorischen Aufbau- und Ablaufdesigns. Die Geschäftsfeldstrategie umfaßt Fragen nach der Art und Weise, wie dem Wettbewerb in einer Branche bzw. einem Markt zu begegnen ist. An vorderster Stelle steht die Erzielung von Wettbewerbsvorteilen. Hauptzielsetzung der Funktionalbereichsstrategien ist die effiziente Nutzung der zur Verfügung stehenden Bereichsressourcen.

Macharzina[40] ergänzt dieses Konzept um eine vierte Ebene, wobei auch dieser Ansatz in erster Linie Produkt/Markt-Kombinationen als Nukleus strategischen Handelns ansieht. Zwischen der Ebene der Unternehmungs-

---

[37] Vgl. ausführlich Rogers (1975) S. 98 ff., Hinterhuber (1978) S. 213 f., Gälweiler (1979) S. 259 f., Gälweiler (1980) Sp. 1891 f., Frese (1988) S. 193 ff. sowie Kreikebaum (1993) S. 114.
[38] Vgl. Andrews (1987) S. 13 f. Ähnlich auch Steiss (1985) S. 7. Vgl. zur Abgrenzung kritisch Schendel (1985) S. 41 ff.
[39] Vgl. Hofer/Schendel (1978) S. 23 ff.
[40] Vgl. Macharzina (1993) S. 210 ff.

strategie und der der Geschäftsfeldstrategie wird die Ebene der Wettbewerbsstrategie eingeführt. Eine Wettbewerbsstrategie dient der weiteren – von Macharzina als notwendig erachteten – Konkretisierung der Gesamtunternehmensstrategie. Wettbewerbsstrategien legen fest, wie generell mit Wettbewerbern zu konkurrieren ist. Zielsetzung ist auch hier die Erlangung von Wettbewerbsvorteilen. Die Gesamtunternehmungsstrategie legt den (die) Produkt- oder Dienstleistungsbereich(e) fest, in dem (denen) eine Unternehmung tätig sein will bzw. die aufzugeben sind. Die Wettbewerbsstrategie bestimmt nun das allgemeine Verhalten in den als wichtig erachteten Märkten. Die Geschäftsfeldstrategie ist für Macharzina Ausdruck des konkreten Verhaltens einer Unternehmung in einer bestimmten Produkt/Markt-Kombination. Es kann sich dabei um die Strategie eines bestimmten Geschäftsbereiches, einer Division oder einer strategischen Geschäftseinheit handeln. Funktionalbereichsstrategien werden analog zu Hofer und Schendel als »[Festlegung der] grundsätzlichen Ziele und Maßnahmen der Funktionsbereiche (Personalwesen, Forschung & Entwicklung, Produktion, Marketing etc. (...)«[41] angesehen. Sie werden in enger Abstimmung mit den Geschäftsbereichsstrategien entwickelt.

In der Literatur finden sich weitere hierarchische Differenzierungen des Strategieinhaltes, die stellenweise sogar noch weiter untergliedert sind.[42] Für unsere Analyse ist es nicht weiter beachtlich, wieviele strategische Hierarchiestufen es zu unterscheiden gilt. Wir halten für die weitere Untersuchung fest:

Die Inhalte strategischer Entscheidungen besitzen einen unterschiedlichen organisatorischen Geltungsbereich. Dieser ist am weitesten, wenn die Unternehmung insgesamt betroffen ist. Ein enger Geltungsbereich liegt vor, wenn sich die Strategie auf einen betrieblichen Teilbereich oder eine strategische Geschäftseinheit erstreckt.

---

[41] Macharzina (1993) S. 214.

[42] Eine Differenzierung des Strategiebegriffs »nach oben« nehmen Boseman/Phatak (1989) S. 11 f. vor. Neben den Ebenen der »corporate strategy«, »business strategy« und der »functional strategy« betrachten sie als allen dreien übergeordnet die »social strategy«. Mit ihr wird das Verhalten der Unternehmung in der Gesellschaft festgelegt. Vgl. ähnlich Hofer/Murry/Charan/Pitts (1980) S. 11. Noch detaillierter wird der Hierarchiegedanke des Strategiebegriffs bei Hinterhuber (1990) S. 55 ff. präsentiert. Vgl. hierzu auch die ähnlich tief gegliederte Hierarchie bei Hanssmann (1990) S. 256 f.

b. Strategie als Instrument zur Bestimmung der Art des Ressourceneinsatzes

Ein weiterer Aspekt des Strategieinhalts widmet sich der Frage, in welchem Ausmaß betriebliche Ressourcen in einem Bereich zu investieren bzw. aus einem Bereich abzuziehen sind. Mit Hilfe strategischer Maßnahmen erfolgt eine Steuerung des Ressourceneinsatzes. Dabei steht nicht so sehr das lokale Problem der Verteilung im Vordergrund der Betrachtung, sondern in der Regel die Veränderung oder Konstanthaltung der Quantitäten der jeweils betrachteten Ressourcen. Eine Strategie, die der Ressourcensteuerung dient, legt nicht nur fest, wohin Ressourcen fließen. Es wird vielmehr auch festgelegt, ob im Vergleich zur Vergangenheit die zur Verfügung gestellten Ressourcen steigen, schrumpfen oder unverändert bleiben. Die Literatur spricht in diesem Zusammenhang allgemein von drei unterschiedlichen Strategien, deren Aufgabe die mengenmäßige Steuerung des Ressourceneinsatzes ist:[43] Einer Schrumpfungsstrategie, einer Stabilisierungsstrategie und einer Wachstumsstrategie.

Diese Systematik hat die Ausgestaltung der Unternehmungsstrategie (corporate strategy) im Fokus, ist jedoch auch ohne Probleme auf hierarchisch niedriger stehende Strategien anwendbar. Strategien zur Steuerung des Ressourceneinsatzes können aktiv verfolgt werden, um sich von Umweltänderungen unabhängig zu machen bzw. als Reaktion auf Änderungen konzipiert werden.

Als ein Beispiel zur Systematisierung der Unternehmungsstrategieinhalte, die sich an den Gedanken der Ressourcensteuerung anlehnen, sei die Typologie Hinterhubers vorgestellt[44], der folgende Strategietypen unterscheidet:

– *Abschöpfungs- oder Desinvestitionsstrategien*: Sie dienen der Aufgabe von Geschäftsbereichen.
– *Investitions- und Wachstumsstrategien*: Mit ihnen werden neue Produkte und Märkte für die Unternehmung erschlossen.

---

[43] Vgl. Glueck (1972) S. 186 ff. und Certo/Peter (1991) S. 97 ff. Vgl. ferner den sehr interessanten empirischen Befund bei Galbraith/Schendel (1983) S. 153, die für Konsum- und Investitionsgüter unterschiedliche Strategietypen identifizieren konnten: »Six strategies were identified for consumer products: (1) harvest, (2) builder, (3) cashcow, (4) niche or specialization, (5) climber, and (6) continuity. For industrial products, four strategy types were identified: (1) low commitment, (2) growth, (3) maintenance, and (4) niche or specialization«. Vgl. ferner zur Implementation derartiger Strategien Bart (1987) S. 139 ff.

[44] Vgl. Hinterhuber (1992, Bd. 1) S. 171 ff.

– *Selektive Strategien*: In ihrer Form als Defensivstrategie werden bestehende Produktlinien stabilisiert. Als Offensivstrategie werden die Produktlinien in benachbarten Segmenten ausgebaut.

Sämtliche Strategien finden dabei ihre Begründung im Management des Geschäftsfeldportfolios einer Unternehmung. Dieser »strategische Dreiklang« der Ressourcensteuerung von Rückzug, Stabilisierung und Wachstum wird von Glueck[45] noch um die Strategie der Liquidation von Vermögensgegenständen ergänzt. Dabei handelt es sich jedoch mehr um eine Strategie, die Unternehmungseigentümer verfolgen, als daß sie von der Unternehmung selbst angestrebt wird.

Für uns gilt es somit, eine weitere Dimension zur Charakterisierung des Strategieinhalts festzulegen:

Strategische Inhalte können sich auf die Steuerung von Ressourcen beziehen. Sie beschreiben dann Verhaltensweisen, die eher investiven Charakter besitzen oder solche, die eher als Desinvestition zu bezeichnen sind.

c. Strategie als Instrument zur Gestaltung der Umweltabhängigkeit

Eine eher allgemein gehaltene Perspektive einer auf Inhalte bezogenen Strategietypologie wählen Galbraith[46] sowie in der Konkretisierung des Galbraith'schen Ansatzes Zeithaml und Zeithaml.[47] In ihrem Fokus liegt nicht nur der Wettbewerb oder bestimmte Produkt/Marktkombinationen, sondern allgemein die Gestaltung der Beziehungen der Unternehmung zu seiner Umwelt. Trotz dieser generellen Perspektive sollte jedoch berücksichtigt werden, daß eine Marketing-Orientierung dieser Studien nicht zu übersehen ist. Die Einflußnahme auf die Umwelt wird mit der Verwirklichung der gesetzten Marktziele gerechtfertigt.

Der Unternehmung stehen prinzipiell drei unterschiedliche Alternativen für die Ausrichtung ihrer strategischen Verhaltensweisen zur Verfügung.

---

[45] Vgl. Glueck (1972) S. 186 ff.
[46] Vgl. Galbraith (1973). Vgl. auch den ähnlich orientierten Ansatz bei Pfeffer (1978) S. 141 ff., der es als Hauptaufgabe der Unternehmung ansieht, sich von Unsicherheit, Umweltänderungen und Wettbewerbsänderungen unabhängig zu machen, um nicht später selbst aufwendige Reorganisationsprozesse o.ä. durchführen zu müssen. Vgl. auch Thompson (1967) und Pfeffer/Salancik (1978). Für unser Analyseziel wenig hilfreich sind hier eher »kombinatorische« Ansätze wie sie beispielsweise von Frederick/Davis/Post (1988) S. 100 ff. vorgestellt werden.
[47] Vgl. Zeithaml/Zeithaml (1984) S. 49 ff.

Unterscheiden lassen sich die Formen der Strategie hinsichtlich der Intensität, mit der sie Einfluß auf die Umwelt nehmen.

(i) Die geringste Einflußnahme ist bei den »independent environment management strategies« zu verzeichnen. Die Namensgebung ist hier etwas irreführend, da derartige Strategien nicht als Strategien zur Erlangung genereller Unabhängigkeit von Umwelteinflüssen konzipiert sind, sondern mit ihnen nur eine Unabhängigkeit vom wettbewerblichen Umfeld angestrebt wird. Entsprechend konzentrieren sich diese Strategien nur auf einen Teil der unternehmungsrelevanten Umweltparameter. Die Strategie zielt darauf ab, dem Wettbewerb offensiv und aggressiv zu begegnen, um sich so »unabhängig« von Änderungen der Wettbewerbsumwelt zu machen. Man selbst bestimmt den Wandel der Wettbewerbsparameter und nicht der Wettbewerb.

(ii) Nicht mehr nur die Wettbewerbsumwelt im Blickwinkel haben die Strategien, die der zweiten Ausrichtung strategischen Verhaltens zugerechnet werden, die sog. »cooperative strategies«. Zwar wird hier bereits die gesamte Unternehmungsumwelt betrachtet, konkrete Aktivitäten zur Gestaltung der entsprechenden Parameter werden jedoch nicht unternommen. Vielmehr wird versucht, mittels unternehmungsübergreifender Kooperation die eigene Flexibilität derart zu erhöhen, daß bei Parameteränderungen eine eigene Reaktion nicht sofort erforderlich ist. Die gebündelten Ressourcen erlauben es, dem Umweltdruck nachhaltigen Widerstand entgegenzusetzen. Nur noch auf fundamentale Änderungen muß reagiert werden. Viele inkrementale Impulse, die ohne Kooperation noch einer »Antwort« bedurft hätten, können nun mit dem geballten Ressourcenpotential absorbiert werden.

(iii) Beim letzten Strategietypus rückt ebenfalls die gesamte Unternehmungsumwelt in den Fokus der Strategiegestaltung. Es wird jetzt nicht nur versucht, die Konsequenzen einer Umweltänderung zu kompensieren, sondern vielmehr aktiv einzelne Umweltparameter – nicht nur solche des Wettbewerbs – zu gestalten. Strategien dieser Art werden als »strategic maneuvering«[48] bezeichnet. Die strategischen Manöver bilden damit diejenigen strategischen Optionen, die es einer Unternehmung am ehesten ermöglichen, die für sie relevanten Parameter der Aufgabenumwelt zu gestalten, um so eine größere Unabhängigkeit von etwaigen Änderungen zu erlangen.

Sehr ähnlich – obwohl offensichtlich unabhängig voneinander entstanden – ist die Systematik von Kirsch und Habel:[49] Sie entwickeln einen theoretischen Bezugsrahmen zur Analyse des von ihnen sogenannten »strategischen

---

[48] Zeithaml/Zeithaml (1984) S. 49.
[49] Vgl. Kirsch/Habel (1991) S. 411 ff. Vgl. ferner Knyphausen-Aufsess (1995) S. 390 ff.

Manövrierens«[50] als Handlungsweise im Rahmen der strategischen Unternehmungsführung. Zur Systematisierung der unterschiedlichen strategischen Manöver gehen Kirsch und Habel von dem Begriffspaar Abhängigkeit und Macht aus. Immer dort, wo Macht entsteht, verringert sich die Abhängigkeit. Unternehmungen verändern also ihr Machtpotential, um so ihre Unabhängigkeit zu stärken.

(i) In einem ersten Typus versuchen Unternehmungen ihre Abhängigkeiten von Wettbewerbsbedingungen zu verringern, indem sie Marktmacht aufbauen. Dies erfolgt konkret dadurch, daß Unternehmungen sich Alternativen offen halten (sowohl auf der Beschaffungsseite als auch auf der Absatzseite) oder versuchen, ein möglichst hohes Prestige bzw. Image aufzubauen, um so die Selbstverpflichtung ihrer Mitglieder und Teilnehmer zu erhöhen. Diese strategischen Manöver werden als *Unabhängigkeitsstrategien* bezeichnet. Ihr Ziel ist es, Abhängigkeiten zu verringern oder sie zumindest nicht zu verstärken.

(ii) Die zweite Gruppe von Strategien lassen sich als *kooperative Strategien* bezeichnen. Durch Kooperation soll versucht werden, das eigene Machtpotential zu erhöhen. Die Abhängigkeit insgesamt verringert sich bei einer derartigen Strategie jedoch nur, wenn die sich aus der Kooperation heraus ergebene Abhängigkeit die aus dem erhöhten Machtpotential resultierende Unsicherheitsreduktion nicht kompensiert.

(iii) Diese beiden grundlegenden Strategietypen bzw. Zielrichtungen – die Unabhängigkeitsstrategien und die kooperativen Strategien – werden als »defensive Art des Manövrierens« bezeichnet. Demgegenüber stehen die *expansiven Strategien*, deren Ziel auf Expansion und Umgestaltung gerichtet ist, um so Abhängigkeiten zu vermeiden.

Unabhängig davon, wie nun die Einzelstrategien ausgestaltet sind, wird auch in der Typologie von Kirsch und Habel die Intensität des gestalterischen Impetus deutlich: Entweder versucht man so gut es geht, sich reaktiv zu verhalten, oder man wählt eine aktive gestalterische strategische Option.

Es läßt sich damit ein weiterer inhaltlicher Aspekt einer Strategie beschreiben:

Strategien dienen dazu, die Abhängigkeitsbeziehungen der Unternehmung zu ihrer Umwelt zu beeinflussen. Im allgemeinen lassen sich da-

---

[50] Vgl. zum Begriff des strategischen Manövrierens Kirsch/Habel (1991) S. 416. »Mit dem Terminus ‚Strategisches Manöver' sollen allerdings ganz bewußt auch Assoziationen eines ‚gewitzten Handelns', eines ‚klugen Taktierens' usw. geweckt werden, wie sie für ein strategisches Handeln wohl typisch sind.«

bei strategische Optionen unterscheiden, die in unterschiedlich starkem Ausmaß das Unabhängigkeitsstreben unterstützen.

d. Strategie als Ausdruck einer Grundhaltung der Unternehmung

Analog zum Entscheidungsverhalten bei Einzelentscheidern, bei welchem sich in Abhängigkeit zur individuellen Einstellung zum Risiko, Risikoneutralität, Risikoaversion und Risikofreude unterscheiden lassen, kann die Strategie einer Unternehmung auch Ausdruck einer bestimmten Grundhaltung sein. Eine derartige strategische Grundhaltung muß nicht explizit formuliert sein.[51] Es kann sich auch um eine unbewußte Verhaltensweise handeln, deren gesamte Ausrichtung sich als eine bestimmte Grundhaltung deuten läßt.

Die wohl bekannteste Typologie strategischer Grundhaltungen wurde von Miles und Snow[52] konzipiert. Sie entwickeln Strategien, die ein bestimmtes Anpassungsverhalten der Unternehmung an die spezifische Umwelt beschreiben. Zu beachten bei dieser Typologie ist, daß sie sich vor allem auf das Verhalten einer Unternehmung am Markt konzentriert. Miles und Snow beanspruchen mit ihrer Typologie keine Geltung für die gesamten Handlungen der Unternehmung, wenn auch die Darstellung ihres Ansatzes in der Literatur dies manchmal suggerieren mag. Als strategische Grundhaltung werden drei Typen identifiziert:

- *Verteidiger*: Man agiert auf gut überschaubaren Märkten und versucht dort, sich eine starke Marktstellung aufzubauen. Dies drückt sich vielfach in einem scharfen Preiswettbewerb und einem Drang zur vertikalen Integration aus.
- *Prospektor*: Man ist ständig auf der Suche nach neuen Geschäftsfeldern und ist damit Hauptverursacher der marktmäßigen und technologischen Dynamik einer Branche.
- *Analysierer*: Läßt sich als Kombination der beiden obrigen Typen verstehen. Es wird ein stetiges Wachstum angestrebt, wobei sorgfältig abgewogen wird, inwieweit angestammte Geschäftsfelder ausgebaut bzw. neue Geschäftsfelder erschlossen werden.

---

[51] Vgl. Kirsch (1990) S. 284 f.
[52] Vgl. Miles/Snow (1978) S. 29 ff. Vgl. ferner die Folgeuntersuchungen von Snow/Hambrick (1980) S. 527 ff. und Snow/Hrebiniak (1980) S. 317 ff., Hambrick (1983a) S. 5 ff., McDaniel/Kolari (1987) S. 19 ff. und ähnlich Dvir/Segev/Shenhar (1993) S. 155 ff., die die Miles/Snow'sche Typologie im wesentlichen bestätigt haben. Vgl. ausführlich die Kritik an der Vorgehensweise von Miles und Snow bei Werkmann (1989) S. 98 ff.

Darüber hinaus wurde von Miles und Snow noch ein vierter Typ ermittelt, der *Reagierer*, der, da er kein stabiles Verhalten aufweist, auch nicht als Strategietyp bezeichnet wird. Ein Reagierer paßt seine Verhaltensweise stetig den Umweltänderungen an, ohne daß hier eigenständige Ziele bezüglich der Umweltparameter verfolgt werden. Für uns besitzt auch dieser Typus Strategiecharakter, da Unternehmungen sich hierbei durch ein Höchstmaß an Flexibilität auszeichnen müssen.[53] Das Vorhalten von Ressourcen zur Sicherung der Flexibilität läßt sich als strategische Grundhaltung interpretieren.

Eine Erweiterung der Miles/Snow'schen Typologie ist von Kirsch und Trux[54] vorgenommen worden. Sie klassifizieren die strategische Grundhaltung von Unternehmungen anhand ihrer »Haltung zu Neuerungen« und an ihrer »Haltung zur Spezialisierung«. Erstere kann progressiv, abwägend analysierend oder konservativ sein. Letztere kann von der Spezialisierung auf ein Geschäftsfeld bis zum Generalisten reichen. Je nach Ausprägung der Dimensionen lassen sich folgende Strategietypen unterscheiden:

- *Verteidiger:* Eine Unternehmung konzentriert sich auf ihr angestammtes Geschäft. Es wird alles getan, den Markteintritt neuer Wettbewerber zu verhindern. Die konservative Grundhaltung erschwert die Einführung innovativer bzw. weiterentwickelter Produkte.
- *Architekt*: Es ist keine Präferenz für bestehende Geschäftsfelder erkennbar. Vorurteilsfrei wird für die zukünftige Entwicklung die Wahl der Geschäftsfelder und Technologien getroffen.
- *Risiko-Streuer*: Ähnlich der Verteidigungsstrategie wird sich auf bewährte Geschäftsfelder konzentriert. Es findet jedoch eine Streuung statt, so daß Mißerfolge in einem Geschäftsfeld durch Erfolge in einem anderen ausgeglichen werden.
- *Innovator*: Eine Idee oder Entwicklung wird auf einem bestimmten Markt solange verfolgt, bis sie schließlich zum Erfolg führt. Anschließend wendet man sich einer anderen Innovation zu.
- *Prospektor*: Eine Prospektorstrategie ist dadurch gekennzeichnet, daß die Unternehmung ständig auf der Suche nach Neuheiten ist. Im Gegensatz zur Innovatorstrategie werden die einzelnen Projekte nicht so nachhaltig verfolgt. Das Scheitern bestimmter Innovationen wird berücksichtigt.
- *Reagierer*: Ähnlich der Typologie von Miles und Snow wird auch diese Strategie quasi als Sonderfall betrachtet. Der Reagierer betreibt keine

---

[53] Vgl. Conant/Mokwa/Varadarajan (1990) S. 367, die diesen Typ auch als »residual type lacking consistent response characteristics« bezeichnen.
[54] Vgl. Kirsch/Trux (1981) S. 299 ff.

Strategie im eigentlichen Sinne; er handelt nicht vorausschauend, sondern paßt sich stetig den wandelnden Ereignissen an.

Entscheidend an der Typologie von Kirsch und Trux ist die Erkenntnis, daß es sich bei den strategischen Typen keineswegs um im Zeitablauf konstante Verhaltensweisen handelt. Zwar sind sie für eine bestimmte Periode stabil, dies bedeutet aber nicht, daß eine Unternehmung sich nicht von einer Grundhaltung zu einer anderen wandeln kann.[55]

Es läßt sich somit ein weiterer Aspekt strategischer Inhalte beschreiben:

Strategien dienen der Ausrichtung der grundlegenden Verhaltensweise einer Unternehmung. Die Verhaltensweisen der Unternehmung reichen dabei von einer innovativen oder offensiven Grundhaltung bis hin zu einer imitativen oder defensiven Grundhaltung.

e. Strategie als Instrument zur Erlangung von Wettbewerbsvorteilen

Ein weiterer inhaltlicher Aspekt der immer wieder mit dem Strategiegedanken verbunden wird, ist die Art und Weise der Auseinandersetzung mit dem Wettbewerb. Ziel einer Unternehmung ist es, sich Vorteile gegenüber den Wettbewerbern zu verschaffen. Um dieses Ziel zu erreichen, wird eine Wettbewerbsstrategie konzipiert.[56]

Zwei Faktoren bestimmen dabei den relativen strategischen Vorteil gegenüber dem Wettbewerb innerhalb der Branche:

- Die Kosteneffizienz: Mit ihr ist eine günstige Input-Output-Relation gemeint.
- Der Differenzierungsgrad: Er gibt an, inwieweit das Produkt oder die Dienstleistung bzw. der Nutzen hieraus aus der Sicht der Abnehmer als einzigartig empfunden wird.

Entlang dieser beiden Faktoren lassen sich nun unterschiedliche Wettbewerbsstrategien ableiten:[57]

- *Strategie der Kostenführerschaft*: Man versucht, der kostengünstigste Wettbewerber einer Branche zu werden. Es werden eher Standardprodukte angeboten.

---

[55] Vgl. hierzu auch Kirsch (1990) S. 285 sowie Kirsch/Trux (1981) S. 307.
[56] Vgl. ausführlich Porter (1986) S. 19 ff.
[57] Vgl. hierzu auch die empirische Prüfung bei Hambrick (1983b) S. 687 ff. sowie den dort gezeigten starken Einfluß der Umweltdynamik auf die jeweils gewählte Strategie.

- *Strategie der Differenzierung*: Ziel ist das Angebot von Produkten, die sich hinsichtlich der Produkteigenschaften von denjenigen der Wettbewerber unterscheiden. Bedingung ist: Es muß sich um Eigenschaften handeln, für deren Bereitstellung eine Nachfrage existent ist.
- *Strategie der Konzentration auf Schwerpunkte*: Im Gegensatz zu den obigen Strategien liegt nicht mehr der Gesamtmarkt im Fokus der Unternehmung. Es wird sich vielmehr auf eine Marktnische oder ein Marktsegment konzentriert. In diesem Teilmarkt werden dann die Schwerpunkte entweder eher auf die Kostenführerschaft oder aber eher auf Differenzierung gelegt.

Für Porter schließen sich Strategiekombinationen – d.h. die gleichzeitige Erlangung der Wettbewerbsvorteile Kostenführerschaft und Differenzierung – ex definitione aus, da eine Strategie der Differenzierung in der Regel zu höheren Kosten führt und insofern nicht mehr kosteneffizient sein kann. Dieser Aspekt ist in der Literatur jedoch nicht ohne Widerspruch geblieben.[58]

Damit läßt sich ein weiterer strategischer Inhalt beschreiben:

Strategien dienen der Erlangung von Wettbewerbsvorteilen gegenüber den direkten Wettbewerbern. Unterschiedliche Instrumente können hierzu eingesetzt werden. Sie lassen sich anhand der Aspekte Kosteneffizienz und Differenzierungsgrad charakterisieren.

f. Strategie zur Festlegung von Produkt und Markt

Ein weiterer Aspekt der Bestimmung des Strategieinhaltes betrifft die Wahl von Produkten und Märkten. Den wohl bekanntesten Ansatz zur Systematisierung der sich in diesem Zusammenhang bietenden Alternativen wurde von Ansoff[59] vorgelegt. Je nach dem, ob es sich um einen für die Unternehmung neuen Markt oder einen bereits besetzten Markt handelt bzw. ob ein neuartiges oder aber ein bereits gegenwärtig vermarktetes Produkt vorliegt, lassen sich vier Produkt/Markt-Strategien voneinander abgrenzen:

---

[58] Vgl. Phillips/Chang/Buzzell (1983) S. 39., White (1986) S. 217 ff., Wright (1987) S. 93 ff., Hill (1988a) S. 401 ff., Wright/Kroll/Tu/Halms (1991) S. 62. und Marlin/Hoffman/Lamont (1994) S. 155 ff.

[59] Vgl. hierzu Ansoff (1957) S. 113 ff. Zu beachten ist, daß Ansoff diese strategischen Alternativen für wachsende Branchen konzipiert hat. Hieran knüpft auch die Kritik Mefferts (1994) S. 111: »Kritisch ist anzumerken, daß es sich ausschließlich um die Wachstumstrategien handelt. Die Typologie ist zumindest um die Strategiealternativen der Abschöpfung und des Rückzugs zu ergänzen.«

- Die Strategie der *Marktdurchdringung* zielt darauf ab, auf bereits besetzten Märkten bei bereits vorhandenen Produkten das Marktpotential durch intensive Bearbeitung des Marktes nachhaltig auszuschöpfen. Dies ist möglich, indem man Käufer des Wettbewerberproduktes für sich gewinnt, Nichtverwender anspricht oder die Verwendung des Produktes bei den eigenen Kunden erhöht.
- Die Strategie der *Marktentwicklung* versucht, für vorhandene Produkte neue Märkte zu entwickeln. Regionale Ausdehnung oder die Erschließung von Marktsegmenten sind hier die Hauptparameter.
- Die Strategie der *Produktentwicklung* versteht sich als die Bereitstellung neuartiger Produkte für bereits vorhandene Märkte. Dies können sowohl Innovationen sein als auch zusätzliche Produktversionen oder Produktprogrammerweiterungen.
- Die Strategie der *Diversifikation* ist die weitestgehende Entfernung von bisher besetzten Produkt/Markt-Kombinationen. Am stärksten tritt diese Entfernung bei der lateralen Diversifikation zutage. Die horizontale Diversifikation drückt eine sachliche Verwandtschaft zum bisherigen Produktprogramm aus, während die vertikale Diversifikation auf eine Vergrößerung der Tiefe des Produktprogramms zielt.

In der Literatur ist insbesondere die Diversifikationsstrategie ausführlich analysiert worden. Im Detail wollen wir diesen Aspekt hier nicht vertiefen. Es sei hierfür auf die sehr umfassenden Darstellungen bei Pearce und Robinson, Welge und Al-Laham sowie Bühner verwiesen.[60]

Mit der Wahl der zu besetzenden Produkt/Markt-Kombinationen ist noch keine Entscheidung darüber gefallen, wie eine derartige Kombination zu entwickeln ist. Grundsätzlich sind dabei zwei Vorgehensweisen zu unterscheiden: Der eigenständige Aufbau einer derartigen Kombination oder die Akquisition unternehmungsfremder Einheiten. Dabei beschränkt sich die Akquisitionsstrategie nicht nur auf den Fall der eigentlichen Diversifikation, d.h. die Wahl eines neuen Produktes und eines neuen Marktes. Akquisitorische Aktivitäten sind durchaus auch bei den anderen Strategien der Produkt/Markt-Wahl anzutreffen. Ähnlich der Diskussion unterschiedlichster Aspekte des Diversifikationsverhaltens wird auch der Durchführung von Akquisitionsstrategien in der Literatur vielfältige Beachtung geschenkt. Neben den unterschiedlichen Arten der Unternehmungsakquisition gilt die Aufmerksamkeit vor allem den Motiven für eine Akquisitionsstrategie so-

---

[60] Vgl. Pearce/Robinson (1988) S. 244 ff., Welge/Al-Laham (1992) S. 293 ff. und Bühner (1993) S. 255 ff.

wie den Bedingungen, unter denen eine derartige erfolgsversprechend erscheint.[61]

Damit läßt sich ein letzter strategischer Inhalt beschreiben:

Strategien dienen der Wahl bestimmter Produkt/Markt-Kombinationen. Von der Marktdurchdringung bis zur Diversifikation lassen sich dabei unterschiedliche strategische Inhalte unterscheiden.

Die vorangegangenen Ausführungen haben gezeigt, daß man der Analyse des Strategiephänomens sicherlich nur gerecht wird, wenn man eine differenzierte Vorgehensweise wählt. Neben unterschiedlichen Intentionen, die im jeweiligen Strategieverständnis ihren Ausdruck finden, gilt es auch vielfältige Inhalte voneinander abzugrenzen, die jeweils Gegenstand einer strategischen Entscheidung sein können. Betrachtet man in diesem Zusammenhang nochmals unsere weiter oben vorgelegte Abbildung 2.1, so lassen sich, wie wir bereits ausgeführt haben, die dort genannten Subdimensionen des Strategieverständnisses und des Strategieinhaltes als Skalen interpretieren. Jede Strategiedefinition läßt sich als Kombination unterschiedlichster Skalenausprägungen verstehen. Die Chandler'sche Definition: »Strategy can be defined as the determination of the basic long-term goals and objectives of an enterprise, and the adoption of courses of action and the allocation of resources necessary for carrying out these goals,«[62] würde sich folgendermaßen in unserer Systematik wiederfinden:

– Die Interaktion mit einem »Gegenspieler« wird nicht betrachtet.
– Der zeitliche Bezug ist ausschließlich langfristig.
– Die Strategie umschließt die Zielfestlegung.
– Bei einer Strategie handelt es sich um eine bewußte Festlegung zukünftiger Handlungsweisen.
– Eine Strategie gilt für die gesamte Unternehmung.
– Mit ihr geht eine Ressourcensteuerung einher.
– Die Aspekte der Festlegung einer grundlegenden Verhaltensweise der Unternehmung, der Erzielung von Wettbewerbsvorteilen wie auch die Wahl bestimmter Produkt/Markt-Kombinationen sind nicht Gegenstand der Chandler'schen Strategiedimension.

In ähnlicher Weise ließen sich sämtliche in der Literatur vorgelegten Strategiebegriffe klassifizieren. Dabei ist anzunehmen, daß je nach individueller

---

[61] Vgl. hierzu ausführlich Bühner (1993) S. 349 ff.
[62] Chandler (1962) S. 13.

Ausgestaltung der Definition bestimmte Kombinationen der Ausprägungen der Subdimensionen gehäuft auftreten, andere sich wiederum als unvereinbar erweisen. Um welche es sich hierbei möglicherweise handelt, soll an dieser Stelle nicht erörtert werden. Wir kommen hierauf im Rahmen unserer Re-Analyse empirischer Forschungsergebnisse noch zurück. An dieser Stelle gilt es lediglich festzustellen, daß das Strategieverständnis in der Literatur äußerst heterogen ist, aber mit Hilfe des hier vorgelegten Konzeptes systematisch erfaßt werden kann.

Entsprechend läßt sich der Zusammenhang von Strategie und Struktur, zumindest soweit es die Strategiekomponente betrifft, nicht nur eindimensional analysieren. Die folgenden Ausführungen werden zeigen, ob auch die Organisationskomponente als ein solches mehrdimensionales Konstrukt zu begreifen ist.

B. Die Organisationsstruktur aus der Perspektive einer Betriebswirtschaft

Ähnlich dem Strategiebegriff finden sich in der Literatur vielfältige Versuche, den Begriff der Organisation zu definieren und abzugrenzen. Im Gegensatz zur oben geführten Strategiediskussion sind diese jedoch bei weitem nicht so kontrovers.[1] Wir können insofern darauf verzichten, unterschiedliche Dimensionen für das Begriffsverständnis von Organisation abzuleiten und uns darauf beschränken zu fragen, welche unterschiedlichen Inhalte sich hinter dem Begriff der Organisationsstruktur verbergen.

I. Organisationsstruktur als Ergebnis formaler Regelungskomponenten

Das Verständnis, welches dem Begriff der Organisationsstruktur entgegengebracht wird, ist in einem zentralen Punkt einheitlich. Die Organisationsstruktur ist im Kern das Abbild eines formalen Regelwerkes zur Erreichung der gesetzten Organisationsziele.[2] Derart formale Regelungskomponenten abstrahieren von den einzelnen Organisationsmitgliedern. Sie orientieren sich an der zu bewältigenden Unternehmungsaufgabe. Die Vielzahl der organisatorischen Regelungen lassen sich anhand des ihnen innewohnenden Zwecks systematisieren. Auf der einen Seite dienen sie der Aufspaltung der

---

[1] Illustrieren läßt sich dies am Beispiel des Lehrbuchs von Kieser/Kubicek (1976 und 1992). Wurde in der ersten Auflage im Jahre 1976 die Unterscheidung zwischen institutionellem und instrumentellem Organisationsbegriff noch ausführlich diskutiert, so scheint dies in der dritten Auflage im Jahre 1992 kein relevantes Problem mehr darzustellen. Vgl. ausführlich zum Organisationsbegriff Kossbiel/Spengler (1992) Sp. 1250. Vgl. ferner zur Entwicklung der Organisationsforschung z.B. Frost (1980) S. 501 ff., Clark (1985) S. 43 ff., Hauschildt (1987), Steinmann/Schreyögg (1991) S. 30 ff., Staehle (1991) S. 21 ff. und Frese (1992) S. 5 ff.

[2] Vgl. z.B. Child (1972a) S. 2 und Khandwalla (1977) S. 482.

B. Die Organisationsstruktur aus der Perspektive einer Betriebswirtschaft

Unternehmungsaufgabe in mehrere Teilaufgaben, die es dann einer Organisationseinheit zuzuweisen gilt. Auf der anderen Seite gilt es, das Zusammenwirken der einzelnen Organisationseinheiten bei der Verwirklichung der Unternehmungsaufgabe sicherzustellen. Diese Aspekte werden im allgemeinen als Spezialisierung und Koordination bezeichnet.

Die Tatsache, daß der Begriff der Organisationsstruktur bei weitem nicht so heterogen verstanden wird wie der weiter oben erörterte Strategiebegriff, erlaubt es uns, die folgenden Ausführungen in der Weise zu beschränken, wie wir sie für die Bearbeitung unserer Forschungsfragestellung als notwendig erachten. Wie sehen es nicht als unsere Aufgabe an, ein umfassendes Konzept sämtlicher Spezialisierungsformen und Koordinationsinstrumente zu entwickeln. Hierzu sei auf die einschlägige Literatur verwiesen. An dieser Stelle möchten wir einige für unsere Untersuchung besonders wichtige Aspekte detaillierter erörtern.

Ausgangspunkt unserer Überlegungen ist das Verständnis von Organisationsstruktur als Ergebnis der Wahl bestimmter Spezialisierungsformen und dem sich daraus ergebenden Zwang zum Einsatz adäquater Koordinationsinstrumente.[3] Das Zusammenspiel beider Aspekte mündet in die Konfiguration als einem System mehrstufiger Spezialisierung, bei welchem die Koordinationsfunktion mit Hilfe hierarchischer Weisungsbefugnisse wahrgenommen wird.[4] Die Verteilung von Entscheidungskompetenz und Entscheidungsverantwortung[5] im Rahmen einer Organisationsstruktur gilt es dann unter dem Stichwort »Entscheidungszentralisation« zu untersuchen. Darüber hinaus trägt auch der Grad der Formalisierung und Standardisierung von Kommunikation und Interaktion zwischen den einzelnen Organisationseinheiten[6] entscheidend zur koordinierten Erfüllung einer spezialisierten Unternehmungsaufgabe bei. Auch hierdurch läßt sich eine Organisationsstruktur charakterisieren.

Wie die organisationstheoretische Forschung gezeigt hat,[7] scheinen sich aus den jeweiligen Ausprägungen organisations-struktureller Komponenten

---

[3] Vgl. Hauschildt (1987) S. 10 und auch Kieser/Kubicek (1992) S. 74.

[4] Vgl. z.B. Blau/Schoenherr (1971) S. 111 ff., Pugh (1973) S. 21, Hoffmann (1980) S. 280, Grochla (1982) S. 89, Kreder (1983) S. 67 f., Child (1984) S. 5 und Kieser/Kubicek (1992) S. 126 ff.

[5] Vgl. Hauschildt (1969) Sp. 1693 ff., Bleicher (1980a) Sp. 2283 ff. Vgl. ferner Grochla (1976) S. 249 ff., Pfeffer (1978) S. 50 ff., Hoffmann (1980) S. 29 ff., Jacob (1980) S. 82 ff., Child (1984) S. 5, Kubicek/Welter (1985) S. 67 f., Galbraith/Kazanjian (1986) S. 6 und Kieser/Kubicek (1992) S. 153 ff.

[6] Vgl. z.B. Thompson (1967) S. 55 f., Pfeffer (1978) S. 45 ff., Child (1984) S. 153 ff. und Kieser/Kubicek (1992) S. 159 ff.

[7] Vgl. z.B. Burns/Stalker (1961) S. 119 ff., Pugh/Hickson/Hinings (1969) S. 115 ff., Per-

Typen der Organisationsstruktur herauszubilden, die sich dadurch auszeichnen, daß Spezialisierungs- und Koordinationsaspekte in bestimmter Art und Weise zusammenwirken. Insofern ist eine Betrachtung der Organisationsstruktur unvollständig, solange sie nicht auch festgefügte Organisationsstrukturtypen mit einbezieht.

a. Das Zusammenwirken von Spezialisierung und Koordination

Spezialisierung und Koordination werden als zwei sich ergänzende Prinzipien der Organisationsstruktur verstanden.[8] Spezialisierung differenziert die zu erfüllende Organisationsaufgabe in operationale Stellenaufgaben, während Koordination die Integration dieser Teilaufgaben sicherstellt. Als Varianten der Spezialisierung wären dabei in erster Linie zu nennen:

- Die Spezialisierung entsprechend der durchzuführenden *Verrichtung*. Artgleiche Verrichtungen werden in einer Stelle zentralisiert.
- Die Spezialisierung entsprechend der zu bearbeitenden *Objekte*. Die Verrichtung unterschiedlicher Tätigkeiten an einem Objekt wird in einer Stelle zentralisiert.
- Die Spezialisierung entsprechend des Tätigwerdens in einem bestimmten geographisch abgrenzbaren *Raum*. Unterschiedliche Verrichtungen an unterschiedlichen Objekten innerhalb eines bestimmten Raumes werden in einer Stelle zentralisiert.

Der durch die gewählte Form der Spezialisierung entstandene Koordinationsbedarf kann mit Hilfe der unterschiedlichsten Instrumente befriedigt werden. Legt man die Systematik von Brockhoff und Hauschildt[9] zugrunde, so ist Koordination in erster Linie eine Frage hierarchischer Koordination. Koordination durch Hierarchie wird jedoch oftmals durch andere Instrumente ergänzt, wie beispielsweise die Bildung von Stäben, die Einrichtung von Kommissionen oder die Einführung von Projektmanagement. Darüber hinaus kann auf hierarchische Koordination aber auch verzichtet werden, wenn man sich z.B. der folgenden Koordinationsinstrumente bedient: Der

---

row (1970) S. 50 ff., Williamson (1975) S. 151 ff., Summer (1976) S. 103 ff., Van de Ven (1976) S. 64 ff., Mintzberg (1979) S. 299 ff., Miller (1983) S. 770 ff., Hill (1988a) S. 406, Bleicher (1991) S. 388 ff., Probst (1993) S. 51 ff. und Macharzina (1993) S. 370 ff.

[8] Vgl. z.B. Mintzberg (1979) S. 65, Hill/Jones (1992) S. 313 und Kieser/Kubicek (1992) S. 18.

[9] Vgl. Brockhoff/Hauschildt (1993) S. 396 ff. Vgl. weitere Konzepte zur Darstellung der unterschiedlichen Formen der Koordination bei Meier (1969) Sp. 893 ff., Kieser/Kubicek (1992) S. 96 ff. und Rühli (1992) Sp. 1164 ff.

Koordination über Verrechnungspreise, der Koordination mit Hilfe von Programmen oder Plänen sowie der Koordination durch Distanzgestaltung zwischen den einzelnen Stellen.

Diese Aufzählung der einzelnen Varianten von Spezialisierung und Koordination soll nicht den Anspruch auf Vollständigkeit erheben. Sie soll in erster Linie einen Eindruck darüber vermitteln, welche vielfältigen Organisationsinstrumente sich hinter den Aspekten Spezialisierung und Koordination verbergen. Darüber hinaus soll eine solche Aufzählung aber auch deutlich machen, daß das von uns zugrundegelegte Verständnis von Organisationsstruktur – als Zusammenspiel von Spezialisierung und Koordination – auch die in der deutschsprachigen Organisationsforschung vielfach anzutreffende Unterscheidung in Aufbau- und Ablauforganisation umfaßt. Die Formen der Spezialisierung sind mit den Möglichkeiten der Bildung analytischer Teilaufgaben im Rahmen der Aufgabenanalyse und Arbeitsanalyse[10] vergleichbar. Die Arten der Koordination finden sich in den Prinzipien der Synthetisierung analytischer Teilaufgaben zu entsprechenden Stellenaufgaben im Rahmen der Aufbauorganisation wieder und darüber hinaus auch in den unterschiedlichen Formen der ablauforganisatorischen Strukturierung von Arbeitsschritten. Beide Konzepte sind demnach ineinander überführbar. Mit dem Strukturverständnis als einem Ergebnis von gewählter Spezialisierung und Koordination hat sich jedoch in der jüngsten Zeit – sicherlich nicht unbeeinflußt von der englischsprachigen, vorwiegend empirisch ausgerichteten Organisationsforschung – die theoretisch anspruchsvollere Sichtweise durchgesetzt. Hiernach ist eine unternehmerische Aufgabe arbeitsteilig zu erfüllen, wobei es zwingend notwendig ist, die Erledigung der Teilaufgaben sinnvoll aufeinander abzustimmen. Andernfalls ist die Unternehmungsaufgabe nicht zufriedenstellend zu lösen. Eine solche theoretische Schärfe ist in der Unterscheidung von Aufbau- und Ablauforganisation nicht anzutreffen.

b. Die Konfiguration als Ergebnis mehrstufiger Spezialisierung und hierarchischer Koordination

Konfiguration als »äußere Form des Stellengefüges«[11] läßt sich an unterschiedlichen Aspekten konkretisieren. So nennen beispielsweise Kieser und Kubicek[12] die Existenz von Einlinien- und Mehrliniensystemen, das Pro-

---

[10] Vgl. Kosiol (1962) S. 42 ff., Luhmann (1972) S. 23 ff, Kosiol (1980a) Sp. 179 ff., Kosiol (1980b) Sp. 1 ff., Gaitanides (1992) Sp. 3 ff. und Hoffmann (1992) Sp. 208 ff.
[11] Kieser/Kubicek (1992) S. 126.
[12] Vgl. Kieser/Kubicek (1992) S. 127 ff. Vgl. ähnlich auch Khandwalla (1977) S. 483. Wesentlich enger in der Abgrenzung ist hier Grochla (1982) S. 108.

blem von fachlicher und disziplinarischer Verantwortung, das Zusammenspiel von Linien- und Stabsstellen, Formen des Projekt- und Produktmanagements sowie schließlich die Konfigurationsmaße Gliederungstiefe, Leitungsspanne und Stellenrelationen.

Jeder dieser Aspekte kann als eine bestimmte Form einer Spezialisierungs/Koordinationskombination verstanden werden. Im wesentlichen handelt es sich damit um die Ausgestaltung der Hierarchie einer Organisation, die durch eine oder mehrere Spezialisierungsformen und entsprechende hierarchische Koordinationsmechanismen gekennzeichnet ist. Krüger[13] spricht von Konfiguration als äußerer Form der Hierarchie. Unzweifelhaft trifft diese Sichtweise auf die Konfigurationsmaße Gliederungstiefe, Leitungsspanne und Stellenrelation zu. Auch das sich im Ergebnis ergebende Einlinien- oder Mehrliniensystem und die konkrete Ausgestaltung des Vorgesetzten/Untergebenenverhältnisses bei der Regelung der Verantwortungsbeziehungen stellt eine ganz bestimmte Form der Koordination durch Hierarchie dar. Als Spezialisierungsform läßt sich hingegen die Unterscheidung in Stabs- und Linienstellen begreifen. Es wird anhand des Phasenkriteriums des dem Aufgabenvollzug zugrunde liegenden Entscheidungsprozesses differenziert: Die Stabsstelle ist mit der Entscheidungsvorbereitung befaßt. Die Linienstelle fällt den Entschluß. Ebenso läßt sich die Durchführung von Projekt- und Produktmanagement als Spezialisierungsform begreifen. Eine Spezialisierung nach Objekten wird systematisch gemischt mit anderen Differenzierungskriterien, was in letzter Konsequenz zur Matrix- oder Tensororganisation führen kann. Dies immer dann, wenn Produkt- und Projektorganisation als »Querschnittsfunktionen« zu Koordinationszwecken eingesetzt werden.

Man kann insofern erkennen, daß Konfiguration gleichbedeutend ist mit dem Ergebnis eines bestimmten organisations-strukturellen Wahlaktes der Kombination spezifischer Spezialisierungs- mit entsprechenden Koordinationsinstrumenten – vornehmlich der hierarchischen Koordination.

---

[13] Vgl. Krüger (1993) S. 63. So auch Macharzina (1993) S. 36: »Das Ergebnis des Gestaltungsprozesses [von Differenzierung und Integration] ist die organisatorische Konfiguration.«

*c. Der Grad der Entscheidungszentralisation als Ergebnis
der Verteilung von Entscheidungsbefugnissen*

Eng verbunden mit dem Aspekt der Spezialisierung einer Unternehmungsaufgabe in einzelne Teilaufgaben ist die Frage nach der Verteilung von Entscheidungsbefugnissen innerhalb einer Organisationsstruktur.[14] Werden Entscheidungsbefugnisse in einer Stelle zusammengefaßt, so ist im organisationstheoretischen Sinne von einer zentralen Zuordnung der Entscheidungsaufgabe zu sprechen.[15] Dezentralisation ist damit in umgekehrter Weise als Verteilung von Entscheidungsbefugnissen auf mehrere organisatorische Einheiten zu verstehen. Bereits Kosiol[16] machte mit seinem formalstrukturellen Konzept der Aufgabenanalyse und der Aufgabensynthese auf den engen Bezug von Spezialisierung und Zentralisation aufmerksam. Jeder spezialisierte Aufgabenvollzug ist damit als in einer Stelle oder Abteilung zentralisierte »Spezialaufgabe« anzusehen. Die Aufgabe ist in einer Stelle/Abteilung zentralisiert. Die Synthese der analytischen Teilaufgaben folgt dem Zentralisierungsgedanken.

Im umgekehrten Fall einer dezentralen Entscheidungsfindung wird vielfach auch von Entscheidungsdelegation gesprochen. Bleicher weist darauf hin, daß die der Delegation eigentümliche Zuweisung von Kompetenzen und Verantwortlichkeiten für bestimmte Teilaufgaben an untergeordnete Organisationseinheiten zwar auch als Dezentralisation verstanden werden kann. »Dennoch erscheint die Differenzierung angebracht, daß die Dezentralisation als allgemeines Organisationsprinzip sowohl hinsichtlich der Dezentralisierungsobjekte (…) als auch hinsichtlich der Delegationsziele (…) weitergefaßt ist als der Delegationsbegriff.«[17]

Mit dem in unserer Untersuchung verwandten Begriff der Entscheidungszentralisation ist in erster Linie die Frage nach der Festlegung der Einheit-

---

[14] Mit unserer Begriffslegung wenden wir uns nur der organisationstheoretischen Problematik zu. Fragen der Machtstruktur wollen wir nicht betrachten, obwohl auch in jenem Zusammenhang oftmals von Entscheidungszentralisation gesprochen wird. Vgl. z.B. Galbraith/Kazanjan (1986) S. 6, die das Problem der Entscheidungszentralisation als »(…) distribution of power across this role structure« verstehen. Vgl. als Überblick auch Dlugos/Dorow (1992) Sp. 1797 ff. Ebenfalls nicht näher eingehen wollen wir in diesem Zusammenhang auf Fragestellungen der Steuerung multinationaler Unternehmungen mittels zentraler oder dezentraler Entscheidungsfindung. Vgl. hierzu ausführlich Alsegg (1971), Hedlund (1979), Bartlett (1981) S. 121 ff., Hedlund (1981) S. 25 ff., Bartlett/Ghoshal (1987) S. 43 ff., Hill/Hoskisson (1987) S. 331 ff., Bartlett/Ghoshal (1989).

[15] Vgl. ausführlich zum Problem von Zentralisation und Dezentralisation Bleicher (1980b) Sp. 2405 ff. und Hungenberg (1995). Vgl. ferner Mansfield (1973) S. 477 ff.

[16] Vgl. Kosiol (1962) S. 42 ff.

[17] Bleicher (1980) Sp. 2411 f. Vgl. ähnlich Steinle (1992) Sp. 502.

lichkeit der Verhaltensweise einer Organisation verbunden. Unterschiedliche Einflußgrößen mögen es angemessen erscheinen lassen, von einem Bedürfnis nach einer einheitlichen Ausrichtung der Organisation abzurücken. Es kommt zu einem verstärkten Ausmaß an dezentraler Entscheidungsfindung. Kapazitative Argumente wie auch Einflüsse der Unternehmungsumwelt mögen hier eine Rolle spielen. Wir wollen diese jedoch nicht weiter erörtern. Für uns entscheidend ist die Tatsache, daß im Rahmen einer Organisationsstruktur auch eine Festlegung einer mehr oder minder starken Zentralisation der Entscheidungsbefugnisse erfolgt.

d. Der Grad der Formalisierung und Standardisierung organisations-struktureller Regelungen

Ein weiteres Charakteristikum der Organisationstruktur ist der Grad der Formalisierung und Standardisierung von Regelungskomponenten zur Befriedigung des Koordinationsbedarfs.[18] Während Formalisierung allgemein den Einsatz a priori – nicht zwangsläufig schriftlich – festgelegter organisatorischer Regelungen bezeichnet,[19] wird unter Standardisierung die Existenz genereller organisatorischer Verfahrensvorschriften verstanden.[20] Der Grad der Formalisierung drückt sich etwa im Vorhandensein von schriftlich fixierten Stellenbeschreibungen, von Organisationsschaubildern oder von Organisationshandbüchern aus. Standardisierung von Abläufen wird insbesondere mit Hilfe der Koordinationsinstrumente Programme oder Regeln erreicht.

Prozesse, die sich mit einer gewissen Regelmäßigkeit vollziehen, werden nach einheitlichen, standardisierten Verfahren durchlaufen. In bestimmten Situationen haben ganz spezielle Aktionen zu erfolgen. Eine Stelle besitzt einen genau festgelegten Aufgabenbereich, sie tritt dabei nur mit bestimmten anderen Stellen in Kontakt. Es werden entweder bestimmte vorgegebene Arbeitsverrichtungen durchgeführt, a priori getroffene Entscheidungen verwirklicht oder vorgegebene Informations- oder Kommunikationswege beschritten. Das Wissen um derartige standardisierte Verhaltensweisen bei der Aufgabenerfüllung muß, wenn es mehrere Personen betrifft und personenunabhängig gespeichert werden soll, in der Regel in kodifizierter Form vorliegen.[21] Nur so läßt sich ein personenunabhängiges standardisiertes Verhal-

---

[18] Vgl. Child (1972a) S. 2 und Van de Ven (1976) S. 70.
[19] Vgl. z.B. Kieser/Kubicek (1992) S. 159 und Pugh/Hickson (1976) S. 112.
[20] Vgl. z.B. Pugh/Hickson (1976) S. 112, Ebers (1992) Sp. 1822 sowie Schanz (1992) Sp. 1462.
[21] Zwar wird ein solches Regelwerk meist in schriftlicher Form vorliegen. Dies ist aber

ten sicherstellen. Das beabsichtigte standardisierte Verhalten bedarf einer formalen »Speicherung« in entsprechenden Archiven. Standardisierung und Formalisierung hängen somit eng miteinander zusammen. Beide sind notwendig, um die Erfüllung differenzierter Teilaufgaben aufeinander abzustimmen. Sie weisen einen koordinierenden Charakter auf. Sie sind Ausdruck einer bestimmten Art der Koordination.[22] Eine Organisationsstruktur läßt sich damit auch durch unterschiedliche Grade der Formalisierung und Standardisierung von Abläufen charakterisieren. Sie dienen der Beschreibung des eingesetzten Koordinationsinstrumentariums.

e. Die Bildung von Organisationsstrukturtypen als Kombination von Spezialisierung und Koordination

Entwickelt man den Gedanken des Zusammenspiels von Spezialisierung und Koordination weiter, so lassen sich bestimmte Typen der Organisationsstruktur identifizieren. In ihnen finden vielfältige Aspekte der Spezialisierung und Koordination Berücksichtigung. Oftmals werden in der Literatur sogar auch Umweltvariablen zur Typisierung herangezogen. Dies vornehmlich dann, wenn bei ihnen ein starker Determinismus in Bezug auf die Organisationsstruktur unterstellt werden kann. Derartige Typologien lassen sich danach unterscheiden, ob sie im Weber'schen Sinne[23] eher idealtypischen Charakter besitzen oder ob sie sich eher als Realtypologien verstehen.

Die idealtypischen Systematiken organisatorischer Strukturen orientieren sich meist an der vorherrschend gewählten Art der Spezialisierung. Eine grundlegende Arbeit, deren Typologie in ihren Grundzügen im folgenden immer wieder aufgegriffen wurde,[24] ist von Williamson vorgelegt worden.[25] Williamson unterscheidet:

---

nicht zwingend notwendig. Es muß lediglich sichergestellt sein, daß die relevante Information zur koordinativen Erledigung von Teilaufgaben auch unverfälscht zu derjenigen Organisationseinheit gelangt, die mit der Ausführung der Aufgabe betraut ist.

[22] Vgl. Terry (1972) S. 241 und Child (1984) S. 153.
[23] Vgl. Weber (1956).
[24] Vgl. hierzu beispielsweise die empirischen Arbeiten von Dyas/Thanheiser (1976) S. 25, Channon (1978) S. 17 f., Donaldson (1982) S. 910 und Hill (1985) S. 214, deren Operationalisierung der Organisationsstruktur sich an der Williamson'schen Typologie orientiert.
[25] Vgl. hierzu Williamson (1975) S. 151 ff. Vgl. zu weiteren idealtypischen Konzepten Mintzberg (1979) S. 299 ff., Mintzberg (1983) S. 7 ff., Hinterhuber (1989, Bd.1) S. 131 ff. und Macharzina (1993) S. 370 ff.

- _Unitary form_ (U-form): Dieser Typ beschreibt die klassische nach betrieblichen Funktionen gegliederte Organisationsstruktur.
- _Holding company_ (H-form): Hierbei handelt es sich um eine divisionale Organisationsstruktur mit rechtlich selbständigen Divisionen. Der Organisationsverbund wird durch Abhängigkeitsbeziehungen zwischen Mutter- und Tochterunternehmung bestimmt.
- _Multidivisional form_ (M-form): Wie bei der H-Form dominiert auch auf der Ebene unterhalb des Vorstandes eine Spezialisierung nach eigenständigen Divisionen. Es kommt zur strikten Trennung von strategischen und operativen Entscheidungen zwischen Unternehmungsleitung und den Divisionen. Der Unterschied zur H-form liegt in der Art der Steuerung. Sie erfolgt nicht mit Hilfe einer Holding als rechtlich selbständigem Leitungsorgan eines Konzerns. Andere interne Koordinationsmechanismen werden hierfür eingesetzt.
- _Transitional multidivisional form_ (M'-form): Diese Form stellt eine Vorstufe zur M-Form dar. Die Unternehmung befindet sich in einem Anpassungsprozeß hin zur Divisionalstruktur, der jedoch noch nicht abgeschlossen ist.
- _Corrupted multidivisional form_ (M∞-form): Diese Struktur ist analog zur M-Form aufgebaut. Lediglich die Entscheidungskompetenzen sind anders geregelt. Die Divisionen besitzen nicht nur die Kompetenzen im operativen Bereich, sie sind auch für strategische Entscheidungen zuständig.
- _Mixed form_ (X-form): Dieser Strukturtyp vereinigt Elemente der oben genannten grundlegenden Formen.

Williamson wählt die Art der Spezialisierung als vordringliches Typisierungskriterium. Es wird entweder nach Verrichtungen differenziert oder nach Objekten. Ergänzend tritt der koordinierende Aspekt der Zentralisierung von Entscheidungsbefugnissen hinzu. Dies insbesondere bei den Unterformen der Divisionalstruktur.

Der vornehmlich idealtypische Charakter einer derartigen Typenbildung wird besonders daran deutlich, daß auf der einen Seite versucht wird, klar voneinander abgrenzbare Typen zu schaffen. Auf der anderen Seite sieht sich Williamson anscheinend aber auch gezwungen, weniger klar umrissene Typen zu berücksichtigen, um eine nicht allzu große Diskrepanz zu in der Realität vorherrschenden Organisationsstrukturen sichtbar werden zu lassen. Die »transitional multidivisional form« wie auch die »mixed form« sind Indizien hierfür. Sie sind eher vage in den sie charakterisierenden Eigenschaften formuliert. Es fällt schwer, sie voneinander zu unterscheiden. Wo lassen sich beispielsweise Strukturen zuordnen, die sowohl durch Divisionen als auch durch divisionsübergreifende Funktionen gekennzeichnet sind? Ist dies eine Übergangsform hin zur Divisionalstruktur oder kann sie als Mischform bezeichnet werden? Man ist insofern schon fast versucht, der Williamson'schen Typologie keine klar idealtypische Orientierung zu attestieren.

In der Literatur finden sich aber auch Klassifikationsversuche, die sich in der Wahl der Klassifikationsvariablen nicht nur auf die beiden Kernelemente Spezialisierung und Koordination beziehen.[26] Als ein Beispiel hierfür sei die Typologie von Miller und Friesen genannt.[27] Ihr Erkenntnisobjekt sind empirische Daten, die mittels multivariater Verfahren analysiert werden. Es handelt sich also um einen realtypischen Ansatz.

Zentrale Annahme bei Miller und Friesen ist die Überlegung, daß es nicht ausreicht, einzelne Aspekte – sei es die Organisationsstruktur, sei es die verfolgte Unternehmungsstrategie etc. – zu untersuchen, wenn es gilt, erfolgreiche und erfolglose Typen von Unternehmungen zu klassifizieren. Miller und Friesen suchen damit die Nähe zum Population-Ecology-Ansatz,[28] wobei sie unterstellen, daß sich die Population der Organisationen auf eine bestimmte Anzahl von Organisationstypen zurückführen läßt.[29] Im Ergebnis kommen Miller und Friesen zu einer Klassifikation von zehn unterschiedlichen Organisationstypen. Von ihnen werden allerdings nur sechs Typen als erfolgreich eingestuft. Vier Organisationstypen finden sich vornehmlich bei erfolglosen Unternehmungen. Auf die Typen wollen wir hier im einzelnen nicht weiter eingehen, da sie sich – soweit es organisations-strukturelle

---

[26] Vgl. hierzu auch die viel beachtete Taxonomie von Pugh/Hickson/Hinings (1969) S. 115 ff., die mit ihrem Ansatz an die Analyse bürokratischer Herrschaft bei Weber (1956) S. 55 ff. anknüpfen. Anhand der Gruppierungsvariablen: concentration of ownership with control, dependence, workflow integration of technology, size, percentage of clerks, percentage of non-workflow personnel, subordinate ratio, formalization of recording of role performance, standardization of procedures for selection and advancement, line control of workflow und concentration of authority and structuring of activities gelang es Pugh/Hickson/Hinings, sieben Klassen von Organisationsstrukturen zu identifizieren: full bureaucracy, nascent full bureaucracy, workflow bureaucracy, preworkflow bureaucracy, personnel bureaucracy und implicitly structured organization.

[27] Vgl. zum folgenden Miller/Friesen (1984a) S. 87 ff. Vgl. ferner ausführlich Miller (1976), Miller (1986) S. 233 ff. sowie Miller/Friesen (1978) S. 921 ff. und Miller/Friesen (1980) S. 268 ff.

[28] Vgl. hierzu ausführlich Hannan/Freeman (1989). Vgl. ferner Behling (1980) S. 483 ff. und Kieser (1992) Sp. 1758 ff.

[29] Es sei an dieser Stelle angemerkt, daß es in der Literatur nicht unstritig ist, ob eine Population von Organisationen ohne Probleme in voneinander unabhängige Gruppen eingeteilt werden kann. Vgl. hierzu Scott (1986) S. 80 ff. und Kieser (1988) S. 614.

Aspekte betrifft – auch wieder als Kombinationen bestimmter Spezialisierungs- mit bestimmten Koordinationsformen begreifen lassen.[30]

II. Organisationsstruktur und die Berücksichtigung nicht formaler Aspekte

Die bisher vorgestellten organisations-strukturellen Instrumente werden in der Literatur oftmals mit dem Attribut »formal« versehen. Die formale Organisationsstruktur bezeichnet das bewußt institutionalisierte Regelwerk, welches dazu dient, bestimmte Organisationsziele zu erreichen. Formale Regelungskomponenten sind häufig schriftlich fixiert. Sie besitzen Gültigkeit unabhängig von den jeweiligen Individuen, die von derartigen formalen Regelungen in ihrem Organisationsverhalten beeinflußt werden.

Nicht formale Regelungen sind demnach Regelungen, die nicht bewußt für eine zu erledigende Organisationsaufgabe konzipiert und autorisiert wurden. Sie sind in der Regel personenabhängig. Auf jeden Fall sind nicht formale Regelungen nicht schriftlich fixiert.[31] Ihr Regelungscharakter ergibt sich meist auf indirektem Wege. Eine aktiv gelebte Unternehmungs- oder Organisationskultur liefert eine Hilfestellung bei der Art und Weise wie beispielsweise produktpolitische oder kommunikationspolitische Entscheidungen zu treffen sind. In ähnlicher Weise kann die räumliche Nähe von Organisationseinheiten zur Bildung nicht formaler Gruppen beitragen, die so eine koordinierende Funktion wahrnehmen, ohne daß diese formal institutionalisiert wurde.

Grün definiert die nicht formale Organisation folgendermaßen, wobei allerdings starke Bezüge zur soziologischen Organisationsforschung nicht zu übersehen sind: »Eine Organisation heißt informal (informell), wenn sie folgende Merkmale aufweist: (1) Das Verhalten ihrer Mitglieder orientiert sich an persönlichen Wünschen und Erwartungen; (2) die Beziehungen basieren auf den durch Herkunft und außerbetrieblichen Rollen beeinflußten persönlichen Sympathien und Gemeinsamkeiten; (3) die Organisation entsteht spontan; d.h. sie ist kein Ergebnis bewußter Gestaltung.«[32]

Uns interessiert im weiteren Verlauf nur die Sicht der betriebswirtschaftlichen Organisationsforschung. Soziologische und psychologische Aspekte

---

[30] Vgl. hierzu Miller/Friesen (1984a) S. 133 ff.
[31] Wobei dies umgekehrt nicht so zu verstehen ist, daß formale Regelungen immer einer schriftlichen Fixierung bedürfen.
[32] Grün (1980) Sp. 881. Vgl. hierzu auch umfassend Grün (1966).

wollen wir ausblenden. Unser vordringliches Analyseziel ist der Zusammenhang von Strategie und Struktur, ein in erster Linie betriebswirtschaftliches Problem.

Die Frage, ob es sich bei der Organisationsstruktur nur um die Menge formaler Regelungskomponenten handelt oder aber auch nicht formale Komponenten zu berücksichtigen sind, steht in engem Zusammenhang mit der jeweils vorliegenden Abgrenzung des Organisationsbegriffs.[33] Die rein instrumentelle Sichtweise beschränkt sich auf das formale Regelwerk. Nicht formale Aspekte werden nicht berücksichtigt. Das institutionelle Begriffsverständnis läßt prinzipiell auch Regelungen zu, die nicht formalen Charakter besitzen, da hier generell von sozialen Systemen mit formalen Regelungen gesprochen wird. Dies schließt nicht aus, daß derartige Systeme auch über nicht formale Regelungen verfügen, im Gegensatz zur instrumentellen Sicht, die explizit nur das formale Regelwerk betrachten will. Bemerkenswert ist jedoch, daß auch Autoren, die sich für eine eher institutionelle Sichtweise aussprechen, die nicht formalen Regelungen meist außer acht lassen. Nur im Ausnahmefall erfolgte eine weitere Fassung und die explizite Betonung nicht formaler Aspekte.[34]

Es wird sich zeigen, inwieweit in unserer Analyse auch nicht formale Aspekte bei der Analyse des Strategie-Struktur-Zusammenhangs eine mehr oder minder bedeutende Rolle spielen. Es kann jedoch vermutet werden, daß aufgrund der hauptsächlichen Konzentration auf formale Regelungen nicht formale wohl auch nur höchst selten empirisch untersucht werden.

III. Zusammenfassende Systematisierung organisations-struktureller Komponenten

Die vorangegangenen Ausführungen haben gezeigt, daß Organisationsstruktur zwar oftmals unterschiedlich definiert und beschrieben wird, aber fast alle Ansätze in der Literatur ineinander überführbar sind. Sie lassen sich auf die grundlegenden Gestaltungsparameter Spezialisierung und Koordination zurückführen. Für unsere weitere Analyse wollen wir deshalb von folgenden Aspekten organisations-struktureller Regelungen ausgehen:

---

[33] Vgl. Risse (1969) Sp. 1091 ff., Grochla (1982) S. 1 ff., Bleicher (1991) S. 39, Bühner (1992) S. 2, Schanz (1992) Sp. 1460 sowie Macharzina (1993) S. 362 ff.
[34] Vgl. Chandler (1962) S. 14, Brass (1984) S. 519 und Ronen (1986) S. 307 f. Vgl. ferner Duncan (1979) S. 59, der auf den expliziten Hinweis der Formalisierung verzichtet, oder Staehle (1991) S. 419, der »formal« in Klammern setzt.

- Der Einbeziehung formaler und nicht formaler Regelungskomponenten,
- dem Spezialisierungscharakter der Regelungskomponenten,
- dem Koordinationscharakter der Regelungskomponente,
- dem Vorliegen von Konfigurationsmaßen,
- der Analyse von Aspekten der Entscheidungszentralisation,
- dem Grad der Formalisierung und Standardisierung der organisationsstrukturellen Regelungen sowie
- dem Vorliegen bestimmter Organisationsstrukturtypen.

Aspekte

Sie sind daraufhin zu untersuchen, ob zwischen ihnen und den oben abgeleiteten Dimensionen des Strategiebegriffs ein Zusammenhang besteht.

Mit dieser Einteilung befinden wir uns auch in Übereinstimmung mit den Ergebnissen einer aktuellen Untersuchung Breilmanns,[35] der organisationstheoretische Studien danach auswertete, welche Strukturdimensionen von ihnen jeweils betrachtet wurden. Anhand von 29 Forschungsarbeiten lassen sich – als am häufigsten untersucht – die folgenden Dimensionen identifizieren: Spezialisierung (27 Nennungen), Delegation (26 Nennungen), Koordination (25 Nennungen), Formalisierung (21 Nennungen) und Konfiguration (19 Nennungen). Leider täuschen die Häufigkeitswerte etwas über die faktischen Gegebenheiten hinweg. Breilmann berücksichtigt in seiner Auswertung zum einen nicht, ob hinter den Forschungsarbeiten dieselben Autoren stehen, die sich natürlich immer eines ähnlichen Meßinstrumentariums bedienen werden.[36] Zum anderen wird nicht berücksichtigt, daß sich Untersuchungen bestimmten Forschungstraditionen verpflichtet sehen könnten und bewußt Meßkonzepte übernehmen.[37] Nichtsdestoweniger zeigt die Untersuchung Breilmanns, daß die dort gewonnenen Ergebnisse sich ohne größere Probleme auf unsere Systematik übertragen lassen.

Die vorangegangenen Ausführungen haben gezeigt, daß auch das Phänomen der Organisationsstruktur einer differenzierten Analyse bedarf. Im weiteren Verlauf der Arbeit wollen wir uns nun dem Zusammenhang von Strategie und Struktur zuwenden. Es soll dabei die Vielzahl unterschiedlichster theoretischer Modelle aufgezeigt werden, die sämtlich den Strategie-Struktur-Zusammenhang betrachten.

---

[35] Vgl. Breilmann (1995) S. 159 ff. Vgl. auch Kubicek (1980) Sp. 1781 ff.

[36] Vgl. beispielsweise die Mehrfachnennungen der Untersuchungen Millers oder Kubiceks.

[37] Vgl. hierzu insbesondere die Forschungstradition, welche durch die sogenannte ASTON-Gruppe begründet wurde.

C. Der Zusammenhang von Strategie und Struktur in seiner theoretischen Begründung

Im vergangenen Kapitel wurde deutlich, daß sowohl das Strategiephänomen als auch das Strukturphänomen einer detaillierten Analyse bedürfen. Im folgenden Abschnitt wollen wir uns nun fragen, welche Beziehungen zwischen der Strategie und der Struktur einer Unternehmung bestehen. Hierzu gilt es die unterschiedlichen Ansätze zu untersuchen, die sich dieser Fragestellung angenommen haben.

Ausgehend von der Kritik am situativen Ansatz als organisationstheoretischem Erklärungsansatz[1] setzte sich vielfach die Erkenntnis durch, daß nicht allein die unterschiedlichen Umweltsituationen dafür verantwortlich seien, daß sich spezifische Organisationsstrukturen herausgebildet haben. Vielmehr wird der Unternehmungsleitung ein entscheidender Beitrag bei der Ausgestaltung der Organisationsstruktur eingeräumt. Ein derartiger Gestaltungsspielraum kommt in der Aufnahme des Faktors »Strategie« als Erklärungsgrund für die jeweils gewählte Organisationsstruktur zum Ausdruck. Die strukturellen Parameter der Organisation sind nicht mehr nur eine Reaktion auf die vorherrschenden Umweltfaktoren, sie werden von der Unternehmungsstrategie determiniert. Sie entsprechen damit den strategischen Intentionen der Unternehmensleitung. Das Management besitzt eine Interpretationsfunktion hinsichtlich der relevanten Umweltparameter, die es zur Ableitung einer Strategie nutzt. An ihr hat sich die Organisationsstruktur zu orientieren.[2] Es gilt, organisations-strukturelle Parameter zu bestimmen, die

---

[1] Vgl. hierzu ausführlich Schreyögg (1978) S. 212 ff., Schoonhoven (1981) S. 349 ff., Zey-Ferrel/Aiken (1981) S. 2 f., Pfeffer (1982) S. 161 f., Miller/Mintzberg (1983) S. 60 f., Staehle (1991) S. 51 ff., Ebers (1992) Sp. 1829 ff. und Frese (1992) S. 190 ff.

[2] Vgl. hierzu auch die Anwendung des interpretativen Paradigmas der Soziologie (Giddens 1984) im Rahmen organisationstheoretischer Ansätze bei Burrell/Morgan (1979) und Clark (1985) S. 43 ff. Vgl. ferner zur interpretativen Organisationstheorie Wollnik (1992) Sp. 1778 ff. und Osterloh (1993) S. 76 ff. Wir wollen einer derartigen Vorgehensweise nicht folgen, da zum einen ihr Grundverständnis sich nur auf einen sehr geringen Teil der Strategie-Struktur-Diskussion anwenden läßt und zum anderen die dort gebräuchliche empirische

es ermöglichen, eine strategische Entscheidung bestmöglich umzusetzen. Die Organisationsstruktur orientiert sich damit allenfalls noch indirekt am faktisch existenten situativen Kontext.[3]

Eine derart stringente Sicht des Abhängigkeitsverhältnisses von Strategie und Struktur ist jedoch nicht unwidersprochen geblieben. Zwar wird die Gestaltungsfreiheit des Managements bei der Wahl und Bestimmung strategischer Optionen im allgemeinen nicht in Frage gestellt, wohl aber der daraus abgeleitete Determinismus der Strategie in Bezug auf die Organisationsstruktur. Die Strategie einer Unternehmung ist in ihrer Festlegung nicht frei von äußeren Einflüssen, auch organisations-strukturelle Parameter können dabei eine Rolle spielen. Im Extremfall ist sogar eine Umkehrung des Abhängigkeitsverhältnisses möglich. Eine existente Organisationsstruktur läßt nur bestimmte strategische Verhaltensweisen zu.

Will man vor dem Hintergrund derartiger – nicht immer klar umrissener – Einflußbeziehungen den Zusammenhang von Strategie und Struktur analysieren, so ist dieser eingebettet in ein Geflecht von Beziehungen zwischen den Bereichen Umwelt, Strategie, Organisation und Unternehmungserfolg mit den sich daraus ergebenden vielfältigen Interdependenzen und Abhängigkeiten. Nachfolgend wollen wir jedoch nur Modelle diskutieren, die sich ausschließlich dem Zusammenhang von Strategie und Organisationsstruktur zuwenden.[4] Die folgende Abbildung 2.2 liefert einen Überblick hinsichtlich der jeweils angenommenen Ausgestaltung des Strategie-Struktur-Zusammenhangs; sie soll uns dabei helfen, die vielfältigen Ansätze zu systematisieren und vergleichbar zu machen.

Neben den eindeutig gerichteten Zusammenhängen, die Strategie beeinflußt die Struktur und umgekehrt, berücksichtigen Modelle auch zwei Formen gegenseitiger Einflußnahme. Zum einen wird eine sogenannte »Fit-Hypothese« postuliert, d.h. Strategie und Struktur müssen zueinander passen. Wer hierbei abhängige und wer unabhängige Variable ist, ist von sekundärer Bedeutung. Häufig wird ein gegenseitiges Anpassungsverhalten angenommen. Zum anderen unterstellen Modelle eine sogenannte »Interdependenz-Hypothese«. Sie besagt, daß unter bestimmten Annahmen die Strategie die Struktur bestimmt, jedoch diese Beziehung auch einen umgekehrten Verlauf nehmen kann. Eine solche Interdependenz kann zeitlich begründet sein, sie

---

Vorgehensweise sich doch stark von derjenigen unterscheidet, die wir für unsere Re-Analyse zugrunde legen.

[3] Vgl. hierzu White/Hammermesh (1981) S. 217 und White (1986) S. 218.

[4] Vgl. ergänzend die studienübergreifenden Analysen empirischer Ergebnisse bei Schüle (1992) und Löffler (1995), die den Zusammenhang der Diversifikationsstrategie bzw. der strategischen Planung zum Unternehmungserfolg untersuchen.

C. Der Zusammenhang von Strategie und Struktur in seiner theoretischen Begründung

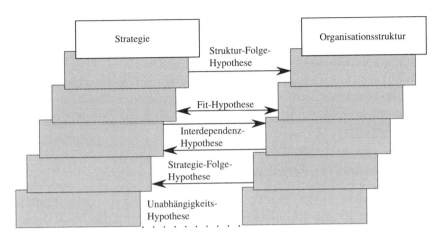

Abb. 2.2: Die unterschiedliche Ausgestaltung des Strategie-Struktur-Zusammenhangs

kann aber auch auf andere Ursachen zurückgeführt werden. Schließlich sind auch Ansätze zu finden, die von keiner direkten Beziehung zwischen Strategie und Struktur ausgehen.

Im folgenden sollen die vielfältigen Modelle zum Strategie-Struktur-Zusammenhang hinsichtlich der oben abgeleiteten Systematik analysiert werden. Wir wollen nur solche Ansätze betrachten, die ein mehr oder minder geschlossenes Modell zum Strategie-Struktur-Zusammenhang vorlegen. Dabei ist es ohne Belang, ob derartige Modelle auch einer empirischen Prüfung unterzogen wurden oder ob lediglich eine theoretische Deduktion vorliegt.

I. Der strategische Imperativ: Die Organisationsstruktur als Konsequenz strategischer Entscheidungen

Am deutlichsten tritt die aktive Rolle des Managements bei der Gestaltung organisations-struktureller Komponenten in Ansätzen zutage, die eine eindeutig gerichtete Beziehung von Strategie und Struktur unterstellen: Die Strategie liefert den zentralen Erklärungsgrund für die Wahl bestimmter Organisationsstrukturen. Im wesentlichen sind dabei Ansätze, die sich in erster Linie der Erklärung der Beziehung von Strategie und Struktur zuwenden, von Ansätzen zu trennen, die die Frage nach dem Zustandekommen bestimmter strategischer Verhaltensweisen stellen. Wenn wir im folgenden den Einfluß der Strategie auf die Struktur untersuchen, so gilt es die Struktur hinsichtlich des Organisationssystems abzugrenzen, dessen formale und informale Regelungen von der Strategie bestimmt werden. Wenn wir von Struktur sprechen, so ist damit nicht gemeint, daß bestimmte Koordinationsinstrumente auch über die Unternehmungsgrenzen hinausreichen können, wie dies beispielsweise bei Unternehmenskooperationen oder strategischen Allianzen der Fall ist.[5] Es wird hier ausschließlich das System Unternehmung betrachtet.

a. Die »Struktur-Folge-Hypothese«

Ausgangspunkt ist die Chandler'sche These,[6] wonach die Organisationsstruktur von der Unternehmungsstrategie bestimmt wird. Die Wahl der jeweiligen Organisationsstruktur wird in ihrer Konsequenz auf das aktive zielorientierte Handeln des Managements zurückgeführt. Nicht mehr wie im situativen Ansatz ist der Einfluß der Umweltparameter Erklärungsgrund für die Wahl einer bestimmten Organisationsform, sondern die von der Unternehmungsleitung gewünschte Strategie. Wird eine Diversifikationsstrategie verfolgt, so kann die Unternehmung langfristig nur erfolgreich sein, wenn sie als Organisationsstruktur die Divisionalstruktur wählt. Umgekehrt geht eine Strategie der vertikalen Integration eher mit einer funktionalen Organisationsstruktur einher. Der Unternehmungserfolg wird maßgeblich davon bestimmt, ob eine der strategischen Entscheidung entsprechende Organisationsstruktur gewählt wird.

In der Entwicklungsgeschichte einer Unternehmung werden unterschiedliche strategische Entscheidungen gefällt, die immer wieder Reorganisationsprozesse auslösen. Bei Unternehmungsgründung wird sich vielfach für ein Produkt bzw. eine Produktlinie entschieden. Ein hoher Zentralisierungsgrad der Entscheidungskompetenz, geringe Formalisierung der Abläufe und eine sich vornehmlich an den betrieblichen Funktionen orientierende Form

---

[5] Vgl. zu diesem Aspekt ausführlich Smith/Grimm/Gannon (1992) S. 137 ff. Vgl. ferner Chesnais (1988) S. 51 ff.

[6] Vgl. Chandler (1962) S. 52 ff. und die dort vorgenommene Betrachtung der historischen Entwicklung von Unternehmungsstrategie und Organisationsstruktur bei vier US-amerikanischen Großunternehmungen. Interessanterweise stützt Chandler (1962) S. 3 ff. sein theoretisches Modell auf eine historische Analyse von fast 100 Großunternehmungen in den USA. Detailliert berichtet wird dann allerdings nur von vier Unternehmungen. Vgl. ferner Chandler (1977).

der Spezialisierung sind die organisatorischen Konsequenzen. Erst im Laufe eines Wachstumsprozesses führen dann strategische Entscheidungen zu einer verstärkten vertikalen Integration bzw. zu einer verstärkten Diversifikation und somit zu einer sich ändernden Organisationsstruktur. Chandler begründet diesen Zwang zur Strukturveränderung mit den sich ändernden administrativen Erfordernissen.[7] Dem Management wird dabei zwar ein eigenständiger Gestaltungsspielraum eingeräumt, Chandler läßt jedoch nicht außer acht, daß die strategische Entscheidung nicht immer völlig frei zu treffen ist. Das Management hat hier Restriktionen zu beachten, die durch die Unternehmungsumwelt und die unternehmungseigenen Ressourcen bestimmt sein können.[8]

Trotz der vielfältigen Würdigung und auch empirischen Bestätigung, die die Chandler'sche These des »structure follows strategy« – im folgenden von uns als *Struktur-Folge-Hypothese* bezeichnet – gefunden hat,[9] muß berücksichtigt werden, daß die von Chandler durchgeführte historische Analyse ganz bestimmten impliziten Prämissen folgt. So wurden zum einen nur Großunternehmungen untersucht, die sich im Rahmen ihres Entwicklungsprozesses am Markt behauptet haben. Es wird kein Vergleich mit denjenigen Unternehmungen durchgeführt, die sich in einem vergleichbaren Entwicklungsstadium am Markt nicht durchsetzen konnten. Schon gar nicht wird geprüft, ob die Erfolgs- bzw. Mißerfolgsursache im Beachten bzw. Nichtbeachten der Struktur-Folge-Hypothese zu sehen ist. Zum anderen versteht Chandler unter dem Begriff der Strategie ausschließlich das Verfolgen einer Wachstumsstrategie, die die Unternehmung als Ganzes betrifft. Andere Formen strategischen Handelns, wie wir sie weiter oben detailliert vorgestellt haben, werden nicht behandelt. Ferner zeigte sich, daß die Anpassung der organisatorischen Parameter an die strategischen Erfordernisse unterschied-

---

[7] Vgl. Chandler (1962) S. 16.
[8] Vgl. hierzu auch Sarrazin (1981) S. 9 ff.
[9] Vgl. z.B. die an der Harvard University unter Leitung von Scott durchgeführten Studien zum Zusammenhang von Diversifikationsstrategie und Divisionalstruktur von Rumelt (1974), der Unternehmungen in den USA untersuchte, Dyas/Thanheiser (1976), die eine entsprechende Studie für Deutschland und Frankreich durchführten sowie schließlich Pavan (1972), dessen Analyseobjekt italienische Unternehmungen waren. Vgl. ferner die Untersuchungen von Channon (1973) für britische Unternehmungen, Franko (1974), der europäische Großunternehmungen analysierte und Fligstein (1985), der wiederum Unternehmungen in den USA betrachtete sowie Cowherd/Luchs (1988) S. 47 ff. Vgl. ferner Kuhn (1987) S. 457 ff. sowie Gebert (1983) S. 93, die ausführlich die organisatorischen Folgen einer Diversifikationsstrategie diskutieren. Vgl. ferner die Untersuchung Simons' (1991) S. 49 ff., der sich der Frage zuwendet, welchen Einfluß die verfolgte Strategie auf das gewählte Steuerungsinstrumentarium besitzt.

lich schnell erfolgt.[10] Es ist durchaus denkbar, daß hier noch weitere Faktoren (z.B. der vorherrschende Wettbewerbsdruck oder die Marktdynamik) den Prozeß der Anpassung beschleunigen oder aber verzögern.

Auf Grundlage der Chandler'schen These sind mehrere Modellerweiterungen vorgenommen worden, deren zentrale Aussage sich aber weiterhin auf den Satz »structure follows strategy« zurückführen läßt.

(i) Ein sehr detailliertes Modell legt Fombrun[11] vor. Er geht von einem sich über die Zeit erstreckenden evolutorischen Prozeß der Unternehmung aus, in welchem die Strategie die Struktur bestimmt, sie aber ihrerseits nicht frei von Einflüssen ist. Der Gestaltungsspielraum des Managements ist in gewisser Weise eingeschränkt, ohne daß er jedoch gänzlich in Abrede gestellt wird. Es sei an dieser Stelle darauf hingewiesen, daß im Fombrun'schen Ansatz Organisationsstruktur eine wesentlich weitere Bedeutung erfährt, als dies noch im Chandler'schen Ansatz der Fall war. Fombrun versteht unter einer Organisationsstruktur sämtliche Regelungen des Systems Unternehmung. Der systemischen Sichtweise folgend beziehen sich derartige Regelungen nicht nur auf die organisationsinternen Subsysteme sondern auch auf die Strukturierung der Beziehungen zu den relevanten Umweltsystemen. Fombrun unterstellt die folgende prozessuale Strukturentwicklung (Abbildung 2.3): Strategie und Struktur sind in ein konvergierendes System sich wechselseitig beeinflussender Elemente eingebunden. Einschränkend wird eingeräumt, daß es oftmals schwerfällt, über die einzelnen Einflußrichtungen konkrete Aussagen zu treffen.[12] So ist beispielsweise nicht klar zu trennen, ob die explizite Formulierung einer Wachstumsstrategie Ausfluß einer bestimmten Wettbewerbsposition ist oder aber diese erst maßgeblich gestaltet.

Konzentriert man sich rein auf die Strategie-Struktur-Beziehung, so übernimmt Fombrun hier im wesentlichen die eher deterministische Sichtweise Chandlers. Die Entwicklung unterschiedlicher Organisationsstrukturen ist mit bestimmten Marktsituationen und der gewählten Wachstumsstrategie zu erklären. Kritisch muß damit neben dem – bezogen auf den Strategie-Struktur-Zusammenhang – doch relativ geringen Erkenntnisfortschritt auch die

---

[10] Vgl. z.B. die Befunde bei Franko (1974) S. 493. Vgl. ferner Palmer/Jennings/Zhau (1993) S. 100 ff.

[11] Vgl. Fombrun (1989) S. 440 ff.

[12] Vgl. Fombrun (1989) S. 493. Vgl. hierzu jedoch auch den theoretischen Ansatz von Lemak/Bracker (1988) S. 521 ff., die ein relativ umfassendes Erklärungsmodell zur Wahl eines bestimmten Organisationstyps in Abhängigkeit von der verfolgten strategischen Grundhaltung, des unternehmungsinternen Kontextes und der Management-Philosophie entwickeln.

C. Der Zusammenhang von Strategie und Struktur in seiner theoretischen Begründung   59

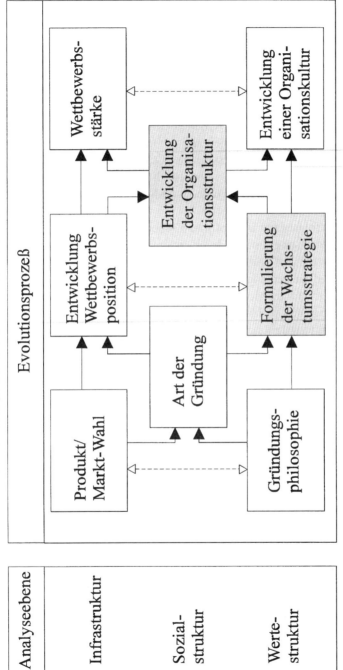

Abb. 2.3: Strategie und Struktur im evolutorischen Prozeß

Quelle: In Anlehnung an Fombrun (1989) S. 454.

ausschließliche Konzentration auf das Wachstumsziel bei der Strategieformulierung angemerkt werden. Andere strategische Optionen werden nicht berücksichtigt. Daneben fehlt auch ein expliziter Erfolgsbezug. Wie Chandler scheint Fombrun Wachstum und Erfolg gleichzusetzen,[13] auch wenn man berücksichtigen muß, daß mit der Variablen Wettbewerbsstärke ein weiterer Indikator für Erfolg eingeführt wird.

(ii) Die explizite Berücksichtigung der Unternehmungszielsetzung sowie des organisatorischen Verhaltens findet sich bei Hoffmann.[14] Er unterstellt vier Arten von Variablen, die zueinander in einem Beziehungszusammenhang stehen: Situationsvariable, Organisationsvariable, Verhaltensvariable und Erfolgsvariable, wobei für die Strategie-Struktur-Beziehung die Gültigkeit der »Struktur-Folge-Hypothese« unterstellt wird (Abbildung 2.4).[15]

Der Erfolgsbezug im Hoffmann'schen Modell kommt in der Unternehmungszielsetzung zum Ausdruck, indem unter Erfolg der Grad der Zielerreichung verstanden wird. Als Ausdruck einer derart engen Verzahnung von Erfolg und Zielsetzung ist auch die Rückbeziehung des Erfolges auf Strategie und Struktur im Modell Hoffmanns zu werten. Die Verhaltensvariablen[16] beschreiben das Verhalten der obersten hierarchischen Ebene – mithin der Unternehmungsleitung. Da diese Personen aber gleichzeitig auch die Unternehmungszielsetzung festlegen und hierfür implizit Erfolgsstreben unterstellt wird, ist folglich eine Rückbeziehung im Modell unumgänglich. Allerdings ungeklärt bleibt im Hoffmann'schen Ansatz, ob diese Rückbeziehung quasi als simultane Anpassung aufzufassen ist, oder ob hier ein sukzessives Wirkungsmuster unterstellt wird, d.h. Erfolge bzw. Mißerfolge führen erst in den nächsten Perioden zu strategischen und organisatorischen Konsequenzen.

(iii) Rückbeziehungen des Erfolges auf das strategische Verhalten finden sich im evolutorischen Ansatz von Nelson und Winter,[17] die eine aufgrund

---

[13] Vgl. hierzu Hauschildt (1988) S. 8, der die Verwirklichung des Wachstumsziels als mögliche Krisenursache identifiziert.

[14] Vgl. Hoffmann (1981) S. 15 ff.

[15] Vgl. Hoffmann (1981) S. 18. Vgl. hierzu ferner die empirischen Ergebnisse von Thompson (1983) S. 297 ff. zu den Determinanten der Unternehmensstrategie bei US-amerikanischen Unternehmungen. Vgl. ferner auch eine entsprechende Untersuchung für deutsche Unternehmungen bei Cable/Dirrheimer (1983) S. 43 ff. sowie Poensgen/Marx (1982) S. 238 ff.

[16] Vgl. Hoffmann (1981) S. 20, der hierunter das Führungs- und Entscheidungsverhalten, das Informationsverhalten, das Motivationsverhalten und das Konfliktverhalten faßt.

[17] Vgl. Nelson/Winter (1982) S. 134 ff. Vgl. eher allgemein Teece (1984) S. 94.

C. Der Zusammenhang von Strategie und Struktur in seiner theoretischen Begründung

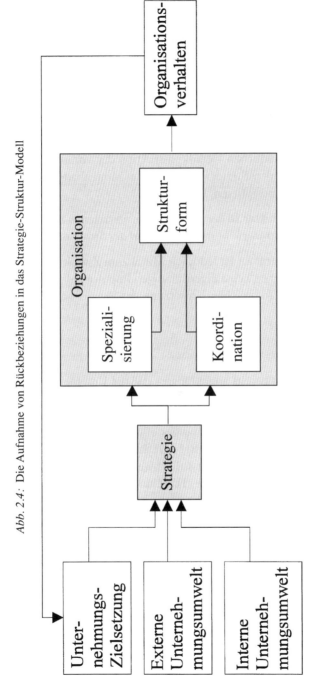

Abb. 2.4: Die Aufnahme von Rückbeziehungen in das Strategie-Struktur-Modell

Quelle: In Anlehnung an Hoffmann (1981) S. 19.

ihres Zwangs zur routinehaften Vervollkommnung lernende Organisation unterstellen oder aber auch bei Clegg, der in diesem Zusammenhang von einem historischen Prozeß der Ablagerung (»sedimentation«)[18] spricht. Den starken Einfluß eines negativen Erfolges als Anstoß für organisatorische Änderungen betonen schließlich auch Hamel und Prahalad in ihrer viel beachteten Untersuchung.[19] Ein entscheidender Erklärungsbeitrag findet sich hierfür jedoch erst in den im folgenden Kapitel angesprochenen Ansätzen zur Analyse der Freiheit bei der Wahl strategischer Optionen.

Trotz der unterschiedlichen Detailkonstruktion der vorangegangenen Modelle läßt sich für den Strategie-Struktur-Zusammenhang eine »*Struktur-Folge-Hypothese*« postulieren, für die gilt:

> *Strategie und Struktur stehen in einer klar umrissenen Abhängigkeitsbeziehung. Die Strategie bestimmt die Wahl der Struktur.*

Die Organisationsstruktur ist lediglich Mittel zum Zweck der Strategieumsetzung. Von ihr gehen keine eigenständigen Impulse auf die Strategie aus, sie dient nur der erfolgreichen Umsetzung der jeweils verfolgten strategischen Option.

b. Die »Strategische-Wahl-Hypothese«

Verschiedentlich ist bereits angeklungen, daß die Unternehmungsleitung in der Gestaltung ihrer strategischen Verhaltensweise Freiheiten besitzt, die allenfalls durch einige Restriktionen eingeschränkt sein mögen. Hauptanalyseobjekt ist bei den im folgenden vorgestellten Ansätzen nicht mehr nur wie bei Chandler das Ergebnis derartiger Gestaltungsfreiheiten: Die verfolgte Unternehmungsstrategie, bei der stillschweigend unterstellt wird, daß die Strategieentwicklung als aktive Handlungskomponente der Unternehmungsleitung zwischen den im klassisch-situativen Ansatz postulierten De-

---

[18] Clegg (1981) S. 552.
[19] Vgl. Hamel/Prahalad (1983) S. 344. Einen ähnlichen Bezug zum Erfolg liefert auch Donaldson (1987) S. 4 ff. in seinem SARFIT-Modell (structural adjustment to regain fit), welches einen dynamischen Prozeß unterstellt, bei welchem Misfit-Situationen langfristig zu einer Erfolgseinbuße führen, welche dann einen Anpassungsprozeß in Richtung auf ein Sichanpassen von Strategie, Struktur und Umwelt initiieren. Dabei darf jedoch nicht übersehen werden, daß Donaldson im Rahmen seines SARFIT-Modells einem streng situativen Grundgedanken folgt. Vgl. ferner Szyperski/Winand (1979) S. 195 ff. und den dort vorgestellten Ansatz der »dualen Organisation« sowie ähnlich Henzler (1978) S. 912 ff. Vgl. ferner die Fallstudien bei Lessing/Groeger (1983) S. 148 ff. und Schmidt-Offhaus (1983) S. 153 ff.

terminismus von Kontext und Organisationsstruktur tritt. Im Zentrum der Analyse steht vielmehr die Frage nach dem Grad der Freiheit des Managements bei der Bestimmung der strategischen Parameter. Im Gegensatz zu der eher historischen Vorgehensweise, wie sie sich bei Chandler findet, richtet die im folgenden vorgestellte Forschungsrichtung ihr Augenmerk nicht so sehr auf die Strategie als Erklärungsmuster für die Organisationsstruktur. Ein derartiger Zusammenhang wird zwar unterstellt, im Zentrum der Analyse steht jedoch der Grad der Freiheit, den das Management bei der Formulierung der Strategie besitzt.

1. Strategie als Wahlakt der Unternehmungsleitung

Den mit Sicherheit am meisten beachteten Ansatz zur Erklärung der jeweils vorherrschenden Organisationsstruktur in Abhängigkeit von einem subjektiv bestimmten strategischen Wahlakt hat Child vorgelegt.[20] Für Child besteht in der Regel die uneingeschränkte Freiheit des Managements bei der Festlegung seiner strategischen Verhaltensweise. Die Umwelt oder auch die technologischen Rahmenbedingungen werden nicht mehr als Determinanten aufgefaßt, die explizit die Handlungsweise des Managements festlegen. Sie besitzen nur noch den Charakter von Nebenbedingungen, die es zwar zu beachten gilt, die aber auch offen sind für gestalterische Managementaktivitäten. Sie sind eher »Gebote« als »Befehle«. Geleitet wird Child von folgenden Überlegungen:

- Die Unternehmungsleitung verfügt über ein weites Maß an Autonomie in der Entscheidungsfindung. Sie ist frei in der Entscheidung, bestimmte Produkt/Markt-Kombinationen oder Technologien zu wählen und aufzugeben. Entsprechend besitzt sie die Möglichkeit, unterschiedliche organisatorische Strukturen festzulegen; jeweils vor dem Hintergrund der individuellen Beurteilung ihrer Nützlichkeit bei der Sicherstellung des Unternehmungserfolges.
- Der Erfolgsmaßstab, der dem Managementhandeln zugrunde liegt, fragt nicht nach einem Optimum. Es wird vielmehr das Erreichen eines bestimmten Zufriedenheitsniveaus angestrebt. Der Zwang zur Wahl der effizientesten Organisationsstruktur entfällt damit.
- Oftmals besitzen Unternehmungen die Macht, steuernd auf die für sie relevanten Umweltparameter einzuwirken. Es kann Einfluß genommen

---

[20] Vgl. Child (1972a) S. 1 ff. Vgl. ferner den Ansatz der strategischen Wahl bei Horvath/MacMillan (1979) S. 87 ff.

werden auf das wettbewerbliche Umfeld wie auf die spezifische Produkt/ Markt-Situation.
– Die Wahrnehmung und Bewertung von Ereignissen durch das Management bestimmen in entscheidender Weise die Beziehungen zwischen Umwelt und Unternehmung. Die Unternehmungsleitung nimmt lediglich eine subjektiv empfundene Umwelt wahr und kommt zu Schlußfolgerungen, die stark von individuellen Erfahrungen beeinflußt sind. Derartig »verzerrte« Informationen bilden die Grundlage für die organisatorische Strukturentscheidung.

Die primär einseitige Ausrichtung der Abhängigkeit der Strategie-Struktur-Beziehung findet sich somit auch bei Child. Im Unterschied hierzu wird allerdings eine über den Erfolg laufende Feedback-Beziehung zur strategischen Wahlentscheidung eingeräumt, so daß indirekt auch strukturelle Gegebenheiten den strategischen Auswahlprozeß in gewissem Maße steuern können. Unberücksichtigt bleibt dabei jedoch der zeitliche Aspekt der Rückbeziehung des Erfolges. Führt ein Abweichen des Erfolges vom Zufriedenheitsniveau zu einer Änderung der strategischen Verhaltensweise frühestens in der darauffolgenden Periode (oder später) oder muß unter der Rückbeziehung eine perzipierte Erwartungshaltung bezüglich der Erfolgsrealisation verstanden werden? In diesem Fall hätte eine Änderung der Strategie noch in der gleichen Periode zu erfolgen. Eine strategische Alternative wird nicht gewählt, da die Unternehmungsleitung aufgrund der induzierten organisations-strukturellen Gegebenheiten einen nicht mehr zufriedenstellenden Erfolg erwartet.

Trotz der theoretischen Leistung, die sich vor allem in den sehr detaillierten Analysen der Verhaltensweise des Managements bei der Ausübung seiner strategischen Entscheidungskompetenz widerspiegelt, ist der Ansatz Childs nicht ohne Kritik geblieben.[21] Sie entzündet sich vielfach am hohen Grad der Entscheidungs- und Wahlfreiheit, den Child der Unternehmungsleitung einräumt. Dieser kann durch vielfältige Verpflichtungen aber auch existierende Marktein- und -austrittsbarrieren eingeschränkt sein.[22] Aber auch der Aspekt der bei Child angesprochenen »dominanten Koalition« als Zentrum der Willensbildung liefert Ansatzpunkte für Kritik. Insbesondere Forschungsarbeiten zum kollektiven Entscheidungs- und Wahrnehmungsverhalten[23] lassen Zweifel daran aufkommen, ob die von Child unterstellte

---

[21] Vgl. hierzu ausführlich Schreyögg (1980) S. 317 ff. und Breilmann (1990) S. 109 ff.
[22] Vgl. Aldrich (1979) S. 149 ff. sowie Robbins (1987) S. 179 ff.
[23] Vgl. ausführlich Staehle (1991) S. 241 ff., v. Rosenstiel (1992) S. 257 ff. sowie Laux/ Liermann (1993) S. 82 ff. und die dort jeweils zusammengefaßten theoretischen Erkenntnisse.

Abfolge von Situationsbeurteilung, Zielfestlegung und strategischer Wahl so klar möglich ist. Ist dies nicht ein wesentlich komplexerer Prozeß, dem immer eine gewisse Eigendynamik innewohnt?

Der bei Child konzipierte Ansatz der strategischen Wahl sowie die sich hieran anschließende kritische Diskussion waren Anstoß für eine Vielzahl von Modellmodifikationen bzw. -erweiterungen, die jedoch alle im Kern der Child'schen Grundargumentation folgen. Auf einige dieser Ansätze wollen wir in den nächsten Abschnitten detaillierter eingehen.[24]

2. Die Unternehmungsumwelt als Erklärung für die eingeschränkte Wahlfreiheit

Auf drei Modelle wollen wir im folgenden eingehen. Sie alle verstehen sich als Erweiterung des Child'schen Ansatzes. Sie versuchen, detailliertere Aussagen über die Freiheit zur Wahl strategischer Optionen zu machen.

(i) Eine nur eingeschränkte Freiheit zur Wahl strategischer Optionen unterstellt Montanari[25] in seinem Modell. Nicht gänzlich aufgegeben wird der Gedanke des klassisch-situativen Determinismus von Umwelt und Struktur. Zwar besitzt das Management generell die Freiheit der Wahl einer als erfolgsversprechend anzusehenden Strategie, doch ist diese Strategie nicht mehr alleiniger Erklärungsgrund für die jeweils auftretenden Organisationsstrukturen. Auch die Umwelt wirkt hier prägend, ohne daß die Unternehmungsleitung immer Einfluß auf die Umwelt nimmt. Indem die Organisation letztendlich den Unternehmungserfolg bestimmt und dieser wiederum die Wahl der Strategie, ist somit indirekt auch die Freiheit der strategischen Wahl nur eingeschränkt möglich.

(ii) Ziel des Ansatzes von Hrebiniak und Joyce[26] ist die Erklärung organisatorischen Anpassungsverhaltens. Auch sie gehen von der Struktur-Folge-Hypothese aus, unterstellen jedoch, daß nicht nur die Strategie, sondern

---

[24] Vgl. ferner noch die Ansätze bei Anderson/Paine (1975) S. 811 ff., Miles (1980), Ahaus/Kastelein (1986) S. 1007 ff. oder Dess/Origer (1987) S. 313 ff., die meist jedoch die strategische Wahl nur als eine unter vielen Variablen ansehen, wenn es darum geht, den Prozeß der Strategieformulierung zu analysieren. Vgl. auch Gaitanides/Wicher (1986) S. 385 ff., die das Problem der strategischen Wahl am Beispiel der Innovationsorientierung einer Unternehmung diskutieren. Nicht betrachten wollen wir an dieser Stelle Arbeiten, die sich dem Zusammenhang von Persönlichkeitsvariablen und Umwelt bei der Entwicklung der Unternehmungsstrategie zuwenden. Vgl. hierzu umfassend Schrader (1994). Vgl. ferner Song (1982) S. 377 ff.

[25] Vgl. Montanari (1978) S. 234 ff. und Montanari (1979) S. 208 ff. Vgl. auch Miller (1979) S. 294 ff.

[26] Vgl. Hrebiniak/Joyce (1985) S. 336 ff. Vgl. ähnlich im Ansatz bereits Hage (1977)

auch die Umwelt einen Einfluß auf organisatorische Anpassungsprozesse ausübt. Da strategische Wahl und Umwelteinfluß als zwei voneinander unabhängige Variablen aufgefaßt werden, lassen sich die unterschiedlichen Formen organisatorischer Anpassung in einem zweidimensionalen Raum anordnen, dessen Dimensionen »Freiheit der strategischen Wahl« und »Stärke des Umwelteinflusses« jeweils hohe oder niedrige Ausprägungen annehmen können.[27] Insofern ist der Ansatz von Hrebiniak und Joyce auch geeignet, unterschiedliche Modelle zur strategischen Wahl zu integrieren. Das Modell Childs etwa würde sich in einem Quadranten wiederfinden, welcher durch eine hohe Ausprägung der Variablen »Freiheit der strategischen Wahl« und einer niedrigen Ausprägung der Variablen »Stärke des Umwelteinflusses« gekennzeichnet wäre. In ähnlicher Weise ließe sich z.B. auch der Ansatz Montanaris einordnen. Besonders beachtenswert ist jedoch die Tatsache, daß es Hrebiniak und Joyce mit ihrem Modell auch ermöglichen, Überlegungen des populations-ökologischen Ansatzes mit solchen zur Strategieformulierung zu kombinieren.

(iii) Ebenfalls eine eingeschränkte Freiheit der Wahl strategischer Verhaltensweisen ist Kern der Ausführungen bei Quinn.[28] Für ihn hat das Management bei der Generierung und Implementierung einer Strategie vielfältige Widerstände zu überwinden. Diese Widerstände finden sich in erster Linie in der Unternehmung selbst. Insofern kann auch die interne Umwelt als Erklärung für eine eingeschränkte Wahlfreiheit angesehen werden. Für Quinn ist dabei die inkrementale Entwicklung und Durchsetzung unternehmerischer Strategien sehr viel erfolgversprechender, als die Verwirklichung einer radikal neuartigen Strategie. Eine »Strategie der kleinen Schritte« ist wesentlich besser geeignet, die in der Unternehmung manifesten Änderungswiderstände zu überwinden.[29]

Im Unterschied zur externen Umwelt, wie sie noch Gegenstand der Modelle Montanaris und Hrebiniak und Joyce' war, besitzt die Unternehmungsleitung jetzt jedoch vielfältige Instrumente, die dazu eingesetzt werden können, die Widerstände, die aus der internen Unternehmungsumwelt heraus resultieren, zu überwinden.

S. 1 ff., der unterschiedliche Umweltszenarien aufzeichnet, die jeweils die Freiheit zur strategischen Wahl mehr oder minder einschränken.

[27] Vgl. Hrebiniak/Joyce (1985) S. 339.
[28] Vgl. Quinn (1984) S. 35 ff.
[29] Vgl. hierzu auch die Überlegungen zur strukturellen bzw. strategischen Trägheit bei Hannan/Freeman (1984) S. 149 ff., Romanelli/Tushman (1986) S. 608 ff. und Kelly/Amburgey (1991) S. 591 ff.

Die in diesem Zusammenhang nicht unwichtige Frage der Macht bei der Festlegung der Strategie führt zur zweiten Gruppe von Ansätzen, die auf dem Child'schen Modell der strategischen Wahl aufbauen.

3. Das Entscheidungsverhalten als Erklärung der Wahl von Strategie und Struktur

Eine zweite Richtung der Erweiterung des Child'schen Ansatzes stellt die Unternehmungsleitung – genauer ihr Entscheidungsverhalten – in das Zentrum der Analyse der Wahl bestimmter Strategien und Strukturen. Auch hier wollen wir wieder einige Modelle kurz vorstellen:

(i) Nicht nur das Entscheidungsverhalten bei der Bestimmung von Strategie und Struktur steht im Vordergrund der Analyse bei Bobbit und Ford, sondern auch die Person des Entscheiders selbst. Zwar behalten auch sie die grundlegende Struktur-Folge-Hypothese bei, fügen jedoch zwei Einschränkungen hinzu: »Organizational decision makers attempt to create structures that are consistent with their cognitive and motivational orientations.«[30]

(ii) Vor dem Hintergrund eines nicht immer dem Rationalitätspostulat folgenden Gruppenentscheidungsverhaltens sind die Überlegungen Robbins'[31] zu sehen. Die Entscheidungsfindung einer dominanten Koalition wird danach ausschließlich von ihren Eigeninteressen und den daraus abgeleiteten Präferenzen bzw. Kriterien der Alternativengenerierung und -bewertung geleitet.[32] Im Unterschied zu Child beeinflußt ein derartiges Verhalten jedoch nicht die zu wählende Strategie, sondern die sich hieraus ableitende Organisationsstruktur: Genauer die zulässigen Alternativen organisatorischer Gestaltung. Welche Struktur letztendlich zu wählen ist, läßt sich a priori nicht festlegen. Aufgrund der Einführung eines Zufriedenheitsniveaus bei der Erreichung des Unternehmungserfolges wären mehrere Strukturen möglich. Robbins überträgt hier das bei Mintzberg entwickelte Konzept der emergenten Strategie[33] auf die Wahl einer Organisationsstruktur und spricht entsprechend von »the organization's emergent structure«.[34] Der entscheidende

---

[30] Bobbit/Ford (1980) S. 19 f.
[31] Vgl. Robbins (1987) S. 194 ff.
[32] Vgl. hierzu auch das Konzept der Entscheidungsprozeßanalyse für Organisationen mit potentiell widersprechenden Einzelinteressen bei Schreyögg (1978) S. 331: »Es wäre genetisch zu untersuchen, wer im Rahmen der gegebenen Zwänge die Strukturentscheidungen bestimmt und welche Absichten und Zwecke (Interessen) in diesen Entscheidungsprozeß einfließen bzw. eingeflossen sind.« Vgl. ferner Gasparini (1978) S. 215 ff.
[33] Vgl. hierzu Mintzberg (1978) S. 945 ff.
[34] Robbins (1987) S. 196.

Beitrag bei der Bestimmung der Organisationsstruktur geht vom machtgeleiteten Einfluß der dominanten Koalition aus. Die gewählte Unternehmungsstrategie ist nur eine unter vielen Nebenbedingungen, die bei der Bestimmung der Menge der zulässigen Organisationsstruktur-Alternativen zu beachten ist. Robbins' macht keine Aussage darüber, ob sich wie bei Child der Einfluß der dominanten Koalition auch auf die verfolgte Strategie richtet. Wir können dies nur vermuten, da andernfalls die Überlegungen zur Strukturwahl durch die dominante Koalition in entscheidendem Maße eingeschränkt wären, wofür es im Modell Robbins' jedoch keinen Anhaltspunkt gibt. Die strategische Wahl bleibt damit für Robbins analog zu Child relativ frei von Einflüssen. Allenfalls das Erreichen eines angemessenen Erfolges könnte hier determinierend wirken.

Hinsichtlich der Struktur-Folge-Hypothese ist insofern nur eine Einschränkung hinsichtlich ihrer Stringenz zu machen: Nicht nur die Strategie bestimmt die Organisationsstruktur, sondern insbesondere der machtbasierte Einfluß der Unternehmungsleitung. Dieser ist jedoch nicht als uneingeschränkter Einfluß zu verstehen. Gewisse strenge Nebenbedingungen – insbesondere die Erzielung eines angemessenen Erfolges – gilt es zu beachten. An der Richtung des Zusammenhangs ändert sich nichts. Die Strategie wird als unabhängige, die Struktur als abhängige Variable verstanden.

Wir wollen damit die Diskussion von Ansätzen beenden, die sich am Modell der strategischen Wahl orientieren, und uns der Frage zuwenden, ob die von uns oben spezifizierte Struktur-Folge-Hypothese vor diesem Hintergrund einer Ergänzung bedarf.

4. Konsequenzen für die »Struktur-Folge-Hypothese«

Mit der Struktur-Folge-Hypothese wird eine direkte Abhängigkeitsbeziehung der Struktur von der Strategie postuliert. Der Ansatz der strategischen Wahl behält diese Abhängigkeit grundsätzlich bei. Es werden jedoch weitergehende Erklärungen dieses Zusammenhangs geliefert. Im Zentrum steht dabei die Frage nach der Freiheit, die das Management bei der Wahl bestimmter strategischer und damit auch struktureller Optionen besitzt. Für unsere weitere Analyse wollen wir somit eine »Strategische-Wahl-Hypothese« formulieren, die wir als Modifikation der »Struktur-Folge-Hypothese« verstehen:

> *Strategie und Struktur stehen in einer klar umrissenen Abhängigkeitsbeziehung. Die Strategie bestimmt die Wahl der Struktur. Die Freiheit der Strategiewahl gilt jedoch nicht uneingeschränkt.*

Welche Einschränkungen hinsichtlich der Strategiewahl zu machen sind, soll an dieser Stelle nicht explizit in die Hypothese aufgenommen werden. Wir haben unterschiedliche Aspekte aufgezeigt. Die Literatur liefert jedoch nicht die Klarheit, die es uns erlauben würde, eine entsprechende Festlegung vorzunehmen.

Mit der Einführung des Gedankens eines Zufriedenheitsniveaus beim Erreichen des Unternehmungserfolges wird implizit bereits auf einen weiteren Aspekt aufmerksam gemacht. Zwar ist hiermit nicht zwingend die Wahl einer bestimmten Organisationsstruktur als Folge der Wahl einer Unternehmungsstrategie vorgegeben, die Freiheit der Strukturwahl wird vom Erreichen des Zufriedenheitsniveaus des Erfolges jedoch auf bestimmte Alternativen eingeschränkt. Bei diesen strukturellen Alternativen handelt es sich damit um Formen, die zur jeweils gewählten Strategie passen, ohne das kritische Zufriedenheitsniveau beim Unternehmungserfolg zu verletzen. Mit diesem Gedanken des Zueinanderpassens wollen wir uns im folgenden ausführlich beschäftigen.

II. Der Zwang zum Fit von Strategie und Struktur

Analysiert man Modelle, die sich mit dem Zueinanderpassen von Strategie und Struktur beschäftigen, so fällt bei aller Ähnlichkeit ein Unterschied hinsichtlich der Analysezielsetzung auf. Generell führt die Einführung der Variablen Strategie zu einer Erweiterung des situativen Grundmodells. Das Ableiten einer Strategie verhinderte den Determinismus von Umwelt und Struktur. Es wird explizit das Management mit seinen gestalterischen Funktionen berücksichtigt. Die Strategie »sucht sich« dabei diejenige Struktur, mit Hilfe derer sie sich am besten verwirklichen läßt.

– Entsprechend rankt sich ein Teil der theoretischen Modelle um die Frage, in welchem Ausmaß denn nun eigentlich die Unternehmungsleitung frei ist in der Wahl ihrer (strategischen) Entscheidungen, die dann wiederum einen maßgeblichen Einfluß auf die Organisationsstruktur besitzen. Diese Studien gehen meist implizit davon aus, daß mit der Organisationsstruktur eine Form gewählt wird, die der gewählten Strategie entspricht. Man konzentriert sich auf die vorhandene Wahlfreiheit. Derartige Untersuchungen waren Gegenstand des vorangegangenen Kapitels.
– Ein anderer Teil der Modelle konzentriert sich hingegen eher auf die Analyse der Art des Zusammenhangs zwischen Strategie und Struktur. Ein ir-

gendwie existenter strategischer Wahlakt wird dabei meist stillschweigend unterstellt.

Beiden Vorgehensweisen ist damit der Fit-Gedanke anhängig. Strategie und Struktur – u.U. noch weitere Variablen – müssen zueinander passen. Wir wollen im folgenden Abschnitt das Hauptaugenmerk unserer Analyse auf die Frage lenken, ob trotz des postulierten Zwanges des Zueinanderpassens von Strategie und Struktur die in der Struktur-Folge-Hypothese gemachte Annahme der Einflußrichtung aufrechterhalten werden kann, d.h. die Struktur weiterhin Mittel zum Zweck der Durchsetzung der Strategie ist.

Bevor wir uns diesen Ansätzen näher zuwenden, soll der Versuch unternommen werden, den Gedanken des Zueinanderpassens zu präzisieren.[35] Hierfür wollen wir auf ein Konzept zurückgreifen, das von Venkatraman entwickelt wurde.[36] Venkatraman versucht, die unterschiedlichen Ansätze, die im Rahmen des strategischen Managements eine Fit-Beziehung unterstellen, in einem einheitlichen System abzubilden. Hierzu unterscheidet er zwei Dimensionen: »(...) the degree of specificity of the theoretical relationship(s), which indicates the level of precision in the functional form of fit (...). The second dimension is either to anchor the concept (and test) of fit to a particular criterion (e.g. effectiveness) or to adopt a criterion-free specification.«[37] Je nach Ausprägung der Dimensionen lassen sich sechs Fit-Beziehungen unterscheiden, die sämtlich im Rahmen des strategischen Managements anzutreffen sind. Wir wollen hierauf im einzelnen nicht eingehen. Für uns von Interesse ist lediglich die Frage, wie sich das Zueinanderpassen von Strategie und Struktur mit Hilfe dieses zweidimensionalen Raums beschreiben läßt.

Der Grad der Spezifität der Fit-Beziehung läßt sich am Beispiel des Strategie-Struktur-Zusammenhangs nicht immer klar bestimmen. Im Regelfall, und das werden die nachfolgenden Ausführungen noch deutlicher zeigen, kann jedoch von einer hohen Spezifität gesprochen werden. Sie wäre dann gegeben, wenn man beispielsweise an das Zueinanderpassen einer Diversifikationsstrategie und einer Divisionalstruktur denkt.

Wesentlich interessanter für die Charakterisierung der Art der Fit-Beziehung ist für uns die Frage, ob nicht ein Kriterium existiert, das anzeigt, wann ein Zueinanderpassen vorliegt und wann nicht. Diese Frage ist relativ eindeutig zu beantworten. Der Fit von Strategie und Struktur orientiert sich am

---

[35] Vgl. Galbraith/Nathanson (1979) S. 266, die darauf verweisen, daß in der Regel eine präzise Definition des »Fits« nicht vorliegt.

[36] Vgl. Venkatraman (1989) S. 423 ff.

[37] Venkatraman (1989) S. 424.

C. Der Zusammenhang von Strategie und Struktur in seiner theoretischen Begründung 71

Unternehmungserfolg. Es handelt sich damit also nicht um eine Fit-Beziehung ohne Ankerpunkt. Es passen nur diejenigen Strategie- und Strukturkomponenten zueinander, die in ihrer Interaktion einen positiven Beitrag – zumindest jedoch keinen negativen – zum Unternehmungserfolg leisten. Trotz der Wahl eines solchen Ankerpunktes sollte nicht übersehen werden, daß bei kaum einem Modell gefragt wird, worin sich denn der Unternehmungserfolg konkretisiert. Man kann allenfalls annehmen, daß hiermit wohl der wirtschaftliche Erfolg gemeint ist. Aber auch andere Erfolgsmaßstäbe wie beispielsweise die Zufriedenheit der Mitarbeiter sind denkbar.

Mit der Einführung des Fit-Postulats geht folglich auch eine Erweiterung des Determinierungsgedankens einher, wie er sich noch in Modellen zum strategischen Imperativ fand. Es wird die Analyse des Strategie-Struktur-Zusammenhangs mit der Frage nach dem Unternehmungserfolg verknüpft.

Mit dieser Konkretisierung wollen wir unsere einleitenden Ausführungen beenden und uns der Analyse der einzelnen Modelle zuwenden, die eine Fit-Beziehung von Strategie und Struktur unterstellen.

a. Die »Fit-Hypothese« von Strategie und Struktur unter Vernachlässigung des Zweck-Mittel-Bezuges

1. Ein grundlegender Modellansatz

Aufbauend auf die Kritik an Childs Ansatz der strategischen Wahl entwickeln Kieser und Kubicek[38] ein Modell, welches die Freiheit der Wahl einer dominanten Koalition erheblich einschränkt. Dabei unterscheiden sie zwei Stufen der Wahl, die auch als konstitutive und abgeleitete Entscheidungen zu klassifizieren sind: In einer ersten Stufe werden die grundlegenden Parameter einer Unternehmung bestimmt, wie z.B. das Betätigungsfeld der Unternehmung, die Unternehmungsverfassung oder die Sozialstruktur. Dies erfolgt in der Regel bei der Gründung der Unternehmung. Im allgemeinen bleiben die dabei getroffenen Entscheidungen auf längere Sicht unverändert. In einer zweiten Stufe gilt es dann, Vorgaben für Leistungsstandards, die Bestimmung der Strategie, die Wahl der Organisationsstruktur und den Einsatz des Personals vorzunehmen.

Die Freiheit der Wahl ist auf beiden Stufen in unterschiedlicher Weise beschränkt. Die Entscheidungen der ersten Stufe werden maßgeblich von den gesellschaftlichen Rahmenbedingungen bestimmt. Die Entscheidungen der

---

[38] Vgl. hierzu ausführlich Kieser/Kubicek (1992) S. 429 ff. Die Grundlagen dieses Modells finden sich bereits bei Kubicek (1980) S. 1 ff.

zweiten Stufe müssen den Entscheidungen der Vergangenheit Rechnung tragen, mithin den Elementen der ersten Stufe, d.h. dem Sachziel, Formalziel, der Unternehmungsverfassung und der Sozialstruktur. Die Entscheidungen der zweiten Stufe dienen der Präzisierung und Umsetzung in konkrete Handlungsweisen. Hierbei ist zu beachten, daß zwischen den Elementen der ersten Stufe und der zweiten Stufe Haupteinflußrichtungen bestehen:

- »Das Formalziel wird (...) zu operationalen Leistungsstandards für die einzelnen Teilbereiche der Unternehmung präzisiert.
- Das Sachziel wird in Prozessen der Strategiebildung zu konkreten (...) Strategien präzisiert.
- Die formale Unternehmungsverfassung wird (...) zur Organisationsstruktur präzisiert.
- Die Sozialstruktur wird (...) zur Personalstruktur präzisiert.«[39]

Sowohl die erste Stufe als aber insbesondere die zweite Stufe sind in erheblichem Maß von Fit-Überlegungen geprägt, d.h. die jeweiligen Ausprägungen der Elemente müssen zueinander passen, andernfalls kommt es zu unerwünschten, negativen Folgen für die Organisationseffizienz.[40] Die Spezifität des Fit-Postulats bezieht sich dabei in erster Linie auf die Nennung derjenigen abgeleiteten Entscheidungen, für die ein Zueinanderpassen anzustreben ist. Es werden dabei jedoch keine Aussagen darüber getroffen, welche Alternativen der Einzelentscheidungen zueinander passen und welche nicht.

Kieser und Kubicek gehen zwar analog zu Child ebenfalls von einer dominanten Koalition bei der Bestimmung von Strategie und Struktur aus. Sie unterstellen ihr jedoch eine in erheblichem Maße eingeschränkte Entscheidungsfreiheit. Nicht nur der Zwang der gesellschaftlichen Rahmenbedingungen sowie derjenige der vorgelagerten konstitutiven Entscheidungen ist beim Verhältnis von Strategie und Struktur zu beachten, sondern zusätzlich die Betonung höchst komplexer Fit-Beziehungen. Ferner erfolgt eine Abkehr von der bei Chandler geprägten deterministischen Sichtweise des Verhältnisses von Strategie und Struktur. Beide gilt es aufeinander abzustimmen. Welche Größe nun als abhängige oder unabhängige in einem derartigen Abstimmungsprozeß anzusehen ist, läßt sich nicht eindeutig festlegen. »Vielmehr ist von in sachlicher Hinsicht wechselseitigen Beziehungen auszugehen. Für die Entscheidungssequenzen kann kein ‚natürlicher' Startpunkt bestimmt werden.«[41]

---

[39] Kieser/Kubicek (1992) S. 433.
[40] Vgl. hierzu auch Kubicek (1987) S. 349 f. Vgl. hierzu auch den Fit-Ansatz bei Naman/Slevin (1993) S. 138 ff.
[41] Kieser/Kubicek (1992) S. 443.

C. Der Zusammenhang von Strategie und Struktur in seiner theoretischen Begründung

Wir wollen an dieser Stelle die Betrachtung des Modells von Kieser und Kubicek abschließen und uns weiteren Fit-Modellen zuwenden. Die im folgenden vorgestellten Ansätze beziehen sich zwar nicht explizit auf den Ansatz von Kieser und Kubicek, sie sind nichtsdestoweniger geeignet, einige Aspekte dieses Modells detaillierter zu illustrieren.

2. Ergänzende Überlegungen zum Strategie-Struktur-Fit

(i) Eine Ausweitung des Fit-Postulats findet sich in der Argumentation Gabeles.[42] Gabele plädiert ebenso wie Kieser und Kubicek dafür, die einseitige Zweck-Mittel-Beziehung zwischen Strategie und Struktur aufzugeben. Auch postuliert er eine wechselseitige Einflußbeziehung, in welcher ferner noch die Umweltsituation mit einzubeziehen ist. Ziel eines derartigen Prozesses ist die gegenseitige Anpassung von Situation, Strategie und Struktur. Dabei ist es unerheblich, welcher dieser Variablenkomplexe den Anpassungsprozeß initiiert hat. Entscheidend ist das Prozeßende, welches sich durch einen vielfachen Fit von Situation, Strategie und Struktur auszeichnen muß, will die Unternehmung langfristig erfolgreich sein. Es ist jedoch zu berücksichtigen, daß die Unternehmungsleitung einen derartigen Anpassungsprozeß durchaus in eine bestimmte Richtung lenken kann, entsprechend der eigenen »Philosophie des betreffenden Reorganisators.«[43]

Zwar führt Gabele diesen Gedanken nicht weiter. Unterstellt man jedoch, daß eine Strategie die Handlungsabsicht der Unternehmungsleitung beschränkt, so wäre damit implizit eine Argumentation geliefert, die die Gegenseitigkeit im Anpassungsprozeß von Situation, Strategie und Struktur relativieren würde. Der Strategie fällt zusehends eine Initiativfunktion zu. Sie setzt den Anpassungsprozeß in Gang, eine Schlußfolgerung, die allerdings von Gabele in dieser Direktheit nicht vorgenommen wird.

(ii) Eine Präzisierung der Begründung der Wahl des Unternehmungserfolges als Gradmesser für das Vorliegen einer Fit-Konstellation erfolgt bei Jones und Hill.[44] Sie liefern für den Zwang zum Fit von Strategie und Struktur eine transaktionskosten-theoretische Begründung. Ausgangspunkt ihrer Überlegung ist die Abhängigkeit der Strategie-Struktur-Wahl von zwei Faktoren: »First, it is a function of the economic benefits through the reduction in transaction cost associated within the firm. Second, strategy-structure-choice is a function of the bureaucratic costs associated with managing the

---

[42] Vgl. Gabele (1979) S. 185 ff.
[43] Gabele (1979) S. 189.
[44] Vgl. Jones/Hill (1988) S. 159 ff.

resultant intra-firm exchange. (...) It is the difference between relative benefits and costs that leads to the choice between strategies.«[45] Entsprechend läßt sich kein eindeutiger Zweck-Mittel-Bezug von Strategie und Struktur erkennen. Unter transaktionskosten-theoretischer Perspektive läßt sich der Prozeß der Strategie-Struktur-Wahl sowohl von der Strategiewahl als auch von der Strukturwahl her erklären. Ein strategischer Wandel zwingt die Organisationsstruktur dazu, entsprechend der strategischen Vorgaben ihre Parameter so zu gestalten, daß der zur Strategieumsetzung notwendige bürokratische Aufwand minimiert wird. Umgekehrt muß die Strategie mit ihrer Ausgestaltung Rücksicht nehmen auf die am Erfolgspostulat ausgerichtete Organisationsstruktur. Es lassen sich nur Strategien verwirklichen, die mit einer erfolgreichen Organisationsstruktur kompatibel sind.

(iii) Eine weitere Ergänzung der Fit-Überlegungen bezieht sich auf die Spezifität des Zueinanderpassens von Strategie und Struktur. Hierzu liefert Donaldson[46] eine Klassifikation, welche anschließend von Hamilton und Shergill[47] auf ihre Erfolgsrelevanz hin empirisch untersucht wurde. Donaldson geht der Frage nach, wann hinsichtlich einer Strategie-Struktur-Kombination von einer Fit-Konstellation gesprochen werden kann und wann eine solche nicht vorliegt. Er stellt die Frage nach der Spezifität des Strategie-Struktur-Zusammenhanges. In Abhängigkeit vom Grad der Unternehmungsdiversifikation lassen sich für die Organisationsstrukturen »Funktionalstruktur«, »Holdingstruktur« und »Divisionalstruktur« Fit- und Nicht-Fit-Situationen bestimmen. Der Grad der Diversifikation wird dabei sowohl horizontal als auch vertikal betrachtet. Bei einem sehr niedrigen Diversifikationsgrad wird nur die Funktionalstruktur als Fit-Kombination klassifiziert, bei einem sehr hohen Diversifikationsgrad nur die Divisionalstruktur. Sicherlich nicht immer unwidersprochen wird die Einteilung Donaldsons im Bereich eines mittleren Diversifikationsgrades bleiben. So wird bereits dann von einer Fit-Situation gesprochen, wenn die Divisionalstruktur mit einem relativ geringen Diversifikationsgrad einhergeht. Auf der anderen Seite wird für einen sehr hohen Diversifikationsgrad die Kombination mit einer Holdingstruktur als Misfit eingestuft. Wir wollen an dieser Stelle diese Diskussion nicht weiter vertiefen. Entscheidend für unsere Analyse ist auch hier wieder die Tatsache, daß ein Zueinanderpassen von Strategie und Struktur proklamiert wird, ohne daß dabei ein eindeutiger Zweck-Mittel-Bezug festzustellen ist.

---

[45] Jones/Hill (1988) S. 160.
[46] Vgl. Donaldson (1984) S. 15 ff.
[47] Vgl. Hamilton/Shergill (1992) S. 95 ff.

Legt man den in den soeben vorgestellten Modellen spezifizierten Zusammenhang von Strategie und Struktur zugrunde, so läßt sich eine erste »Fit-Hypothese« spezifizieren:

Der Zusammenhang von Strategie und Struktur läßt sich als Fit-Konstellation beschreiben. Eine Fit-Konstellation ist durch den Unternehmungserfolg als Ankervariable gekennzeichnet.

Dieser im folgenden als »Fit-Hypothese 1« bezeichnete Zusammenhang besagt jedoch nicht, daß bestimmte Strategieparameter entsprechende Strukturparameter nicht determinieren können. Eine derartige Beziehung ist durchaus möglich, allerdings wird es in vielen Fällen auch zu einer Umkehrung der Einflußrichtung kommen. Entscheidend ist nicht die Frage, welche Parameter abhängigen und welche unabhängigen Charakter aufweisen. Hinsichtlich des Unternehmungserfolges interessiert vielmehr das Problem, ob die einzelnen Parameter aufeinander abgestimmt sind.

b. Die »Fit-Hypothese« von Strategie und Struktur unter Beibehaltung des Zweck-Mittel-Bezuges

Trotz der überwiegenden Zahl von theoretischen Modellen, die eine Fit-Hypothese unterstellen, ohne daß Strategie und Struktur in einer zwangsläufigen Zweck-Mittel-Beziehung stehen, tritt in der Literatur auch der umgekehrte Fall auf: Es wird ein Fit unterstellt, im Kern erfolgt jedoch immer noch eine Anlehnung an die klassische Struktur-Folge-Hypothese.

(i) Als ein Beispiel für ein derartiges Organisationsmodell sei das von Baligh, Burton und Obel[48] entwickelte Expertensystem zur Bestimmung organisations-struktureller Parameter genannt. Bei ihrem Modell stützen sich die Autoren hauptsächlich auf die bei Duncan, Child und Perrow sowie Miles und Snow entwickelten organisationstheoretischen Modelle.[49] Baligh, Burton und Obel sprechen sich für einen Fit der Faktoren Unternehmungsgröße, Technologie, Strategie, Umwelt, Eigentümerstruktur und Philosophie des Managements mit den organisations-strukturellen Parametern aus.

---

[48] Vgl. Baligh/Burton/Obel (1990) S. 35 ff. Vgl. ähnlich im Ansatz bereits Galbraith/Kazanjian (1986) S. 108 ff.

[49] Vgl. hierbei insbesondere das Modell von Miles/Snow (1978) S. 24 sowie Miles/Snow/Meyer/Coleman (1978) S. 552 ff., die zwar grundsätzlich von einer Freiheit der strategischen Wahl sprechen, jedoch aufzeigen, daß der strategische Wahlakt unter dem Zwang steht, möglichst simultan das Problem der Produkt/Markt-Bestimmung, der Wahl geeigneter Produktions- und Distributionstechnologien sowie der rationalen Ausgestaltung von ablauf- und aufbauorganisatorischen Strukturen zu lösen.

Als Fit-Kriterium dient auch hier wieder der Unternehmungserfolg. Als Erfolgskriterium werden die Effektivität und die Effizienz der Organisationsstruktur sowie die Überlebensfähigkeit der Unternehmung genannt.

Konzentrieren wir uns im folgenden auf die Strategie-Struktur-Beziehung, so gehen Baligh, Burton und Obel von einer eindeutigen Zweck-Mittel-Beziehung aus, welche jedoch der Fit-Restriktion Rechnung tragen muß. Deutlich wird dies in der Verwendung eines strengen »Wenn-dann-Regelwerkes«, bei welchem die abhängige Komponente stets den organisationsstrukturellen Parameter nennt, so z.B.: »If the strategy is prospector then the centralization is low.«[50] Darüber hinaus müssen auch Spezialisierungs- und Koordinationsinstrumente zueinander passen. Entscheidend ist jedoch der Fit der strukturellen Parameter mit der jeweils vorherrschenden Kontextstruktur und der gewählten Strategie.[51]

Konsequenz für unsere Analyse ist, daß trotz des Zwangs zum Fit von Strategie und Struktur eine klare Zweck-Mittel-Beziehung zwischen beiden Parametern erhalten bleibt. Die Unternehmungsleitung besitzt einen lediglich durch den Fit-Gedanken beschränkten Gestaltungsspielraum in der Bestimmung der organisations-strukturellen Parameter.

(ii) Ein weiteres Beispiel einer derartigen Konzeption des Strategie-Struktur-Modells wird von Benölken und Greipel[52] vorgelegt. Wir greifen dieses Modell hier auf, da es explizit formale und nicht formale organisatorische Aspekte aufnimmt.[53] Benölken und Greipel postulieren den Zwang zum Fit von Unternehmungsstrategie, Organisationsstruktur und Unternehmungskultur, der gegeben sein muß, will die Unternehmung erfolgreich

---

[50] Baligh/Burton/Obel (1990) S. 43.

[51] Vgl. auch Caves (1984) S. 134 ff., der den Fit von Strategie und Struktur als Optimierungsproblem begreift, dessen Ziel es ist, bei einer gegebenen Unternehmungsumwelt die Unternehmungszielsetzungen bestmöglich zu erreichen. Annahme ist dabei, daß der Anstoß zur optimalen Anpassung von der Strategie ausgeht.

[52] Vgl. Benölken/Greipel (1989) S. 15 ff., die ein Modell konzipieren, welches in erster Linie dazu dienen soll, die Umsetzung bzw. Implementation strategischer Entscheidungen zu erklären. Vgl. auch Wehrli (1988) S. 178 ff. Vgl. ferner den Ansatz von Drexel (1987) S. 150 f., der von einem wechselseitigen Abhängigkeitsverhältnis zwischen Strategie und Struktur ausgeht: »Die Organisationsstruktur eines Unternehmens ist gleichzeitig Instrument zur Durchsetzung von Strategien wie Voraussetzung dafür, daß überhaupt sinnvolle Strategien hervorgebracht werden.« (S. 150).

[53] Vgl. Benölken/Greipel (1989) S. 17. Formale oder auch strukturelle Aspekte sind hierbei die Aufgabenfestlegung, das Hierarchiemuster, die Kompetenzregelung und das Instrumentarium zum Management von Schnittstellen. Nicht formale oder auch kulturelle Aspekte sind die Art der Kommunikationsbeziehungen, der praktizierte Führungsstil und das Wertvorstellungsprofil.

sein. »Gleichwohl entscheidet allein die Realisation, das heißt die Verankerung einer Strategie im komplexen organisatorischen Beziehungsgefüge, über den Erfolg einer Strategie und damit letztendlich auch über den Unternehmenserfolg insgesamt.«[54] Das Schwergewicht des Zueinanderpassens verlagert sich dabei auf die Analyse und Auswahl geeigneter formaler und nicht formaler Organisationsparameter und auf die Nachhaltigkeit des Umsetzungsprozesses.[55]

Erstaunlich an der Vorgehensweise Benölkens und Greipels ist die Tatsache, daß die Strategie und damit die Entscheidungsfreiheit der Unternehmungsleitung wohl im wesentlichen frei ist von etwaigen situativen Faktoren. Darüber hinaus ist bemerkenswert, daß – etwa im Gegensatz zum vorangegangenen Modell von Baligh, Burton und Obel – die verfolgte Strategie in der Regel auch die jeweils existente Organisationskultur (als Element der nicht formalen Organisationsparameter) beeinflußt und nicht umgekehrt.

Wir wollen diesen Aspekt hier nicht weiter vertiefen, da wir es nicht als unsere primäre Aufgabe ansehen, hier kritische Aspekte in der Modellkonstruktion aufzuzeigen. Vielmehr wollen wir uns fragen, welche Schlußfolgerungen aus den Modellen von Baligh, Burton und Obel sowie Benölken und Greipel für unsere Analyse zu ziehen sind: Dies ist vor allem die Tatsache, daß trotz der vielfachen Betonung des Fit-Gedankens die Struktur-Folge-Hypothese nicht gänzlich verworfen wird. Letztendlich besitzt das Management die Freiheit der Gestaltung der Organisationsstruktur mit Hilfe der jeweils verfolgten Unternehmungsstrategie. Will es erfolgreich sein, so muß es gewisse Fit-Restriktionen beachten. Diese heben jedoch die Freiheit der Strategiewahl nicht vollständig auf.

---

[54] Benölken/Greipel (1989) S. 19.
[55] Vgl. Benölken/Greipel (1989) S. 16 ff. Die Autoren sind hier nicht immer sehr präzise in der jeweils zugrundegelegten Begriffsfassung wie auch der jeweils unterstellten Einflußbeziehung. So wird z.B. auf der einen Seite Organisation als Summe aus strukturellen (formalen) und kulturellen (nicht formalen) Parametern verstanden (S. 17). Auf der anderen Seite treten dann noch Parameter wie »Mensch« und »tägliche Praxis« als Aspekte der Organisation hinzu. Ähnliches gilt für die unterstellten Einflußbeziehungen: So wird zum einen Strategie, Struktur und Kultur als »magisches Dreieck« beschrieben, bei welchem bereits die Strategieentwicklung Rücksicht nehmen muß auf strukturelle und kulturelle Gegebenheiten (S. 16). Zum anderen gehen Benölken und Greipel im Verlauf ihrer Ausführungen zusehens dazu über, die Strategie als unabhängige Variable zu definieren, deren jeweiliger Ausprägung sich Struktur und Kultur anzupassen haben, damit der Unternehmungserfolg sichergestellt ist (S. 19).

Wir sehen uns insofern veranlaßt, unsere Fit-Hypothese 1 in gewisser Weise zu modifizieren:

> *Der Zusammenhang von Strategie und Struktur läßt sich als Fit-Konstellation beschreiben, wobei tendenziell von der Strategie eine einflußnehmende Wirkung auf die Struktur ausgeht. Eine Fit-Konstellation ist durch den Unternehmungserfolg als Ankervariable gekennzeichnet.*

Im Gegensatz zur Struktur-Folge-Hypothese steht bei der *Fit-Hypothese 2* eindeutig der Fit-Gedanke im Mittelpunkt, d.h. die Freiheit der Wahl bestimmter Strukturparameter in Abhängigkeit von der getroffenen Strategieentscheidung ist vom Problem des Zueinanderpassens abhängig. Der Anpassungsprozeß startet in der Regel bei der Struktur, die sich der Strategie anpaßt.

III. Der strukturelle Imperativ: Die Organisationsstruktur als Bestimmungsfaktor strategischer Entscheidungen

Eine Kehrtwendung hinsichtlich der Bewertung des Strategie-Struktur-Zusammenhangs nehmen die im folgenden zu analysierenden Ansätze vor. Dabei steht nicht mehr allein die Strategie als Ergebnis einer Handlung der Unternehmungsführung im Vordergrund des Forschungsinteresses, sondern vielmehr eine prozeßorientierte Betrachtung, die ihre Begründung sowohl in Arbeiten zum Entscheidungsverhalten in Organisationen[56] als auch in der institutionalistischen Theorie[57] und der Theorie des Inkrementalismus[58] findet. Nicht mehr die Organisationsstruktur wird als mehr oder minder abhängige Variable von der Strategie begriffen, sondern umgekehrt: Die Struktur übt einen maßgeblichen Einfluß auf die Strategie – insbesondere auf den Prozeß der Strategiefindung und -implementierung – aus. Dieser Imperativ läßt sich entsprechend seiner theoretischen Begründung in unterschiedliche Hypothesen kleiden, welche wir im folgenden entwickeln wollen. Sie alle basieren jedoch auf der wie folgt zu formulierenden allgemeinen »*Strategie-Folge-Hypothese*«:

---

[56] Vgl. March/Simon (1958) S. 35 ff., Cyert/March (1963) S. 87 ff. sowie Cohen/March/Olsen (1972) S. 1 ff.
[57] Vgl. Selznick (1957) S. 90 ff.
[58] Vgl. Lindblom (1959) S. 79 ff.

C. Der Zusammenhang von Strategie und Struktur in seiner theoretischen Begründung

Strategie und Struktur stehen in einer klar umrissenen Abhängigkeitsbeziehung. Die Struktur bestimmt die Wahl der Strategie.

Die im folgenden zu analysierenden Modelle gehen prinzipiell von einem derartigen Strukturimperativ aus. Sie liefern hierfür jedoch unterschiedliche Erklärungen, weshalb die allgemeine »Strategie-Folge-Hypothese« jeweils in bestimmter Art und Weise zu modifizieren ist.

a. Die »Strategie-Folge-Hypothese« in ihrer Konkretisierung als »Informations-Filter-Hypothese«

Bereits die Überschrift des Beitrages von Hall und Saias[59] – »Strategy Follows Structure!« – verdeutlicht die radikale Abkehr von der Chandler'schen Grundposition. Im Gegensatz zu Chandler sehen Hall und Saias eine Strategie nicht mehr nur als gegeben an, sie fragen vielmehr, wie ein derartiger Prozeß der Strategiebildung abläuft. Nur wenn das Management einen derartigen Prozeß autonom beherrschen kann, liegt eine Strategie als Ergebnis vor, wie sie der Sichtweise Chandlers entspricht. Für Hall und Saias ist jedoch eine derart einflußfreie Ausübung strategischen Handelns nicht gegeben. Sie begründen dies mit Hilfe eines informationstheoretischen Ansatzes. Ausgangspunkt eines jeglichen strategischen Entwicklungsprozesses sind danach Informationen, die diejenigen Individuen aufnehmen, bewerten und verarbeiten, die mit der Strategieentwicklung betraut sind. In ähnlicher Weise entwickeln auch Hambrick und Mason[60] ihr Modell der strategischen Wahl unter eingeschränkter Rationalität, das den selektiven und verzerrten Wahrnehmungsprozeß des Managements bei der Strategieentwicklung hervorhebt.[61] Für Hall und Saias erfolgt die Aufnahme strategierelevanter Informationen ebenfalls nicht immer verzerrungsfrei: »Structural characteristics act like filters and limit what the organization can see.«[62]

---

[59] Vgl. Hall/Saias (1980) S. 149 ff. Vgl. hierzu auch die Befunde bei Russo (1991) S. 726, welche die Überlegungen Hall/Saias zu bestätigen scheinen. Vgl. ferner Peters (1984) S. 111 ff.

[60] Vgl. Hambrick/Mason (1984) S. 195.

[61] Vgl. auch Boettcher/Welge (1994) S. 7 ff., die u.a. auch strukturelle Barrieren ermitteln, die den Prozeß der strategischen Informationsverarbeitung in entscheidender Weise beeinflussen können.

[62] Hall/Saias (1980) S. 156. In ähnlicher Weise wird dieses Problem der unvollkommenen Informationsverarbeitung auch bei Miles/Snow/Pfeffer (1974) S. 261 gesehen: »(...) the organization whose managerial talent is fully employed in the operation of the existing technology and process is unlikely to perceive new environmental threats and opportunities.« Vgl. ferner Weick (1985) S. 244 ff., Leifer/Huber (1977) S. 235 ff., Starbuck/Hedberg (1977) S. 253, Murray (1978) S. 969 und Miller (1981) S. 7.

Eine solche Filterfunktion der Organisationsstruktur in Bezug auf die für eine Strategieentwicklung notwendigen Informationen läßt sich wie folgt zeigen:

- Bürokratische Strukturen sind aufgrund ihrer starken Orientierung am routinehaften Aufgabenvollzug wenig geneigt, Strategien zu entwickeln, die innovative Aspekte enthalten und einen weit in die Zukunft gerichteten Planungshorizont besitzen. <u>Bürokratische Strukturen wirken als Filter für Informationen mit innovativem Charakter.</u> Innovationen wirken störend bei der Verwirklichung von Routineaufgaben, für deren Erledigung bürokratische Strukturen konzipiert wurden. <u>Informationen, die zur Aufnahme innovativer Aspekte bei der Strategieformulierung führen könnten, werden damit von bürokratischen Strukturen unterdrückt.</u>[63]
- Das Ausmaß der Beteiligung autonomer Divisionen an der Strategieentwicklung beeinflußt nachhaltig die Strategie als Ergebnis dieses Planungsprozesses.[64] Die Autonomie der einzelnen Divisionen führt zu Bereichsegoismen. Strategische Entscheidungen werden stets unter der Divisionalzielsetzung beurteilt. Gesamtunternehmungszielsetzungen besitzen niedrigere Priorität. <u>Insofern wirkt die Divisionalstruktur als Filter hinsichtlich derartiger Informationen, die strategische Entscheidungen zur Konsequenz haben, deren Verwirklichung zu Lasten der Divisionalzielsetzung gehen würde.</u>

Als Begründung für eine Filterfunktion der Organisationsstruktur wird von Hall und Saias der <u>unterschiedliche »Auftrag« von Strategie und Struktur</u> gesehen. Während <u>Strategien in erster Linie dazu konzipiert werden, eine bestehende Unternehmungssituation zu verbessern oder identifizierte Schwachstellen zu beseitigen, dient die Struktur der Erfüllung der aktuellen Unternehmungsaufgabe.</u>[65] Die folgende Abbildung stellt einen Versuch dar, das Modell von Hall und Saias schematisch wiederzugeben:

Die gestrichelten Rückbeziehungen der Abbildung tragen dem Caveat von Hall und Saias zum Ende ihrer Ausführungen Rechnung: »It is necessa-

---

[63] Vgl. hierzu ausführlich Hauschildt (1993) S. 97 ff.

[64] Vgl. auch Eisenführ (1980) Sp. 564: »Insgesamt scheint die Hypothese gerechtfertigt, daß die divisionale Organisation nicht lediglich eine Folge der (Diversifikations-) Strategie ist, sondern sie ihrerseits Impulse zur (weiteren) Diversifikation auslöst: die multidivisionale Struktur dient dazu, die Diversifikation zu institutionalisieren.«

[65] Vgl. Hall/Saias (1980) S. 157. Vgl. ähnlich im Ansatz auch Hedberg/Nystrom/Starbuck (1976) S. 50 f. Vgl. ferner Anderson/Paine (1975) S. 816 ff., die die Wahl bestimmter Strategien von der Wahrnehmung der Umweltunsicherheit und dem wahrgenommenen Zwang zum Wandel abhängig machen.

C. Der Zusammenhang von Strategie und Struktur in seiner theoretischen Begründung 81

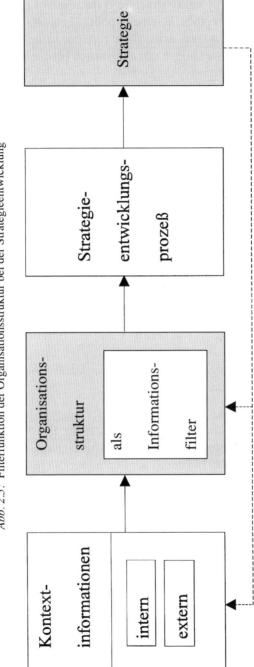

Abb. 2.5: Filterfunktion der Organisationsstruktur bei der Strategieentwicklung

ry to recognize that in reality structure is the result of complex play of variables (...). Structure, then, assumes a political content in the same way as strategy, and there is no reason to subordinate one to the other. (...) Over the long term however, we believe that a mismatch between strategy and structure will lead to inefficiency (...).«[66]

Trotz dieses Postulats des langfristigen Fits von Strategie und Struktur ist im kurzfristigen Bereich ein Einfluß der Struktur auf die Strategie nicht zu übersehen.

Für unsere weitere Analyse wollen wir demnach von einer »*Informations-Filter-Hypothese*« sprechen. In ihr kommt der Determinismus der Struktur über die Strategie zum Ausdruck.

⌈ *Die Informationsfilterfunktion der Organisationsstruktur führt dazu, daß zumindest kurz- und mittelfristig die Organisationsstruktur die Wahl der Strategie bestimmt.* ⌋

Die generelle Gültigkeit der »Strategie-Folge-Hypothese« würde den Intentionen von Hall und Saias widersprechen. Wir postulieren deshalb nur eine eingeschränkte Gültigkeit in Form der soeben abgeleiteten Informationsfilterfunktion, d.h. langfristig ist eine Abnahme der Filterfunktion zu erwarten.

b. Die »Strategie-Folge-Hypothese« in ihrer Konkretisierung als »Fähigkeitsstruktur-Hypothese«

Ähnlich wie Hall und Saias im Ergebnis der Analyse des Zusammenhangs von Strategie und Struktur ist Ansoff[67] in seiner Beurteilung des strategischen Managementprozesses, wenn auch Unterschiede in der theoretischen Begründung bestehen. Ein derartiger Prozeß zerfällt in zwei Teile: die Strategieformulierung und die Strategieimplementierung. Die Strategieformulierung beschreibt eine Änderung des Status Quo einer Unternehmung. Die Strategie an sich besitzt dabei in zunehmendem Maße innovativen Charakter. Folglich kommt es bei der Implementierung der Strategie zu Widerständen, die auf unterschiedliche Ursachen zurückzuführen sind.

Uns sollen hier nur die systembedingten Widerstände interessieren.[68] Sie resultieren in erster Linie aus mangelnden strategischen Managementfähig-

---

[66] Hall/Saias (1980) S. 161 f.

[67] Vgl. ausführlich Ansoff (1980a) S. 1 ff. und Ansoff (1980b) S. 1 ff. sowie zusammenfassend Ansoff (1982) S. 72 ff.

[68] Vgl. zu den verhaltensbedingten Widerständen und Möglichkeiten ihrer Überwindung Ansoff (1980a) S. 8 ff.

keiten: »Whenever both operating and strategic work compete for management attention, the former drives out the latter. At any given time, systemic resistance will be proportional to the difference between the strategic work imposed on the management and the capacity available to handle it. Whenever the strategic budget is increased significantly, without an accompanying increase in the managerial capacity, the strategic overload will cause delays, cost overruns, and strategic project failures in proportion to the speed with which the strategic budget is built up.«[69] Werden nicht geeignete Mechanismen eingesetzt, um diesen Mangel an Fähigkeiten auszugleichen,[70] so ist entweder mit einem Scheitern der Strategie zu rechnen, oder aber es werden nur Strategien entwickelt, die den Namen Strategie eigentlich nicht verdient haben, entsprechend aber ein geringeres Maß an Widerstand hervorrufen.

Wir sehen uns damit gezwungen, neben der Informations-Filter-Hypothese, eine weitere Hypothese zu spezifizieren, die hilft, den strukturellen Imperativ zu konkretisieren: die »*Fähigkeitsstruktur-Hypothese*«.

Das Fähigkeitsprofil der Organisation, welches seinen Ausdruck in den vorhandenen organisations-strukturellen Kapazitäten findet, ist ausschlaggebend für die Wahl bestimmter strategischer Optionen.

Mangelnde organisations-strukturelle Kapazitäten – wie immer sie konkret aussehen mögen – können die Strategieumsetzung verhindern. Oder umgekehrt formuliert: Eine Strategie läßt sich nur dann umsetzen, wenn entsprechende organisations-strukturelle Gegebenheiten vorliegen. Organisationsstrukturen sind primär nicht darauf ausgerichtet, Strategien zu implementieren oder wie es Baligh und Burton in pointierter Weise ausdrücken: »(...) they [organizations] are like machines. They do what they are designed to do.«[71]

---

[69]. Ansoff (1980b) S. 7. Vgl. auch das bei March/Simon (1958) S. 185 postulierte »Gresham's law of planning«, wonach sich Entscheidungsträger eher routinehaften Aufgaben zuwenden. »Daily routine drives out planning. (...) when an individual is faced both with highly programmed and highly unprogrammed tasks, the former tend to take precedence over the latter even in the absence of strong over-all time preasure.«

[70] Vgl. hierzu die unterschiedlichen Ansätze bei Ansoff (1982) S. 76 ff. sowie die entsprechenden Konzeptionen eines Entscheidungsbaums bei Ansoff (1982) S. 86.

[71] Baligh/Burton (1979) S. 94. Vgl. auch Ackhoff (1970) S. 87.

c. Die »Strategie-Folge-Hypothese« in ihrer Konkretisierung als »Prozeßstruktur-Hypothese«

Die Frage nach dem Einfluß der organisations-strukturellen Parameter auf den Prozeß der Strategieentwicklung und -implementierung versucht Fredrickson in seinem Ansatz zu beantworten. Im Zentrum seiner Überlegungen steht dabei nicht so sehr die Strategie als Ergebnis einer Handlungsweise, sondern vielmehr der gesamte strategische Entscheidungsprozeß in seiner Prägung durch den ihn umgebenden organisations-strukturellen Rahmen.[72] Die determinierende Organisationsstruktur findet für Fredrickson ihren Ausdruck

- im Grad der Zentralisierung der Entscheidungskompetenzen,
- im Grad der Formalisierung der organisatorischen Abläufe und
- im Ausmaß der Komplexität der Organisation, d.h. in der Vielfalt spezialisierter Teileinheiten, der Anzahl hierarchischer Ebenen und der Größe der Leitungsspanne.

Diese organisations-strukturellen Parameter beeinflussen den Prozeß der Strategieentwicklung und damit die Strategie selbst. Dies drückt sich konkret aus in den Fragen:

- Von wem bzw. wo wird ein strategischer Prozeß initiiert?
- Welchen Zielen hat sich eine Strategie unterzuordnen? Sind dies Individualziele oder Unternehmungsziele?
- Wie groß ist die Wahrscheinlichkeit, daß mit der verfolgten Strategiealternative auch die strategischen Ziele erreicht werden?
- Ist die Strategie das Ergebnis eines rationalen Entscheidungsverhaltens oder besitzt sie eher emergenten Charakter?
- Worin sind die Beschränkungen der Reichweite strategischer Entscheidungen zu sehen? Sind diese eher auf die kognitive Kapazität des Managements oder aber auf strukturelle Gegebenheiten zurückzuführen?

---

[72] Vgl. Fredrickson (1984b) S. 12 ff. und Fredrickson (1986) S. 280 ff. Einen derartigen prägenden Einfluß der Organisationsstruktur führt Rogers (1975) S. 82 auf die in der Organisationsstruktur inkorporierten Machtpotentiale zurück: »(...) the organization design and the power structure embodied within it help determine how the business will respond to perceived market opportunities and choose among alternate strategies.« Vgl. auch Roventa (1979) S. 322, der sich mit den Determinanten der strategischen Planung auseinandersetzt und in diesem Zusammenhang ausführt: »Ein vierter Faktor liegt in den vorhandenen Strukturen. Der Begriff Strukturen umfaßt hier sowohl die Organisationsstruktur als auch den Umfang der Zentralisation bzw. Dezentralisation von Entscheidungen sowie finanzielle Strukturen.«

– Wie weit geht der Geltungsbereich einer strategischen Entscheidung innerhalb der Unternehmung?

Fredrickson leitet eine Vielzahl von Einzelhypothesen ab, die jeweils Verknüpfungen zwischen den strukturellen und den strategischen Parametern vornehmen.[73] Organisations-strukturelle Parameter bestimmen in vielfältiger Weise den Prozeß der Strategieentwicklung und damit auch das Ergebnis eines derartigen Prozesses: die gewählte Unternehmungsstrategie. Der gesamte strategische Entscheidungsprozeß mit seinen Phasen, den jeweils betroffenen Personen oder Institutionen, der Art und Weise der Prozeßinitiierung, der Informationssuche und der Informationsbewertung, den gewählten Entscheidungskriterien etc. unterwirft sich den vorherrschenden organisatorischen Regelungen. Diese müssen sich nicht nur auf die Ablauforganisation beziehen, Fredrickson betont hier insbesondere das aufbauorganisatorische Regelwerk.

Abschließend seien noch zwei Ansätze kurz angesprochen, die zwar explizit nicht das Zusammenwirken von Strategie und Struktur erklären, die jedoch aufgrund ihrer theoretischen Analyse von Reorganisationsprozessen wertvolle Erkenntnisse für den Ablauf strategischer Entscheidungsprozesse liefern. Beide Ansätze unterstreichen, daß die Organisationsstruktur nicht nur als Instrument der Strategieimplementation zu sehen ist, sondern von ihr auch eigenständige Effekte in Bezug auf die Unternehmungsstrategie ausgehen.

Dies ist zum einen das Konzept der Eigendynamik von Miller und Friesen.[74] Hiernach entwickeln sowohl Strategien als auch Strukturen eine Eigendynamik, die dazu führt, daß sie sich hinsichtlich ihrer Eigenschaften immer weiter verstärken. So wird eine bürokratische Struktur über die Zeit immer bürokratischer oder eine organische Organisationsstruktur im Zeitablauf immer organischer. Dies hat zur Konsequenz, daß es mit zunehmender Eigendynamik immer schwieriger wird, Änderungsprozesse durchzusetzen. »Finally, any change in strategy would have been extremely costly and therefore that much harder to implement.«[75] Ursache hierfür sind beispielsweise das risikoaverse Verhalten von Managern mit der Konsequenz der Anwendung bereits erprobter organisatorischer Prozeduren oder aber vielfältige Perzeptionsbarrieren, die eine genaue Zuordnung von Erfolg und erfolgsverursachenden Faktoren erschweren.

---

[73] Vgl. Fredrickson (1986) S. 284.
[74] Vgl. Miller/Friesen (1984a) S. 248 ff. Vgl. ferner auch die Erweiterung bei Breilmann (1990) S. 198 ff.
[75] Miller/Friesen (1984a) S. 258.

In eine sehr ähnliche Richtung geht das zweite Konzept: der Ansatz der strukturellen Trägheit bei Hannan und Freeman.[76] Grundaussage dieses populations-ökologischen Ansatzes ist die Tendenz von Organisationen, in einem bestimmten Zustand zu verharren. Sie passen sich nicht im erforderlichen Maße externen Umweltänderungen an. Strukturelle Trägheit ist folglich ein dynamisches Phänomen, welches als relative Anpassungsgeschwindigkeit einer Organisation an sich ändernde Umweltparameter definiert ist. Diese Trägheit ist nicht zwangsläufig als negativ für eine Organisation zu werten, da sie in vielfältiger Art und Weise auch positiv sanktioniert wird. Stichworte wie Verläßlichkeit von Prozeduren sowie das Vorhandensein einer stabilen Erwartungshaltung bei internen oder externen Organisationsteilnehmern seien hier genannt. Die strukturelle Trägheit führt dazu, daß sich Organisationen nur unter erheblichen Kosten wandeln können. Sie dient andererseits als Schutz, der die Organisation davor bewahrt, sich ständig neu zu organisieren.[77] In Reorganisationsprozessen werden Ressourcen gebunden, die unter Umständen im eigentlichen betrieblichen Leistungsprozeß besser eingesetzt wären.

Konsequenz für unsere Untersuchung ist auch hier die Erkenntnis, daß ähnlich dem Eigendynamik-Konzept auch das Trägheitskonzept ein »Eigenleben« organisatorischer Strukturen unterstellt, welches man in der Weise interpretieren könnte, als daß es die Entwicklung und Implementation von Strategien in erheblichem Maße beeinflußt.

Wir wollen insofern eine weitere Konkretisierung der »Strategie-Folge-Hypothese« vornehmen, indem wir im Sinne Fredricksons eine *»Prozeßstruktur-Hypothese«* postulieren:

Die existierenden organisations-strukturellen Regelungen führen dazu, daß sich der strategische Entscheidungsprozeß nicht frei entwickeln kann, sondern bestimmten Strukturen folgt.

---

[76] Vgl. Hannan/Freeman (1976) S. 931 f. und insbesondere Hannan/Freeman (1984) S. 149 ff. Vgl. ferner auch Stinchcombe (1965) S. 155, der von struktureller Resistenz in Bezug auf die Unternehmungsgröße spricht oder auch Starbuck (1965) S. 470 f., der eine Änderungsempfindlichkeit von Organisationen gegenüber der einmal angenommenen Strategie und hinsichtlich der Wahrung persönlicher Besitzstände unterstellt. Ähnlich auch Downs (1967) S. 196 und Akesson/Frederickson/Normark (1992) S. 5 ff. Vgl. ferner die marginalanalytische Vorgehensweise bei Witteloostuijn/Lier (1991) S. 14 ff. sowie Amburgey/Miner (1990) S. 2 ff. und Amburgey/Miner (1992) S. 335 ff.

[77] Vgl. hierzu auch den »Quantum-View-Ansatz« des organisatorischen Wandels bei Miller/Friesen (1980) S. 268 ff. und Miller/Friesen (1984a) S. 127 ff.

Wenn wir eine derartige Hypothese insbesondere im Hinblick auf den Ansatz Fredricksons ableiten, so soll hier nicht verschwiegen werden, daß Fredrickson ähnlich wie bereits oben Hall und Saias zum Ende seiner Ausführungen gewisse Einschränkungen macht: »The empirical questions: when does structure follow strategy, and when does structure, through its direct effect on strategic decision process, determine strategy, remain. It is suggested that structure is most likely to dominate the organizations where an overall strategy is not institutionalized (...). Similarly, there may be contexts such as crisis situations where the effects of structure are subservient to variables such as environment.«[78]

IV. Der interdependente Zusammenhang von Strategie und Struktur

Die im folgenden zu diskutierenden Ansätze gehen in ihrer Grundaussage sowohl von der Gültigkeit der »Struktur-Folge-Hypothese«, also auch von der Gültigkeit der »Strategie-Folge-Hypothese« aus. Strategie und Struktur stehen in einem interdependenten Zusammenhang – sie beeinflussen sich gegenseitig. Jedoch sind die jeweils gelieferten theoretischen Begründungen hierfür recht unterschiedlich. Ihnen gemein ist allerdings die Sichtweise der Strategie. Sie wird nicht nur ergebnisorientiert, sondern auch prozeßorientiert betrachtet.

Die Interdependenz von Strategie und Struktur wird in der Literatur im wesentlichen anhand dreier Dimensionen betrachtet, die wir auch gleichzeitig als Ausgangspunkt für unsere weiteren Überlegungen wählen:

- Der zeitlichen Dimension: Es gibt Perioden, in denen der strategische Imperativ gilt bzw. Perioden, in denen der strukturelle Imperativ vorherrscht.
- Die strukturelle Dimension: Bestimmte strukturelle Parameter üben einen bestimmenden Einfluß auf die Strategie aus, andere werden hingegen von der Strategie determiniert.
- Die strategische Dimension: Analog zur strukturellen Dimension werden strategische Komponenten teilweise von der Struktur beeinflußt, teilweise geht jedoch von ihnen ein Einfluß aus.

---

[78] Fredrickson (1986) S. 294.

a. Die »Zeitliche-Segregations-Hypothese«

In ihrer Analyse des Zusammenhangs von Marketingstrategie und Organisationsstruktur[79] weisen bereits Baligh und Burton darauf hin, daß »the logical flow that ‚structure follows strategy' is correct, but incomplete. The relation is more properly stated as a strategy/structure sequence, i.e. strategy, structure, strategy (...)«.[80] Indem sie von Sequenzen sprechen, trennen Baligh und Burton hier den Entwicklungsprozeß einer Unternehmung in einzelne Phasen, und zwar in solche, in denen die Strategie die Struktur bestimmt, und solche, in denen sich eine derartige Einflußbeziehung in umgekehrter Weise darstellt.

Ebenfalls im Modell von Link zum Strategie-Struktur-Zusammenhang findet sich eine Zeitliche-Segregations-Hypothese, allerdings hier nicht in Gestalt von vor- und nachgelagerten Strategie/Struktur-Sequenzen, sondern in der Trennung von kurzfristigen und langfristigen Aspekten: »Während langfristig die Organisation gemäß den Umsetzungsnotwendigkeiten der Unternehmungsstrategie umgestaltet werden muß (...), sind kurzfristig Einflüsse des Organisationssystems auf die Strategie möglich.«[81]

Folgende Überlegungen liegen der Argumentation von Link zugrunde: Eine Strategie – ihr Inhalt sowie die geplanten organisations-strukturellen Mechanismen ihrer Implementierung – wird erst mit zeitlicher Verzögerung in eine neue Organisationsstruktur umgesetzt. Langfristig bestimmt damit die Strategie die Struktur. Kurzfristig bestimmen die existenten organisations-strukturelle Mechanismen den Prozeß der Strategiefindung und -umsetzung, wodurch es zu erheblichen Verzögerungen kommen kann. Worin nun derartige Verzögerungen ihre Ursache haben, darüber ließe sich an dieser Stelle allerdings nur spekulieren.[82] Link liefert hierfür keine Anhaltspunkte. Er zeigt nur Beispiele auf, wie eine strategieangepaßte Organisationsstruktur auszusehen hat. Man kann sich des Eindrucks nicht erwehren, daß Link mit Aufnahme des Verzögerungsgedankens dem Umstand Rechnung trägt, daß unterschiedliche theoretische Einwände die These des strukturellen Imperativs stützen,[83] auf der anderen Seite jedoch ein Abgestimmtsein von Strategie und Struktur maßgeblich für den Erfolg jedweder strategischer und struktureller Aktivitäten ist.

---

[79] Vgl. hierzu auch Blois (1983) S. 251 ff.
[80] Baligh/Burton (1979) S. 93.
[81] Link (1985) S. 28. Leider findet sich bei Link keine Abgrenzung hinsichtlich des zeitlichen Horizonts, der als kurzfristig bzw. langfristig charakterisiert wird.
[82] Es sei hier nur auf die weiter vorne bereits angesprochene Theorie der strukturellen Trägheit verwiesen.
[83] Vgl. Link (1985) S. 28 f.

Unabhängig von den manchmal recht vagen Ausführungen Links sei an dieser Stelle hervorgehoben, daß in sehr ausführlicher Weise der Versuch unternommen wird, sowohl die Strategie-Folge-Hypothese als auch die Struktur-Folge-Hypothese in ein zeitbezogenes Modell zu integrieren. Wir wollen eine »*Zeitliche-Segregations-Hypothese*« postulieren, welche unterstellt:

In bestimmten Intervallen des Entwicklungsprozesses einer Unternehmung besitzt der strategische Imperativ Gültigkeit, in anderen der strukturelle Imperativ.

b. Die »*Strukturelle-Segregations-Hypothese*«

An mehreren Stellen wurde bereits die Frage hinsichtlich der organisationsstrukturellen Mechanismen aufgeworfen, welche dazu geeignet erscheinen, einen strategischen Planungsprozeß anzustoßen und ihn voranzutreiben, und welche Instrumente diesem eher hinderlich gegenüberstehen. Boschken[84] hat diesen Gedanken weitergeführt und unterscheidet explizit strukturelle Mechanismen, die einen prägenden Einfluß auf die Strategie besitzen, von solchen, die maßgeblich von der gewählten Strategie bestimmt werden. Entsprechend der unterschiedlich gelagerten Einflußrichtung von Strategie und Struktur kommt es damit zur Trennung der strukturellen Parameter in solche mit determinierendem Charakter und solche mit determiniertem Charakter. Boschken spricht von einer Makro-Struktur und einer Mikro-Struktur: »Referring to the overall division of functional tasks and their integration into an organizational whole, the research has been speaking of a *macro*structure containing all organizational activities. (...) We define *micro*structure to mean a set of coordinate subunits assigned the critical tasks of designing strategy for the whole organization and creating appropriate implementation policies and changes in operational structure.«[85]

---

[84] Vgl. Boschken (1990) S. 135 f., der als eine zentrale Ursache für die unterschiedlichen Überlegungen wie auch empirischen Befunde zum Strategie-Struktur-Zusammenhang die monolitische Betrachtung der Variablen Organisationsstruktur ansieht: »Moreover, one would expect the planning function's structure to follow different exigencies than the organization's structure as a whole. The strategy and structure literature, however, does not generally make such a distinction in analytical level pertaining to structure. In the relationship, structure is conventionally defined as a single variable (...)« sowie Boschken (1988) S. 198 ff.

[85] Boschken (1990) S. 136. Vgl. hierzu auch Khandwalla (1977) S. 482 ff., der in diesem Zusammenhang auch von »superstructure« und »infrastructure« spricht. Vgl. ferner Egelhoff (1982) S. 436 : »The more micro-level studies of organizations, where the units of ana-

Die Makro-Struktur spiegelt dabei bereits das Chandler'sche Strukturverständnis wider. Für den Zusammenhang von Strategie und Makro-Struktur behält Boschken den strategischen Imperativ bei. Anders sieht es hingegen für die Mikro-Struktur aus. Durch sie wird maßgeblicher Einfluß auf die Entwicklung der Strategie ausgeübt.

Trotz der begrifflichen Trennung von Mikro- und Makro-Struktur bleibt Boschken hinsichtlich der Präzisierung der Mikro-Struktur eher vage. Allgemein findet sie ihren Ausdruck in drei Aspekten:

- Der Institutionalisierung eines spezialisierten Teilbereiches, der sich für den gesamten Bereich der strategischen Unternehmungsplanung verantwortlich zeichnet.
- Der Existenz von entsprechender Managementkapazität, die Boschken als »strategic competence«[86] bezeichnet.
- Der Bewältigung des Koordinationsproblems bei der Integration strategischer und operativer Aufgaben.

Ähnlich wie Boschken nehmen auch Hoskisson, Hill und Kim eine Trennung struktureller Komponenten hinsichtlich ihres Zusammenhangs zur Unternehmungsstrategie vor.[87] Jedoch wird hier eine Unterscheidung der Organisationsstruktur in eine Spezialisierungs- und eine Koordinationskomponente gewählt. Im Zentrum der Untersuchung steht die Frage des Zusammenhangs zwischen der Übernahme einer divisionalen Organisationsstruktur und dem Unternehmungserfolg. Für die Autoren wirkt die Wahl der Spezialisierungsform direkt auf den Erfolg. Die Strategie – hier die Diversifikationsstrategie – beeinflußt nur als intervenierende Variable diese Beziehung, d.h. es besteht eine gewisse Unabhängigkeit von Strategie und Struktur. Auf der anderen Seite muß die Strategie jedoch in starkem Maße mit den gewählten Koordinationsinstrumenten abgestimmt sein, wobei hier von der strukturellen Komponente ein erheblicher Einfluß zu verzeichnen ist. Zwar legen Hoskisson, Hill und Kim das Schwergewicht ihrer Argumentation nicht auf das unterschiedliche Abhängigkeitsverhältnis von Strategie und

---

lysis are either individuals or small groups (...) more macro-level studies (...) measuring (...) phenomena between very large subunits of an organization.« Vgl. auch Smith/Grimm/Gannon (1992) S. 9, die eine derartige Unterscheidung für strategische Wettbewerbsansätze wählen: »Macro theories and methods tend to be coarse-grained and aimed at understanding general tendencies in strategy, for instance, strategy groups or typologies. In contrast, micro theories and methods are more fine grained and, target more specific phenomena, such as pricing behavior.«

[86] Boschken (1990) S. 142.
[87] Vgl. Hoskisson/Hill/Kim (1993) S. 269 ff.

Struktur, eine gewisse Notwendigkeit zur Trennung struktureller Komponenten bei der Analyse der Einflußbeziehungen ist jedoch nicht zu übersehen.

Dies ist für uns Anlaß, von einer »*Strukturellen-Segregations-Hypothese*« zu sprechen. In ihr kommt zum Ausdruck:

⌈*Nur für bestimmte organisatorische Komponenten trifft der strategische Imperativ zu, für andere hingegen nicht. Dort gilt der strukturelle Imperativ.*⌋

Um welche Komponenten es sich jeweils handelt, wollen wir einstweilen offen lassen. Wir tragen damit der nicht immer präzisen Trennung der Strukturkomponenten in solche, von denen ein Einfluß ausgeht, und solche, die beeinflußt werden, Rechnung und haben insofern auf eine schärfere Fassung der Strukturellen-Segregations-Hypothese verzichtet. Für uns entscheidend ist die Trennung struktureller Komponenten in solche, für die der strategische Imperativ gilt, und solche, die ihrerseits prägend auf die Strategie wirken.

c. Die »*Strategische-Segregations-Hypothese*«

Ein weiterer Aspekt des interdependenten Zusammenhangs von Strategie und Struktur wird deutlich, wenn man eine Trennung nicht hinsichtlich struktureller Komponenten vornimmt, sondern die Variable Strategie aufspaltet in einen Teil, der die Struktur prägt, und einen anderen, welcher seinerseits von ihr beeinflußt wird. Konkretisiert wurde dieser Gedanke bereits bei Uyterhoeven, Ackerman und Rosenblum[88] in einem sehr einfachen Modell. Die Autoren unterscheiden dabei die sog. »intellectual strategy« von der »operational strategy«. Ineinander überführt werden beide mit Hilfe der Organisationsstruktur. Zwar definieren Uyterhoeven, Ackerman und Rosenblum diese beiden Strategietypen nicht näher, doch wird deutlich, daß bei dem von ihnen unterstellten Fall einer wachsenden Unternehmung beide Arten von Strategien auseinanderfallen können, wenn sich die Organisation im Wachstumsprozeß nicht ständig anpaßt. Der so verstandene Strategie-Struktur-Zusammenhang läßt sich – wenn bei Uyterhoeven, Ackerman und Rosenblum noch recht unscharf[89] – in eine »*Strategische-Segregations-Hy-*

---

[88] Vgl. Uyterhoeven/Ackerman/Rosenblum (1973) S. 71 ff. Vgl. ferner Gaitanides (1986) S. 271 f.

[89] Vgl. Uyterhoeven/Ackerman/Rosenblum (1973) S. 72, die einen derart gelagerten Zusammenhang nur andeuten: »The general manager, in summary, faces the tasks of (1) building and constantly adapting his organization on to the demands of his strategy, (2) ensuring

pothese« fassen, die je nach Art der Strategiekomponente einen strategischen oder einen strukturellen Imperativ unterstellt.

Wesentlich detaillierter wird die Segregations-Hypothese bei Bourgeois und Astley[90] untersucht. Sie zerlegen die Strategie in eine primäre und eine sekundäre Komponente. Mit der primären Strategie wird die für die Unternehmung relevante Aufgabenumwelt bestimmt, also im wesentlichen die zu wählende Produkt/Markt-Kombination. Ferner wird die zur Erfüllung der Unternehmungsaufgabe erforderliche Organisationsstruktur durch sie festgelegt. Eine derartige Wahl erfolgt simultan, so daß zwischen gewählter Aufgabenumwelt und gewählter Organisationsstruktur dem Fit-Gedanken Rechnung getragen werden kann. In der primären Strategie kommen die verfügbaren Ressourcen und Fähigkeiten der Unternehmung sowie die Philosophie des Managements zum Ausdruck. Die sekundäre Strategie ist mit der operationalen Strategie bei Uyterhoeven, Ackerman und Rosenblum zu vergleichen. Sie ist vornehmlich auf den Wettbewerb in den gewählten Produkt/Markt-Kombinationen gerichtet. In der Unterscheidung von Primär- und Sekundärstrategie kommt der von uns weiter vorne beschriebene hierarchische Charakter der gewählten Strategie zum Ausdruck. Trotz des im Geltungsbereich niedrigeren Ranges der sekundären Strategie geht von ihr der entscheidende Einfluß auf den Erfolg aus.

Leider bleibt bei Bourgeois und Astley die Frage, wie denn letztlich die primäre und sekundäre strategische Wahl zu gestalten ist, weitgehend unbeantwortet. Sie orientieren sich mit ihrem Geflecht von Einflußbeziehungen an Einzelbefunden empirischer Forschungsarbeiten. Ein geschlossenes theoretisches Gebäude wird nicht errichtet.

Derartige theoretische Erklärungen finden sich hingegen im Modell Burgelmans[91] in wesentlich stärkerem Ausmaß, allerdings kommt dort die Strategische-Segregations-Hypothese nicht so klar zum Ausdruck. Die strategische Variable wird dahingehend unterteilt, ob sie Ausdruck eines autonomen strategischen Verhaltens oder aber eines induzierten strategischen Verhaltens ist. »*Induced* strategic behavior uses the categories provided by the current concepts of strategy to identify opportunities in the enactable environment. (...) *Autonomous* strategic behavior introduces new categories for the definition of opportunities. (...) They lead to a redefinition of the

---

that his strategy takes into account organizational constraints, and (3) recognizing the organizational inputs which influence the strategic process.«

[90] Vgl. Bourgeois/Astley (1979) S. 40 ff.
[91] Vgl. Burgelman (1983) S. 61 ff.

corporation's relevant environment and provide the raw material for strategic renewal. They precede changes in corporate strategy.«[92]

Der folgende Einflußzusammenhang läßt sich dabei für Burgelman theoretisch begründen. Mit der autonomen Strategiewahl wird die Bestimmung der Unternehmungsstrategie vorgenommen. Von ihr bestimmt ist die Wahl der Organisationsstruktur, deren Ziel es ist »(...) keeping strategic behavior at lower levels in line with the concept of corporate strategy.«[93] In diesem Bereich bestimmt also die Strategie die Struktur. Der Einfluß der Struktur auf die Strategie zeigt sich ferner auch durch existente Rückbeziehungen der abgeleiteten Produkt/Markt-Strategien auf die autonome strategische Wahl, so daß »(...) the totality of strategic activity of such firms [large, diversified firms] is usually a mixture of induced and autonomous strategic behavior.«[94]

Die Ursachen für ein derartiges Wechselspiel des Strategie-Struktur-Zusammenhangs werden theoretisch anhand einer Fallstudie abgeleitet. Da diese stellenweise einen gewissen Abstraktionsgrad vermissen läßt, wollen wir hierauf nicht weiter eingehen. Nichtsdestoweniger sei ein Einwand vorgetragen: Burgelman bezieht sich mit seinem Modell explizit auf große Unternehmungen mit selbständig agierenden Divisionen. Insofern ist nicht verwunderlich, daß eben diese Divisionen – unterstellt man ein divisional ausgerichtetes Subzielsystem, welches von allerlei Einflüssen (auch personen- und verhaltensbezogenen) bestimmt wird – versuchen, einen Einfluß auf das strategische Verhalten der Gesamtunternehmung auszuüben. Es bleibt offen, ob bei einer anderen Organisationsstruktur, die ihr Spezialisierungs- und Autoritätsmuster nicht an den gewählten Produkt/Markt-Kombinationen ausrichtet, ebenfalls einen derartigen Einfluß auf die Strategie ausüben würde.

Für uns bedeutsam ist der Umstand, daß hier ein weiteres Indiz für die Gültigkeit einer »*Strategischen-Segregations-Hypothese*« geliefert wird:

Bei bestimmten strategischen Aspekten trifft der strategische Imperativ zu. Bei anderen wiederum der strukturelle Imperativ.

Auch hier wollen wir wieder darauf verzichten, eine Präzisierung der einzelnen Komponenten vorzunehmen. Die Literatur gibt zwar gewisse Anhaltspunkte, aber selbst eine Unterscheidung beispielsweise in primäre und sekundäre Strategie läßt die Frage unbeantwortet, was denn unter beiden zu verstehen ist.

---

[92] Burgelman (1983) S. 64 f.
[93] Burgelman (1983) S. 68.
[94] Burgelman (1983) S. 68.

V. Der fehlende direkte Zusammenhang von Strategie und Struktur

Abschließend wollen wir uns Modellen zuwenden, die für die Strategie-Struktur-Beziehung Unabhängigkeit unterstellen, d.h. die Wahl einer strukturellen Option ist weitgehend unabhängig von der Wahl der strategischen Alternative und umgekehrt.

Ausgangspunkt der Modellkonzeption bei Park und Mason[95] ist die Kritik an den Modellen der strategischen Wahl bzw. den Fit-Modellen von Strategie und Struktur, die in der Regel den Unternehmungserfolg vom Zueinanderpassen von Strategie und Struktur abhängig machen. »First, the model does not relate organization structure to business position on to the industry environment. (...) Second, the model does not specify a direct relationship between business position and business performance.«[96]

Entsprechend sehen Park und Mason in der Marktstruktur bzw. der Wettbewerbsposition die entscheidenden Determinanten. Sie bestimmen sowohl die Wettbewerbsstrategie als auch die Ausgestaltung der Organisationsstruktur. Für die Beziehung Wettbewerbsstrategie und Organisationsstruktur wird kein direkter Zusammenhang unterstellt. »The business strategy and organization structure in turn jointly influence the performance of the business in that industry.«[97]

Gestützt wird eine derartige Überlegung auch vom Modell Capon, Farley und Hulberts.[98] Auch hier stehen Strategie und Struktur in keiner Beziehung zueinander. Beide beeinflussen das Verhalten der Organisation und damit den Unternehmungserfolg.[99] Interessant an diesem Modell ist die Tatsache, daß vielfältige zeitlich bedingte Rückbeziehungen angenommen werden. So sind für die aktuelle Organisationsstruktur maßgeblich die bereits in der Vergangenheit gewählten Strukturparameter verantwortlich. Auch die Strategie bzw. der strategische Planungsprozeß werden von in der Vergangenheit verfolgten Strategien und vom Erfolg der Vorperioden bestimmt.

---

[95] Vgl. Park/Mason (1990) S. 157 ff.
[96] Park/Mason (1990) S. 164 f.
[97] Park/Mason (1990) S. 167.
[98] Vgl. Capon/Farley/Hulbert (1987) S. 368.
[99] Im Modell Capon/Farley/Hulbert wird der Unternehmungserfolg zusätzlich auch von Parametern der externen Umwelt bestimmt, also Umständen, für die eine Unternehmung nicht in erster Linie verantwortlich gemacht werden kann.

Wir sehen uns daher gezwungen, abschließend eine sogenannte »*Unabhängigkeits-Hypothese*« zu formulieren:

⌈*Zwischen Struktur und Strategie besteht kein direkter Zusammenhang.*⌋

An dieser Stelle wollen wir die Diskussion von Modellen beenden, die sich dem Strategie-Struktur-Zusammenhang widmen. Es mag sicherlich noch das ein oder andere Modell geben, welches wir hier nicht betrachtet haben. Nichtsdestoweniger sind wir mit unserer Analyse in der Lage, ein umfassendes Hypothesensystem abzuleiten, welches die unterschiedlichen Sichtweisen des Strategie-Struktur-Problems in der Literatur aufnimmt. Dies soll im folgenden noch einmal zusammengefaßt werden.

VI. Zusammenfassung der Hypothesen zum Strategie-Struktur-Zusammenhang

Die vorangegangenen Ausführungen haben gezeigt, daß der Strategie-Struktur-Zusammenhang in der Literatur keineswegs einheitlich gesehen wird. Unsere noch in Abbildung 2.2 eher kombinatorisch abgeleitete Vielfalt der Strategie-Struktur-Beziehung ließ sich in entsprechender Weise so auch in der Literatur finden – wenn auch angemerkt werden muß, daß dabei doch sehr unterschiedliche Häufungen in der Annahme bestimmter Zusammenhangsmuster anzutreffen waren. Die Vielfalt der Hypothesen, die den Strategie-Struktur-Zusammenhang kennzeichnen, gibt die folgende Tabelle 2.1 auf Seite 96 in der Übersicht wieder:

Dieses umfangreiche Hypothesensystem wollen wir anschließend im Rahmen einer Re-Analyse empirischer Forschungsergebnisse prüfen. Hierzu wollen wir ein Instrumentarium entwickeln, welches insbesondere den Gegensatz von Befund und Nicht-Befund in das Zentrum der Re-Analyse stellt. Seine Entwicklung wollen wir im anschließenden Teil der Arbeit vornehmen.

Tab. 2.1: Hypothesen zum Strategie-Struktur-Zusammenhang

Hypothese	Hypothesengegenstand	Studien
I. *Strategischer Imperativ:*		
Struktur-Folge-Hypothese	Strategie und Struktur stehen in einer klar umrissenen Abhängigkeitsbeziehung. Die Strategie bestimmt die Wahl der Struktur.	z.B. Chandler (1962), Dyas/Thanheiser (1970), Channon (1973), Franko (1974), Hoffmann (1981), Fombrun (1989)
Strategische-Wahl-Hypothese	Strategie und Struktur stehen in einer klar umrissenen Abhängigkeitsbeziehung. Die Strategie bestimmt die Wahl der Struktur. Die Freiheit der strategischen Wahl gilt jedoch nicht uneingeschränkt.	z.B. Child (1972), Anderson/Paine (1975), Montanari (1978), Bobbit/Ford (1980), Miles (1980), Hrebiniak/Joyce (1985), Galbraith/Kazanjian (1986), Robbins (1987)
II. *Strategie-Struktur-Fit:*		
Fit-Hypothese 1	Der Zusammenhang von Strategie und Struktur läßt sich als Fit-Konstellation beschreiben. Eine Fit-Konstellation ist durch den Unternehmungserfolg als Ankervariable gekennzeichnet.	z.B. Gabele (1979), Kubicek (1980), Jones/Hill (1988), Kieser/Kubicek (1992)
Fit-Hypothese 2	Der Zusammenhang von Strategie und Struktur läßt sich als Fit-Konstellation beschreiben, wobei tendenziell von der Strategie eine einflußnehmende Wirkung auf die Struktur ausgeht. Eine Fit-Konstellation ist durch den Unternehmungserfolg als Ankervariable gekennzeichnet.	z.B. Benölken/Greipel (1989), Baligh/Burton/Obel (1990)
III. *Struktureller Imperativ:*		
Informations-Filter-Hypothese	Die Informationsfilterfunktion der Organisationsstruktur führt dazu, daß zumindest kurz- und mittelfristig die Organisationsstruktur die Wahl der Strategie bestimmt.	z.B. Hall/Saias (1980), Hambrick/Mason (1984)

Fortsetzung nächste Seite

Fortsetzung Tab. 2.1: Hypothesen zum Strategie-Struktur-Zusammenhang

Hypothese	Hypothesengegenstand	Studien
Fähigkeits-struktur-Hypothese	Das Fähigkeitsprofil der Organisation, welches seinen Ausdruck in den vorhandenen organisationsstrukturellen Kapazitäten findet, ist ausschlaggebend für die Wahl bestimmter strategischer Optionen.	z.B. Ansoff (1980a), Ansoff (1980b)
Prozeßstruktur-Hypothese	Die existierenden organisationsstrukturellen Regelungen führen dazu, daß sich der strategische Entscheidungsprozeß nicht frei entwickeln kann, sondern bestimmten Strukturen folgt.	z.B. Roventa (1979), Fredrickson (1986)
IV. Strategie-Struktur-Interdependenz:		
Zeitliche-Segregations-Hypothese	In bestimmten Intervallen des Entwicklungsprozesses einer Unternehmung besitzt der strategische Imperativ Gültigkeit, in anderen der strukturelle Imperativ.	z.B. Baligh/Burton (1979), Link (1985)
Strukturelle-Segregations-Hypothese	Nur für bestimmte organisatorische Komponenten trifft der strategische Imperativ zu, für andere hingegen nicht. Dort gilt der strukturelle Imperativ.	z.B. Boschken (1990)
Strategische-Segregations-Hypothese	Bei bestimmten strategischen Aspekten trifft der strategische Imperativ zu. Bei anderen wiederum der strukturelle Imperativ.	z.B. Uyterhoeven/Ackerman/Rosenblum (1973), Bourgeois/Astley (1979), Burgelman (1983)
V. Strategie-Struktur-Unabhängigkeit:		
Unabhängigkeits-Hypothese	Zwischen Strategie und Struktur besteht kein direkter Zusammenhang.	z.B. Capon/Farley/Hulbert (1987), Park/Mason (1990)

3. Teil

Die Nicht-Befund-Analyse und das gewählte Analysedesign

Das im vorangegangenen Teil der Arbeit abgeleitete Hypothesensystem wollen wir mit Hilfe einer Re-Analyse veröffentlichter empirischer Forschungsergebnisse prüfen. Wir verzichten damit auf die Durchführung einer eigenen empirischen Untersuchung und wollen statt dessen den Versuch unternehmen, bereits vorliegende empirische Ergebnisse einer integrativen Analyse zu unterziehen. Eine solche Vorgehensweise erscheint uns angebracht, da mittlerweile zum Zusammenhang von Strategie und Struktur eine Vielzahl von empirischen Ergebnissen veröffentlicht wurden.

Bereits bei der Ableitung unseres Hypothesensystems haben wir gesehen, daß in der Literatur anscheinend sehr unterschiedliche Vorstellungen darüber bestehen, welcher Art der Zusammenhang von Strategie und Struktur ist. Diese Heterogenität findet sich nun auch in den entsprechend vorgelegten empirischen Ergebnissen. Es erscheint uns damit wenig sinnvoll, eine weitere empirische Untersuchung zum Strategie-Struktur-Zusammenhang durchzuführen, die möglicherweise das eine oder andere empirische Ergebnis repliziert, ein anderes hingegen nicht. Wir wollen insofern versuchen, die bisher veröffentlichten empirischen Ergebnisse einer studienübergreifenden Analyse zu unterziehen. Nur diese Vorgehensweise erscheint uns beim gegenwärtigen Stand der Forschung zum Strategie-Struktur-Zusammenhang angebracht, will man in diesem Forschungsbereich ein Stück des Weges vorankommen.

Betrachtet man aktuelle Untersuchungen, die eine studienübergreifende Analyse empirischer Ergebnisse vornehmen, so zeigt sich, daß sich mittlerweile quantitative metaanalytische Verfahren zu etablieren scheinen. Sie setzen sich zum Ziel, studienübergreifende Korrelationen, Varianzerklärungsanteile oder ähnliche statistische Kennzahlen zu berechnen.[1] Wir wer-

---

[1] Vgl. z.B. die Arbeiten von Petty/McGee/Cavender (1984) S. 712 ff., Gooding/Wagner

den uns ebenfalls einer solchen quantitativen Vorgehensweise bedienen. Im Detail werden wir hierauf später ausführlich eingehen.

An dieser Stelle soll das Augenmerk auf einen Aspekt gelenkt werden, welcher in den Verfahren der quantitativen Metaanalyse in der Regel keine explizite Berücksichtigung findet: das Auftreten von sogenannten Nicht-Befunden. Wir werden ein Konzept entwickeln, die *Nicht-Befund-Analyse*, das explizit den Nicht-Befund in den Fokus einer studienübergreifenden Re-Analyse stellt. Dieses Verfahren der integrativen Re-Analyse empirischer Forschungsarbeiten zielt zum einen auf die Klassifikation eines empirischen Einzelergebnisses als Befund oder Nicht-Befund (*Befund-/Nicht-Befund-Klassifikation*) sowie die sich daraus ergebende *studienübergreifende Häufigkeitsverteilung der Befunde- und Nicht-Befunde*. Zum anderen will die Nicht-Befund-Analyse studienübergreifende Effektstärken ermitteln, wie sie Gegenstand der *Verfahren der quantitativen Metaanalyse* sind.

Die Nicht-Befund-Analyse ist somit auch das Instrument, mit welchem wir unsere Hypothesen zum Zusammenhang von Strategie und Struktur überprüfen werden.

(1985) S. 462 ff., Damanpour (1991) S. 555 ff., Damanpour (1992) S. 375 ff., Schüle (1992) und Löffler (1995)

A. Die Nicht-Befund-Analyse als Re-Analyse-Konzept

I. Begriff des »Nicht-Befundes« in der empirischen Forschung

Im Zentrum der folgenden Ausführungen steht die Präzisierung des Nicht-Befund-Begriffes. Ein derartiger Terminus ist bisher in der sozialwissenschaftlichen Forschung nicht eingeführt. Wohl aber ist das Untersuchungsobjekt, welches wir als Nicht-Befund bezeichnen wollen, an sich bekannt. Es beschreibt einen bestimmten Ausgang eines statistischen Hypothesentests. Entsprechend setzt hier die Abgrenzung des Nicht-Befund-Begriffes an.

a. Der Nicht-Befund als Konsequenz des Überschreitens eines kritischen α-Fehlers

Von einem Nicht-Befund wollen wir im folgenden immer dann sprechen, wenn ein statistischer Signifikanztest zu einem Ergebnis führt, bei welchem eine a priori vereinbarte kritische Grenze der α-Fehlerwahrscheinlichkeit überschritten wird, unabhängig davon ob eine explizit formulierte Forschungshypothese vorliegt oder nicht. Eine derartige Begriffslegung orientiert sich bewußt nur am Ergebnis eines Signifikanztests. Sie abstrahiert damit von der in der Wissenschaftstheorie postulierten Vorgehensweise der Falsifikation einer Forschungshypothese im Rahmen einer statistischen Signifikanzprüfung.

Fragt man sich, wo die kritische Grenze der Nicht-Signifikanz zu ziehen ist, so scheint dies in der Literatur relativ unstrittig. Es wird eine Grenze von kleiner als 5 % Irrtumswahrscheinlichkeit meist als signifikant, eine von kleiner als 1 % meist als hoch signifikant bezeichnet.[1]

---

[1] Vgl. z.B. Bortz (1984) S. 370.

In der vorliegenden Untersuchung soll somit immer dann von einem Nicht-Befund gesprochen werden, wenn das ausgewiesene Ergebnis einer statistischen Signifikanzprüfung eine α-Fehlerwahrscheinlichkeit von größer als 5 % aufweist. Ist die α-Fehlerwahrscheinlichkeit geringer als 5 %, so liegt ein Befund vor.

Dies gilt unabhängig davon, ob es sich bei der zu prüfenden Forschungshypothese um eine einseitige oder eine zweiseitige Hypothese handelt. Eine entsprechende Abgrenzung ist nicht unproblematisch, da unter Umständen Befunde eines einseitigen Tests, die bei zweiseitiger Prüfung ohne Befund blieben, mit signifikanten Befunden eines zweiseitigen Tests gleichgesetzt werden. Zwei Gründe sprechen jedoch trotzdem für die von uns getroffene Festlegung:

— In empirischen Studien wird nicht immer dokumentiert, ob es sich um einen einseitigen oder zweiseitigen Test handelt. Es ist insofern vielfach unmöglich, eine entsprechende Korrektur des ausgewiesenen Signifikanzniveaus vorzunehmen. Eine Fixierung der Nicht-Befund-Definition am Signifikanzniveau eines zweiseitigen Tests ist wenig sinnvoll, wenn eine Vielzahl von Ergebnissen einzelner Studien dadurch nicht zweifelsfrei klassifiziert werden können.
— Die vorliegende Untersuchung legt zwar einen Analyseschwerpunkt auf Ergebnisse, die ohne Befund bleiben. Es kann jedoch nicht unser Ziel sein, möglichst viele Befunde als Nicht-Befunde zu klassifizieren. Dies wäre der Fall, wenn wir ausnahmslos das Kriterium der zweiseitigen Prüfung fordern würden.

Da in sehr vielen von uns analysierten Studien Produkt-Moment-Korrelationen berichtet werden, wählen wir diesen Korrelationskoeffizienten auch als Vergleichsmaßstab für unsere Analyse der Nicht-Befunde. Bei Studien, die diese Koeffizienten nicht ausweisen, dafür aber andere Hypothesentests durchführen, wird versucht, diese Ergebnisse in Produkt-Moment-Korrelationen mit dazugehörigem Signifikanzniveau umzurechnen. Für eine Vielzahl von Tests liefert die Literatur geeignete Verfahren der Transformation.[2]

---

[2] Vgl. Rosenthal/Rubin (1982) S. 166 ff., Glass/McGaw/Smith (1981) S. 148 f. und Wolf (1986) S. 35.

b. Der Nicht-Befund als Konsequenz des Unterschreitens eines kritischen β-Fehlers

In der Sozialforschung wird die Prüfung einer Forschungshypothese auf Signifikanz im Regelfall auf α-Wahrscheinlichkeiten beschränkt. Der sog. Fehler erster Art (α-Fehler) ist damit bekannt, d.h. in 5 % oder 1 % der Fälle würde man fälschlicherweise die Nullhypothese zugunsten der Alternativhypothese verwerfen. Keine Aussage liefert ein solcher Test über den Fehler zweiter Art (β-Fehler), d.h. den Umstand, daß man die Nullhypothese fälschlicherweise beibehält.[3] Damit liefert die β-Fehlerwahrscheinlichkeit nun aber einen entscheidenden Beitrag für die von uns beabsichtigte Befund-/Nicht-Befund-Klassifikation. Sie kennzeichnet die Irrtumswahrscheinlichkeit, die man in Kauf nimmt, wenn aufgrund des »zu hohen« α-Fehlers die Nullhypothese akzeptiert wird, obwohl in der Grundgesamtheit die alternative Forschungshypothese Gültigkeit besitzt. Eine Nicht-Befund-Interpretation könnte damit erst dann erfolgen, wenn eine Abschätzung des β-Fehlers vorgenommen wurde.

Eine Bestimmung des β-Fehlers wirft allerdings ein erhebliches Problem auf: Im Gegensatz zur Nullhypothese, für die es erforderlich ist, den nicht vorhandenen Unterschied bzw. nicht existenten Zusammenhang des Kennwerts zu spezifizieren, ist es jetzt erforderlich, für die Forschungshypothese einen Effekt a priori vorzugeben, ab dem ein Unterschied bzw. ein Zusammenhang als beachtlich zu bezeichnen ist. Es ist eine minimale Effektgröße zu bestimmen. Aber genau eine derartige Festlegung erweist sich in der empirischen Sozialforschung als äußerst schwierig, oftmals sogar als unmöglich. Um eine solche Vorgabe zu machen, müssen bereits eine Vielzahl gesicherter Ergebnisse in einem Forschungsbereich vorliegen, die Anhaltspunkte liefern, ab wann beispielsweise eine Korrelation zwischen zwei Phänomenen als bedeutsam gilt. Im Regelfall wird dies nur selten der Fall sein. Akzeptiert man das Vorhandensein einer kritischen Mindesteffektstärke für einen bestimmten Zusammenhang oder Unterschied, so läßt sich ein Stichprobenumfang ermitteln, für den eine α-Fehlerwahrscheinlichkeit sowie eine β-Fehlerwahrscheinlichkeit eine jeweils als kritisch definierte Grenze nicht überschreiten.

Fragt man nach den Konsequenzen, die die Bestimmung des Fehlers zweiter Art für die Nicht-Befund-Analyse besitzt, so lassen sich diese nur ziehen, wenn man in der Lage ist, den β-Fehler abzuschätzen. Im Fall, daß es sinnvoll erscheint, eine kritische Mindesteffektstärke festzulegen, läßt sich

---

[3] Vgl. ausführlich zum Zusammenhang von α- und β-Fehler bei Signifikanztests u.a. Krause/Metzler (1978) S. 253 ff., Witte, E.H. (1980) S. 58 f. und Stelzl (1982) S. 11 ff.

für eine bestimmte α- und β-Fehlerwahrscheinlichkeit ein Mindeststichprobenumfang errechnen, ab dem beide Fehlerwahrscheinlichkeiten in einem zu tolerierenden Rahmen bleiben. Die folgende Abbildung zeigt die sich für das empirische Ergebnis ergebenden Konsequenzen. Die Entscheidung über die Akzeptanz des β-Fehlers erfolgt dabei über den Stichprobenumfang. Für ihn läßt sich eine Größe errechnen, die es zu überschreiten gilt, will man bei einer Mindesteffektstärke erreichen, daß die β-Fehlerwahrscheinlichkeit unter eine bestimmte Größe sinkt.[4] Als kritische Mindesteffektstärke setzen wir hier e_{krit}.

Abb. 3.1: Befund-/Nicht-Befund-Klassifikation bei Berücksichtigung der β-Fehlerwahrscheinlichkeit

α-Fehler	Effektstärke	β-Fehler	
		akzeptabel	nicht akzeptabel
akzeptabel	$e \geq e_{krit}$	1	2
	$e \geq e_{krit}$	3	4
nicht akzeptabel	$e \geq e_{krit}$	5	6
	$e \geq e_{krit}$	7	8

Erläuterung:
- ⧄ Befund
- ⧅ Nicht-Befund
- ☐ Interpretation problematisch
- e tatsächlich berechneter Effekt
- e_{krit} kritische Mindesteffektstärke

(i) Die Fälle 1 und 2 sind eindeutig als Befund zu klassifizieren. Das Nichteinhalten der β-Fehlerwahrscheinlichkeit ist unerheblich, da hier keine interpretatorische Würdigung der Nullhypothese beabsichtigt ist.

(ii) Ebenso unproblematisch sind die Fälle 5 und 7. Bei beiden überschreitet die α-Fehlerwahrscheinlichkeit eine kritische Grenze. Der zu akzeptierende β-Fehler erlaubt eine Interpretation des Nicht-Befundes.

---

[4] Vgl. hierzu die entsprechenden Berechnungen bei Cohen (1977) S. 19 ff., jeweils in Abhängigkeit von der Art der durchgeführten Signifikanzprüfung.

(iii) Noch relativ einfach zu klassifizieren ist der Fall 3. Der β-Fehler gibt an, daß die Interpretation eines Nicht-Befundes möglich ist. Sie sollte auch erfolgen, da die Effektstärke die als beachtlich unterstellte Grenze unterschritten hat; dies obwohl der α-Fehler zu akzeptieren wäre. Allerdings würde der externe Analytiker in diesem Fall höchstwahrscheinlich eine zur Ursprungsstudie konträre Interpretation des empirischen Ergebnisses vornehmen, vorausgesetzt, diese orientiert sich ausschließlich an der α-Fehlerwahrscheinlichkeit.

(iv) Die verbleibenden Felder zeichnen sich dadurch aus, daß der β-Fehler aufgrund des für den kritischen Mindesteffekt zu geringen Stichprobenumfangs nicht zu akzeptieren ist. Mithin ist eine Nicht-Befund-Interpretation zunächst einmal nicht angebracht. Aber auch eine Befund-Interpretation müßte unterbleiben. In den Feldern 6 und 8 verletzt die α-Fehlerwahrscheinlichkeit die kritische Grenze, im Feld 4 unterschreitet der Effekt diejenige Stärke, die ihn als beachtenswert klassifiziert. Folglich blieben empirische Ergebnisse, die in einem dieser drei Felder anzusiedeln sind, von einer inhaltlichen Würdigung ausgeschlossen.

Bei der Festlegung der Höhe der kritischen β-Fehlerwahrscheinlichkeit wollen wir uns analog zur α-Fehlerwahrscheinlichkeit ebenfalls an den in der Literatur allgemein üblichen Konventionen orientieren und legen als Grenzen für die Bestimmung des kritischen Stichprobenumfangs fest:[5] Die β-Fehlerwahrscheinlichkeit betrage 20 %. Mit Hilfe von einschlägigem Tabellenwerk ist man nun in der Lage, für einen α-Fehler von 5 % und eine bestimmte kritische Mindesteffektstärke eine Abschätzung der Zulässigkeit der Interpretation eines Nicht-Befundes – in Abhängigkeit vom Stichprobenumfang – vor dem Hintergrund eines auf 20 % fixierten β-Fehlers vorzunehmen.[6]

c. Der Nicht-Befund als Konsequenz des Unterschreitens einer kritischen Effektstärke

Die vorangegangenen Ausführungen haben gezeigt, daß das Überschreiten einer α-Fehlerwahrscheinlichkeit bei gesicherter β-Fehlertoleranz ein eindeutiges Indiz für das Vorliegen eines Nicht-Befundes darstellt. Allerdings ist eine derart scharfe Nicht-Befund-Abgrenzung nur möglich, wenn Vorstellungen darüber bestehen, welchen Wert eine kritische Mindesteffektstär-

---

[5] Vgl. Cohen (1977) S. 56, Bortz (1984) S. 492 und Stelzl (1982) S. 21.
[6] Vgl. hierzu die entsprechenden tabellierten Werte bei Glass/Hopkins (1984) S. 529 f., 533, 549 sowie Cohen (1977) S. 101.

ke annehmen muß, damit hinsichtlich einer bestimmten Forschungsfragestellung von einem bedeutsamen Effekt gesprochen werden kann. Vielfach wird es nicht möglich sein, eine solche inhaltlich fixierte Mindesteffektstärke zu bestimmen. Liegt ein derartiger Fall vor, so führt die ausschließliche Orientierung der Nicht-Befund-Klassifikation an der α-Fehlerwahrscheinlichkeit zu einem Problem, welches seine Ursache im Zusammenhang von Stichprobenumfang und α-Fehlerwahrscheinlichkeit besitzt: Bei einem hinreichend großen Stichprobenumfang weisen selbst kleinste Effekte noch einen zufriedenstellenden α-Fehler auf.

Es ist damit notwendig eine Effektstärke zu vereinbaren, die unabhängig von der zu analysierenden Forschungsfragestellung angibt, daß trotz des Ausweises eines akzeptablen α-Fehlers möglicherweise ein Nicht-Befund vorliegt. Wir werden in einem solchen Fall von einem *Nicht-Befund im weiteren Sinne* sprechen. Soweit ein Korrelationskoeffizient als Effekt ausgewiesen wird, wollen wir hierfür eine formale Grenze von $|r| = 0,3$ vereinbaren. Wird diese Grenze trotz eines α-Fehlers von weniger als 5 % unterschritten, so ist dies ein Indiz dafür, daß möglicherweise ein Nicht-Befund vorliegt und nicht, wie in der zu analysierenden Originalstudie ausgewiesen, ein Befund. Die Klassifikation als Nicht-Befund im weiteren Sinne erfordert jedoch weitergehende Prüfungen, auf die wir im Rahmen unseres Konzeptes der Nicht-Befund-Analyse noch eingehen werden.

II. Beweggründe für die Analyse von Nicht-Befunden

Die Analyse der Nicht-Befunde im Rahmen einer Re-Analyse empirischer Forschungsergebnisse wollen wir aus der Sicht des externen Analytikers vornehmen, der eine Forschungsarbeit beurteilen will. Diesem fällt als erstes die Tatsache auf, daß ein bestimmtes empirisches Ergebnis z.B. in einer wissenschaftlichen Zeitschrift veröffentlicht wurde. Sodann fällt sein Blick auf die Qualität der Datenauswertung und -interpretation. Schließlich erfolgt noch eine kritische Überprüfung der Art und Weise der Datengewinnung. Aus einem derartigen Re-Analyseprozeß lassen sich nun Begründungen ableiten, die es wünschenswert erscheinen lassen, daß sich das Forschungsinteresse des externen Analytikers – aber natürlich auch das des empirisch Forschenden – nicht nur auf die Analyse von Befunden konzentrieren sollte, sondern auch auf empirische Ergebnisse, die ohne Befund bleiben.

a. Die Analyse von Nicht-Befunden als Konsequenz des Publikations- und Forschungsverhaltens

Der »Zwang zur Befundpräsentation« bei empirischen Forschungsarbeiten ist in der sozialwissenschaftlichen Literatur vereinzelt bereits Gegenstand von Forschungsarbeiten gewesen. Im folgenden soll kurz auf die – aus der Sicht der Analyse von Nicht-Befunden – wichtigsten Ergebnisse eingegangen werden:

(i) Atkinson, Furlong und Wampold[7] befragten 50 Mitglieder der Herausgeberbeiräte der Zeitschriften »Journal of Counseling Psychology« und »Journal of Consulting and Clinical Psychology«. Sie wurden gebeten, Forschungsmanuskripte zu bewerten, die sich nur hinsichtlich des Grades des Vorhandenseins von signifikanten Ergebnissen unterschieden. Die theoretischen Überlegungen, die formale Präsentation usw. waren bei allen Manuskripten gleich. Diejenigen Personen, die die Manuskripte mit nicht signifikanten Ergebnissen analysierten, schlugen in nur 39 % der Fälle diese zur Publikation vor. Hingegen wurde bei Manuskripten mit signifikanten Ergebnissen in 82 % der Fälle eine Empfehlung zur Publikation ausgesprochen.

(ii) Von Woodman und Wayne[8] wurden 50 empirische Untersuchungen, die sich mit Fragen der Organisationsentwicklung befaßten, begutachtet. Diese Artikel fanden ihre Veröffentlichung in den Jahren 1978 bis 1983 in den Zeitschriften »Journal of Applied Behavioral Science« und »Group & Organization Studies«. Es zeigte sich, daß bei 12 von 50 Studien auch nicht signifikante Ergebnisse berichtet wurden, bei ca. 75 % der Untersuchungen aber ausschließlich signifikante Befunde.

(iii) In ihrer Befragung von 301 Gutachtern bei 19 amerikanischen sozialwissenschaftlichen Zeitschriften kommen Kerr, Tolliver und Petree[9] zu dem Ergebnis, daß ein Manuskript höchstwahrscheinlich dann zur Publikation angenommen wird, wenn es eine neue Theorie beinhaltet, starke signifikante empirische Ergebnisse liefert und von einer in diesem Forschungsgebiet bereits etablierten Forschungspersönlichkeit verfaßt wurde.

(iv) Campbell[10] analysiert das Begutachtungsverhalten des »Journal of Applied Psychology« (JAP). Die Angemessenheit der Untersuchungsmethode wie die Relevanz der Forschungsfrage sind hier die entscheidenden

---

[7] Vgl. Atkinson/Furlong/Wampold (1982) S. 189 ff.
[8] Vgl. Woodman/Wayne (1985) S. 894 ff. sowie eigene Berechnungen. Wir haben für die bei Woodman/Wayne (1985) in Tab. 2 als Item (8) genannte Variable »significance level« die entsprechenden relativen Häufigkeiten berechnet.
[9] Vgl. Kerr/Tolliver/Petree (1977) S. 135 ff.
[10] Vgl. Campbell (1982) S. 699 f.

Kriterien. Studien mit nicht signifikanten Ergebnissen müssen diese schon in besonderer Weise und anspruchsvoll erklären, damit sie veröffentlicht werden. Dieser hohe theoretische Anspruch mag auch erklären, warum nur 10 % der empirischen Ergebnisse der analysierten Studien nicht signifikant waren.

Der mehr oder minder manifeste Zwang zur Publikation und damit zur Präsentation signifikanter Ergebnisse mag auch die Art und Weise der Datenauswertung konsequent auf das »Erreichen« eines Befundes hinlenken. Natürlich wird eine solche Vorgehensweise von der Literatur scharf kritisiert.[11]

Das Wissen um mögliche Probleme bei der Datenauswertung läßt sich jetzt aber anhand einer einzelnen Studie meist nur schwer belegen. Es kann allenfalls dazu dienen, empirische Forschungsergebnisse mit der notwendigen Vorsicht zu interpretieren. Und genau diese Vorsicht bei der Analyse signifikanter Ergebnisse führt dazu, sich auch den nicht signifikanten Ergebnissen zuzuwenden. Je vorsichtiger signifikante Ergebnisse zu beurteilen sind, desto relevanter wird der Nicht-Befund, d.h. die theoretische Würdigung des nicht signifikanten Ergebnisses. Der mangelnde qualitative Gehalt eines Befundes läßt auf eine stärkere Gültigkeit des Nicht-Befundes schließen.

b. Die Analyse von Nicht-Befunden als Konsequenz der Kritik an der Durchführung von Signifikanzprüfungen

Ein Problem des Signifikanztests ergibt sich aus der inhaltlichen Würdigung der Tatsache der Ablehnung einer Nullhypothese zugunsten der alternativen Forschungshypothese. Ein Signifikanztest prüft lediglich die Gültigkeit der Nullhypothese. Der Schluß auf die alternative Forschungshypothese erfolgt indirekt. Es wird nichts über die Wahrscheinlichkeit der Forschungshypothese ausgesagt. Hierzu müßten die Verteilungsform wie auch bestimmte Parameter genau festgelegt sein, was im allgemeinen nur für die Nullhypothese möglich ist. Ihr liegt die Vorstellung eines reinen Zufallsexperiments zugrunde. Als Konsequenz hieraus ergibt sich, daß eine Zurückweisung der Nullhypothese nicht bedeutet, daß die in der Forschungshypothese behauptete Beziehung die einzige inhaltlich gültige und sinnvolle Beziehung darstellt. Eine Forschungshypothese sollte einer theoretischen Fundierung entsprechen, deren Plausibilität bereits vor Durchführung der Signifikanzprüfung gezeigt wurde. Es ist somit Kriz zuzustimmen, wenn er hervorhebt, daß

---

[11] Vgl. z.B. Opp (1972) S. 198 ff.

trotz der Wahrscheinlichkeitsprüfung der Nullhypothese dem Forscher »nach wie vor die alleinige Verantwortung für den Sinn oder Unsinn seiner Arbeitshypothesen«[12] obliegt und damit für Sinn und Unsinn eines Befundes.

Ein weiteres Problem des Signifikanztests ergibt sich aus der Abhängigkeit von Signifikanz und Stichprobengröße. Mit zunehmender Stichprobengröße verringert sich für einen bestimmten Stichproben-Kennwert die Irrtumswahrscheinlichkeit.[13] »Bei großen Stichproben wird alles signifikant.«[14] Sehr geringe – unter Umständen sogar bedeutungslose – Effekte werden bei hinreichend großem Stichprobenumfang immerhin noch signifikant. Man muß sich insofern auf der einen Seite die Frage stellen, ob relativ niedrige Kennwerte, die allerdings signifikant sind, nur deshalb keinen Nicht-Befund darstellen, weil der Stichprobenumfang relativ groß ist? Auf der anderen Seite können aber auch geringe signifikante Effektstärken einer großen Stichprobe durchaus erhebliche praxeologische Relevanz besitzen.

Für die mit relativ kleinen Stichproben operierende betriebswirtschaftliche Forschung kann eine Analyse von Nicht-Befunden somit höchst bedeutsam sein, da bei ihr im Vergleich zu anderen Forschungsgebieten relativ viele Nicht-Befunde zu erwarten sind. Inwieweit Nicht-Befunde allerdings auch veröffentlicht werden, soll in diesem Zusammenhang unberücksichtigt bleiben. Es ergeben sich jedoch keine Gründe für die Vermutung, daß insbesondere in der betriebswirtschaftlichen Forschung die Bereitschaft zur Publikation von Nicht-Befunden signifikant niedriger ist als in anderen nicht betriebswirtschaftlichen Forschungsgebieten. Somit erscheint es auch vor dem Hintergrund der Probleme, die sich bei der Durchführung eines Signifikanztests ergeben können, ratsam, sich einmal intensiv den Nicht-Befunden zuzuwenden.

c. Die Analyse von Nicht-Befunden als Konsequenz des Auftretens von Forschungsartefakten

In der Literatur sind vielfältige Ursachen für das Entstehen von Forschungsartefakten bekannt: Zu nennen wären hier beispielhaft:

– Der sog. »Halo-Effekt«, d.h. ein durch die Reihenfolge der Fragen verändertes Antwortverhalten der Befragten.

---

[12] Kriz (1981) S. 138.
[13] Vgl. Bortz (1989) S. 157 sowie ausführlich Meehl (1967) S. 109 ff.
[14] Witte, E.H. (1977) S. 299.

- Die Wahl sozial wünschenswerter Antworten durch die Befragten bzw. das Vorliegen bestimmter Antwortmuster.
- Die unterschiedliche Bereitschaft zur Teilnahme an einer empirischen Untersuchung. Die Teilnahmebereitschaft kann hier mit bestimmten personenspezifischen Merkmalen korrelieren.
- Protokollfehler des Befragenden in Richtung der gewünschten Hypothese.

Aus der Sicht des externen Analytikers fällt es generell schwer, Forschungsartefakte, die sich im Rahmen der Datenerhebung ergeben, zu erkennen. Soweit die Ursache für den Artefakt in der Untersuchungsperson zu sehen ist, besteht meist nur die Möglichkeit, diesen über einen studienübergreifenden Vergleich mehrerer Einzelergebnisse aufzudecken. Es ist dabei zu prüfen, ob ein artefaktverdächtiges Ergebnis sich auch in anderen Studien findet, bzw. Teilpopulationen auszugrenzen, für die ein empirisches Ergebnis kein Artefakt mehr darstellt.

Liegt die Artefaktursache eher in der Person des empirisch Forschenden, so gewinnt das empirische Ergebnis des Nicht-Befundes erhebliche Bedeutung, da es höchstwahrscheinlich in geringerem Ausmaß unter einem entsprechenden Artefaktverdacht steht als ein Befund. Das Streben nach Bestätigung der eigenen Forschungshypothesen wird eher zu Verzerrungen der Antwortwahrnehmung in Richtung eines Befunds führen als in Richtung eines Nicht-Befundes. Wird dann ein Nicht-Befund auch noch publiziert, so müßte sich der externe Analytiker relativ sicher sein, daß ein Artefakt aufgrund der Person des Forschenden nicht vorliegt. Ein Befund, insbesondere wenn er sich durch eine relativ geringe Effektstärke auszeichnet, gibt da schon eher Anlaß zu einer Artefaktvermutung.

Die soeben aufgezeigten Beweggründe für die Analyse von Nicht-Befunden sollen jetzt nicht so verstanden werden, daß wir den Befund völlig außer acht lassen wollen. Vielmehr gilt es beide Formen eines empirischen Ergebnisses eingehend zu würdigen. Aus diesem Grund wollen wir im folgenden Teil der Arbeit das Konzept einer sogenannten Nicht-Befund-Analyse entwickeln. Sie soll sich zum einen für die Einzelbetrachtung eines empirischen Forschungsergebnisses eignen. Zum anderen aber für den Fall, daß eine hinreichend große Zahl von Forschungsergebnissen vorliegt, die einen sehr ähnlichen Forschungsgegenstand betreffen, eine integrative Re-Analyse der Einzelergebnisse ermöglichen. Dabei richtet sich die Nicht-Befund-Analyse nicht nur auf die Bestimmung einer studienübergreifenden Effektstärke, wie dies das Ziel der quantitativen Metaanalyse ist. Es wird vielmehr versucht, auch die Befund-/Nicht-Befund-Klassifikation einer studienübergreifenden Re-Analyse zugänglich zu machen.

III. Konzeption der Nicht-Befund-Analyse

a. Die Nicht-Befund-Analyse im Überblick

Das Konzept der Nicht-Befund-Analyse als Instrumentarium der integrativen Re-Analyse empirischer Forschungsergebnisse setzt am einzelnen empirischen Ergebnis an. Dieses gilt es unter qualitativen Aspekten zu würdigen. Im Zentrum steht dabei die Klassifikation eines solchen Ergebnisses als Befund oder Nicht-Befund. Erst anschließend wird ein entsprechend klassifiziertes Ergebnis in die studienübergreifende und integrative Analyse einbezogen. Diese kann dann sowohl in der Form einer studienübergreifenden Berechnung von Befund- und Nicht-Befund-Anteilen stattfinden als auch in der Berechnung studienübergreifender Effektstärken.

Zentrales Analyseobjekt der Nicht-Befund-Analyse sind dabei Maße, die einen korrelativen Zusammenhang zwischen zwei Merkmalen messen, sowie das entsprechende Ergebnis einer Prüfung dieses Effektes auf Signifikanz. Unsere Entscheidung zur Wahl korrelativer Effekte wird im wesentlichen von folgenden Gründen geleitet: Zum einen stellen Korrelationskoeffizienten das in den von uns betrachteten Studien am meisten verwandte Maß zur Beschreibung der Stärke eines Zusammenhangs dar. Zum anderen lassen sich eine Vielzahl von Effekten – unter bestimmten Annahmen – in Korrelationskoeffizienten überführen. Schließlich leitet uns bei unserer Entscheidung auch die Tatsache, daß dieses Maß in jüngster Zeit in thematisch ähnlich gelagerten Metaanalysen zunehmend Verwendung findet.[15] Wir sehen es folglich als Beitrag zur Vergleichbarkeit derartiger Metaanalyse-Ergebnisse an, wenn wir uns hier ebenfalls für die Betrachtung von Korrelationskoeffizienten entscheiden.

Wie sich im folgenden zeigen wird, sind bei einer Nicht-Befund-Analyse eine Vielzahl von Einzelentscheidungen zu treffen, die in einem untereinander interdependenten Zusammenhang stehen. Aus diesem Grunde haben wir uns entschlossen, die formale Vorgehensweise der Analyse anhand eines

---

[15] Vgl. z.B. Fisher/Gitelson (1983) S. 320 ff., Petty/McGee/Cavender (1984) S. 712 ff., Peters/Hartke/Pohlmann (1985) S. 274 ff., Gooding/Wagner (1985) S. 464 ff., Jaffaldano/Muchinsky (1985) S. 251 ff., Loher/Noe/Moeller/Fitzgerald (1985) S. 280 ff., Donaldson (1986) S. 67 ff., McEvoy/Cascio (1987) S. 744 ff., Thornton/Gaugler/Rosenthal/Bentson (1987) S. 36 ff., Damanpour (1991) S. 555 ff. und Damanpour (1992) S. 375 ff.

Flußdiagramms zu verdeutlichen. Damit trotz der dem Problem innewohnenden Komplexität die Übersichtlichkeit der Vorgehensweise nicht verloren geht, wird der gesamte Analyseprozeß modular gestaltet. Dies hilft zum einen, das Problem hinsichtlich seiner Hauptbestandteile zu strukturieren. Zum anderen erspart es teilweise das Aufzeigen komplizierter und unübersichtlicher Rückverweise bei sich wiederholenden Analyseschleifen.

Den Zusammenhang der einzelnen Prüfmodule gibt die nachfolgende Abbildung wieder:

Abb. 3.2: Modularer Aufbau der Nicht-Befund-Analyse

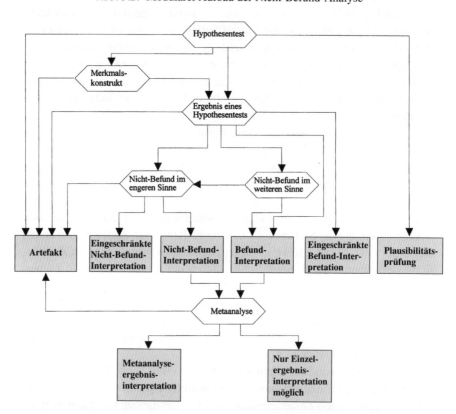

Die Analyse eines empirischen Ergebnisses zeigt in der Regel entweder einen Befund oder aber einen Nicht-Befund, den es zu interpretieren gilt. Hiermit endet der erste Schritt der Nicht-Befund-Analyse. In der vorangegangenen Abbildung wird dies durch die erste grau hinterlegte Ergebniszeile verdeutlicht. Ist kein Forschungsartefakt zu vermuten und muß man sich nicht auf eine Plausibilitätsbetrachtung beschränken, so wollen wir das Ergebnis der Module A bis E als *Befund-/Nicht-Befund-Klassifikation* eines empirischen Ergebnisses bezeichnen.

Liegen einem externen Analytiker zu einer Forschungsfrage eine Vielzahl von empirischen Einzelergebnissen vor, so kann er einen Schritt weiter gehen: Er kann die einzelnen Ergebnisse integrativ verdichten. Dies erfolgt im Rahmen der Nicht-Befund-Analyse mit Hilfe zweier Vorgehensweisen. Zum einen die bereits bewährten Konzepte einer sozialwissenschaftlichen Literaturanalyse, die sich zum Ziel setzen, einen studienübergreifenden Effekt zu berechnen und ihn auf seine Stabilität hin zu prüfen.[16] Diese von uns als Methode der *quantitativen Metaanalyse* bezeichneten Konzepte konzentrieren sich nur auf die jeweils ausgewiesenen Effekte. Die meist ebenfalls berechneten Klassen der α-Fehlerwahrscheinlichkeit[17] bleiben dabei jedoch weitgehend unberücksichtigt. Insofern will die Nicht-Befund-Analyse zum anderen noch eine weitere »Kenngröße« im Rahmen der integrativen Re-Analyse berücksichtigen: Das Ergebnis der *Befund-/Nicht-Befund-Klassifikation*, wie es sich als zentrales Ergebnis der Module A bis E darstellt. Wir sind damit in der Lage, die Ergebnisse der jeweiligen Signifikanzprüfungen einer integrativen Re-Analyse zugänglich zu machen. Die Prüfungen unseres Moduls F (Metaanalyse) erstrecken sich somit nicht nur auf die jeweils integrierten Effekte, sondern auch auf die jeweilige Charakterisierung eines empirischen Ergebnisses als Befund oder Nicht-Befund.

b. Modul A: »Hypothesentest«

Die folgende Abbildung 3.3 auf Seite 114 zeigt die zu treffenden Einzelentscheidungen des Moduls »Hypothesentest«.

Das Modul A erfüllt dabei drei Funktionen:

(i) Entscheidung A_1: Im Rahmen unserer Re-Analyse empirischer Forschungsergebnisse wollen wir nur diejenigen betrachten, die das Ergebnis eines statistischen Hypothesentests sind. Andernfalls scheint eine integrative Analyse nicht sinnvoll. Es sind dann nur Plausibilitätsbetrachtungen aufgrund von deskriptiven Daten für die jeweils betrachtete Einzelstudie möglich.

---

[16] Vgl. hierzu die Konzepte von Hunter/Schmidt (1990) oder Hedges/Olkin (1985).

[17] Vgl. hierzu auch die Konzepte eines integrativen Signifikanztests, die jedoch voraussetzen, daß die genauen α-Fehlerwahrscheinlichkeiten vorliegen. Da diese in empirischen Studien im allgemeinen nicht veröffentlicht werden, wird bei diesen Verfahren vielfach die Frage nach der Praktikabilität gestellt. Vgl. hierzu ausführlich Fricke/Treinies (1985) S. 65 ff.

Abb. 3.3: Modul A: »Hypothesentest«

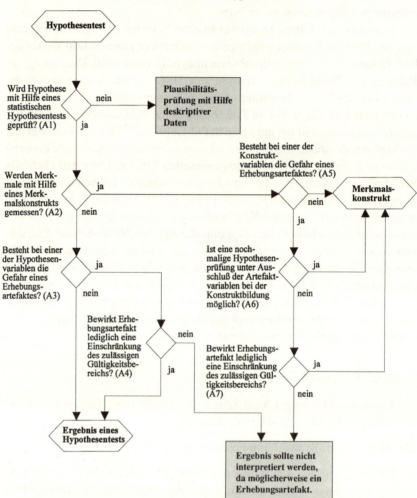

(ii) Entscheidung A_2, A_5, A_6, A_7: Eine weitere Aufgabe des Moduls A besteht darin, empirische Ergebnisse, die sich aufgrund der Zusammenfassung bestimmter direkt beobachtbarer Variablen zu einem Merkmalskonstrukt ergeben, einer weiteren Prüfung zuzuführen. Hier gilt es, Verzerrungen, die sich aus der Art der gewählten Merkmalskonstruktion heraus ergeben können, abzuschätzen. Dies kann – soweit dem externen Analytiker entsprechende Daten vorliegen – sogar soweit gehen, daß versucht wird, eine erneute verzerrungsfreie Konstruktbildung vorzunehmen.

(iii) Entscheidung A_3, A_4: Schließlich sind die Gefahren abzuschätzen, die sich daraus ergeben können, daß erhebliche Verzerrungen im Prozeß der Datenerhebung aufgetreten sind. Allerdings sind solche Verzerrungen meist nur sehr schwer für einen externen Analytiker zu erkennen. Er ist mit seinem Urteil in erheblichem Maße von der Qualität der publizierten Daten abhängig. Zu denken ist hier beispielsweise an begründete Annahmen, die darauf schließen lassen, daß die Hypothesenprüfung an einer für den Analysezweck nicht repräsentativen Stichprobe vorgenommen wurde. Als Konsequenz derartiger Probleme muß der externe Analytiker entscheiden, ob ein empirisches Hypothesenprüfergebnis gänzlich als Artefakt zu klassifizieren ist oder ob lediglich eine Einschränkung des Gültigkeitsbereichs bei der Interpretation des Befundes oder Nicht-Befundes vorzunehmen ist. Nur im begründeten Ausnahmefall sollte vom Ausschluß Gebrauch gemacht werden. Es ist für die Interpretation der Re-Analyseergebnisse wesentlich hilfreicher, wenn die Ursachen für einen eingeschränkten Gültigkeitsbereich der Einzelergebnisse als Anlaß genommen werden, entsprechende Moderatoranalysen bei den studienübergreifenden Ergebnissen vorzunehmen.

c. Modul B: »Merkmalskonstrukt«

Zielsetzung dieses Moduls ist in erster Linie das Erkennen möglicher Artefakte, die daraus resultieren, daß einzelne Merkmale zu Merkmalskonstrukten kombiniert wurden. Die Ableitung einzelner Hypothesen bezieht sich vielfach auf nicht direkt beobachtbare, sogenannte latente Variablen. Immer dann, wenn mehrere Merkmale zur Messung herangezogen werden, wird meist auch eine Kombination dieser Merkmale zu einem einzigen Meßwert vorgenommen. Dem empirischen Forscher eröffnen sich damit vielfältige Eingriffsmöglichkeiten, je nach individueller Zielsetzung. Unterstellt man ein Bestreben, wonach es wünschenswert erscheint, ein signifikantes Hypothesenergebnis zu ermitteln, so mag dies dazu führen, daß verstärkt nach derjenigen Kombinationsmöglichkeit gesucht wird, die dieses Ziel auch erreicht. Eine Prüfung auf mögliche Artefakte erscheint damit beim Vorliegen von Merkmalskonstrukten zwingend notwendig. Eine solche Prüfung erstreckt sich sowohl auf Nicht-Befunde als auch auf Befunde.

Liegt ein Merkmalskonstrukt vor, so analysiert der Prüfalgorithmus im wesentlichen Problemaspekte, die möglicherweise verantwortlich sind für die Entstehung eines Forschungsartefaktes:

– *Die Art der Konstruktbildung*: Wird sie subjektiv vom empirisch Forschenden durchgeführt oder liegen ihr »objektivierbare« Kriterien zu-

grunde? Ist aus der Sicht des externen Analytikers auch eine alternative Kombination der direkt gemessenen Variablen plausibel und durchführbar?
- *Die Stabilität des empirischen Ergebnisses vor dem Hintergrund der Konstruktbildung*: Hier interessieren insbesondere Fragestellungen, die die Ursprungsvariablen des Konstrukts betreffen. Sind bei ihnen gegenläufige Beziehungen feststellbar bzw. lassen sich Ausreißer erkennen, die u.U. die Stabilität des Merkmalskonstruktes und damit das Ergebnis des Hypothesentests beeinflussen. Es ist die Stabilität des Hypothesenprüfergebnisses bei alternativer Merkmalskombination zu prüfen.

Abbildung 3.4 zeigt das Voranschreiten des Moduls »Merkmalskonstrukt«.

Einige Einzelentscheidungen erfordern eine detailliertere Erläuterung:

(i) Entscheidung B_1, B_2, B_3, B_9: Unter einer subjektiven Kombination der Merkmale wird eine Vorgehensweise verstanden, bei der der empirisch Forschende selbst die Art der Merkmalskombination bestimmt. Insbesondere Scoring-Modelle wären in diesem Zusammenhang zu nennen. Die Zusammenfassung einzelner Merkmale erfolgt über Gewichte, die meist der subjektiven Einschätzung des empirisch Forschenden entsprechen.

Dagegen liegt keine aufgrund von subjektiven Gewichtungsentscheidungen generierte Merkmalskombination vor, wenn die unterschiedlichen Dimensionen eines nicht direkt beobachtbaren Merkmals mit Hilfe eines multivariaten statistischen Verfahrens zu einer latenten Variable zusammengefaßt werden. Am häufigsten wird sich hier wohl eine Zusammenfassung der Meßvariablen entsprechend ihrer korrelativen Zusammenhänge finden – die unterschiedlichsten Verfahren der Faktoranalyse. Wenn die Ergebnisse dieser Methoden als nicht subjektive Merkmalskonstrukte bezeichnet werden, so darf nicht verkannt werden, daß auch bei ihnen der Forscher subjektive Entscheidungen zu fällen hat. Wir halten diese jedoch in ihrer Wirkung auf das Ergebnis der Zusammenfassung für nicht so gravierend. Immer dann, wenn in einer empirischen Studie zusätzlich zu den Hypothesenprüfergebnissen eine Korrelationsmatrix veröffentlicht wird, besitzt der externe Analytiker ideale Möglichkeiten der Prüfung der veröffentlichten Merkmalskonstruktion auf Stabilität.

(ii) Entscheidung B_4, B_5, B_{10}, B_{11}: In einer nächsten Prüfstufe ist die Stabilität der Merkmalskonstruktion und des sich anschließenden Hypothesenprüfergebnisses zu testen. Lassen sich andere als die gewählte Form des Merkmalskonstruktion ebenfalls theoretisch rechtfertigen und praktisch durchführen, so besteht die Möglichkeit, daß das zu analysierende Hypothe-

A. Die Nicht-Befund-Analyse als Re-Analyse-Konzept

Abb. 3.4: Modul B: »Merkmalskonstrukt«

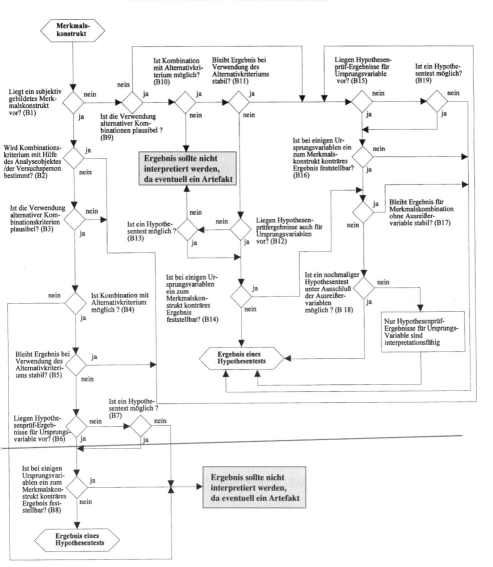

senprüfergebnis sich u.U. ändert. Eine solche Prüfung sollte unabhängig davon erfolgen, ob die Bildung einer latenten Variablen allein aufgrund subjektiver Entscheidungen und Gewichtungen stattfindet oder aber mit Hilfe eines multivariaten statistischen Verfahrens.

Wir wollen bei einer Prüfung auf »Stabilität des Hypothesentests« nur dann von einer Instabilität des Ergebnisses sprechen, wenn sich die Richtung des beobachteten Effekts bei der Hypothesenprüfung ändert. Eine Änderung im Signifikanzniveau, d.h. es wird eine kritische Grenze der Irrtumswahrscheinlichkeit überschritten, soll nur dann als instabiler Befund bezeichnet werden, wenn sich gleichzeitig das Vorzeichen des Effekts ändert. Auch ein signifikanter Befund kann unter Umständen ein Forschungsartefakt darstellen. Insofern kann allein eine Änderung eines Ergebnisses eines Signifikanztests bei gleichzeitiger Konstanz des Vorzeichens des Effekts noch kein Indiz für ein instabiles Ergebnis darstellen.

(iii) Entscheidung B_6, B_7, B_8, B_{12}, B_{13}, B_{14}, B_{15}, B_{18}, B_{19}: Ein weiteres Indiz für das mögliche Auftreten eines Artefaktes ergibt sich beim Vergleich der Ergebnisse des Merkmalskonstruktes mit denen der ursprünglich gemessenen Variablen. Ziel dieses Prüfprozesses soll es sein, eventuell gegenläufige Ergebnisse der Ursprungsvariablen zu erkennen, um so gegebenenfalls Ausreißervariablen zu identifizieren. Als konträres Ergebnis wollen wir analog zur Ergebnisstabilität nur solche Ergebnisse bezeichnen, bei denen sich das Ergebnis-Vorzeichen ändert, unabhängig davon, ob sich auch das Ergebnis der Signifikanzprüfung ändert.

Im Gegensatz zu den gleichlautenden Entscheidungsproblemen B_{14} und B_{16} ist bei der Entscheidung B_8 der positive Ausgang, d.h. zwischen Ursprungsvariablen und Merkmalskonstrukt ist ein konträres Prüfergebnis feststellbar, in seiner Konsequenz wesentlich schwerwiegender. Der Prozeß endet dann. Wird bei Entscheidung B_8 der »Ja-Ausgang« gewählt, so haben sich bereits eine Vielzahl von Problemen angehäuft, die es uns unmöglich erscheinen lassen, hier eine verläßliche Ergebnisinterpretation vorzunehmen.

d. Modul C: »Ergebnis eines Hypothesentests«

Modul C zeigt das zentrale Entscheidungsproblem der Klassifikation empirischer Ergebnisse in Befunde und Nicht-Befunde (Abb. 3.5).

Aufgabe dieses Moduls ist es insbesondere, die folgenden Probleme abzuschätzen:

(i) Entscheidung C_1, C_8, C_{15}: Bevor ein Ergebnis – unabhängig davon, ob es sich um einen Befund oder Nicht-Befund handelt – eingehend interpretiert werden kann, muß geprüft werden, ob hier nicht eventuell ein »Scheineffekt« vorliegt, d.h. eine Korrelation beispielsweise nur deshalb auftritt, weil die beiden Merkmale von einem dritten Merkmal abhängen. Um die tatsäch-

A. Die Nicht-Befund-Analyse als Re-Analyse-Konzept

Abb. 3.5: Modul C: »Ergebnis eines Hypothesentests«

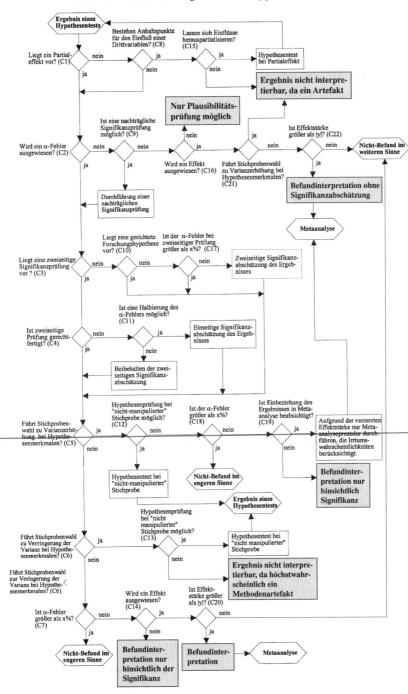

liche Stärke des Zusammenhangs feststellen zu können, muß folglich derjenige Anteil des Effekts herausgerechnet werden, der auf die Drittvariable zurückzuführen ist. Dies erfolgt üblicherweise mit Hilfe der Berechnung der entsprechenden Partialkorrelationen. Liegt eine Korrelationsmatrix über alle untersuchten Variablen vor, so ist die Berechnung solcher Partialkorrelationen vor dem Hintergrund unserer Analyse auch für den externen Analytiker unproblematisch.

(ii) Entscheidung C_2, C_7, C_9, C_{14}, C_{16}, C_{18}, C_{20}, C_{22}: Der von uns entwickelte Algorithmus unterscheidet zwischen Nicht-Befunden im engeren und solchen im weiteren Sinne. Ein Nicht-Befund im engeren Sinne ergibt sich dann, wenn ein als kritisch definiertes Signifikanzniveau verletzt wird. Wie oben bereits ausgeführt, wählen wir hier eine Grenze von 5 % α-Fehlerwahrscheinlichkeit. Ein Blick in die Literatur zeigt, daß diese Grenze allgemein bei der Signifikanzprüfung als noch zulässige Toleranz akzeptiert wird. Von einem Nicht-Befund im weiteren Sinne wollen wir sprechen, wenn zwar das Signifikanzniveau von 5 % nicht überschritten wird, die Effektstärke einer Korrelation aber unter $|r| = 0,3$ liegt.

Abschließend sei noch darauf verwiesen, daß für den Fall, daß eine Signifikanzprüfung in der zu analysierenden Studie nicht vorgenommen wurde, der externe Analytiker mit Hilfe einschlägiger Tabellenwerke[18] in der Lage ist, diese selbst vorzunehmen. Im Falle des Ausweisens korrelativer Zusammenhänge muß hierfür nur der Stichprobenumfang sowie die Stärke des Effekts bekannt sein. Die Abschätzung der α-Fehlerwahrscheinlichkeit ist dann möglich.

(iii) Entscheidung C_3, C_4, C_{10}, C_{11}, C_{17}: Ausgangslage dieser Entscheidungen ist ein Hypothesenprüfergebnis, welches auf seine Gültigkeit bei einer 5 %igen Irrtumswahrscheinlichkeit getestet wurde. Problematisch ist eine solche Prüfung dann, wenn, obwohl eine ungerichtete Hypothese vorliegt, nur eine einseitige Signifikanzabschätzung vorgenommen wurde und dies nicht explizit vermerkt wird. Für den externen Analytiker kann es sich unter Umständen als unmöglich erweisen, nachträglich eine zweiseitige Abschätzung der Irrtumswahrscheinlichkeit vorzunehmen. Dies wird häufig dann der Fall sein, wenn der exakte Wert der Irrtumswahrscheinlichkeit nicht publiziert wird oder aber andere Kennzahlen nicht vorhanden sind, so daß mit den einschlägigen Tabellenwerken keine entsprechende Abschätzung vorgenommen werden kann. Trotzdem erscheint dies für uns nicht hinreichend genug, hier von einer möglichen Artefaktbildung zu sprechen, da

---

[18] Vgl. z.B. Glass/Hopkins (1984) S. 549.

nicht ausgeschlossen werden kann, daß die Art der Signifikanzprüfung auch wirklich der Art der Hypothese entsprochen hat.

(iv) Entscheidung C_5, C_{12}, C_{18}, C_{19}, C_{21}: Die Problematik dieser Entscheidungen sei ebenfalls am Beispiel des Produkt-Moment-Korrelationskoeffizienten erläutert. Der Produkt-Moment-Korrelationskoeffizient ist als Quotient aus der Kovarianz zweier Variablen X und Y und dem Produkt ihrer Standardabweichungen s_x und s_y definiert. Die Berechnung einer Korrelation ist damit abhängig von der Standardabweichung bzw. der Varianz der beiden Merkmale. Je höher die Varianz der Merkmale, desto höher ist auch die Korrelation. Durch »Manipulation« der Stichprobe ist es jetzt möglich, die Varianz der untersuchten Merkmale zu vergrößern.[19] Hierzu wird z.B. auf diejenigen Untersuchungseinheiten verzichtet, bei denen die Merkmalsausprägungen in einem »mittleren« Bereich angesiedelt sind. Berechnet man Korrelationen nur aus den Extremfällen einer Stichprobe, so wird der Effekt damit zwangsläufig stärker als wenn alle Untersuchungseinheiten in die Berechnung eingehen.

In unserem Prüfalgorithmus wollen wir diesen Fall jedoch nicht gleich als Artefakt einstufen. Grund hierfür ist der bereits oben angesprochene Zusammenhang zwischen Stichprobenumfang und α-Fehlerwahrscheinlichkeit. Die Erhöhung der Effektstärke wird dadurch erreicht, daß lediglich Untersuchungseinheiten berücksichtigt werden, bei denen die untersuchten Merkmale möglichst extreme Merkmalsausprägungen annehmen – die Stichprobenvarianz der Merkmale wird erhöht. Damit ist nun jedoch aber zwangsläufig auch eine Reduktion des Stichprobenumfangs verbunden. Dies hat zur Folge, daß sich der α-Fehler vergrößert. Das Ergebnis einer »manipulierten« Stichprobe ist damit ein vergleichsweise höherer Effekt als bei einer »nicht manipulierten« Stichprobe, aber ebenso auch eine relativ höhere α-Fehlerwahrscheinlichkeit. Es ist damit nicht a priori auszuschließen, daß in einer »nicht manipulierten« Stichprobe der Hypothesentest nicht auch zu einem nicht signifikanten Ergebnis führt, wenn dies bei der »manipulierten« Stichprobe der Fall ist.

(v) Entscheidung C_6, C_{13}: Wesentlich häufiger als die soeben angeführten Probleme, die sich aufgrund einer »Stichprobenmanipulation« ergeben, die zu einer Erhöhung einzelner Merkmalsvarianzen führen, wird höchstwahrscheinlich der Fall auftreten, daß eine meist unbewußte »Manipulation« eine Varianzreduktion bei bestimmten Merkmalen zur Folge hat. Hypothesenprüfungen werden damit verstärkt zur Falsifikation der Forschungshypothe-

---

[19] Vgl. ausführlich zu den Möglichkeiten der »Stichprobenmanipulation« Stelzl (1982) S. 148 f.

se führen. Ist es nicht möglich, hier auf eine »nicht manipulierte« Stichprobe zurückzugreifen, so ist die vorliegende Stichprobe ungeeignet, die entsprechende Forschungshypothese zu testen.

Der externe Analytiker muß demnach äußerst sorgfältig die Beschreibung des empirischen Designs analysieren, um so Hinweise auf Verzerrungen der Merkmalsvarianzen zu erhalten. Zu denken ist dabei z.B.

— an einen »Größenbias«, der sich immer dann ergibt, wenn die in der Stichprobe analysierten Unternehmungen einer bestimmten Größenklasse entstammen, aber auch
— an Verzerrungen, die sich aus Betrachtung einzelner Branchen ergeben können, wie z.B. der pharmazeutischen Industrie, deren Produktions- und Marktverhalten wesentlich stärker vom Gesetzgeber vorgeprägt ist, als das anderer Industriezweige.
— Insbesondere bei Fragebogenerhebungen tritt immer wieder das Phänomen auf, daß Befragte wesentlich bereitwilliger über erfolgreiche als über erfolglose Projekte oder Ereignisse Auskunft geben.[20]
— Aber auch die Beschränkung der empirischen Untersuchung auf bestimmte Zeiträume kann zu Verzerrungen führen, wenn diese durch Ereignisse gekennzeichnet sind, die den Untersuchungsgegenstand in maßgeblicher Weise beeinflussen.

Ein solcher Katalog ist sicherlich erweiterbar. Er soll dem externen Analytiker lediglich Anhaltspunkte liefern, die ihn davor schützen, einen Methodenartefakt zu interpretieren.

e. Modul D: »Nicht-Befund im weiteren Sinne«

Ziel dieses Prüfalgorithmus ist es abzuschätzen, ob der Nicht-Befund im weiteren Sinne eher wie ein Befund oder aber eher wie ein Nicht-Befund – Nicht-Befund im engeren Sinne – zu behandeln ist. Abbildung 3.6 zeigt das entsprechende Prüfmodul.

Das Modul »Nicht-Befund im weiteren Sinne« beinhaltet im wesentlichen nur eine Entscheidung. Diese steht in engem Zusammenhang mit der Abschätzung der sogenannten β-Fehlerwahrscheinlichkeit, welche unter Umständen eine Interpretation eines Nicht-Befundes verbietet. Läßt sich ein β-Fehler berechnen, dann müssen auch Vorstellungen über die Höhe einer

---

[20] Vgl. hierzu bereits Baker (1979) S. 346, der berichtet, daß Manager eher bereit sind, über erfolgreiche Innovationsprojekte Auskunft zu geben als über erfolglose.

Abb. 3.6: Modul D: »Nicht-Befund im weiteren Sinne«

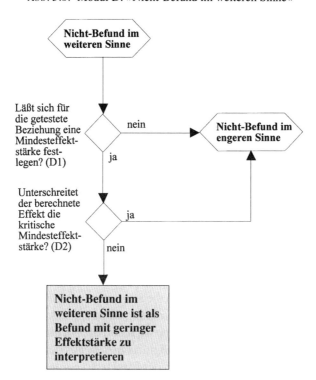

kritischen Mindesteffektstärke existieren, damit von einem Zusammenhang zwischen zwei Merkmalen gesprochen werden kann. Da wir im vorangegangenen Modul eine korrelative Effektstärke von | r | = 0,3 als Klassifikationsgrenze vereinbart hatten, diese jedoch unabhängig ist von einer auf theoretischen Überlegungen zum jeweiligen Merkmalszusammenhang basierenden kritischen Mindesteffektstärke, gilt es jetzt noch, den tatsächlich berechneten Effekt mit der eventuell vorhandenen Mindesteffektstärke zu vergleichen. Nur wenn dieser größer ist, wollen wir von einem Befund sprechen, den es dann zu interpretieren gilt. Ist der berechnete Effekt geringer als der Mindesteffekt, sind weitere Prüfungen im Rahmen des Moduls »Nicht-Befund im engeren Sinne« notwendig.

f. Modul E: »Nicht-Befund im engeren Sinne«

Abbildung 3.7 zeigt das Flußdiagramm des Moduls »Nicht-Befund im engeren Sinne«.

An dieser Stelle gilt es, wiederum einige Problemaspekte zu diskutieren, die insbesondere für die Nicht-Befund-Interpretation von Bedeutung sind.

(i) Entscheidung E_1: Im Zentrum dieser Entscheidung steht der Zusammenhang von Stichprobenumfang und α-Fehlerwahrscheinlichkeit. Hintergrund hierfür ist der Umstand, daß eine Hypothesenprüfung unter Umständen an einer sehr kleinen Stichprobe vorgenommen wurde. In diesem Fall besteht die Gefahr, daß Effekte, die bereits eine erhebliche Stärke aufweisen, die kritische Grenze der α-Fehlerwahrscheinlichkeit überschreiten. Ist es trotzdem zulässig, solche Ergebnisse als Nicht-Befund zu interpretieren, da sie unser eingangs gewähltes Kriterium – die Irrtumswahrscheinlichkeit bei Prüfung der Nullhypothese sei größer als 5 % – erfüllen?

Wir meinen, daß zur Beantwortung dieser Frage eine differenzierte Vorgehensweise erforderlich ist. Die α-Fehlerwahrscheinlichkeit darf bei sehr kleinen Stichproben nicht das alleinige Kriterium der Nicht-Befund-Klassifikation sein, es muß zusätzlich auch die ausgewiesene Effektstärke berücksichtigt werden. Es erhebt sich das Problem, ab welchem kritischen Umfang eine Stichprobe als zu klein anzusehen ist, damit die Nicht-Befund-Klassifikation ausschließlich aufgrund des Signifikanzniveaus des α-Fehlers erfolgen kann. Hierbei müssen wir uns an der Effektstärke orientieren. Wir wählen hierfür die bereits oben zur Abgrenzung des Nicht-Befundes im weiteren Sinne gewählte korrelative Effektstärke von $|r| = 0{,}3$. Es gilt jetzt denjenigen Stichprobenumfang zu bestimmen, für dessen Unterschreitung ein Effekt von größer als $|r| = 0{,}3$ trotz des Überschreitens der α-Fehlerwahrscheinlichkeit von 5 % als Befund zu klassifizieren ist. Dieser Umfang läßt sich mit Hilfe einschlägiger Tabellen berechnen.[21] Bei einer einseitigen Signifikanzprüfung sind danach Stichproben mit weniger als 31 Untersuchungseinheiten und bei zweiseitiger Signifikanzprüfung mit weniger als 42 Untersuchungseinheiten als in unserem Sinne »zu kleine« Stichproben zu bezeichnen. Für Stichprobenumfänge, die unterhalb dieser Grenze liegen, wäre demnach eine Klassifikation als Nicht-Befund ungeeignet. Hier ist es sinnvoll, die Effektstärke als alleiniges Typisierungskriterium zu berücksichtigen. Wird ein Wert von $|r| = 0{,}3$ überschritten, so wollen wir von einem Befund sprechen, bei dem keine verläßliche Signifikanzabschätzung möglich ist.

---

[21] Vgl. z.B. Glass/Hopkins (1984) S. 302.

A. Die Nicht-Befund-Analyse als Re-Analyse-Konzept   125

Abb. 3.7: Modul E: »Nicht-Befund im engeren Sinne«

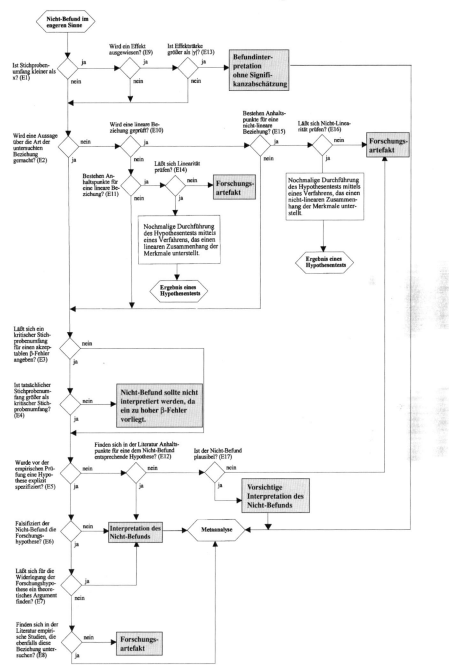

(ii) Entscheidung E_2, E_{10}, E_{11}, E_{14}, E_{15}, E_{16}: Betrachtet man empirische Hypothesenprüfergebnisse, so fällt auf, daß überwiegend lineare Beziehungen analysiert werden. Da wir für unsere Analyse in erster Linie Korrelationen betrachten, besteht hier natürlich eine erhebliche Gefahr der Artefaktbildung. Korrelationen geben lediglich an, ob zwischen zwei Merkmalen ein linearer Zusammenhang besteht. Problematisch wird dies insbesondere für die Analyse von Nicht-Befunden. Liegt ein Hypothesenprüfergebnis vor, welches sich durch eine α-Fehlerwahrscheinlichkeit von größer als 5 % auszeichnet, so ist dies nicht zwangsläufig dahingehend zu interpretieren, daß zwischen den beiden gemessenen Merkmalen keine Beziehung besteht. Es existiert lediglich kein linearer Zusammenhang. Im Vergleich zu einem Befund besteht damit bei einem Nicht-Befund wesentlich eher die Gefahr, daß hier ein Forschungsartefakt interpretiert wird, wenn eine nicht lineare Beziehung vorliegt.

Das Erkennen solcher Artefakte ist äußerst schwierig. Meist bleibt nur die Möglichkeit, nach theoretischen Anhaltspunkten zu suchen, die gegen einen linearen Verlauf sprechen. Die folgenden Fragestellungen könnten hierfür einen Hinweis liefern:

– Ist es plausibel, daß bestimmte Sättigungsgrenzen existieren, d.h. die lineare Beziehung nur für ein bestimmtes Intervall der Merkmalsbeziehung Gültigkeit besitzt?
– Besteht die Möglichkeit, daß sich die Richtung des Zusammenhangs umkehrt?
– Ergeben sich Anhaltspunkte dafür, daß die funktionale Beziehung zwischen den Merkmalen in bestimmten Intervallen unter- bzw. überproportional verläuft?

Für den Fall, daß sich solche Indizien für einen nicht linearen Verlauf ergeben und eine Prüfung auf Nicht-Linearität nicht möglich ist, sollte insbesondere dann, wenn ein Nicht-Befund vorliegt, von dessen Interpretation abgesehen werden.

(iii) Entscheidung E_3, E_4: Bereits oben haben wir ausführlich die Konsequenzen diskutiert, die eine zu große β-Fehlerwahrscheinlichkeit für die Zulässigkeit der Nicht-Befund-Interpretation besitzt. Leider wird es wohl vielfach unmöglich sein, einen entsprechenden β-Fehler abzuschätzen, da keine Klarheit darüber besteht, was unter einer kritischen Mindesteffektstärke zu verstehen ist. Diese kritische Mindesteffektstärke darf nicht mit der von uns als Grenze für die Abgrenzung des Nicht-Befundes im weiteren Sinne gewählten Effektstärke von $|r| = 0{,}3$ verwechselt werden. Diese Grenze ist als eine allgemeine Grenze zu verstehen und nicht als eine, die sich an einer bestimmten Forschungsfragestellung orientiert. Entsprechend kann unsere Grenze auch nicht als eine kritische Mindesteffektstärke zur Bestimmung des β-Fehlers verstanden werden.

(iv) Entscheidung E_5, E_7, E_8, E_{12}: Abschließend erfolgt eine Prüfung des Nicht-Befundes vor dem Hintergrund der bereits in der Literatur vorhandenen Theorien bzw. alternativer Forschungsergebnisse. Ziel dieser Prüfung soll es sein zu klären, ob von theoretischer Seite ein Forschungsartefakt wahrscheinlich ist. Dieser Fall ist eigentlich nur dann anzunehmen, wenn sich für den Nicht-Befund keine plausible Erklärung finden läßt und auch keine anderweitigen bestätigenden empirischen Ergebnisse vorliegen. Der zu analysierende Nicht-Befund steht damit im Widerspruch zu sämtlichen bisher vorliegenden theoretischen Ansätzen und empirischen Ergebnissen.

g. Modul F: »Metaanalyse«

Im Zentrum unseres Moduls F steht die Berechnung einer studienübergreifenden Effektstärke (Abb. 3.8 auf Seite 128).

Die einzelnen Prüfungen und Abfragen orientieren sich an den entsprechenden Vorgehensweisen, wie sie sich in der einschlägigen Literatur finden. Ergänzend zu einem solchen Vorgehen, ist es jedoch auch möglich, eine studienübergreifende Re-Analyse empirischer Forschungsarbeiten vorzunehmen, ohne daß quantitative metaanalytische Effekte berechnet werden. Zu denken wäre dabei an unsere zentralen Ergebnisse der Module A bis E: die Befund-/Nicht-Befund-Klassifikation. Wird eine entsprechende Klassifikation bei empirischen Ergebnissen vorgenommen, so lassen sich studienübergreifende Häufigkeitsverteilungen des Befund- und des Nicht-Befund-Anteils errechnen. Es lassen sich im Gegensatz zur quantitativen Metaanalyse Re-Analyseergebnisse formulieren, die explizit die Existenz von Nicht-Befunden berücksichtigen. Die Eigenart der quantitativen Metaanalyseverfahren ist es nämlich, generell nach einem Befund zu suchen, der sich durch eine gewisse Stabilität auszeichnet. Ein »quantitativer« Nicht-Befund wird nicht ermittelt. Dafür ist man in der Lage, eine studienübergreifende Effektstärke zu berechnen, die hoch oder niedrig sein kann.

Auf die Darstellung der Vorgehensweise bei der Berechnung der studienübergreifenden Effekte (Entscheidung F_1) sei verzichtet. Wir orientieren uns dabei an der von Hunter und Schmidt konzipierten Vorgehensweise einer integrativen Behandlung von Einzeleffekten, in unserem Fall von Korrelationskoeffizienten.[22] Der dort vorgestellte Ansatz wird bereits von einer

---

[22] Vgl. ausführlich Hunter/Schmidt (1990) S. 93 ff. Vgl. kritisch zum Ansatz von

Abb. 3.8: Modul F: »Metaanalyse«

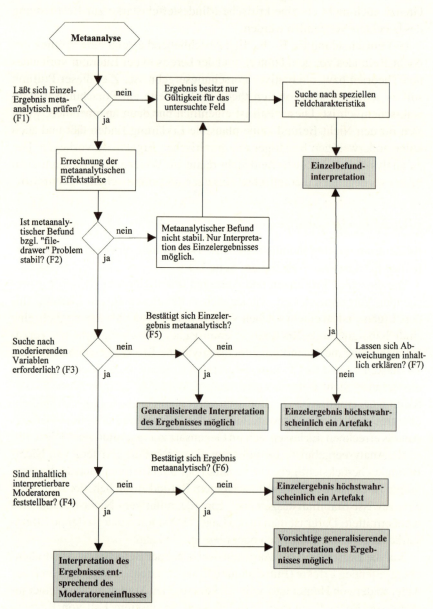

Schmidt und Hunter Kemery/Mossholder/Roth (1987) S. 30 ff. und Paese/Switzer (1988) S. 267 ff.

Vielzahl metaanalytischer Studien übernommen. Diese Untersuchungen analysieren Zusammenhänge, die unserem Analyseziel in gewisser Weise verwandt sind, d.h., die im weitesten Sinne den Problemkreis der Unternehmungsführung betreffen.[23]

Neben der Berechnung des studienübergreifenden Effekts gilt es, noch zwei Problemaspekte näher zu würdigen:

(i) Entscheidung F_2: Grundlage dieses Entscheidungsproblems ist die bereits oben ausführlich diskutierte Tatsache, daß die Vermutung besteht, daß sich in empirischen Studien – werden sie denn veröffentlicht – ein deutliches Übergewicht von signifikanten empirischen Ergebnissen findet. Nicht-Befunde gelangen seltener zur Publikation, sie wandern in den »Papierkorb« oder verbleiben in der »Schublade«. Für die Metaanalyse hat dieser Umstand gravierende Folgen. Er führt dazu, daß eine Vielzahl von Nicht-Befunden, obwohl sie existent sind, nicht in die quantitative Metaanalyse einfließen können, da sie nicht veröffentlicht wurden. Damit ist die Berechnung eines studienübergreifenden Effektes der Gefahr ausgesetzt, daß dieser möglicherweise »zu hoch« ausfällt, wenn Effekte, die als Nicht-Befund zu klassifizieren wären, nicht veröffentlicht werden.

Um den Einfluß dieses sogenannten »file-drawer-Bias«[24] abschätzen zu können, werden in der Literatur unterschiedliche Methoden vorgeschlagen, je nach dem, welche Qualität das Datenmaterial besitzt. Sie beruhen im Kern darauf abzuschätzen, wieviel zusätzliche Studien mit Nicht-Befunden notwendig wären, damit das studienübergreifende Ergebnis nicht signifikant wird. Hierfür werden die α-Fehlerwahrscheinlichkeiten der Einzeleffekte in die entsprechenden z-Werte der Standardnormalverteilung transformiert. Anschließend wird ein Prüfwert N* ermittelt, der die Anzahl der nicht in die Metaanalyse integrierten Effekte angibt, die notwendig wären, damit der metaanalytische Effekt eine α-Fehlerwahrscheinlichkeit von 5 % überschreitet. Für die Vorgehensweise bei der Berechnung sei auch hier wieder auf die einschlägige Literatur verwiesen.[25]

Da im Regelfall jedoch meist die α-Fehlerwahrscheinlichkeiten nicht ihrem exakten Wert nach publiziert werden, sondern nur, danach ob gewisse kritische Grenzen über- bzw. unterschritten sind, müssen wir uns eines vereinfachten Verfahrens bedienen, welches sich am Ergebnis der vorangegan-

---

[23] Vgl. z.B. Gooding/Wagner (1985) S. 462, Loher/Noe/Moeller/Fitzgerald (1985) S. 280 ff., McEvoy/Cascio (1987) S. 744 ff., Berlinger/Glick/Rodgers (1988) S. 219 ff., Damanpour (1991) S. 555 ff. und Damanpour (1992) S. 375 ff.

[24] Vgl. Rosenthal (1979) S. 638 ff. In der Literatur wird dieses Problem auch unter dem Stichwort »Fail Safe N« behandelt, vgl. hierzu auch Orwin (1983) S. 157 ff.

[25] Vgl. ausführlich Rosenthal (1979) S. 640.

genen Befund-/Nicht-Befund-Klassifikation orientiert: Für die kritische Grenze der α-Fehlerwahrscheinlichkeit von 5 % ergibt sich der z-Wert der Standardnormalverteilung von z = 1,645. Entsprechend werden wir für alle Befunde diesen Wert von z = 1,645 wählen. Für alle Nicht-Befunde setzen wir den z-Wert auf Null. Mit diesen Werten wird anschließend der Prüfwert N* ermittelt.

Nach der Berechnung des kritischen Prüfwertes hat der externe Analytiker nun zu entscheiden, ab welchem kritischen Prüfwert sich das metaanalytische Ergebnis als nicht mehr stabil gegenüber dem »file drawer« Problem erweist. In der Literatur sind hierzu keine exakten Grenzen genannt. Es ist sicherlich unstrittig, daß die kritische Größe abhängig ist von der Anzahl der Studien, die in die Metaanalyse einbezogen wurden. Je mehr Studien sich mit einem Problembereich beschäftigen, desto höher wird wohl auch die Anzahl derjenigen empirischen Ergebnisse sein, die in der »Schublade« verschwinden. Wir wollen uns daher der sehr konservativen Regel Rosenthals[26] anschließen, wonach bei

---

$N^* > 5 \cdot N + 10$

mit: N: Anzahl der integrierten Studien.

  N*: Anzahl der nicht integrierten Studien, die notwendig sind, damit das metaanalytische Ergebnis eine α-Fehlerwahrscheinlichkeit von 5 % überschreitet.

---

davon ausgegangen werden kann, daß das metaanalytische Ergebnis unempfindlich auf das »file-drawer« Problem reagiert.

(ii) Entscheidung F_3, F_4, F_5, F_6: Die in der Metaanalyse integrierten Befunde und Nicht-Befunde werden sich mit Sicherheit durch eine gewisse Varianz hinsichtlich ihrer Effektstärken auszeichnen. Im Rahmen der Metaanalyse muß nun geprüft werden, ob die Varianz mit Hilfe bestimmter – u.U. sogar mit nicht direkt gemessenen – Variablen zu erklären ist. Lassen sich also sogenannte »moderator variables« identifizieren?[27]

In der Literatur werden unterschiedliche Indikatoren vorgeschlagen, die angeben, ab welcher Varianzstärke eine Suche nach moderierenden Variablen angezeigt ist:

---

[26] Vgl. hierzu ausführlich Rosenthal (1979) S. 640.
[27] Vgl. hierzu die sehr frühe Arbeit von Saunders (1956) S. 209 ff. sowie bei der Durchführung einer Metaanalyse Hunter/Schmidt/Jackson (1982) S. 47 ff.

- Pearlman, Schmidt und Hunter[28] schlagen hierfür eine 75 %ige Heuristik vor. Wenn mindestens 75 % der beobachteten Varianz über die Korrelationen der Einzelstudien sich durch Stichprobenfehler, Meßfehler oder Rangunterschiede erklären lassen, dann ist eine Suche nicht notwendig. Sollte, was im allgemeinen die Regel sein wird, es dem externen Analytiker nur möglich sein, eine Korrektur hinsichtlich des Stichprobenfehlers vorzunehmen, dann empfehlen Peters, Hartke und Pohlmann[29], diese Grenzen auf 60 % zu senken.
- Ferner ist es möglich, die einzelne Korrelation der einbezogenen Studien auf signifikante Unterschiede zu testen. Hunter, Schmidt und Jackson[30] schlagen hierfür die Durchführung eines Chi-Quadrat-Tests vor. Analog ließe sich auch der bei Rosenthal und Rosnow[31] beschriebene Test auf Standard-Normalverteilung durchführen.
- Schließlich ist ebenfalls eine Prüfung des 95 %igen Konfidenzintervalls der mittleren Korrelation der Metaanalyse möglich.[32] Ist dieses groß und schließt es insbesondere den Wert Null mit ein, so ist eine Suche nach moderierenden Variablen angezeigt.

Betrachtet man neuere Anwendungen der quantitativen Metaanalyse, so läßt sich feststellen, daß allgemein eine 75 % bzw. 60 %-Heuristik Anwendung findet.[33] Sie besagt, daß für den Fall, daß 75 % bzw. 60 % der beobachteten Varianz der Einzelkorrelationen sich durch Stichprobenfehler, Meßfehler oder Rangunterschiede erklären lassen, eine Suche nach Moderatorvariablen nicht notwendig ist.

Hiermit endet unsere Entwicklung der Nicht-Befund-Analyse. Mit ihr haben wir ein Instrumentarium vorgestellt, welches wir anschließend für die Analyse empirischer Ergebnisse zum Zusammenhang von Strategie und Struktur einsetzen wollen.

Ein solches Analysekonzept findet sich in dieser Form bisher nicht in der Literatur. Dies gilt insbesondere für den umfangreichen Katalog der Prüfungen, die einen externen Analytiker davor schützen sollen, möglicherweise

---

[28] Vgl. Pearlman/Schmidt/Hunter (1980) S. 387.
[29] Vgl. Peters/Hartke/Pohlmann (1985) S. 278.
[30] Vgl. Hunter/Schmidt/Jackson (1982) S. 47.
[31] Vgl. Rosenthal/Rosnow (1984) S. 376.
[32] Vgl. Hunter/Schmidt (1990) S. 120 ff. Vgl. ferner zum Problem der Moderatorsuche Sackett/Harris/Orr (1986) S. 302 ff. und Kemery/Massholder/Dunlop (1989) S. 168 ff.
[33] Vgl. z.B. Petty/McGee/Cavender (1984) S. 714, Gooding/Wagner (1985) S. 467 und Damanpour (1992) S. 381.

ein Forschungsartefakt zu interpretieren. Darüber hinaus nimmt die Analyse von Nicht-Befunden einen zentralen Platz im Rahmen unseres Re-Analyse-Konzeptes ein, ein Umstand, der sich in bisherigen Re-Analysetechniken nicht findet. Insofern besitzt die von uns anschließend durchzuführende integrative Re-Analyse zum Strategie-Struktur-Zusammenhang auch Demonstrationscharakter. Sie soll zeigen, welche Konsequenzen die Nicht-Befund-Analyse für die studienübergreifende Analyse empirischer Ergebnisse besitzt.

B. Die Charakteristika der Re-Analyse-Stichprobe

I. Auswahl der Stichprobe

Will man eine Re-Analyse empirischer Forschungsarbeiten durchführen, so ist es unumgänglich, hierfür eine möglichst umfassende Literaturbasis zu schaffen.[1] Insofern war es unser Bestreben, nach Möglichkeit sämtliche publizierte Effekte, die sich auf den Zusammenhang von Strategie und Struktur beziehen, in unsere Datenbasis aufzunehmen. Wir wählten folgenden mehrstufigen Prozeß zur Identifikation relevanter Forschungsarbeiten:

— Ausgangspunkt der Recherche war eine systematische Analyse deutsch- und englischsprachiger Fachzeitschriften, deren inhaltliche Schwerpunktsetzung darauf schließen ließ, daß hier Forschungsarbeiten publiziert werden, die in unserem Analysefokus liegen.[2] Als zeitlichen Beginn unserer Analyse wählten wir das Jahr 1960, vorausgesetzt die entsprechende Zeitschrift erschien bereits zu diesem Zeitpunkt. Wir orientierten uns damit an dem Erscheinungsjahr der für die Betrachtung des Zusammenhangs von Unternehmungsstrategie und Organisationsstruktur sicherlich grundlegenden Arbeit Chandlers.[3] Abgeschlossen wurde die Suche mit Ende des Jahres 1994, so daß unsere Analyse einen Zeitraum von 34 Jahren umfaßt.
— In einem zweiten Schritt wurde die Literaturdatenbank ABI/INFORM[4] hinsichtlich empirischer Studien zum Strategie-Struktur-Zusammenhang

---

[1] Vgl. Fricke/Treinies (1985) S. 36.

[2] Im einzelnen wurden folgende wissenschaftlichen Zeitschriften ausgewertet: Academy of Management Journal, Administrative Science Quarterly, Journal of Business Strategy, Management Science, Organization Science, Organization Studies, Strategic Management Journal, Die Betriebswirtschaft, Zeitschrift für Betriebswirtschaft, Zeitschrift für betriebswirtschaftliche Forschung, zeitschrift führung + organisation.

[3] Vgl. Chandler (1962).

[4] In der Datenbank ABI/INFORM sind Veröffentlichungen aus über 800 englischsprachigen Wirtschaftszeitschriften enthalten. Jeder Artikel ist dabei mit seinem Titel sowie ei-

ausgewertet.⁵ Dabei wurde eine Volltextsuche in den Zusammenfassungen der einzelnen Artikel hinsichtlich der Schlagworte »strategy«, »structure« und »empirical« vorgenommen.

– Für den abschließenden Schritt unserer Suche griffen wir auf die in den beiden vorangegangenen Schritten identifizierten Forschungsarbeiten zurück. Die Bibliographien der Aufsätze bildeten die Grundlage für eine weitergehende Suche, in der dann auch Monographien oder Sammelwerke berücksichtigt wurden. Zusätzlich wurden noch einschlägige deutsch- und englischsprachige Lehrbücher ausgewertet, von denen wir annehmen, daß sie eine umfangreiche Literaturverarbeitung hinsichtlich des uns interessierenden Analyseobjekts vorgenommen haben.⁶

Ergebnis dieses Rechercheprozesses waren 78 Studien, die von uns als inhaltlich relevant erachtet wurden, d.h. von denen wir annahmen, daß in ihnen Effekte zum Strategie-Struktur-Zusammenhang vorgelegt werden. Leider zeigte sich aber, daß nur 60 Studien⁷ geeignet waren, in unserer Re-Analyse Berücksichtigung zu finden.⁸ Die Einzelergebnisse dieser 60 Studien

---

ner Zusammenfassung aufgenommen. Zusätzlich werden aus einem Katalog Deskriptoren vergeben.

⁵ Ergänzend hierzu wurde noch eine Abfrage an der ECONIS-Datenbank der Zentralbibliothek der Wirtschaftswissenschaften in der Bundesrepublik Deutschland am Institut für Weltwirtschaft an der Christian-Albrechts-Universität zu Kiel durchgeführt.

⁶ Im einzelnen handelt es sich dabei um die Lehrbücher Pearce/Robinson (1988), Steinmann/Schreyögg (1991), Hill/Jones (1992), Kieser/Kubicek (1992), Bühner (1993), Macharzina (1993), Mullins (1993) und Staehle (1994).

⁷ Folgende Untersuchungen wurden in die Re-Analyse einbezogen: Chandler (1962), Fouraker/Stopford (1968), Pugh/Hickson/Hinings (1969), Pavan (1972), Stopford/Wells (1972), Berg (1973), Channon (1973), Rumelt (1974), Dyas/Thanheiser (1976), Franko (1976), Khandwalla (1977), Picard (1977), Pitts (1977), Channon (1978), Keller (1978), Allen (1979), Chenhall (1979), Grinyer/Yasai-Ardekani/Al-Bazzaz (1980), Suzuki (1980), Grinyer/Yasai-Ardekani (1981), Chandrasekaran (1982), Donaldson (1982), Egelhoff (1982), Hambrick (1982), Horovitz/Thietart (1982), Cable/Dirrheimer (1983), Thompson (1983), Daniels/Pitts/Tretter (1984), Ettlie/Bridges/O'Keefe (1984), Miller/Friesen (1984a), Negandhi/Welge (1984), Daniels/Pitts/Tretter (1985), Fligstein (1985), Kenter (1985), Gates/Egelhoff (1986), Gupta (1987), Miller (1987a), Miller (1987b), Napier/Smith (1987), Egelhoff (1988), Govindarajan (1988), Hill (1988a), Keats/Hitt (1988), Miller (1988), Miller/Dröge/Toulouse (1988), Govindarajan/Fisher (1990), Park/Mason (1990), Shortell/Zajac (1990), Gupta/Govindarajan (1991), Habib/Victor (1991), Priem (1991), Russo (1991), Ettlie/Reza (1992), Hamilton/Shergill (1992), King/Sabherwal (1992), Mahoney (1992a), Powell (1992), Parthasarthy/Sethi (1993), Calantone/di Bendetto/Bhoovaraghavan (1994), Ghoshal/Korine/Szulanski (1994).

⁸ Folgende Untersuchungen mußten ausgeschlossen werden, da bei ihnen keine Effekte zum Strategie-Struktur-Zusammenhang publiziert werden und es uns auch nicht möglich ist, diese Effekte nachträglich zu berechnen: McArthur/Scott (1969), Schoeffler (1977),

zum Strategie-Struktur-Zusammenhang gilt es nun mit Hilfe unseres Nicht-Befund-Algorithmus zu analysieren.

II. Codierung der Strategie-Struktur-Effekte in der Re-Analyse-Stichprobe

Im zweiten Teil der Arbeit haben wir uns ausführlich mit dem Verständnis von Strategie und Struktur in der Literatur auseinandergesetzt. Wir haben hierfür bewußt einen Weg gewählt, der es hinsichtlich beider Untersuchungsobjekte ermöglicht, ein höchst heterogenes Begriffsverständnis abzubilden. Zu diesem Zweck wurde ein mehrdimensionaler Raum aufgespannt, dessen Aufgabe es ist, die Vielfalt der untersuchten Strategie-Struktur-Zusammenhänge abzubilden. Es gilt somit, die in den einbezogenen Studien ausgewiesenen Effekte hinsichtlich der jeweils untersuchten Strategie-Struktur-Aspekte zu klassifizieren. Wie jeder externe Analytiker sehen auch wir uns mit dem Problem konfrontiert, die Vergleichbarkeit der einzelnen Merkmalsoperationalisierungen über die Studien hinweg sicherzustellen. Hierfür werden wir die einzelnen Effekte danach beurteilen, ob die in den Originalstudien zugrundegelegten Strategie- bzw. Strukturoperationalisierungen bestimmte von uns im vorangegangenen Teil der Arbeit deduzierte Aspekte des Strategie- bzw. Strukturbegriffes treffen. Dies erfolgt über die folgenden Merkmale:

– Der *Interaktionsgedanke* in der Strategieoperationalisierung: Betont die Strategieoperationalisierung die explizite Interaktion mit einem »Gegenspieler« oder spielt dies nur eine untergeordnete Rolle?
– Die *Zeit-Perspektive* in der Strategieoperationalisierung: Bezieht sich die Strategieoperationalisierung nur auf langfristige Handlungsaspekte oder werden auch kurz- oder mittelfristige angesprochen?
– Der *Phasenbezug* in der Strategieoperationalisierung: Umschließt die Strategieoperationalisierung explizit Zielvorgaben für die Unternehmung als Ganzes oder für organisatorische Teilbereiche oder paßt sie sich diesen an?
– Der *Bewußtseinsaspekt* in der Strategieoperationalisierung: Beschreibt die Strategieoperationalisierung explizit das bewußte Geplantsein einer

---

Kono (1978), Cullen/Baker (1984), Kono (1984), Bart (1986), Hill/Pickering (1986), Miller/Toulouse (1986), Jemison (1987), Cowherd/Luchs (1988), Schmitz (1988), Hirota (1990), Hoskisson/ Harrison/Dubofsky (1991), Cusumano/Nebeoka (1992), Naman/Slevin (1993), Ollinger (1993), Jennings/Seaman (1994), Nohria/Ghoshal (1994).

strategischen Verhaltensweise oder handelt es sich nur um das Ergebnis einer ex post beobachteten Verhaltensweise?
- Der *organisatorische Geltungsbereich* der Strategieoperationalisierung: Erstreckt sich der Geltungsbereich der Strategieoperationalisierung auf Aspekte, die die Unternehmung als Ganzes betreffen oder nur bestimmte betriebliche Teilbereiche oder strategische Geschäftseinheiten?
- Das Ziel der *Ressourcensteuerung* in der Strategieoperationalisierung: Betont die Strategieoperationalisierung explizit die Steuerung von Unternehmungsressourcen?
- Die *Gestaltung der Umweltabhängigkeit* in der Strategieoperationalisierung: Umschließt die Strategieoperationalisierung explizit die Absicht, auf die Abhängigkeit von der Unternehmungsumwelt einzuwirken?
- Die *Grundhaltung* in der Strategieoperationalisierung: Beschreibt die Strategieoperationalisierung explizit eine grundlegende strategische Verhaltensweise einer Unternehmung, eines betrieblichen Teilbereichs oder einer strategischen Geschäftseinheit?
- Der *Wettbewerbscharakter* in der Strategieoperationalisierung: Kommt in der Strategieoperationalisierung explizit die Erlangung von Wettbewerbsvorteilen durch die Wahl geeigneter Instrumente zum Ausdruck?
- Der Bestimmung der *Produkt/Markt-Kombination* in der Strategieoperationalisierung: Bezieht sich die Strategieoperationalisierung explizit auf die Wahl bestimmter Produkt/Markt-Kombinationen?
- Die Aufnahme *sonstiger Aspekte* in die Strategieoperationalisierung: Werden mit der Strategieoperationalisierung sonstige strategische Aspekte angesprochen?
- Die Berücksichtigung *formaler Aspekte* in der Strukturoperationalisierung: Umschließt die Strukturoperationalisierung ausschließlich formale Aspekte?
- Die Berücksichtigung *nicht formaler Aspekte* in der Strukturoperationalisierung: Umschließt die Strukturoperationalisierung nur formale Aspekte oder auch nicht formale?
- Der *Spezialisierungscharakter* der Strukturoperationalisierung: Sind Instrumente der Spezialisierung Gegenstand der Strukturoperationalisierung?
- Der *Koordinationscharakter* der Strukturoperationalisierung: Sind Instrumente der Koordination Gegenstand der Strukturoperationalisierung?
- Die *Hierarchiekonfiguration* in der Strukturoperationalisierung: Ist die Strukturoperationalisierung Ausdruck bestimmter Konfigurationsmaße?
- Der *Grad der Entscheidungszentralisation* in der Strukturoperationalisierung: Beschreibt die Strukturoperationalisierung das Ausmaß der Zentralisation von Entscheidungen?

– Der *Grad der Formalisierung/Standardisierung* in der Strukturoperationalisierung: Weist die Strukturoperationalisierung auf bestimmte Formen der Formalisierung/Standardisierung organisatorischer Abläufe hin?
– Der *Typ einer Organisationsstruktur* in der Strukturoperationalisierung: Kommt in der Strukturoperationalisierung das Vorliegen eines bestimmten Organisationstyps – hier verstanden als Kombination bestimmter formaler oder nicht formaler Spezialisierungs- und/oder Koordinationsinstrumente – zum Ausdruck?

Die von uns gewählte Operationalisierung zur Bestimmung der in den einzelnen Studien verwandten Strategie- und Strukturmaße führt somit zu einem Variablenfeld, welches sich dadurch auszeichnet, daß die Strategievariablen und die Strukturvariablen jeweils für sich betrachtet nicht überschneidungsfrei sind. Das heißt, die Strategie- und Strukturaspekte, die einen ausgewiesenen Effekt charakterisieren, lassen sich durchaus mehreren Strategie-/Strukturvariablen zuordnen. Jeder empirisch ermittelte Effekt läßt sich folglich als Vektor beschreiben, dessen 17 Strategie-/Struktur-Dimensionen entweder den Wert Null annehmen, wenn diese Dimension durch die zugrundeliegende Merkmalsoperationalisierung nicht erfaßt ist, oder im umgekehrten Fall den Wert Eins.

III. Prüfung der einzubeziehenden Effekte im Rahmen der Nicht-Befund-Analyse

a. Notwendigkeit des Ausschlusses von Effekten

1. Problematische Aspekte der Datenerhebung

Eine Aufgabe der Nicht-Befund-Analyse war es, mögliche Erhebungsartefakte von der weiteren Analyse auszuschließen. Diese Zielsetzung ist jetzt jedoch nicht so zu verstehen, daß sie bereits bei dem geringsten Anzeichen für eine Artefaktvermutung den Effekt von der weiteren Betrachtung ausschließt. Folglich sind in unsere studienübergreifende Analyse auch Einzeleffekte einbezogen worden, bei denen durchaus Probleme auftraten, die bei strengerer Anwendung der Artefaktausschluß-Zielsetzung dazu führen könnten, diese Effekte nicht zu berücksichtigen. Die folgende Tabelle zeigt einige dieser Probleme. Es führt sicherlich zu weit, würde man bei jedem einbezogenen Effekt die möglichen Aspekte einer Artefaktvermutung diskutieren. Letztendlich waren derartige Vermutungen nicht so gravierend, daß sie einen Ausschluß zur Folge gehabt hätten. Entsprechend haben wir hier

Tab. 3.1: Ausgewählte Probleme im statistischen/empirischen Design

Quelle	Problemaspekte
Allen (1979)	Die Variable „product-marked diversity" ist Ergebnis einer Faktoranalyse (Hauptkomponentenanalyse) (S. 650). Sie stellt den letzten extrahierten Faktor mit einem Eigenwert von 0,88 dar. Nimmt man das sogenannte Kaiser-Kriterium als Richtschnur, so dürfte dieser Faktor nicht mehr extrahiert werden. Allerdings muß berücksichtigt werden, daß auf diesen Faktor nur eine Variable (nämlich „product-market diversity") mit hohen 0,97 lädt. Die Variable „product-market diversity" wird subjektiv vom Erheber entsprechend der Anzahl des Auftretens der 3. Stelle des SIC auf einer 7er Skala klassifiziert (gleiche Klassenbreiten). Es ist nicht ersichtlich, ob eine andere Einteilung der ordinalen Klassen die Ergebnisse beeinflußt. Die Meßvariablen der Faktoranalyse zur Extrahierung der Faktoren „division autonomy" und „emphasis on total company identification" werden nicht genannt.
Egelhoff (1982) Gates/Egelhoff (1986)	Die Variable „product change", die in beiden Veröffentlichungen erhoben wird (identische Stichprobe, ähnliche theoretische Orientierung), wird jedoch vollkommen unterschiedlich gemessen. Dies ist verwunderlich, da andere Variablen wie z.B. „foreign product diversity" oder „product modification differences" gleich gemessen werden.
Gates/Egelhoff (1986)	Stärke der Zentralisierung bestimmter Entscheidungsbefugnisse müßte sowohl bei der Konzernmutter als auch bei der Konzerntochter erfragt werden, da vermutlich jeder für sich möglichst viel Entscheidungskompetenz reklamiert. Gates/Egelhoff befragen nur die Konzernmutter.
Hambrick (1982)	Es ist nicht ersichtlich, wann eine untersuchte Unternehmung eine entsprechend der bei Miles und Snow definierten Strategien verfolgt. Die Konstruktion des Merkmals „administrative scanning" wird nicht auf seine Güte hin geprüft.
Miller/Dröge (1986) S. 559 f. Miller/Dröge/Toulouse (1988) S. 555.	Die Variable „process liaison" wird einmal eher als Strukturvariable interpretiert, in dem das Schwergewicht ihrer Bedeutung auf die Planungsintensität gelegt wird. In der Veröffentlichung von 1988 wird sie hingegen als Strategievariable interpretiert, da sie die Art der Interaktion während der Strategieimplementierung beschreibt.
Miller/Dröge/Toulouse (1988) S. 552 f. und 556.	Es wird eine Untersuchungsstichprobe gewählt, die sich dadurch auszeichnet, daß kleine und nicht diversifizierte Unternehmungen betrachtet werden. Wie die Autoren selbst betonen: „Previous studies (...) have all found very significant differences between large and small firms in the relationship between CEO's personality and structure" (S. 552) und „(...) diversity firms were avoided as they may deal in multiple environments, employ diverse technologies, and differ in structure from one subunit to another" (S. 554) sind beide Variablen nicht ohne Einfluß - insbesondere wenn man unterstellt, daß Diversifikation als strategische Antwort auf erhöhte Unsicherheit zu verstehen ist. Da man beide Items in der Stichprobe konstant hält, ist es nicht verwunderlich, daß von in diesem Zusammenhang berechneten Korrelationskoeffizienten nur drei von 12 Korrelationen signifikant sind.

Fortsetzung *Tab. 3.1:* Ausgewählte Probleme im statistischen/empirischen Design

Quelle	Problemaspekte
Pavan (1972)	Unklare Abgrenzung der Strategietypen. Es ist der Fall denkbar, daß eine zweite Produktlinie besteht, die ca. 4% zum Umsatz beiträgt. Dieser Fall könnte dann sowohl als „single business" als auch als „dominant business" klassifiziert werden. Es wird nicht klar definiert, was genau unter „related" bzw. „unrelated" zu verstehen ist. (S. III–27)
Priem (1991)	Strategie wird in Anlehnung an Porter in „low cost" und „differentiation" unterschieden, eine genaue Operationalisierung wird nicht vorgelegt. (S. 42) Struktur wird in Anlehnung an Burns/Stalker in „mechanistic" und „organic" unterschieden, eine genaue Operationalisierung wird nicht vorgelegt. (S. 42)
Stoppford/Wells (1972)	Problem der Skalierung der Variablen „organization" im Rahmen der Regressionsanalyse. Es wird unterstellt, daß diese metrisches Skalenniveau aufweist, obwohl jeder Skalenwert eine bestimmt Organisationskonfiguration angibt. Es wird zum einen nicht geklärt, warum diese Skala erst beim Wert „3" anfängt, zum anderen wird nicht verdeutlicht, warum eine bestimmte Konfiguration besser geeignet ist im Hinblick auf „tolerance of organization for joint venture" als eine andere. Überhaupt nicht nachzuvollziehen ist ferner der Umstand, daß zwischen den einzelnen Skalenwerten ein gleicher Abstand vorhanden ist. Z.B. nimmt die Bereitschaft zum joint venture beim Übergang von der „worldwide production divisions" zur „grid" Struktur im selben Maße ab wie von der „grid" zur „mixed" Struktur. (S. 194)

nur einige Studien aufgelistet und wollen dort exemplarisch Probleme aufzeigen, die so auch noch an anderer Stelle anzutreffen sind.

2. Problematische Aspekte der Datenauswertung

Probleme bei der Auswertung empirischer Daten ergeben sich vor allem bei zwei Aspekten: Der Verwendung von Verhältnis- und Indexzahlen sowie der Existenz eines nicht-linearen Zusammenhangs.

Betrachtet man die Operationalisierung insbesondere der Strategievariablen,[9] so fällt auf, daß einige Studien Verhältniszahlen zur Messung des Di-

---

[9] Vgl. Fouraker/Stopford (1968) S. 60 f. und die dortige Operationalisierung der Variablen »diversification«, »relative direct investment« und »research and development«, Stopford/Wells (1972) S. 194 und die dortige Operationalisierung der Variablen »advertising« und »R&D«, Egelhoff (1982) S. 456 und die dortige Operationalisierung der Variablen »product change« und »extent of foreign acquisition«, Gates/Egelhoff (1986) S. 91 und die dortige Operationalisierung der Variablen »product change« und »size of foreign operations«, Hill (1988a) S. 409 und die dortige Operationalisierung der Variablen »diversity« und »internatio-

versifikationsgrades heranziehen. Da jedoch Korrelationen, die aufgrund derartiger Merkmalsoperationalisierungen berechnet wurden, oftmals in ihrer Höhe stark verzerrt sind, besteht hier die Gefahr eines Artefaktes.[10] Um entsprechende Verzerrungen abzuschätzen, sind zusätzliche Informationen über statistische Kennzahlen die Merkmale betreffend notwendig, die in der Regel jedoch nicht publiziert werden. Insofern können wir an dieser Stelle nur die Vermutung eines Artefaktes äußern. Über dessen Größenordnung lassen sich keine Angaben machen. Ebenso ist unklar, ob die empirisch Forschenden bereits derartige Abschätzungen vorgenommen haben. Aus diesem Grund wollen wir auch hier nicht den Weg eines rigorosen Ausschlusses derartiger Effekte von der weiteren Re-Analyse beschreiten, sondern eher prüfen, ob eine derartige Verzerrung sich studienübergreifend kontrollieren läßt.

In unserer Nicht-Befund-Analyse haben wir im Rahmen des Moduls »Nicht-Befund im engeren Sinne« auf das Problem der Nicht-Linearität des Zusammenhangs bei gleichzeitiger Prüfung des Zusammenhangs mittels eines nur für lineare Zusammenhänge definierten Korrelationskoeffizienten aufmerksam gemacht. Grundlage für einen nicht linearen Zusammenhang ist der Umstand, daß sowohl die abhängige als auch unabhängige Variable einer kontinuierlichen Variation ihrer Ausprägungen unterliegen. Vor diesem Hintergrund fallen einige Kombinationsmöglichkeiten weg, da hier höchstwahrscheinlich keine kontinuierliche Merkmalsausprägung vorliegt. Unserer Ansicht nach sind dies diejenigen Strategievariablen, die lediglich das Verständnis des Strategiebegriffs in der jeweils untersuchten Studie beschreiben, d.h., ob hier der Interaktionsgedanke mit der Umwelt eine besondere Rolle spielt, welcher Zeitbezug bei der Strategie zugrunde gelegt wird, welche Phasen unternehmungspolitischer Entscheidungen die Strategie umfaßt sowie ob die Strategieentwicklung einem bewußten, ex ante geplanten Prozeß folgt oder sich lediglich als Muster ex post beobachteter Phänomene ergibt. Ferner würden wir hierunter auch das inhaltsbezogene Merkmal »strategische Grundhaltung« subsumieren, soweit dieses nominal konzipiert ist, d.h. die Grundhaltung z.B. als »innovativ« oder »risikofreudig« klassifiziert wird. In ähnliche Richtung würde auch die Argumentation im Hinblick auf den Strategieinhalt »Instrument zur Erlangung von Wettbe-

---

nality«, Miller/Dröge/Toulouse (1988) S. 555 und die dortige Operationalisierung der Variablen »innovation« und »new product development and commercialization expenses«, Govindarajan/Fisher (1990) S. 271 f. und die dortige Operationalisierung der Variable »competitive strategy«, Russo (1991) S. 723 und die dortige Operationalisierung der Variablen »relative diversification« und »relativ vertical integration« sowie Horovitz/Thietart (1982) S. 74 und die dortige Operationalisierung der Variable »diversified strategy«.

[10] Vgl. hierzu insbesondere Cohen/Cohen (1983) S. 74 sowie Stelzl (1982) S. 155 f.

werbsvorteilen« verlaufen. Ferner kann bei folgenden die Struktur beschreibenden Merkmalen davon ausgegangen werden, daß keine kontinuierlichen Ausprägungen vorliegen:

- Die Einbeziehung auch nicht formaler Aspekte unter den Organisationsstruktur-Begriff.
- Die Frage, ob Spezialisierungsaspekte untersucht werden.
- Die Frage, ob Koordinationsaspekte untersucht werden.
- Das Vorliegen organisations-struktureller Typen.

Nicht lineare Zusammenhänge wären damit nur noch zwischen den folgenden Strategie- und Strukturvariablen möglich, ohne daß hier bereits eine Aussage über die inhaltliche Angemessenheit des nicht linearen Verlaufs gemacht wird:

- Strategie als Instrument zur Steuerung eines organisatorischen Bereiches: Dieser kann sehr eng gefaßt sein, z.B. ein strategischer Geschäftsbereich, oder aber sehr weit, wenn man an die Unternehmung als Ganzes denkt.
- Strategie als Instrument zur Ressourcensteuerung: Ein kontinuierlicher Verlauf ist von Schrumpfungs- bis hin zu Wachstumsstrategien denkbar.
- Strategie als Instrument zur Beeinflussung der Umweltabhängigkeit: Es ist hier an Strategien zu denken, die der Umweltabhängigkeit in starkem und in weniger starkem Maße entgegenwirken.
- Strategie zum Ausdruck einer Grundhaltung: Eine kontinuierliche Merkmalsausprägung wäre immer dann möglich, wenn die Strategievariable z.B. den Grad der Innovativität oder den Grad der Risikofreude mißt.
- Strategie als Instrument zur Erlangung von Wettbewerbsvorteilen: Ähnlich der vorangegangenen Argumentation ist ein kontinuierlicher Verlauf immer dann denkbar, wenn sich die Strategie nur auf eine bestimmte Art des Wettbewerbsvorteils, also z.B. auf die Kostenführerschaft, konzentriert und dort das unterschiedliche Ausmaß der Verwirklichung dieses Wettbewerbsvorteils wiedergibt.
- Strategie als Instrument zur Festlegung bestimmter Produkt/Markt-Kombinationen: Derartige Strategieinhalte lassen sich in der Regel mittels eines kontinuierlich variierbaren Merkmals abbilden, d.h. z.B. über unterschiedlich hohe Diversifikationsgrade.

Schließlich sind auch bei den Strukturmerkmalen »Konfiguration«, »Entscheidungszentralisation« sowie »Formalisierungs-/Standardisierungsgrad« sich kontinuierlich verändernde Merkmalsausprägungen denkbar.

Wir wollen an dieser Stelle die Spekulation über einen nicht linearen Zusammenhang beenden. Wir begnügen uns damit aufzuzeigen, wo dieser möglich ist, ohne eingehend zu diskutieren, ob ein derartiger nicht-linearer Zusammenhang auch inhaltlich plausibel ist. Dies würde zu weit führen. Wir werden eine derartige Plausibilitätsprüfung erst dann vornehmen, wenn sich bei einer dieser Zusammenhänge als Ergebnis unserer Re-Analyse eine Tendenz zum Nicht-Befund abzeichnet.[11] Nur in einem solchen Fall ist es zwingend notwendig zu prüfen, ob die Nicht-Linearität eines Zusammenhangs in Kombination mit einem nur für lineare Zusammenhänge zugelassenen Meßinstrument Ursache für das Auftreten eines Nicht-Befundes ist.

3. Problematische Aspekte aufgrund fehlender Daten

Neben den vorangegangenen eher methodisch orientierten Problemen sind ferner Aspekte zu beachten, die die Anwendung bestimmter Re-Analyseprozeduren aufgrund mangelnder Datenverfügbarkeit verbieten. Derartige Prüfungen werden an unterschiedlichen Stellen im Nicht-Befund-Algorithmus vorgenommen. Der entsprechend der Analysestufen vorzunehmende Ausschluß von Effekten orientiert sich zum einen an der Frage, ob ein studienübergreifender Vergleich der empirischen Ergebnisse überhaupt möglich ist, und zum anderen an der Frage, ob die notwendigen Angaben vorliegen, damit das empirische Ergebnis in eine quantitative Metaanalyse einbezogen werden kann. Die Durchführung einer entsprechenden Prüfung bei den von uns identifizierten Effekten kam zu dem Ergebnis, daß ein Ausschluß von der Re-Analyse in der Regel sämtliche Einzelergebnisse einer empirischen Untersuchung betraf. Bei den in Tabelle 3.2 genannten Studien entzog sich das publizierte empirische Ergebnis einer Befund-/Nicht-Befund-Klassifikation.

Damit verringert sich die Zahl der einbezogenen Studien auf 54. Für die Strategie-Struktur-Effekte, die in diesen Untersuchungen veröffentlicht wurden, ist eine Befund-/Nicht-Befund-Klassifikation möglich. Es sind dies insgesamt 734 empirische Einzelergebnisse.

Im nächsten Schritt gilt es zu prüfen, ob es die verbliebenen empirischen Ergebnisse, die sich als Befund oder Nicht-Befund klassifizieren ließen, erlauben, sie auch in eine quantitative Metaanalyse einzubeziehen. Wir hatten im Rahmen unseres Nicht-Befund-Algorithmus vereinbart, daß hierfür eine quantifizierbare Effektstärke vorliegen muß, und zwar in Form eines Korrelationskoeffizienten. Von der quantitativen Metaanalyse werden folglich

---

[11] Vgl. hierzu ausführlich unsere Überlegungen im Zuge der Entwicklung des Moduls »Nicht-Befund im engeren Sinne«.

diejenigen Effekte ausgeschlossen, bei denen ein derartiger Effekt weder in der Originalstudie ausgewiesen wird, noch nachträglich zu berechnen ist (Tabelle 3.3 auf Seite 144).

Tab. 3.2: Ausschluß empirischer Ergebnisse von der Befund-/Nicht-Befund-Klassifikation

Studie	Effekt	Grund des Ausschlusses
Cable/Dirrheimer (1983)	Sämtliche Effekte	Als abhängige Variable zur Strategievariablen „Diversifikationsstrategie" wird die Zeitspanne bis zur Einführung der Divisionalstruktur gewählt. Es wird somit der Zusammenhang a priori unterstellt und nicht der Stärke nach quantifiziert.
Chandler (1962)	Sämtliche Effekte	Es werden nur Fallstudienergebnisse präsentiert.
Hamilton/Shergill (1992)	Sämtliche Effekte	Es wird lediglich von einem Fit von Strategie und Struktur gesprochen, dieser jedoch nicht hinsichtlich Signifikanz und Effektstärke quantifiziert.
Negandhi/Welge (1984)	Sämtliche Effekte	Soweit strategisch-strukturelle Zusammenhänge analysiert werden, geschieht dies mit Hilfe von Häufigkeitsauswertungen, die keine nachträgliche Berechnung von Effektstärken oder Signifikanzabschätzungen zulassen.
Pitts (1977)	Sämtliche Effekte	Soweit strategisch-strukturelle Zusammenhänge analysiert werden, geschieht dies mit Hilfe von Häufigkeitsauswertungen, die keine nachträgliche Berechnung von Effektstärken oder Signifikanzabschätzungen zulassen.
Thompson (1983)	Sämtliche Effekte	Als abhängige Variable zur Strategievariablen „Diversifikationsstrategie" wird die Zeitspanne bis zur Einführung der Divisionalstruktur gewählt. Es wird somit der Zusammenhang a priori der Zusammenhang unterstellt und nicht der Stärke nach quantifiziert.

Es trat ferner der Fall auf, daß, obwohl keine Effektstärke publiziert wurde, sich nachträglich ein Chi-Quadrat-Wert ermitteln ließ, bei welchem jedoch die Anzahl der Freiheitsgrade den Wert Eins nicht überstieg. Damit war es möglich, aus den Chi-Quadrat-Werten die entsprechenden Korrelationskoeffizenten zu bestimmen.[12]

---

[12] Für die Effekte folgender Studien wurde eine entsprechende nachträgliche Berechnung durchgeführt: Pavan (1972), Channon (1973), Dyas/Thanheiser (1976), Chenhall (1979), Suzuki (1980), Donaldson (1982), Daniels/Pitts/Tretter (1984), Daniels/Pitts/Tretter (1985) und Kenter (1985).

Tab. 3.3: Ausschluß empirischer Ergebnisse von der quantitativen Metaanalyse

Studie	Effekt	Grund des Ausschlusses
Berg (1973)	sämtliche Effekte	Selbst errechnete Chi-Quadrat-Werte ließen sich aufgrund der zu hohen Anzahl der Freiheitsgrade nicht in Korrelationskoeffizienten transformieren.
Channon (1978)	sämtliche Effekte	Selbst errechnete Chi-Quadrat-Werte ließen sich aufgrund der zu hohen Anzahl der Freiheitsgrade nicht in Korrelationskoeffizienten transformieren.
Fligstein (1985)	sämtliche Effekte	Das Vorliegen multipler Regressionen erlaubt die nachträgliche Berechnung von Korrelations-koeffi-zienten nicht.
Franko (1976)	sämtliche Effekte	Selbst errechnete Chi-Quadrat-Werte ließen sich aufgrund der zu hohen Anzahl der Freiheitsgrade nicht in Korrelationskoeffizienten transformieren.
Gupta/Govindarajan (1991)	4 Effekte	(Zusammenhang von strategischer Grundhaltung und Intensität der Kommunikation) Mangelnde Angaben zu den veröffentlichten F-Werten erlaubte keine Berechnung von Korrelationskoeffizienten.
Hambrick (1982)	sämtliche Effekte	Es werden nur Signifikanzklassen eines Mann-Whitney Differenzentests angegeben, so daß eine nachträgliche Berechnung von Korrelationskoeffizienten nicht möglich ist.
Hill (1988)	sämtliche Effekte	Mangelnde Angaben zu den veröffentlichten F-Werten erlaubte keine Berechnung von Korrelationskoeffizenten.
Horovitz/Thietart (1982)	sämtliche Effekte	Zusammenhänge werden mittels Chi-Quadrat-Test geprüft, ohne daß die Chi-Quadrat-Werte veröffentlicht werden. Es werden nur Signifikanzklassen ausgewiesen. Eine nachträgliche Berechnung von Korrelationskoeffizenten ist damit nicht möglich.
Khandwalla (1977)	sämtliche signifikanten Effekte	Die korrelative Effektstärke wird nur für signifkante Größen veröffentlicht. Eine nachträgliche Berechnung ist nicht möglich.
Napier/Smith (1987)	sämtliche Effekte	Mangelnde Angaben zu den veröffentlichten F-Werten erlaubte keine Berechnung von Korrelationskoeffizienten.
Picard (1977)	sämtliche Effekte	Es wird nur über Signifikanzen berichtet, nicht über den Wert der Effektstärke.
Rumelt (1974)	sämtliche Effekte	Selbst errechnete Chi-Quadrat-Werte ließen sich aufgrund der zu hohen Anzahl der Freiheitsgrade nicht in Korrelationskoeffizienten transformieren.
Russo (1991)	sämtliche Effekte	Das Vorliegen multipler Regressionen erlaubt die nachträgliche Berechnung von Korrelationskoeffizienten nicht.

b. Klassifikation eines Effektes

1. Bestimmung einer Mindesteffektstärke

Zentraler Bestandteil unseres Nicht-Befund-Algorithmus ist die Klassifikation eines empirischen Ergebnisses als Befund oder Nicht-Befund. Hierzu bedarf es zum einen einer Abschätzung der α-Fehlerwahrscheinlichkeit und zum anderen der β-Fehlerwahrscheinlichkeit. Für die 734 identifizierten Effekte liegt die Angabe des entsprechenden α-Fehlers vor. Bei keinem der Effekte wird allerdings im Rahmen der analysierten Studie ein β-Fehler bestimmt. Wir sehen uns folglich mit dem Problem konfrontiert, diesen selbst zu berechnen. Hierfür notwendig sind jedoch Vorstellungen über eine kritische Mindesteffektstärke, die es zu überschreiten gilt, will man ein empirisches Ergebnis als inhaltlich beachtlich klassifizieren.

Da eine solche Mindesteffektstärke ein inhaltlich und kein formal bestimmtes Kriterium darstellt, müssen wir uns fragen, ob in Forschungsbereichen, die unserer Forschungsfragestellung verwandt sind, sich möglicherweise entsprechende Anhaltspunkte finden lassen. Der einfachste Weg, um dies festzustellen, ist eine Analyse von anderen thematisch ähnlich gelagerten studienübergreifenden Untersuchungen. Entsprechend wählen wir die quantitativen Metaanalysen von Gooding und Wagner, McEvoy und Cascio sowie Damanpour,[13] da sie – analog zu unserer Vorgehensweise – ebenfalls versuchen, studienübergreifende Korrelationen zu bestimmen. Gooding und Wagner, die mit ihrer Metaanalyse der Vorgehensweise von Hunter und Schmidt folgen, sprechen dann von einem Zusammenhang zwischen den von ihnen untersuchten Merkmalen Unternehmungsgröße und Unternehmungserfolg, wenn sich die gewichtete durchschnittliche Korrelation unter Berücksichtigung des 95%igen Konfidenzintervalls von Null unterscheidet. Die vom Betrag her niedrigsten studienübergreifenden Korrelationen, die dieses Kriterium erfüllen, sind $r = -0{,}089$ und $r = -0{,}066$,[14] wobei allerdings berücksichtigt werden muß, daß Gooding und Wagner an keiner Stelle eine Aussage darüber treffen, wann eine Korrelation auch inhaltlich beachtlich ist. Es wird ein rein formales Kriterium zur Bestimmung eines existenten Zusammenhangs gewählt. Diese Vorgehensweise führt demzufolge auch dazu, daß aufgrund eines relativ großen Konfidenzintervalls – dies insbe-

---

[13] Vgl. Gooding/Wagner (1985) S. 462 ff., McEvoy/Cascio (1987) S. 744 ff., Damanpour (1991) S. 555 ff. und Damanpour (1992) S. 375 ff.

[14] Vgl. Gooding/Wagner (1985) S. 470 und S. 472. Diesen beiden studienübergreifenden Korrelationen lagen im ersten Fall 73 und im zweiten Fall 56 Einzelbeobachtungen zugrunde.

sondere, wenn nur wenige Beobachtungen vorliegen – bei einigen studienübergreifenden Korrelationen zwar eine vom Betrag her – im Vergleich zu den beiden oben genannten Korrelationen – höhere Korrelation ausgewiesen wird, die Zusammenhangsvermutung jedoch zurückgewiesen wird. Es ist ferner erstaunlich, daß Gooding und Wagner selbst bei derart geringen Korrelationen von einem Zusammenhang sprechen, da sie auch studienübergreifende Korrelationen ermitteln, die mit r = 0,595 bzw. r = 0,651 vom Betrag her wesentlich höher liegen.[15]

Ähnlich in der Vorgehensweise sind auch McEvoy und Cascio bei ihrer Analyse des Zusammenhangs von Umsatz und Unternehmungserfolg, auch wenn bei ihnen aufgrund der geringen Zahl der integrierten Korrelationen ein Ausweis des entsprechenden Konfidenzintervalls meist unterbleibt. Die vom Betrag niedrigste studienübergreifende Korrelation, d.h. eine Korrelation, die sich aus mindestens zwei Einzelbeobachtungen ergibt, weist einen Wert von r = –0,24 auf.[16] Hier sprechen die Autoren von einem Zusammenhang, ohne Überlegungen anzustellen, ob diese Stärke auch beachtlich ist, zumal die sonst noch berechneten Korrelationen vom Betrag her sämtlich über | r | = 0,3 liegen.

Ein ähnliches Bild liefern auch die beiden quantitativen Metaanalysen von Damanpour zum Zusammenhang von Innovationsorientierung und Organisationsstruktur bzw. Innovationsorientierung und Unternehmungsgröße. Auch hier werden keine Angaben zu inhaltlich beachtlichen Mindesteffektstärken gemacht. Von einem Zusammenhang wird schon gesprochen, wenn eine Korrelation den Wert r = –0,16 bzw. r = 0,095 aufweist.[17] Erstaunlich ist auch dies, da eine Vielzahl studienübergreifender Korrelationen vom Betrag her den Wert von | r | = 0,5 übersteigen.[18]

Vor dem Hintergrund dieser studienübergreifenden Ergebnisse ist es sicherlich nicht zulässig, für den im Zentrum unseres Forschungsinteresses stehenden Zusammenhang von Strategie und Struktur einen Mindesteffekt zu vereinbaren, bei dessen Überschreiten wir von einem beachtlichen Effekt sprechen wollen. Die in den quantitativen Metaanalysen als Beleg für die Existenz eines Zusammenhangs angegebenen studienübergreifenden Korrelationen weisen von ihrem Betrage her eine derartige Spannweite auf, daß

---

[15] Vgl. Gooding/Wagner (1985) S. 473. Dabei muß jedoch berücksichtigt werden, daß bei diesen Korrelationen nur vergleichsweise wenige Einzelbeobachtungen integriert werden.
[16] Vgl. McEvoy/Cascio (1987) S. 755.
[17] Vgl. Damanpour (1991) S. 570 und Damanpour (1992) S. 390.
[18] Vgl. Damanpour (1991) S. 570.

sie keinen Anhaltspunkt für eine kritische Mindesteffektstärke geben können.

Für unsere Befund-/Nicht-Befund-Klassifikation bleibt insofern nur der Weg der ausschließlichen Orientierung an der jeweiligen α-Fehlerwahrscheinlichkeit. Für sie haben wir bereits weiter oben eine kritische Grenze von 5% vereinbart.

2. Recodierung der Klassifikation eines Effektes

Ein Ziel unserer Nicht-Befund-Analyse war die Klassifikation eines empirischen Ergebnisses als Befund oder Nicht-Befund. Dabei ist nun jedoch der Fall aufgetreten, daß unser Nicht-Befund-Algorithmus einen ermittelten Effekt unterschiedlich zur jeweiligen Originalstudie klassifizierte.

Bei 46 Effekten erfolgte eine Recodierung von der Nicht-Befund-Klassifikation in der Originalstudie hin zur Befund-Klassifikation im Rahmen der Nicht-Befund-Analyse. In umgekehrter Richtung sahen wir uns gezwungen, bei 42 Effekten eine Recodierung vorzunehmen. Bei sieben Effekten fand sich in der Originalstudie keine Signifikanzabschätzung. Wir führten diese nachträglich durch und klassifizierten in vier Fällen den Effekt als Nicht-Befund und in drei Fällen als Befund. Zählt man diese Fälle ebenfalls zu den Fällen, in denen wir Einfluß auf die Befund- bzw. Nicht-Befund-Klassifikation nahmen, so zeigt sich, daß bei insgesamt 95 von 734 Effekten (12,9%) eine derartige Veränderung des empirischen Ergebnisses notwendig war. Wir meinen, daß eine solche Anzahl sicherlich nicht zu gravierenden Änderungen der Ergebnisse unserer Re-Analyse führen wird, da dies zum einen nur bei einem relativ geringen Prozentsatz der Effekte erfolgte und zum anderen sowohl Befunde als auch Nicht-Befunde von der Recodierung in etwa gleichem Ausmaß betroffen waren.

3. Recodierung der Richtung eines Effektes

Ein weiteres Codierungsproblem betrifft die einbezogenen Korrelationen, deren Stärke und Richtung im Rahmen der von uns beabsichtigten Durchführung einer quantitativen Metaanalyse höchst bedeutsam ist. Eine nicht studienübergreifend einheitliche Behandlung der Richtung eines Korrelationskoeffizienten kann zu gravierenden Verzerrungen des Ergebnisses der quantitativen Metaanalyse führen.

Nimmt man zwei Korrelationen, die unterschiedlichen Studien entstammen, jedoch den Zusammenhang eines inhaltlich sehr ähnlichen Sachverhaltes wiedergeben, so kann der Fall eintreten, daß aufgrund der jeweils gewählten Operationalisierung zwar beide Untersuchungen einen Befund ausweisen, sich das Vorzeichen der Korrelation jedoch unterscheidet. Als Beispiel wäre hier das Strukturmerkmal »Grad der Entscheidungszentralisation« zu nennen. Es ist durchaus denkbar, daß diese Variable in der einen Studie derart konzipiert ist, daß sie in ihrer stärksten Ausprägung ein hohes Maß an Zentralisation mißt, in einer anderen ein hohes Maß an Dezentralisation. Nichtsdestoweniger messen beide dasselbe Phänomen. In der quantitativen Metaanalyse würde jedoch die integrative Behandlung beider unveränderter Korrelationskoeffizienten dazu führen, daß, unterstellt man einen ähnlich großen Stichprobenumfang und einen annähernd gleichen Betrag der Korrelation, sich ein Effekte ergibt, der die Stärke »Null« aufweist.

Vor diesem Hintergrund haben wir sämtliche einbezogenen Korrelationen daraufhin überprüft, ob die dahinterstehende Operationalisierung der Merkmale eine einheitliche Richtung aufweist. Wenn dies nicht der Fall war, wurde eine entsprechende Veränderung des Vorzeichens vorgenommen.

c. Abschätzung des »file-drawer« Problems

Im Rahmen unseres Nicht-Befund-Algorithmus wurde deutlich, daß es bei der Durchführung einer Metaanalyse notwendig ist, die Konsequenzen, die im Zusammenhang mit dem sogenannten »file-drawer«-Problem stehen, abzuschätzen. Wir hatten uns hierbei für eine vereinfachte Vorgehensweise ausgesprochen. Da wir bei unserer Re-Analyse insbesondere die Nicht-Befunde in den Vordergrund der Analyse stellen, war die Suche nach ihnen ein zentrales Untersuchungsziel. Folglich wird sich ein möglicher Bias aufgrund des »file-drawer«-Problems für unsere Arbeit nicht in dem Maße stellen, wie er gewöhnlich auftritt, wenn man bemüht ist, in erster Linie nach signifikanten Zusammenhängen zu suchen.

Nichtsdestoweniger wollen wir auch im Rahmen dieser Arbeit eine entsprechende Abschätzung für die Gesamtheit unserer Re-Analyse-Stichprobe vornehmen. Von den 734 analysierten Effekten der Befund-/Nicht-Befund-Klassifikation erwiesen sich 296 als Befunde und 438 als Nicht-Befunde. Setzen wir analog zum oben vorgestellten Vorgehen die z-Werte für die Befunde auf 1,645, da sie mindestens die α-Fehlerwahrscheinlichkeit von 5% unterschreiten und die z-Werte der Nicht-Befunde auf Null, so ergibt sich ein kritischer Stichprobenumfang von N* = 86989. Damit kann unsere Stichprobe als unempfindlich gegenüber dem »file-drawer«-Problem bezeichnet werden. Die sehr konservative Regel zur Abschätzung eines kritischen Umfangs der Effekte, die nicht veröffentlicht werden, setzen wir analog zu Rosenthal[19] auf das 5-fache des extrahierten Stichprobenumfangs, wobei dieser mit mindestens 10 anzugeben ist. Unser als kritisch ermittelter Stichprobenumfang übersteigt diesen Wert bei weitem. Wir können relativ sicher sein, daß unsere Re-Analyse-Ergebnisse stabil sind gegenüber dem »file-drawer«-Problem.

d. Konsequenz der Anwendung der Nicht-Befund-Analyse für die Re-Analyse-Stichprobe

Die soeben vorgestellten Eingriffe in das identifizierte Datenmaterial zum Strategie-Struktur-Zusammenhang führte dazu, daß eine Vielzahl von Studien und empirischen Ergebnissen entweder von der Re-Analyse ganz oder teilweise auszuschließen oder aber zumindest nicht ohne Änderungen zu übernehmen waren. Im Ergebnis führte die Nicht-Befund-Analyse zu einer Einbeziehung von 54 Studien mit insgesamt 734 Effekten zum Strategie-Struktur-Zusammenhang, die sich als Befund oder Nicht-Befund klassifizieren ließen. Von diesen 734 Effekten wiesen 641 die notwendigen Eigenschaften für eine Einbeziehung in eine quantitative Metaanalyse auf. Entsprechend lassen sich für unsere Re-Analyse drei Analyseebenen unterscheiden:

− Analyseebene I: Effekte sämtlicher identifizierter Studien.
− Analyseebene II: Sämtliche Effekte, die eine Befund-/Nicht-Befund Klassifikation erlauben.
− Analyseebene III: Sämtliche Effekte, die die Durchführung einer quantitativen Metaanalyse erlauben.

Die folgende Abbildung auf Seite 150 verdeutlicht diesen Selektionsprozeß.

---

[19] Vgl. Rosenthal (1979) S. 640.

Abb. 3.9: Einfluß des Nicht-Befund-Algorithmus
auf die Wahl der Re-Analyse-Stichprobe

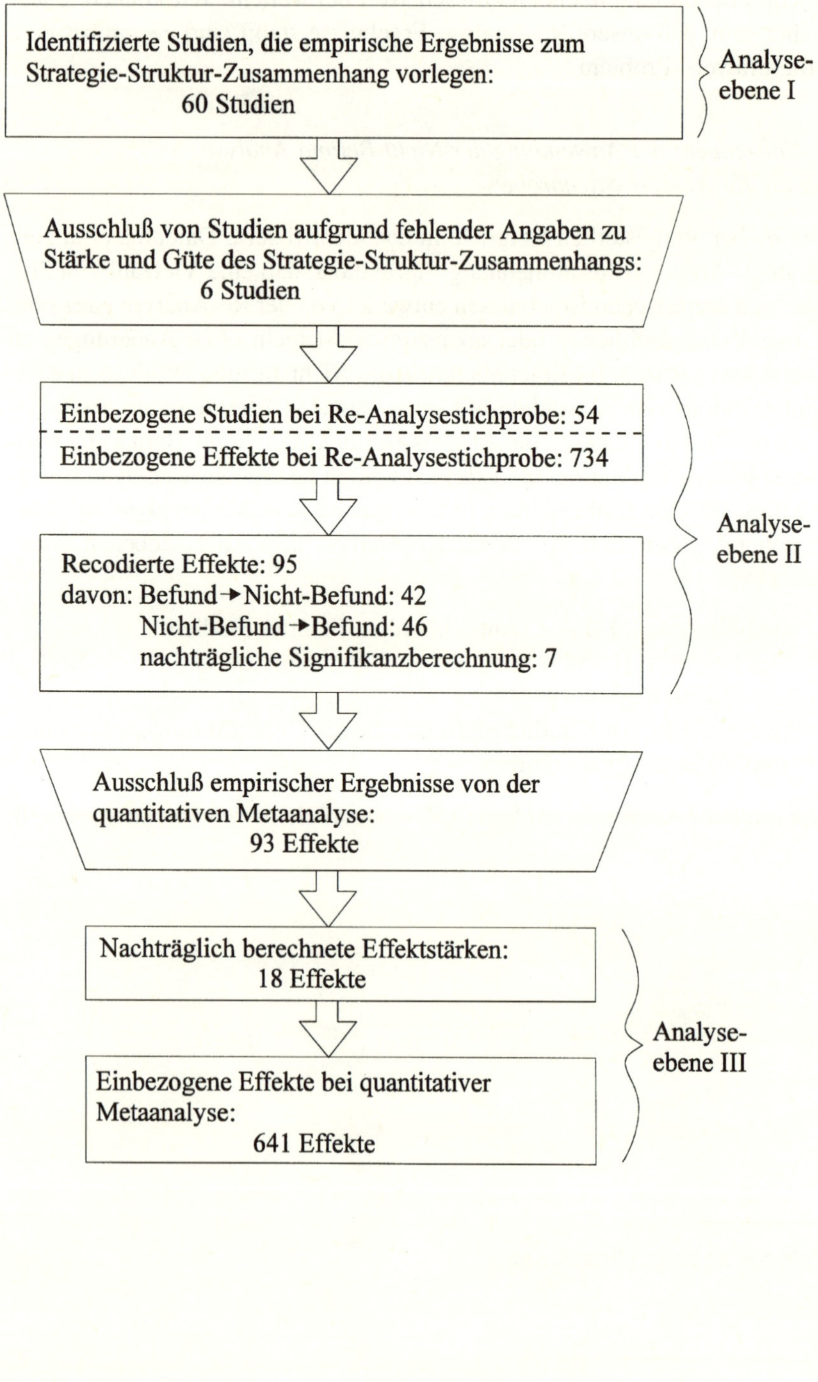

Identifizierte Studien, die empirische Ergebnisse zum Strategie-Struktur-Zusammenhang vorlegen:
60 Studien
} Analyseebene I

Ausschluß von Studien aufgrund fehlender Angaben zu Stärke und Güte des Strategie-Struktur-Zusammenhangs:
6 Studien

Einbezogene Studien bei Re-Analysestichprobe: 54
Einbezogene Effekte bei Re-Analysestichprobe: 734

Recodierte Effekte: 95
davon: Befund → Nicht-Befund: 42
Nicht-Befund → Befund: 46
nachträgliche Signifikanzberechnung: 7
} Analyseebene II

Ausschluß empirischer Ergebnisse von der quantitativen Metaanalyse:
93 Effekte

Nachträglich berechnete Effektstärken:
18 Effekte

Einbezogene Effekte bei quantitativer Metaanalyse:
641 Effekte
} Analyseebene III

IV. Verteilung der untersuchten Strategie-Struktur-Zusammenhänge

Bevor wir dazu übergehen, das von uns spezifizierte Hypothesensystem zum Strategie-Struktur-Zusammenhang mit Hilfe unser Re-Analyse-Ergebnisse zu überprüfen, wollen wir noch kurz auf das Erscheinungsbild der Häufigkeit des Untersuchtseins bestimmter Strategie-Struktur-Zusammenhänge eingehen, um so möglicherweise noch »weiße« Flecken auf der Forschungslandkarte zu erkennen. Die folgenden Tabellen 3.4 und 3.5 auf den Seiten 152 und 154 geben die entsprechenden Häufigkeitsverteilungen wieder, wobei als Basis der Auswertung unsere Analyseebene II gewählt wurde.

Beginnen wir mit denjenigen Effekten, die einen Zusammenhang der Strategieverständnis-Merkmale mit bestimmten Strukturmerkmalen beschreiben: Zum besseren Verständnis der Tabelle sei eine Strategie-Struktur-Kombination an dieser Stelle detailliert vorgestellt. Die Strategieverständnis-Dimension »Rolle der Interaktion« mit ihrer Ausprägung »reaktiv« wurde bei insgesamt 201 Effekten untersucht. Das sind 27% der betrachteten 734 Effekte zum Strategie-Struktur-Zusammenhang. Das Strukturmerkmal »formale Aspekte« wurde insgesamt bei 586 Effekten untersucht. Das sind 80% aller 734 analysierten Effekte. Für die Kombination dieser beiden Merkmale (Rolle der Interaktion: reaktiv / formale Aspekte) liegen 155 Effekte vor. Das sind 21% der 734 Effekte unserer Analyseebene II. Aufgrund der Mehrfachzuordnungen einzelner Strategie-Struktur-Effekte zu den Strategie-Struktur-Merkmalen addieren sich die absoluten und relativen Häufigkeiten nicht auf 734 bzw. 100% auf.

Das schwächste Forschungsinteresse wird der Strategievariablen »Phasenbezug« zuteil. Allenfalls der Zusammenhang zu den Variablen »formaler Aspekt« und »Koordinationscharakter« bliebe zu erwähnen. Es liegt der Schluß nahe, den gesamten Bereich der Frage der Einbeziehung oder Nichteinbeziehung von Zielaspekten in das Verständnis des Strategiebegriffs als weißen Fleck auf der Forschungslandkarte zu bezeichnen. Möglicherweise wird ein derartiger Aspekt des Strategieverständnisses vor dem Hintergrund des Strategie-Struktur-Zusammenhangs als nicht relevant oder nicht erforschbar erachtet.

Auffällig ist ferner, daß im Gegensatz zur Variablen »Koordinationscharakter« dem »Spezialisierungscharakter« wesentlich weniger Aufmerksamkeit geschenkt wird. Erstaunlich ist insbesondere, daß es bei der Strategiedimension Bewußtseinsaspekt zu einer Umkehrung der Häufigkeitsverteilung bei den Merkmalsausprägungen kommt. Dominiert beim Koordinationscha-

Tab. 3.4: Verteilung der einbezogenen Zusammenhänge der Strukturmerkmale mit den Dimensionen des Strategieverständnisses

Strategiemerkmale (Verständnis)		Strukturmerkmale*																Summe** (Strategiemerkmal)	
		Formale Aspekte		Nicht formale Aspekte		Spezialisierungscharakter		Koordinationscharakter		Hierarchiekonfiguration		Grad der Entscheidungszentralisation		Formalisierungs-/Standardisierungsgrad		Typ der Organisationsstruktur			
		abs.	%	abs.	%	abs.	%	abs.	%	abs.	%	abs.	%	abs.	%	abs.	%	abs.	%
Rolle der Interaktion	reaktiv	155	21	46	6	24	3	176	24	24	3	97	13	81	11	18	2	201	27
	initiativ	255	35	66	9	116	16	298	41	73	10	193	26	130	18	138	19	321	44
Zeitperspektive	kurz-+ langfr.	90	12	35	5	40	5	116	16	17	2	63	9	53	7	36	5	125	17
	nur langfr.	334	46	57	8	110	15	345	47	37	5	218	30	135	18	120	16	391	53
Phasenbezug	ohne Zielaspekt	0	0	0	0	0	0	0	0	0	0	0	0	0	0	0	0	0	0
	mit Zielaspekt	10	1	2	0	4	0	10	1	2	0	5	1	4	0	5	1	12	2
Bewußtseinsaspekt	ex post ermittelt	288	39	45	6	140	19	269	37	18	3	182	25	82	11	139	19	333	45
	ex ante geplant	298	41	103	14	90	12	364	50	88	12	199	27	180	25	105	14	401	55
Summe** (Strukturmerkmal)		586	80	148	20	230	31	633	86	106	14	381	52	262	36	244	33	734	100

*) Die Prozentangaben beziehen sich auf die 734 Strategie-Struktur-Effekte der Analyseebene II.
**) Aufgrund von Mehrfachzuordnungen, sind die Summen nicht als Zeilen- bzw. Spaltensummen zu lesen.

B. Die Charakteristika der Re-Analyse-Stichprobe 153

rakter noch eindeutig die ex ante Ausprägung, so ist beim Spezialisierungscharakter die ex post Ausprägung am stärksten besetzt. Dies könnte seine Ursache in der von uns – in Anlehnung an die einbezogenen Studien – gewählten Art der Operationalisierung der Bewußtseinsdimension besitzen. So sind insbesondere Spezialisierungsformen aus veröffentlichten Dokumenten (Organigramme u.ä.) für den empirisch Forschenden eine relativ leicht zugängliche Quelle zur Messung der Strukturdimension. Wird bei der Erhebung des Organisationsmerkmals ein Weg gewählt, der auf Dokumente zurückgreift, so liegt die Vermutung nahe, daß ebenfalls versucht wird, die Strategiedimension in ähnlicher Weise zu erschließen. Dies müßte zwangsläufig dazu führen, daß bei unserer Operationalisierung die ex post Ausprägung dominiert. Die statistische Stärke des Zusammenhangs, ausgedrückt als Chi-Quadrat-Wert, weist einen Wert von 31,6 mit $\alpha < 0,001$ auf und zeigt an, daß dann, wenn der Spezialisierungscharakter untersucht wird, dies signifikant mit einer ex post Ausprägung der Bewußtseinsdimension einhergeht. Folglich wäre dies ein Indiz dafür, daß unser Ergebnis möglicherweise – soweit es den Bewußtseinsaspekt betrifft – nur ein Produkt des Meßkonzeptes der einbezogenen Studien ist.

Zur Prüfung dieser Vermutung wollen wir sämtliche Strukturmerkmale, die in unserer Re-Analyse-Stichprobe überwiegend mit einer Dokumentenanalyse gemessen wurden, daraufhin analysieren, ob in einem derartigen Fall eine ex post Klassifikation des Bewußtseinsaspektes des Strategieverständnisses einhergeht. Es sind dies die Strukturmerkmale »formale Aspekte«, »Spezialisierungscharakter«, »Grad der Entscheidungszentralisation« und »Typ der Organisationsstruktur«. Derartige Strukturmerkmale werden vielfach dokumentiert, sei es in Dokumenten der Unternehmungen selbst oder in solchen, die von ihr veröffentlicht wurden, so daß sich hier eine Dokumentenanalyse als Erhebungsinstrumentarium anbietet.

Führt man eine entsprechende Prüfung auf signifikante Zusammenhänge dieser Strukturmerkmale mit der Strategieverständnis-Dimension »Bewußtseinsaspekt« durch, so ist das Bild nicht einheitlich. Nur für die Strukturmerkmale »Spezialisierungscharakter« und »Grad der Entscheidungszentralisation« gilt es einen relativ starken signifikanten Zusammenhang mit dem Erhebungsinstrumentarium der Dokumentenanalyse festzustellen ($\alpha < 0,01$), d.h. immer dann, wenn diese Merkmale mit Hilfe einer Dokumentenanalyse erhoben wurden, kam es auch zu einer Klassifikation des Bewußtseinsaspekts als »ex post«. Wir werden insofern auch bei den folgenden Analyseschritten den Bewußtseinsaspekt in seiner »ex post«-Ausprägung weiter berücksichtigen. Dabei gilt es jedoch, darauf zu achten, ob sich nicht wieder Anhaltspunkte dafür finden lassen, daß die »ex post«-

Tab. 3.5: Verteilung der einbezogenen Zusammenhänge der Strukturmerkmale mit den Dimensionen des Strategieinhalts

Strategie-merkmale (Inhalt)		Strukturmerkmale*														Summe** (Strategie-merkmal)	
		Formale Aspekte		Nicht formale Aspekte		Speziali-sierungs-charakter		Koordina-tions-charakter		Hierarchie-konfiguration		Grad der Entschei-dungszentra-lisation		Formalisie-rungs-/Stan-dardisierungs-grad		Typ der Organisa-tionsstruk-tur	
		abs.	%	abs.	%	abs.	%	abs.	%	abs.	%	abs.	%	abs.	%	abs.	%	abs.	%
Organisa-torischer Geltungs-bereich	Teilbereich	224	31	70	10	30	4	261	36	30	4	143	20	113	15	36	5	294	40
	Unter-nehmung	362	49	78	11	200	27	372	51	76	10	238	32	149	20	208	28	440	60
Ressourcensteuerung		303	41	49	7	126	17	309	42	33	5	203	28	108	15	130	18	352	48
Gestaltung der Umweltabhängigkeit		226	31	58	8	49	7	252	34	40	5	158	22	111	15	60	8	284	39
Strate-gische Grund-haltung	innovativ	138	19	32	4	17	2	146	20	27	4	97	13	52	7	26	4	170	23
	risikofreudig	87	12	17	2	5	1	92	13	31	4	57	8	28	4	10	1	104	14
	sonstige	84	11	19	3	14	2	93	13	12	2	39	5	50	7	13	2	103	14
Wettbe-werbs-vorteile	kosten-orientiert	39	5	15	2	11	1	49	7	2	0	20	3	31	4	7	1	54	7
	sonstige	100	14	13	2	35	5	105	14	6	1	67	9	52	1	36	5	113	15
Produkt/Markt-Kombina-tion	Diversifi-kation	194	26	31	4	104	14	167	23	14	2	102	14	60	8	100	14	225	31
	Akquisition	8	1	0	0	5	1	8	1	0	0	8	1	3	0	5	1	8	1
	sonstige	40	5	14	2	47	6	53	7	1	0	49	7	15	2	50	7	54	7
Sonstige strategische Inhalte		44	6	18	3	2	0	60	8	21	3	17	2	10	1	5	1	62	8
S u m m e** (Strukturmerkmal)		586	80	148	20	230	31	633	86	106	14	381	52	262	36	244	33	734	100

*) Die Prozentangaben beziehen sich auf die 734 Strategie-Struktur-Effekte der Analyseebene II.
**) Aufgrund von Mehrfachzuordnungen, sind die Summen nicht als Zeilen- bzw. Spaltensummen zu lesen.

Klassifikation nur ein Ergebnis der Art der Datenerhebung ist und nicht das eigentliche Strategieverständnis beschreibt.

Wenden wir uns weiter den Häufigkeiten des Auftretens von Zusammenhangseffekten zwischen den Strukturmerkmalen und den Dimensionen des Inhalts von Strategien zu, so zeigt sich das folgende Bild (Tabelle 3.5):

Im Gegensatz zu den Kombinationen der Dimensionen des Strategieverständnisses mit den Strukturmerkmalen zeigen sich hier keine Bereiche, die so gering besetzt sind, daß sie sich einer weiteren Analyse verschließen. Allenfalls für die Ausprägung des Strategieinhalts »Produkt/Markt-Kombination« als Strategie der Akquisition ist die Besetzung sehr gering.

Wir wollen die Analyse der Häufigkeiten des »Untersuchtseins« bestimmter Strategie-Struktur-Zusammenhänge hier nicht vertiefen und uns im folgenden unserem eigentlichen Analyseziel zuwenden, der Stärke des Zusammenhangs von Strategie und Struktur.

4. Teil

Prüfung eines Hypothesensystems zum Strategie-Struktur-Zusammenhang

Im vorangegangenen Kapitel haben wir das Instrumentarium und die Stichprobe vorgestellt, mit deren Hilfe wir ein umfangreiches System von Hypothesen zum Zusammenhang von Unternehmungsstrategie und Organisationsstruktur testen wollen. Bevor wir uns jedoch der Prüfung der einzelnen Hypothesen zum Strategie-Struktur-Zusammenhang zuwenden, gilt es eingangs, noch einige Vereinbarungen zu treffen, die die zu wählende Prüfprozedur festlegen. Nur so ist es unser Meinung nach möglich, für das sehr heterogene Erscheinungsbild der studienübergreifenden Befund-/Nicht-Befund-Klassifikation eine zufriedenstellende Hypothesenprüfung sicherzustellen.

A. Überlegungen zur allgemeinen Vorgehensweise

I. Aufbau des zu prüfenden Hypothesensystems

Im zweiten Teil der vorliegenden Arbeit haben wir ein Gerüst von Hypothesen abgeleitet, das uns helfen soll, die unterschiedliche Sichtweise des Zusammenhangs von Strategie und Struktur zu beschreiben. Wir wollen uns an dieser Stelle nun der Aufgabe zuwenden, diese Hypothesen vor dem Hintergrund unserer Re-Analyse-Ergebnisse zu prüfen. Bei einer derartigen Prüfung erweist es sich als vorteilhaft, wenn es gelingt, die jeweils deduzierten Hypothesen in eine hierarchische Ordnung zu bringen. Eine solche Hierarchie ließe sich folgendermaßen entwickeln: In einem ersten Schritt unterscheidet man die Hypothesen danach,

- ob sie einen Zusammenhang zwischen einer Strategie-Komponente und einer Struktur-Komponente unterstellen oder nicht.
- Verfolgt man diesen Weg weiter, so lassen sich diejenigen Hypothesen, die einen Zusammenhang unterstellen, danach unterteilen, ob der Zusammenhang ein eindeutiges Abhängigkeitsverhältnis zwischen einer Strategie- und einer Strukturvariablen impliziert oder nicht. Wir hätten damit diejenigen Hypothesen voneinander getrennt, die von einer Fit-Beziehung zwischen Strategie und Struktur ausgehen, also einer Beziehung ohne eine klare Festlegung des Abhängigkeitsverhältnisses, und diejenigen, die einen Imperativ unterstellen, also eine Abhängigkeitsbeziehung.
- Schließlich läßt sich, soweit von einem Imperativ die Rede ist, noch eine weitere Unterscheidung treffen. Hier gilt es, Hypothesen voneinander zu trennen, die eine eindeutige Abhängigkeitsbeziehung unterstellen, also entweder die Strategie oder die Struktur als unabhängige Variable begreifen, und solche, bei denen die Abhängigkeitsbeziehung wechselt, also in bestimmten Situationen die Strategie als unabhängig zu sehen ist, bei anderen hingegen die Struktur. Wir bezeichnen diese Art der Hypothesen als Interdependenz-Hypothesen.
- Wird keine Interdependenz unterstellt, so läßt sich je nach Wahl der Ab-

A. *Überlegungen zur allgemeinen Vorgehensweise* 159

hängigkeit ein strategischer Imperativ von einem strukturellen Imperativ unterscheiden.

Abb. 4.1: Hierarchie der Hypothesen zum Strategie-Struktur-Zusammenhang

```
                    Hypothesen zum Strategie-Struktur-Zusammenhang
                                    /           \
                            Zusammenhang      kein Zusammenhang
                            /          \              |
                Abhängigkeitsbeziehung  Fitbeziehung  |
                    /         \             |        |
            keine          Interdependenz   |        |
        Interdependenz                      |        |
           /     \            |             |        |
    Strategischer  Struktureller            |        |
     Imperativ     Imperativ                |        |
         |             |                    |        |
    Struktur-     Informations-    Zeitliche      Fit-        Unabhängig-
    Folge-        Filter-          Segregations-  Hypothese   keits-
    Hypothese     Hypothese        Hypothese      1           Hypothese

    Strategi-     Fähigkeits-      Strukturelle   Fit-
    sche-Wahl-    Struktur-        Segregations-  Hypothese
    Hypothese     Hypothese        Hypothese      2

                  Prozeß-          Strategische
                  Struktur-        Segregations-
                  Hypothese        Hypothese
```

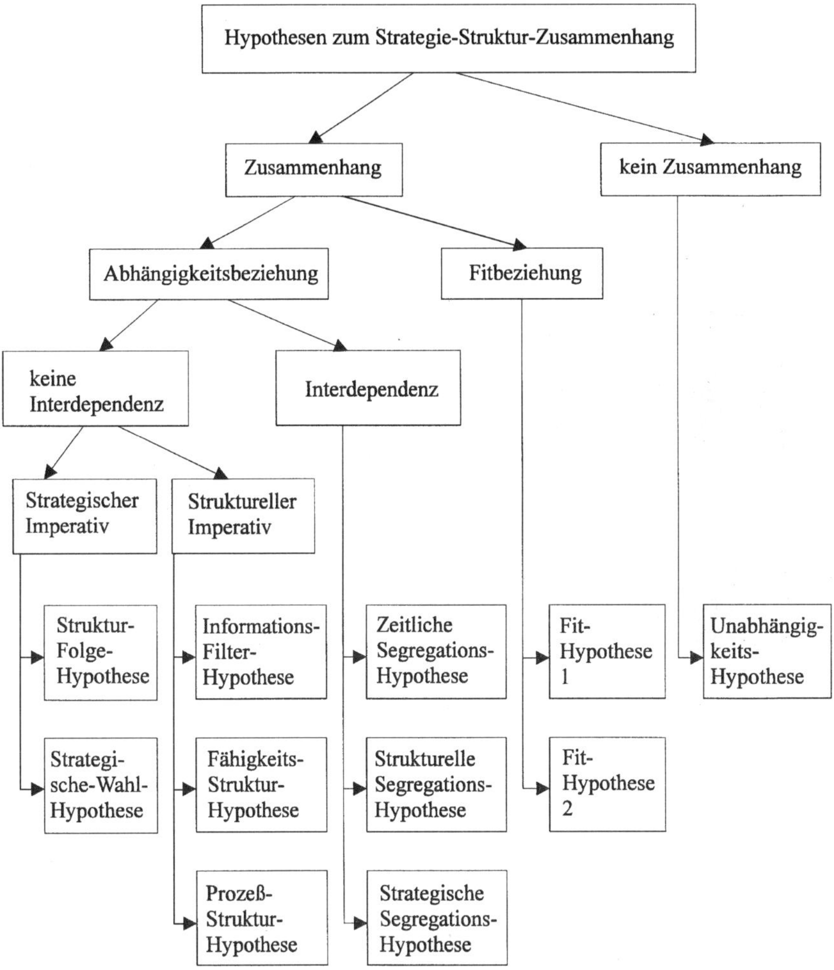

Der von uns gewählte hierarchische Aufbau des Hypothesensystems zum Strategie-Struktur-Zusammenhang orientiert sich damit am von oben nach unten zunehmenden Grad der Strenge des hypothetischen Schlusses. Während auf der obersten Ebene nur danach gefragt wird, ob ein unspezifischer

Zusammenhang besteht, wird auf der zweiten Ebene dieser unspezifische Zusammenhang bereits danach spezifiziert, ob ein Abhängigkeitsverhältnis zwischen den Strategie- und Strukturvariablen unterstellt werden muß oder eine Fit-Beziehung, welche keine Abhängigkeitsvermutung beinhaltet. Schließlich, und dies ist sicherlich die strengste Form der Hypothesenformulierung, werden zwischen den Strategie- und Strukturvariablen Abhängigkeitsbeziehungen unterstellt.

II. Ablauf der Hypothesenprüfung

Die hierarchische Anordnung der Hypothesen entsprechend der Strenge ihres Schlusses soll uns den Weg der Hypothesenprüfung weisen. Die Richtung der Prüfung erfolgt dabei von der strengen Form der Hypothese zur weniger strengen Form, d.h. in unserem Hypothesensystem »von unten nach oben«. Folgende Überlegungen waren für uns ausschlaggebend, diesen – auf den ersten Blick unüblichen – Weg der Prüfung zu wählen:

Prüfen wir zunächst auf der untersten Ebene die strengste Form der Hypothese, d.h. die Abhängigkeit einer Variablen von einer anderen, so sind wir bereits zu einem frühen Zeitpunkt des Prüfprozesses in der Lage, für diejenigen Strategie-Struktur-Kombinationen, für die die Falsifikationsabsicht scheitert, eine inhaltliche Würdigung vorzunehmen. Da wir eine Vielzahl von Strategie-Struktur-Kombinationen zu prüfen haben, lassen sich bereits jetzt entsprechende Muster bestimmen, für die die Abhängigkeitsvermutung nicht zurückgewiesen werden kann. Für diejenigen Strategie-Struktur-Kombinationen, bei denen eine Falsifikation glückt, kann hingegen noch keine abschließende Würdigung vorgenommen werden, da nicht auszuschließen ist, daß eine entsprechende Falsifikationsabsicht bei einer weniger strengen Hypothesenformulierung scheitert.

Wie die Ableitung unseres Hypothesensystems deutlich gemacht hat, unterstellen eine Vielzahl von theoretischen Modellen zum Strategie-Struktur-Zusammenhang Abhängigkeitsbeziehungen. Nur äußerst selten wird angenommen, daß keine Beziehung existent sei. Infolgedessen müssen wir davon ausgehen, daß das Bestreben nach Falsifikation der hierarchisch niedrigeren, strengen Hypothesen möglicherweise bei einer Vielzahl der Strategie-Struktur-Kombinationen scheitert. Die nicht mögliche Falsifikation einer strengen Hypothese besagt darüber hinaus, daß auch bei den weniger strengen Hypothesen die Absicht ihrer Falsifikation mißlingt. Unsere Vorgehensweise erspart uns damit einen Großteil der Prüfungen auf hierarchisch höheren Ebenen. Ferner sind wir in der Lage, bereits frühzeitig Muster einzelner Strategie-Struktur-Kombinationen zu erkennen, für die die Abhängigkeitsvermutung nicht zurückzuweisen ist.

Auf der nächst höheren Hierarchieebene müssen entsprechend nur noch diejenigen Strategie-Struktur-Kombinationen geprüft werden, für die die strengere Form der Hypothese zu falsifizieren war. Wir nehmen an, daß sich für eine derartige Prüfung die Zahl der zu betrachtenden Kombinationen schon erheblich verringert hat. Bei ihnen ist jetzt zu prüfen, ob auch die weniger strenge Form der Hypothese zurückzuweisen ist. Scheitert dieser Versuch, so scheiden auch diese Kombinationen aus dem weiteren Prüfproceß aus. Von Stufe zu Stufe wird sich damit die Anzahl der zu prüfenden Kombinationen verringern. Gleichzeitig werden auf jeder Ebene Muster von Strategie-Struktur-Kombinationen sichtbar, für die die Falsifikationsabsicht scheitert, von deren Geltung also vorläufig auszugehen ist.

Selbstverständlich hätte man ein solches Hypothesensystem auch in umgekehrter Reihenfolge prüfen können. Eine streng wissenschaftstheoretische Vorgehensweise würde höchstwahrscheinlich diesen Weg wählen. Wir meinen jedoch, unsere Vorgehensweise unter forschungspragmatischen Gesichtspunkten rechtfertigen zu können. Darüber hinaus kommen beide Vorgehensweisen zu denselben Ergebnissen.

Im Rahmen eines solchen Prüfprozesses kommt unserer Befund-/Nicht-Befund-Klassifikation eine erhebliche Bedeutung zu. Dominiert ein Nicht-Befund bei der Hypothesenprüfung für eine bestimmte Strategie-Struktur-Kombination, so ist die Hypothese für diese Strategie-Struktur-Kombination zurückzuweisen.

Ließe sich eine solche Zurückweisungsregel auch mit Hilfe der Ergebnisse der quantitativen Metaanalyse konstruieren? Zu denken wäre an eine standardmäßige Signifikanzprüfung, bei der die errechnete Korrelation mit einer bestimmten Irrtumswahrscheinlichkeit daraufhin geprüft wird, ob sie von Null verschieden ist. Je nach Ausgang der Prüfung hätte man dann einen Indikator dafür, eine Hypothese oder eine Hypothesengruppe zurückzuweisen oder sie weiter beizubehalten.

Eine derartige Vorgehensweise würde aber stillschweigend unterstellen, daß die allgemeinen Annahmen eines Signifikanztests auch bei dieser Prüfung zutreffen, insbesondere die Zufälligkeit der Stichprobe, für die eine solche Prüfung durchgeführt wird. Es kann bezweifelt werden, daß eine Re-Analyse-Stichprobe wirklich eine Zufallsstichprobe darstellt. Zum einen wird eine bewußte Auswahl der zu integrierenden Studien getroffen. Zum anderen möchte man eine möglichst umfassende Stichprobe generieren. Im günstigsten Fall stellt die Re-Analyse-Stichprobe damit eine Vollerhebung dar. Die Signifikanzprüfung wird obsolet.

Doch selbst wenn man dieser Argumentation nicht folgen möchte, ist eine Signifikanzprüfung nur schwer möglich. Das Problem der Signifikanzabschätzung derartiger metaanalytischer Korrelationen liegt darin, daß für eine Signifikanzabschätzung ein bestimmter Stichprobenumfang zugrundegelegt werden muß. Da sowohl die zu berechnende Korrelation als auch die dazugehörige Varianz jeweils mit den Stichprobenumfängen der Einzelkorrelationen gewichtet werden, müßte als Stichprobenumfang für eine Signifikanzprüfung der metaanalytischen Korrelation konsequenterweise die Summe über alle integrierten Stichprobenumfänge gewählt werden. Wie leicht einsichtig ist, nimmt dieser kumulierte Stichprobenumfang schnell eine Größenordnung an, der schon kleinste Korrelationsstärken signifikant werden läßt.

Ein Ausweg aus diesem Dilemma ließe sich eventuell finden, wenn man statt des kumulierten Stichprobenumfangs die jeweilige Anzahl der in die Berechnung einbezogenen Korrelationen wählt. Dies führt jedoch dazu, daß die Signifikanzprüfung nun verstärkt die Beibehaltung der Nullhypothese nahelegt, da jetzt ein relativ geringer Stichprobenumfang der Analyse zugrundeliegt. Ferner besteht die Gefahr, daß einbezogene Korrelationen, die relativ umfangreichen Stichproben entstammen und die deshalb tendenziell wohl eher einen Nicht-Befund darstellen, einen überproportional starken Einfluß auf die Beibehaltung der Nullhypothese ausüben. Vorausgesetzt, ihre Werte stehen im Gegensatz zum berechneten korrigierten Korrelationswert, der sich ergeben würde, wenn diese Korrelation nicht berücksichtigt worden wäre. Insofern ist auch dieser Weg wenig hilfreich bei der Prüfung unseres Hypothesensystems, da so vermutlich eine Vielzahl von korrigierten Korrelationen als nicht signifikant klassifiziert werden. Folglich werden wir uns bei der Prüfung unserer Hypothesen in erster Linie an den Ergebnissen der Befund-/Nicht-Befund-Klassifikationen orientieren.

Mit den soeben getroffenen Konventionen sind wir nun in der Lage, unser Hypothesensystem zum Strategie-Struktur-Zusammenhang einer eingehenden Prüfung zu unterziehen. Wir werden dabei als erstes die Abhängigkeitshypothesen prüfen. Überall dort, wo diese zurückzuweisen sind, werden wir anschließend die Fit-Hypothesen testen. Zeigt sich auch dort, daß noch Strategie-Struktur-Kombinationen existieren, für die auch diese Hypothese zurückzuweisen ist, so werden wir für diese Kombinationen prüfen, ob für sie eine Falsifikation der Unabhängigkeits-Hypothese nicht möglich ist.

B. Die Prüfung der Abhängigkeitshypothesen

I. Zum Verhältnis von Abhängigkeitsbeziehung und korrelativer Effektstärke

a. Das Problem der Analyse von Abhängigkeitsbeziehungen

Mit unserer Re-Analyse empirischer Forschungsarbeiten haben wir uns bewußt nur Zusammenhangsmaßen zugewandt. Mit ihrer Hilfe ist es allerdings unmöglich, Abhängigkeitsbeziehungen zu untersuchen. Wir haben dieses Maß jedoch gewählt, da Korrelationen in der Literatur sehr oft veröffentlicht werden und auch eine Vielzahl andersartiger statistischer Kennzahlen sich in Korrelationen überführen lassen. Korrelationen werden ferner oftmals auch in Anhängen von Studien veröffentlicht, deren eigentliches Forschungsziel nicht der Strategie-Struktur-Zusammenhang ist. Wir sind damit in der Lage, eine Vielzahl vermutlich unbeachtet gebliebener Zusammenhänge, die in der Regel nach einheitlichen statistischen Vorschriften ermittelt wurden, im Rahmen einer studienübergreifenden Stichprobe erneut auszuwerten und anschließend zu interpretieren. Wir sind, soweit es unsere Befund-/Nicht-Befund-Klassifikation betraf, sogar noch einen Schritt weiter gegangen. Wir haben nicht nur diejenigen Effekte in die Re-Analyse-Stichprobe aufgenommen, die einen korrelativen Effekt genau bezifferten. Uns genügte bereits eine Angabe darüber, ob dieser Effekt ein als kritisch definiertes Niveau der α-Fehlerwahrscheinlichkeit überschritt oder nicht. Nur so war es uns möglich, ein umfassendes Bild der vielfältigen Zusammenhänge, die das Verhältnis von Strategie und Struktur betreffen, in unserer Re-Analyse-Stichprobe abzubilden.

Diese Zielsetzung führt nun jedoch dazu, daß wir Abhängigkeitsverhältnisse nicht berücksichtigen können. Diese sind erst dann gegeben, wenn in der einbezogenen Untersuchung neben der Berechnung einer Korrelation auch weitergehende statistische Analysen durchgeführt wurden. Zu denken ist hier an Regressions- oder Varianzanalysen sowie Pfadanalysen bis hin zu komplexen Kausalanalysen, wie sie der LISREL-Ansatz ermöglicht. Die

Informationen hinsichtlich der so gewonnenen eventuell existenten Abhängigkeitsbeziehungen gehen natürlich verloren, wenn man ausschließlich die Korrelationskoeffizienten der Strategie- und Strukturvariablen betrachtet. Insbesondere vor dem Hintergrund unseres Hypothesensystems, welches in Teilen derartige Abhängigkeitsbeziehungen unterstellt, ist dies mit Sicherheit ein erhebliches Manko.

Wir haben versucht, uns mit der Bildung zweier Hilfsvariablen dieses Problems zumindest teilweise zu entledigen. Mit Hilfe der Variablen »*Einfluß-Strategie*« wurde geprüft, ob ergänzend zum einbezogenen Zusammenhangseffekt in der Studie noch weitere statistische Kennzahlen vorgelegt wurden, die die Strategievariable als unabhängige Größe betrachten und die Strukturvariable als abhängige Größe. Diese Variable besitzt ein dichotomes Skalenniveau, welches anzeigt, ob ein derartiges Abhängigkeitsverhältnis vorliegt oder nicht. Bei denjenigen Zusammenhangseffekten, bei denen sich in der dazugehörigen Studie keine entsprechende Prüfung auf das Vorliegen einer Abhängigkeitsbeziehung fand, wird die Variable »Einfluß-Strategie« nicht codiert.

Als zweite Hilfsvariable haben wir die Variable »*Einfluß Struktur*« eingeführt. Sie mißt das Abhängigkeitsverhältnis zwischen einem Strukturmerkmal als unabhängiger Größe und einem Strategiemerkmal als abhängiger Größe. Ihre Operationalisierung erfolgt analog zur Hilfsvariablen »Einfluß-Strategie«, lediglich die Abhängigkeitsbeziehung hat sich umgekehrt.

Mit Hilfe beider Variablen sind wir nun in der Lage, unsere Zusammenhangseffekte auch darauf zu prüfen, ob sich bei ihnen ein Abhängigkeitsverhältnis feststellen läßt und welcher Art diese Abhängigkeit ist. Wir müssen damit nur noch einen Informationsverlust in Kauf nehmen, der die Stärke und Richtung der Abhängigkeitsbeziehung betrifft. Dieses sehen wir als keinen gravierenden Nachteil an, da die Stärke der Abhängigkeit nur für den Vergleich mehrerer unabhängiger Variablen untereinander relevant ist. Einen solchen Vergleich sehen wir jedoch, erfolgt er denn studienübergreifend, als äußerst problematisch an. Man muß nicht nur das Problem lösen, wie die Koeffizienten unterschiedlicher Verfahren miteinander zu vergleichen sind, sondern – und dies ist in unseren Augen wesentlich gravierender – es müßten auch die Koeffizienten entsprechend der Erklärungsgüten der einzelnen Modelle (z.B. multiple Regressionsmodelle mit varianzanalytischen oder Kausalmodellen) gewichtet werden. Dies erfordert wiederum eine Vergleichbarmachung der unterschiedlichen Gütekriterien. Vor dem Hintergrund der Probleme, die hiermit einhergehen, sehen wir es nicht als Problem an, daß mit der von uns gewählten Vorgehensweise die Information über die Stärke der Abhängigkeitsbeziehung verlorengeht. Die Bedeutung dieses

Problems wird noch dadurch vermindert, daß wir aufgrund der Ergebnisse der quantitativen Metaanalyse weiterhin Kenntnis darüber besitzen, welchen Wert der dahinterstehende Korrelationskoeffizient annimmt und welche Richtung der Zusammenhang besitzt.

b. Die Vorgehensweise bei der Prüfung von Abhängigkeitshypothesen

Für die Prüfung unserer Abhängigkeitshypothesen wollen wir immer fragen, wo bei bestimmten Strategie-Struktur-Kombinationen, wenn denn eine Bestimmung der Abhängigkeitsbeziehung möglich ist, dominante Befund- oder Nicht-Befund-Häufigkeiten zu verzeichnen sind. Wir wählen hier bewußt die Ergebnisse unserer Befund-/Nicht-Befund-Klassifikation und nicht die Ergebnisse der quantitativen Metaanalyse. Zwar ließe sich auch dort für den Fall, daß eine bestimmte Abhängigkeitsbeziehung vorliegt, problemlos ein korrigierter Korrelationseffekt berechnen. Mit diesem Ergebnis wären wir jedoch nicht in der Lage, eine Zurückweisungsregel für eine Einfluß-Hypothese zu konstruieren, da sich an den oben diskutierten Problemen der Signifikanzabschätzung bei einer derart berechneten Korrelation nichts geändert hat. Legen wir hingegen unsere Befund-/Nicht-Befund-Klassifikation zugrunde, so läßt sich die folgende Zurückweisungsregel konstruieren:

Eine Abhängigkeitshypothese ist zurückzuweisen, wenn der Befund-Anteil einer Strategie-Struktur-Kombination bei Vorliegen der Ausprägung »es zeigt sich eine Abhängigkeit« der Hilfsvariablen »Einfluß-Strategie« oder »Einfluß-Struktur«, von entsprechenden Nicht-Befund-Anteil dominiert wird.

Die folgenden Überlegungen leiten uns bei der Bildung dieser Zurückweisungsregel. Gehen wir davon aus, daß unsere Hilfsvariable »Einfluß-Strategie« anzeigt, daß in der dem Zusammenhangseffekt zugrundeliegenden Studie eine Abhängigkeitsbeziehung mit der Strategievariable als unabhängiger Größe und der Strukturvariable als abhängiger Größe geprüft wurde. Zeigt die Hilfsvariable dabei an, daß ein derart postulierter Einfluß nicht existent ist, dann ist es plausibel, daß der Zusammenhang zwischen dem Strategie- und dem Strukturmerkmal den Charakter eines Nicht-Befundes annimmt. Vorausgesetzt, die Hilfsvariable »Einfluß-Struktur« signalisiert nicht gleichzeitig, daß das Strukturmerkmal einen Einfluß auf das Strategiemerkmal besitzt. Umgekehrt verhält es sich, wenn die Hilfsvariable »Einfluß-Strategie« signalisiert, daß eine Abhängigkeit des Strukturmerkmals vom Strategiemerkmal besteht. Es ist dann wiederum plausibel, daß der von uns klassifizierte Zusammenhang zwischen dem Strategiemerkmal und dem Strukturmerkmal den Charakter eines Befundes annimmt. Dabei muß diesmal jedoch keine Einschränkung hinsichtlich der entgegengesetzten Hilfsvariable »Einfluß-Struktur« gemacht werden. Für den Fall, daß andere Studien eine umgekehrte Abhängigkeit feststellen, was inhaltlich gesehen mit Sicherheit sehr überraschend wäre,[1] ist dies unproblematisch, da sie keinen fundamentalen Einfluß auf das Dominanzkriterium der Befund-/Nicht-Befund-Klassifikation hätten. Auch dann müßte höchstwahrscheinlich der Befund dominieren, wenn die jeweiligen Abhängigkeitsverhältnisse als bedeutsam zu bezeichnen sind.[2] Selbstverständlich gelten diese Überlegungen nicht nur für die Hilfsvariable »Einfluß-Strategie«, sondern ebenso für die Hilfsvariable »Einfluß-Struktur«.

Für unsere Zurückweisungsregel ist dabei nur die Ausprägung »es existiert eine Abhängigkeit« der Hilfsvariablen von primärem Interesse. Nur sie gilt es zu prüfen. Es ist zu fragen, ob eine Widerlegung angezeigt ist. Dies soll immer dann der Fall sein, wenn, wie oben vereinbart, ein Übergewicht des Nicht-Befund-Anteils bei der jeweiligen Strategie-Struktur-Kombination anzutreffen ist.

Abschließend wollen wir prüfen, ob unsere Überlegungen hinsichtlich des soeben diskutierten Falsifikationskriteriums auch vor dem Hintergrund unserer Re-Analyse-Stichprobe Bestand haben. Hierzu führen wir einen einfachen Chi-Quadrat-Zusammenhangstest zwischen unseren beiden Hilfsvariablen und der ebenfalls dichotomen Klassifikationsvariablen »empirisches Ergebnis« durch. Es soll die Nullhypothese geprüft werden, daß zwischen der Klassifikation eines empirischen Ergebnisses als »Befund« oder »Nicht-Befund« und dem »Vorliegen« bzw. »Nicht-Vorliegen« einer Abhängigkeitsbeziehung kein Zusammenhang besteht. Für die Hilfsvariable »Einfluß-Strategie« ergibt sich ein hoch signifikanter ($\alpha < 0{,}01$) Chi-Quadrat-Wert von 23,2 und für die Hilfsvariable »Einfluß-Struktur« ein ebenfalls hoch signifikanter ($\alpha < 0{,}01$) Chi-Quadrat-Wert von 17,9. Anhand der Häufigkeitsverteilungen läßt sich ferner auch eine eindeutige Richtung des Zusammenhangs bestimmen. Geben die Hilfsvariablen an, es existiere eine Abhängigkeitsbeziehung, dann überwiegt die Befund-Klassifikation, im umgekehrten Fall überwiegt die Nicht-Befund-Klassifikation.

---

[1] Eine entsprechende Prüfung unserer Re-Analyse-Stichprobe zeigt, daß in keinem Fall eine derartige inhaltlich sich widersprechende Kombination der Ausprägungen der Hilfsvariablen »Einfluß-Strategie« und »Einfluß-Struktur« anzutreffen ist.

[2] Anders sieht es natürlich aus, wenn man anstatt der Ergebnisse der Befund-/Nicht-Befund-Klassifikation die Werte der quantitativen Metaanalyse zugrundelegen würde. Dort könnten positive und negative Korrelationen einander unter Umständen neutralisieren.

II. Prüfung der Hypothesen zum strategischen Imperativ

Unterstellt man einen strategischen Imperativ bei der Beziehung von Strategie und Struktur, so fand dieser seine Konkretisierung in zwei Hypothesen: Zum einen als »Struktur-Folge-Hypothese« und zum anderen als »Strategische-Wahl-Hypothese«. Die Prüfung beider Hypothesen wollen wir mittels unserer Hilfsvariablen »Einfluß-Strategie« und der Häufigkeitsverteilung der Befund-/Nicht-Befund-Klassifikation bei den jeweils untersuchten Strategie-Struktur-Kombinationen vornehmen.

a. Die Struktur-Folge-Hypothese

1. In Abhängigkeit vom Strategieverständnis

Die folgende Tabelle 4.1 auf Seite 168 zeigt die Ergebnisse der Befund-/Nicht-Befund-Klassifikation für diejenigen Effekte, bei denen sich ergänzend zum Zusammenhangsmaß auch eine Prüfung der Abhängigkeitsbeziehung fand.

Für den Tabellenaufbau sind wir von folgenden Überlegungen ausgegangen: Es werden nur die absoluten und relativen Häufigkeiten der jeweils als Befund klassifizierten Effekte aufgeführt. Nur sie sind es, die wir einstweilen benötigen, um unsere Hypothesen zu testen. Von besonderem Gewicht sind die Prozentangaben. Sie sind wie folgt zu lesen: Am Beispiel der Kombination »Rolle der Interaktion (reaktiv)« mit dem Strukturmerkmal »formale Aspekte« zeigt sich, daß von denjenigen Effekten, bei denen in der dazugehörigen Studie eine Überprüfung der Abhängigkeitsbeziehung (Strategiemerkmal als unabhängige Größe) vorgenommen wurde, bei einigen ein Einfluß der Strategievariablen »Rolle der Interaktion (reaktiv)« festzustellen ist, bei anderen nicht. Dort, wo sich keine Abhängigkeit zeigt, gab es sechs Zusammenhangseffekte, die von uns als Befund klassifiziert wurden. Das sind 30% derjenigen Effekte, bei denen sich gezeigt hatte, daß keine Abhängigkeit besteht. Von denjenigen Effekten, bei denen eine Abhängigkeit der Strukturvariablen »formale Aspekte« von der Strategievariablen »Rolle der Interaktion (reaktiv)« auftrat, wiesen neun Effekte eine Befund-Klassifikation auf. Das sind 60% aller Zusammenhangseffekte, für die eine Abhängigkeitsbeziehung ermittelt wurde. Der Anteil der Nicht-Befunde ergibt sich somit immer als Differenz zu 100%.

Ein Blick auf die absoluten Häufigkeiten zeigt, daß nur bei einer relativ geringen Zahl der Zusammenhangseffekte auch eine entsprechende Analyse der Abhängigkeitsbeziehungen vorgelegt wird. Wir sehen uns daher veran-

Tab. 4.1: Befund-Anzahl und Befund-Anteil der Effekte, bei denen der Einfluß der Strategievariablen (Verständnis) auf die Strukturvariablen untersucht wurde

Einfluß des Strategiemerkmales (Verständnis) ...		Formale Aspekte		Nicht formale Aspekte		... auf das Strukturmerkmal Spezialisierungscharakter		Koordinationscharakter		Hierarchiekonfiguration		Grad der Entscheidungszentralisation		Formalisierungs-/Standardisierungsgrad		Typ der Organisationsstruktur	
		nein	ja	nein	ja	nein	ja	nein	ja	nein	ja	nein	ja	nein	ja	nein	ja
Abhängigkeit																	
Rolle der Interaktion	reaktiv	6 / 30%	9 / 60%	**	**	**	**	6 / 33%	7 / 64%	**	**	6 / 40%	4 / 57%	2 / 29%	2 / 67%	**	**
	initiativ	6 / 9%	18 / 36%	**	**	3 / 14%	13 / 77%	5 / 8%	19 / 39%	0 / 0%	6 / 21%	2 / 14%	12 / 67%	2 / 33%	0 / 0%	3 / 14%	13 / 68%
Zeit- Perspektive	kurz- + langfr.	0 / 0%	1 / 13%	**	**	**	**	0 / 0%	1 / 13%	0 / 0%	1 / 13%	**	**	**	**	**	**
	nur langfr.	15 / 27%	19 / 56%	2 / 50%	5 / 100%	3 / 16%	16 / 76%	13 / 26%	24 / 65%	2 / 22%	3 / 43%	8 / 23%	18 / 69%	6 / 35%	0 / 0%	4 / 20%	16 / 70%
Bewußtseinsaspekt	ex post ermittelt	9 / 16%	15 / 65%	5 / 39%	1 / 100%	3 / 16%	15 / 75%	12 / 19%	16 / 70%	**	**	2 / 6%	15 / 68%	4 / 31%	**	3 / 16%	15 / 71%
	ex ante geplant	7 / 12%	19 / 39%	2 / 67%	4 / 100%	1 / 20%	4 / 100%	7 / 13%	19 / 40%	2 / 5%	10 / 30%	7 / 31%	4 / 50%	2 / 29%	3 / 60%	2 / 40%	5 / 83%

laßt, eine Untergrenze festzulegen, oberhalb derer es unserer Einschätzung nach erst sinnvoll erscheint, Ergebnisse zu berechnen, die dann zur Hypothesenprüfung herangezogen werden können. Als eine derartige Untergrenze haben wir eine Anzahl von fünf vereinbart. Bei einer Kombination eines Strategiemerkmals mit einem Strukturmerkmal muß bei mehr als fünf Zusammenhangseffekten eine entsprechende Prüfung der Abhängigkeitsbeziehungen in den dahinterstehenden Studien erfolgt sein. Dabei ist es ohne Interesse, wie sich diese Mindestanzahl der Effekte im Ergebnis der Abhängigkeitsprüfung verteilt. Wird die Untergrenze nicht erreicht, so haben wir dies durch ** gekennzeichnet. Soweit zur Erläuterung des Tabellenaufbaus. Kommen wir nun zur Ergebnisinterpretation.

Entsprechend unserer Zurückweisungsregel lassen sich die folgenden Kombinationen der Strategie-Verständnis-Dimensionen mit den Strukturmerkmalen identifizieren, bei denen der Nicht-Befund-Anteil trotz des Vorliegens einer Abhängigkeitsbeziehung dominiert:

- Bei der Strategievariablen »Rolle der Interaktion (initiativ)« sind dies die Strukturvariablen »formale Aspekte«, »Koordinationscharakter«, »Hierarchiekonfiguration«, und »Formalisierungs-/Standardisierungsgrad«.
- Bei der Strategievariablen »Zeit-Perspektive (kurz-+langfr.)« sind dies die Strukturvariablen »formale Aspekte«, »Koordinationscharakter« und »Hierarchiekonfiguration«.
- Bei der Strategievariablen »Zeit-Perspektive (nur langfr.)« sind dies die Strukturvariablen »Hierarchiekonfiguration« und »Formalisierungs-/Standardisierungsgrad«.
- Bei der Strategievariablen »Bewußtseinsaspekt (ex ante)« sind dies die Strukturvariablen »formale Aspekte«, »Koordinationscharakter« und »Hierarchiekonfiguration«.

Es kann insofern nicht mehr von einer generellen Gültigkeit der Struktur-Folge-Hypothese gesprochen werden. Es scheinen strukturelle Parameter zu existieren, die unabhängig davon, mit welcher Intention oder Zielrichtung eine Strategie einhergeht, sich nicht von ihr beeinflussen lassen. Es sind dies sämtliche Aspekte, die die Konfiguration einer Hierarchie betreffen. Auch scheint eine Kategorie wie »formale Aspekte« zu allgemein gefaßt, als daß sie als abhängige Größe zur Strategie verstanden werden kann. Ähnliche Überlegungen gelten auch für das Strukturmerkmal »Koordinationscharakter«.

Fragt man, bei welchem Strategieverständnis wir die Struktur-Folge-Hypothese zurückweisen können, so ist erstaunlich, daß, je nach Verständnisdimension, für eine Ausprägung sich die Hypothese zurückweisen läßt, für die entgegengesetzte jedoch nicht. Bei der Rolle der Interaktion führt die Kategorie »initiativ« überwiegend zu einer Zurückweisung. Dies gilt auch für das »ex ante geplant sein« einer Strategie und die »kurz- und langfristige Perspektive« einer Strategie, wobei es allerdings zu berücksichtigen gilt, daß die ausschließliche Langfristorientierung nicht bei allen Kombinationen mit den Strukturmerkmalen zu einer Aufrechterhaltung der Struktur-Folge-Hypothese führt.

In ähnlicher Weise gilt dies auch für die drei Strukturmerkmale »Spezialisierungscharakter«, »Grad der Entscheidungszentralisation« und »Typ der Organisationsstruktur«. Im Gegensatz zu den übrigen Strukturmerkmalen läßt sich die Struktur-Folge-Hypothese hier durchgängig nicht zurückweisen. Bei sämtlichen Kombinationen dieser drei Strukturmerkmale mit den Verständnisdimensionen greift unabhängig von deren jeweiliger Ausprägung unsere Zurückweisungsregel nicht.

Für unsere Struktur-Folge-Hypothese halten wir damit als ein erstes Ergebnis fest:

Die Struktur-Folge-Hypothese läßt sich in ihrem Absolutheitsanspruch nicht aufrechterhalten. Sie mag allenfalls für bestimmte strukturelle Komponenten gelten. Auch deutet sich an, daß sie beim Vorliegen eines bestimmten Strategieverständnisses nicht zu falsifizieren ist.

2. In Abhängigkeit vom Strategieinhalt

Wir wollen in einem nächsten Schritt fragen, welche Konsequenzen unsere Ergebnisse der Kombinationen der strategischen Inhaltsdimensionen mit den Strukturmerkmalen für die Gültigkeit der Struktur-Folge-Hypothese besitzen. Die Tabelle 4.2 zeigt die Ergebnisse, wobei wir auch hier dieselben Konventionen der Darstellung der Ergebnisse sowie ihrer Ermittlung zugrunde legen, wie bei der vorangegangenen Tabelle.

Leider waren die Zellenbesetzungen bei einigen Kombinationen derart gering, daß sie unserem Ausschlußkriterium zum Opfer fielen. Dadurch ist die Inhaltsdimension »Wettbewerbsvorteile« vollkommen aus unserer Analyse herausgefallen. Da es wenig sinnvoll erscheint, unterschiedliche Wettbewerbsstrategien zusammenzufassen, haben wir darauf verzichtet, alternativ eine Kategorie »insgesamt« auszuweisen. Bei dem Merkmal »strategischen Grundhaltung« blieben nur noch die Ausprägungen »innovativ« und »risikofreudig« übrig, bei der Inhaltsdimension »Produkt/Markt-Kombination« nur noch die Diversifikationsstrategie.

Auch diese Ergebnisse zeigen, daß die Struktur-Folge-Hypothese nur unter erheblichen Einschränkungen gilt. Insbesondere bei den Strukturmerkmalen

B. Die Prüfung der Abhängigkeitshypothesen

Tab. 4.2: Befund-Anzahl und Befund-Anteil der Effekte, bei denen der Einfluß der Strategievariablen (Inhalt) auf die Strukturvariablen untersucht wurde

Einfluß des Strategie-merkmales (Inhalt) ...		... auf das Strukturmerkmal														
		Formale Aspekte		Nicht formale Aspekte		Speziali-sierungs-charakter		Koordina-tions-charakter		Hierarchie-konfiguration		Grad der Entschei-dungszentra-lisation		Formalisie-rungs-/Stan-dardisierungs-grad		Typ der Organisa-tionsstruk-tur	
Abhängigkeit		nein	ja	nein	ja	nein	ja	nein	ja	nein	ja	nein	ja	nein	ja	nein	ja
Organisa-torischer Geltungs-bereich	Teilbereich	11 19%	6 43%	7 47%	4 100%	2 25%	3 75%	15 23%	10 56%	2 22%	3 43%	7 20%	5 56%	4 27%	** **	3 33%	3 75%
	Unter-nehmung	5 9%	28 48%	** **	** **	2 13%	16 80%	4 8%	25 47%	0 0%	7 27%	2 10%	14 67%	2 40%	3 60%	2 13%	17 74%
Ressourcensteuerung		10 22%	12 46%	** **	** **	4 17%	15 75%	8 20%	18 62%	0 0%	7 27%	3 12%	14 67%	4 36%	1 100%	4 17%	15 71%
Gestaltung der Umweltabhängigkeit		10 24%	12 46%	** **	** **	1 10%	5 63%	10 26%	11 44%	2 15%	4 49%	7 29%	6 43%	4 36%	2 50%	2 20%	5 63%
Strate-gische Grund-haltung	innovativ	11 28%	4 36%	2 67%	4 100%	2 25%	1 100%	10 29%	8 53%	1 22%	3 43%	7 32%	3 50%	4 31%	0 0%	3 33%	1 100%
	risikofreudig	6 21%	4 40%	** **	** **	** **	** **	6 22%	5 46%	2 13%	3 38%	6 46%	3 75%	2 29%	0 0%	** **	** **
Produkt/ Markt-Kombination	Diversifi-kation	4 33%	6 67%	** **	** **	1 17%	6 75%	3 27%	7 78%	** **	** **	1 13%	6 75%	** **	** **	1 17%	6 67%

»formale Aspekte« und »Hierarchiekonfiguration« muß die Hypothese fast durchgängig zurückgewiesen werden. Dies gilt mit Einschränkungen auch für die Strukturmerkmale »Koordinationscharakter« und »Formalisierungs-/Standardisierungsgrad«.

Die einstweilige Gültigkeit der Struktur-Folge-Hypothese läßt sich nur für einen Strategietyp uneingeschränkt aufrechterhalten: die Diversifikationsstrategie. Interessanterweise ist genau dies die Strategie, für die Chandler seine These des »structure follows strategy« postulierte. Allenfalls für eine Strategie der Ressourcensteuerung ließe sich die Uneingeschränktheit aufrecht erhalten, wenn man einmal das Strukturmerkmal »Hierarchiekonfiguration« außer acht läßt, da es sich anscheinend generell einer Abhängigkeit von einer Strategie entzieht. Für alle anderen Strategien kann die Struktur-Folge-Hypothese nur unter erheblichen Einschränkungen aufrecht erhalten werden. Nur hinsichtlich der Strukturmerkmale »Spezialisierungscharakter« und »Typ der Organisationsstruktur« sowie etwas eingeschränkt dem »Grad der Entscheidungszentralisation« scheint ein Abhängigkeitsverhältnis der Struktur von der Strategie zu bestehen. Auch dieses Ergebnis weist wiederum Parallelen zu Chandler auf. Es waren gerade jene Strukturmerkmale, die sich in seiner historischen Analyse der Unternehmungsentwicklung als abhängig von der Strategie erwiesen haben. Die Wachstumsstrategie einer Unternehmung führte zu einer Änderung der Spezialisierungsart. Die Verrichtungsspezialisierung (entlang der betrieblichen Funktionen) wandelt sich zur Objektspezialisierung (entlang der hergestellten Produkte), was gleichbedeutend ist mit der Änderung des Organisationstyps. Die Funktionalorganisation wird durch eine Divisionalorganisation ersetzt. Hiermit einher geht natürlich auch ein sich ändernder Grad der Entscheidungszentralisation: Es kommt zu einer verstärkten Dezentralisierung. Die Richtung der Veränderung des Grades der Entscheidungszentralisation ist auch bei unseren Ergebnissen eindeutig. Wir weisen hierzu auf die weiter hinten (Tabelle 4.7) berechneten korrigierten Korrelationskoeffizienten hin, die für den entsprechenden Zusammenhang jeweils ein negatives Vorzeichen aufweisen. Wie wollen somit auch hier wieder ein Zwischenergebnis festhalten:

Die Struktur-Folge-Hypothese ist auch hinsichtlich der strategischen Inhalte in ihrer uneingeschränkten Gültigkeit zurückzuweisen. Lediglich für die Diversifikationsstrategie sowie die Strukturmerkmale »Spezialisierungscharakter« und »Typ der Organisationsstruktur« und mit Einschränkungen für den »Grad der Entscheidungszentralisation« ist eine Zurückweisung nicht möglich.

B. Die Prüfung der Abhängigkeitshypothesen 173

3. Die Analyse möglicher Moderatoreneinflüsse

Um die Stabilität dieses Ergebnisses beurteilen zu können, stellt sich natürlich die Frage, ob nicht gegebenenfalls moderierende Variablen existieren, die unsere Ergebnisse in gewisser Weise beeinflussen können. Mit unseren Variablen »Einfluß-Strategie« wie auch »Einfluß-Struktur« wählen wir nur einen sehr kleinen Ausschnitt unserer Re-Analyse-Stichprobe. Die geringe Fallzahl verbietet dabei leider eine detaillierte Moderatorenanalyse für sämtliche von uns untersuchten Strategie-Struktur-Kombinationen. Wir prüfen insofern, ob bestimmte Variablen möglicherweise einen Einfluß besitzen, wenn wir unsere Re-Analyse-Stichprobe danach selektieren, ob hinsichtlich der einbezogenen Zusammenhangseffekte eine Prüfung auf Abhängigkeiten zwischen den Strategievariablen und der Strukturvariablen vorgenommen wurde. Konkret wird bei folgenden Merkmalen ihr moderierender Einfluß untersucht:

– Ist es von Bedeutung, ob der integrierte Effekt bei großen oder kleinen Unternehmungen ermittelt wurde?
– Besitzt die Tatsache, daß der Strategie-Struktur-Zusammenhang im Forschungsfokus der integrierten Studie lag, einen Einfluß auf die Befund-/Nicht-Befund-Klassifikation?
– Führt die Messung der Strategie- bzw. Strukturvariablen als Merkmalskonstrukt zu einem moderierenden Einfluß?
– Ist die Branche der Unternehmungen, für die die Strategie-Struktur-Effekte untersucht wurden, von Bedeutung für das Re-Analyse-Ergebnis?

Nur für zwei Variablen läßt sich eine Einflußnahme feststellen: Die Variable »Unternehmungsgröße« zeigt einen signifikanten Zusammenhang zur Befund-/Nicht-Befund-Klassifikation (Chi-Quadrat-Wert: 6,3 mit $\alpha < 0,05$), wenn die Hilfsvariable »Einfluß-Strategie« anzeigt, daß eine Abhängigkeit der Struktur von der Strategie gegeben ist. Ferner ist auch bei der Variablen »Forschungsfokus« ein signifikanter Zusammenhang zur Befund-/Nicht-Befund-Klassifikation festzustellen (Chi-Quadrat-Wert 5,0 mit $\alpha < 0,05$). Dies allerdings nur dann, wenn die Hilfsvariable »Einfluß-Strategie« anzeigt, daß die Struktur von der Strategie nicht abhängig ist. Die anderen Variablen sind ohne Einfluß auf das Ergebnis der Befund-/Nicht-Befund-Klassifikation.

Interessanterweise scheinen die Ergebnisse auch hier wiederum die Chandler'sche Kernthese zu bestätigen. Die Abhängigkeit der Struktur von der Strategie ist in erster Linie bei Großunternehmungen zu verzeichnen, demjenigen Analyseobjekt, welches auch Chandler gewählt hat. Ein Einfluß des Forschungsfokus tritt hingegen nur dann auf, wenn die Hilfsvariable »Einfluß-Strategie« signalisiert, daß keine Abhängigkeit besteht. Diesen signifikanten Einfluß wollen wir jedoch für die weitere Analyse nicht berücksichtigen, da die sich entsprechend ergebende Häufigkeitsverteilung nicht unserer Zurückweisungsregel hinsichtlich der Abhängigkeitshypothese zuwider läuft. Die Zurückweisungsregel unterstellt implizit, daß mit der Kategorie »nicht vorhanden« bei der Hilfsvariablen »Einfluß-Strategie« eine Dominanz des Nicht-Befundes einhergeht. Sowohl beim Vorliegen als auch beim Nicht-Vorliegen des Forschungsfokus zum Strategie-Struktur-Zusammenhang ist eine klare Dominanz des Nicht-Befund-Anteils feststellbar. In der Häufigkeitsverteilung ist kein Anhaltspunkt dafür zu sehen, die »Struktur-Folge-Hypothese« zurückzuweisen.

Insgesamt läßt sich also festhalten, daß unsere Ergebnisse relativ stabil sind. Lediglich ein Größeneinfluß kann festgestellt werden. Dieser mag möglicherweise ein Indiz dafür sein, daß die Struktur-Folge-Hypothese eher in Richtung einer Strategischen-Wahl-Hypothese zu interpretieren sei, da dann mit einem geringeren Ausmaß an Zurückweisung der Abhängigkeitsvermutung zu rechnen ist.

b. Die Strategische-Wahl-Hypothese

Zwar unterstellte auch die Strategische-Wahl-Hypothese eine klare Abhängigkeitsbeziehung der Struktur von der strategischen Entscheidung. Die strategische Entscheidung ihrerseits ist jedoch nicht uneingeschränkt frei von Einflüssen. Eine derart eingeschränkte Freiheit der Wahl könnte man vor dem Hintergrund des Größeneinflusses vermuten. Eventuell können bei Klein- und Mittelunternehmungen wesentlich nachhaltiger andere Faktoren die Struktur bestimmen, als die verfolgte Strategie. Zu denken wäre beispielsweise an den gewichtigen Einfluß der Eigentümer.[3] Palmer, Friedland, Jennings und Powers[4] weisen darauf hin, daß Unternehmungen, die in ihrer Geschäftspolitik einem maßgeblichen Einfluß von Banken oder Eigentümerfamilien ausgesetzt sind, wesentlich weniger zu einer divisionalisierten Organisationsstruktur neigen als vergleichbare Unternehmungen. Der Eigentümereinfluß könnte unter Umständen sehr viel prägender für die Orga-

---

[3] Vgl. hierzu beispielhaft Pondy (1969) S. 47 ff., Pugh/Hickson/Hinings/Turner (1969) S. 91 ff., Schreyögg/Steinmann (1981) S. 533 ff., Witte (1981b) S. 273 ff., Steinmann/Schreyögg/Dütthorn (1983) S. 4 ff., Theisen (1987) und Boecker/Goodstein (1991) S. 805 ff.

[4] Vgl. Palmer/Friedland/Jennings/Powers (1987) S. 25 ff.

nisationsstruktur sein, als es strategische Entscheidungen sind, selbst wenn man unterstellt, daß auch diese vom Eigentümer getroffen werden.

Inwieweit eine Strategische-Wahl-Hypothese an die Stelle der Struktur-Folge-Hypothese treten kann, läßt sich hier nicht eindeutig beantworten. Allerdings könnte man gewisse Anhaltspunkte dafür finden, daß die Strategische-Wahl-Hypothese einen wesentlich stärkeren Gültigkeitsanspruch für sich erheben kann. Im Kern versucht auch der Ansatz der strategischen Wahl, Unterschiede in der Organisationsstruktur zu klären, indem dem Management die Wahlfreiheit zwischen unterschiedlichen Strategien eingeräumt wird. Diese Wahlfreiheit erklärt letztendlich die unterschiedliche Organisationsstruktur. Im Gegensatz zur Struktur-Folge-Hypothese wird jedoch angenommen, daß die Entscheidung über die Wahl einer bestimmten Strategie nicht völlig frei ist.[5] Ein entscheidender Faktor hierbei ist die verfolgte Philosophie des Managements. Aber auch Umweltbedingungen und antizipierte Erfolgswirkungen gilt es zu beachten. Wenn man außer acht läßt, wie stark die Freiheit der Wahl eingeschränkt ist, sondern lediglich unterstellt, daß gewisse Zwänge diese Freiheit einengen, so ließe sich das von uns gewählte System der Strategiemerkmale hinsichtlich der Freiheit zur Wahl bestimmter Strategien folgendermaßen interpretieren: Für den überwiegenden Teil der Strategiedimensionen gilt, daß sie in unterschiedlichen Ausprägungen vorliegen. Je nach Freiheit der Wahl könnte das Management für jede Dimension eine Kategorie wählen, um so seine Strategie zu akzentuieren. So ist beispielsweise an eine eher reaktive Strategie zu denken oder an eine ausschließlich langfristig konzipierte Strategie oder an eine Strategie, die nur für bestimmte organisatorische Teilbereiche Geltung besitzt.

Betrachtet man vor dem Hintergrund derartiger Überlegungen unsere Ergebnisse hinsichtlich der Strategieverständnis-Dimensionen, so lassen sich einige interessante Schlüsse ziehen (Tabelle 4.1). Für jede der dort aufgeführten Verständnisdimensionen ließ sich eine Kategorie identifizieren, bei der der Einfluß auf die Struktur im wesentlichen zurückzuweisen ist und eine – mit leichten Einschränkungen bei der Dimension »Zeitperspektive« –, bei der die Einflußbehauptung bestehen bleibt. Begreift man das Verständnis, welches das Management einer Strategie entgegenbringt, als Bestandteil seiner Leitungsphilosophie, so wäre man in der Lage, mit Hilfe des Wahlaktes – wenn er denn in eine bestimmte Richtung führt – unterschiedliche Ausprägungen von Organisationsstruktur zu erklären. Wird die Strategie im Zuge der Managementphilosophie als ein Instrument ver-

---

[5] Vgl. Montanari (1978) S. 234 ff., Montanari (1979) S. 208 ff. und Bobbit/Ford (1980) S. 19 f.

standen, welches als langfristig in seiner Wirkung antizipiert wird und das den Wettbewerber als aktiv handelnden Gegenspieler begreift, so steht die Struktur in einer Abhängigkeitsbeziehung zur Strategie. Die Kategorie »ex post ermittelt« bei der Dimension »Bewußtseinsaspekt« wollen wir hier zunächst ausklammern, da es sich hierbei nicht zweifelsfrei klären läßt, ob sich hinter der vom empirisch Forschenden ex post festgestellten strategischen Verhaltensweise wirklich eine bewußt von der Unternehmung verfolgte Strategie verbirgt. Führt die Philosophie des Managements hingegen dazu, eine Strategie als ein Instrument zu verstehen, welches kurz- und langfristige Aspekte abdeckt, das unabhängig von Wettbewerb konzipiert wird und welches einen bewußt ausgeführten Wahlakt darstellt, dann ist die Abhängigkeitsvermutung in Bezug auf strukturelle Komponenten zurückzuweisen. Mit dem Konstrukt der Managementphilosophie tritt damit ein Faktor hinzu, der nicht nur die Wahl der Strategie bestimmt, sondern auch dafür verantwortlich ist, daß eine strategische Entscheidung Konsequenzen für die Organisationsstruktur besitzt.

Eine entsprechende Argumentation ist auch für diejenige Strategie aufrechtzuerhalten, für die die Struktur-Folge-Hypothese nicht zu falsifizieren ist (Tabelle 4.2): Die Wahl einer Diversifikationsstrategie zur Festlegung der gewünschten Produkt/Markt-Kombinationen, wobei wir allerdings keine Aussage darüber treffen konnten, ob die Wahl einer Akquisitionsstrategie oder einer Strategie der vertikalen Integration zu anderen Ergebnissen führen würde. Ist die Philosophie des Managements vom Gedanken der Diversifikation durchzogen, so ist die Strategische-Wahl-Hypothese geeignet, Unterschiede zwischen Organisationsstrukturen zu erklären. Die Wahlkomponente nimmt eine Ausprägung an, wie sie die strengere Struktur-Folge-Hypothese impliziert.

Fragt man, welcher Hypothese zum strategischen Imperativ der größere Erklärungsbeitrag zugewiesen werden kann, so ist dies wohl die Strategische-Wahl-Hypothese. Dies liegt nicht nur daran, daß sie auch die strenge Struktur-Folge-Hypothese umschließt, sondern auch an der Tatsache, daß unsere Analyse Anlaß zu der Vermutung gibt, daß die Wahl einer Strategie kein völlig autonomer Willensakt des Managements ist. Einflußgrößen scheinen zu existieren. Allerdings sind wir nicht so vermessen, aufgrund unserer Ergebnisse bereits eine Antwort darauf zu geben, welche Größen hier von Bedeutung sind und wie diese wirken. Unsere Ergebnisse erlauben es lediglich, die Hypothese von der uneingeschränkten Wahlfreiheit zurückzuweisen. Wir konnten einen maßgeblichen Einfluß der Unternehmungsgröße identifizieren. Ferner zeigte sich, daß anscheinend auch das Verständnis, welches einer Strategie zugrundeliegt, nicht ohne Einfluß auf den Zusammenhang bzw. die Abhängigkeit von Strategie und Struktur ist. Dieses Ergebnis deutet darauf hin, daß auch die Philosophie des Managements nicht außer acht gelassen werden darf.[6] Insofern erscheint es uns angebracht, der Hypothese von der strategischen Wahl das größere Gewicht beizumessen, wenn es gilt, eine Erklärung für den strategischen Imperativ – dessen generelle Zurückweisung für sämtliche Strategie-Struktur-Kombinationen aufgrund unserer Ergebnisse nicht möglich war – zu finden.

Wir sind damit in der Lage, ein weiteres Ergebnis festzuhalten:

Die Strategische-Wahl-Hypothese ist mit ihrem generellen Gültigkeitsanspruch zurückzuweisen. Unterstellt man jedoch, daß die Philosophie des Managements zu einem strategischen Grundverständnis führt, welches dadurch gekennzeichnet ist, daß der Wettbewerb die Rolle eines aktiv handelnden Gegenspielers einnimmt, die Reichweite der Strategie im langfristigen Bereich liegt und die Strategie in ihrer Gesamtheit nicht ex ante geplant wird, so besitzt die Strategische-Wahl-Hypothese eine größere Erklärungskraft als die Struktur-Folge-Hypothese.

III. Prüfung der Hypothesen zum strukturellen Imperativ

a. Allgemeine Ergebnisse der Prüfung

Die Stärke der Zurückweisung der Hypothesen zum strategischen Imperativ wird entscheidend von den Ergebnissen unserer Hilfsvariablen »Einfluß-Struktur« bestimmt. Immer dort, wo es gilt, den strategischen Imperativ zurückzuweisen, wird dies noch dadurch bekräftigt, daß sich für die entsprechenden Strategie-Struktur-Kombinationen die Vermutung eines strukturellen Imperativs nicht widerlegen läßt. Die folgende Tabelle zeigt die entsprechenden Ergebnisse für die Hilfsvariable »Einfluß-Struktur«. Leider war die Zellenbesetzung bei vielen Strategie-Struktur-Kombinationen derart gering, daß wir uns dazu entschlossen haben, Dimensionen des Verständnisses und Dimensionen des Inhalts in einer Tabelle zusammenzufassen.

---

[6] Vgl. hierzu auch den Ansatz Schraders (1994), der nicht nur den Einfluß der Managementphilosophie untersucht, sondern ebenfalls personenbezogene Charakeristika der verantwortlichen Manager.

Tab. 4.3: Befund-Anzahl und Befund-Anteil der Effekte, bei denen der Einfluß der Strukturvariablen auf die Strategievariablen (Verständnis und Inhalt) untersucht wurde

... auf die Strategie- merkmale		Einfluß des Strukturmerkmals ...									
		Formale Aspekte		Koordina- tions- charakter		Grad der Entschei- dungszentra- lisation		Formalisie- rungs-/Stan- dardisierungs- grad		Typ der Organisa- tionsstruk- tur	
		nein	ja	nein	ja	nein	ja	nein	ja	nein	ja
Rolle der Inter- aktion	initiativ	2 7%	4 100%	2 7%	4 100%	2 15%	4 100%	2 9%	2 100%	1 17%	3 100%
Zeit- Perspek- tive	nur langfr.	2 8%	5 100%	2 8%	5 100%	2 17%	5 100%	2 10%	1 100%	1 20%	5 100%
Bewußt- seins- aspekt	ex post ermittelt	4 21%	4 100%	4 21%	4 100%	1 20%	4 100%	4 24%	1 100%	** **	** **
	ex ante geplant	1 5%	2 100	1 5%	2 100%	1 9%	2 100%	1 6%	1 100%	0 0%	2 100%
Organisa- torischer Geltungs- bereich	Teil- bereich	5 15%	1 100%	5 15%	1 100%	2 14%	1 100%	5 19%	1 100%	1 14%	** **
	Unter- nehmung	0 0%	5 100%	0 0%	5 100%	0 0%	5 100%	0 0%	1 100%	** **	** **
Ressourcen- steuerung		2 10%	5 100%	2 10%	5 100%	2 18%	5 100%	2 13%	2 100%	1 25%	4 100%
Gestaltung der Umwelt- abhängigkeit		0 0%	2 100%	0 0%	2 100%	0 0%	2 100%	0 0%	1 100%	0 0%	2 100%
Strate- gische Grund- haltung	inno- vativ	1 9%	2 100%	1 9%	2 100%	1 9%	2 100%	1 13%	2 100%	** **	** **
Produkt/ Markt- Kombi- nation	Diversifi- kation	1 13%	2 100%	1 13%	2 100%	1 17%	2 100%	** **	** **	** **	** **

Ein Blick auf die Häufigkeiten zeigt, daß unabhängig von der Art der Strategie-Struktur-Kombination nur relativ wenige Effekte existieren, bei denen zusätzlich zum Zusammenhang untersucht wurde, ob die Strukturvariable einen Einfluß auf die Strategievariable besitzt. Die ausgewiesenen Ergebnisse erweisen sich ebenfalls als stabil im Hinblick auf den Einfluß möglicher moderierender Variablen. Sowohl für die Kategorie »vorhanden« als auch für die Kategorie »nicht vorhanden« der Hilfsvariablen »Einfluß-Struktur« haben wir eine derartige Prüfung vorgenommen.

Wenden wir unsere oben deduzierte Zurückweisungsregel an, so läßt sich die Hypothese vom »strukturellen Imperativ« für keine Strategie/Struktur-Kombination zurückweisen. Bei jeder Kombination dominiert für den Fall, daß ein Einfluß vorliegt, eindeutig der Befund-Anteil. Dies hatten wir mit Sicherheit – insbesondere vor dem Hintergrund des Ausgangs der Prüfung unserer Hypothesen zum strategischen Imperativ – in dieser Deutlichkeit nicht erwartet. Ein leichtes Unbehagen, welches mit den vergleichsweise geringen Besetzungszahlen zu begründen ist, wollen wir an dieser Stelle jedoch nicht verschweigen.[7]

Unabhängig von der Frage, wie sich die geringen Besetzungszahlen unserer Analyse nun auf die Validität der Ergebnisse auswirken, bleibt jedoch festzuhalten: Bei keiner der betrachteten Strategie-Struktur-Kombinationen ist es uns möglich, die Hypothese vom strukturellen Imperativ zurückzuweisen. Immer dort, wo unsere Hilfsvariable »Einfluß-Struktur« anzeigt, daß die strategische Komponente in einer Abhängigkeitsbeziehung zur strukturellen Komponente steht, dominiert eindeutig der Befund-Anteil.

Betrachtet man ergänzend unsere Ergebnisse der Tabellen 4.1 und 4.2, so erhält die Hypothese vom strukturellen Imperativ bei einigen Strategie-Struktur-Kombinationen noch mehr Gewicht. Es sind dies diejenigen Beziehungen, bei denen sowohl die Struktur-Folge-Hypothese als auch die Strategische-Wahl-Hypothese zurückzuweisen waren. Es sind dies unabhängig von den strategischen Verständnis- und Inhaltsdimensionen insbesondere die strukturellen Merkmale »formale Aspekte«, »Koordinationscharakter« und »Formalisierungs-/Standardisierungsgrad«, die hier anscheinend einen prägenden Einfluß auf die strategischen Variablen besitzen. Es scheint, als würde mit den eher formalen Instrumenten zur Koordination organisatorischer Abläufe ein Einfluß auf die zu entwickelnde Strategie ausgeübt. Diesen Gedanken gilt es, bei der im folgenden zu prüfenden Informations-Filter-Hypothese weiter zu verfolgen.

---

[7] Absolut gesehen lassen sich unsere Besetzungszahlen immer noch mit den Werten anderer metaanalytischer Untersuchungen vergleichen, so umfaßt z.B. die Metaanalyse bei Huber/Miller/Glick (1990) S. 19 nur 38 Korrelationen und die Analyse Damanpours (1992) S. 375 nur 35 Korrelationen.

b. Die Informations-Filter-Hypothese

Fragen wir konkret, welche unserer drei Hypothesen des strukturellen Imperativs vor dem Hintergrund dieser Ergebnisse beizubehalten sind und für welche keine entsprechenden Anhaltspunkte zu finden sind,[8] so ergibt sich für die sogenannte Informations-Filter-Hypothese das folgende Bild: Die Informations-Filter-Hypothese behauptet, daß die Informationsfilterfunktion der Organisationsstruktur dazu führt, daß zumindest kurz- und mittelfristig die Organisationsstruktur die Wahl der Strategie bestimmt. Von der Vielzahl der organisations-strukturellen Instrumente scheinen dies lediglich diejenigen zu sein, die als Koordinationsinstrumente formalen Charakter besitzen, insbesondere der Grad der Formalisierung und Standardisierung von Abläufen. Spezialisierungsinstrumente zählen höchstwahrscheinlich nicht dazu. Wir waren zwar nicht in der Lage, das Strukturmerkmal »Spezialisierungscharakter« vor dem Hintergrund unserer Hilfsvariable »Einfluß-Struktur« zu prüfen, jedoch zeigte die Hilfsvariable »Einfluß-Strategie«, daß, bezogen auf die Aspekte der Spezialisierung, wohl nicht davon gesprochen werden kann, die Hypothesen zum strategischen Imperativ zurückzuweisen.

Die »Informations-Filter-Hypothese« behauptet, daß ein derartiger Filtereffekt insbesondere kurz- und mittelfristig von Bedeutung ist. Leider war es uns aufgrund der geringen Fallzahl versagt, diesen Aspekt mittels der Hilfsvariablen »Einfluß-Struktur« zu testen. Jedoch belegen die Ergebnisse der Hilfsvariablen »Einfluß-Strategie«, daß die Zeit-Perspektive anscheinend nicht unerheblich ist. Im Gegensatz zur langfristigen Perspektive im Strategieverständnis zeigt sich für den Fall, daß auch kurzfristige Aspekte in die Strategie einfließen, daß bei sämtlichen geprüften Strategie-Struktur-Kombinationen die Hypothesen des strategischen Imperativs zurückzuweisen sind. Bei der ausschließlichen Langfristorientierung ist dies nur bei zwei der geprüften acht Zusammenhänge der Fall. Man könnte dieses Ergebnis insofern als einen weiteren Beleg für die Gültigkeit der »Informations-Filter-Hypothese« werten.

---

[8] Aufgrund des Ergebnisses unserer Berechnungen des Befund-Anteils bei Wahl der Kategorie »vorhanden« unserer Hilfsvariable »Einfluß-Struktur« ist es uns leider nicht möglich, den klassischen Weg der Falsifikation der einzelnen Hypothesen zu wählen, da für keine der Strategie-Struktur-Kombinationen die Kriterien unserer Zurückweisungsregel zutreffen. Wir sehen uns daher gezwungen, einen indirekten Weg zu wählen, damit die Aussagekraft der Hilfsvariablen »Einfluß-Struktur« erhalten bleibt. Wir wollen nur dann von einer Beibehaltung des strukturellen Imperativs sprechen, wenn gleichzeitig die Hilfsvariable »Einfluß-Strategie« eine Zurückweisung des strategischen Imperativs signalisiert.

Bevor jedoch von einer uneingeschränkten Gültigkeit der Informations-Filter-Hypothese gesprochen wird, sollte beachtet werden, daß sowohl das Merkmal »formale Aspekte« als auch das Merkmal »Koordinationscharakter« lediglich Oberbegriffe für einzelne Instrumente der Koordination darstellen. Für die von uns untersuchten konkreten Einzelinstrumente wie den Grad der Entscheidungszentralisation sowie den Formalisierungs-/Standardisierungsgrad ließ sich zwar – soweit eine Berechnung möglich war – die Hypothese des strukturellen Imperativs nicht zurückweisen, jedoch sahen wir uns insbesondere beim Grad der Entscheidungszentralisation auch nicht dazu veranlaßt, die Hypothesen zum strategischen Imperativ zurückzuweisen. Für den Formalisierungs-/Standardisierungsgrad gab es neben Kombinationen mit Zurückweisungen auch Ergebnisse, die eine Aufrechterhaltung des strategischen Imperativs nahelegten. Jedoch waren die Besetzungszahlen so gering, daß wir nicht in der Lage waren, einen möglichen strukturellen Imperativ zu prüfen.

Für die Informations-Filter-Hypothese läßt sich damit als Ergebnis festhalten:

Für die Informations-Filter-Hypothese ergeben sich Anhaltspunkte, daß ihr Gültigkeitsanspruch nicht uneingeschränkt gilt. Sie scheint höchstwahrscheinlich dort einer Falsifikation standzuhalten, wo – insbesondere im kurz- und mittelfristigen Bereich strategischer Entscheidungen – über koordinierend wirkende Instrumente der Formalisierung und Standardisierung von Abläufen auf strategierelevante Informationen Einfluß genommen wird.

c. Die Fähigkeitsstruktur-Hypothese

Aber nicht nur die Informations-Filter-Hypothese findet sich in der Literatur als Ursache für die Gültigkeit des strukturellen Imperativs, sondern auch die von uns sogenannte Fähigkeitsstruktur-Hypothese. Mit ihr wird das Fähigkeitspotential einer Organisation beschrieben, welches sich z.B. im kapazitativen Bereich oder in der Managementfähigkeit ausdrückt, bestimmte strategische Optionen zu nutzen oder sie ungenutzt aufgrund mangelnder Fähigkeiten verstreichen zu lassen. Nur wenn bestimmte Fähigkeiten vorliegen, lassen sich bestimmte Strategien ergreifen. Damit zielt eine Prüfung dieser Hypothese in erster Linie auf die Kombination struktureller Aspekte mit den strategischen Inhaltsdimensionen.

Da die Prüfung des strukturellen Imperativs mittels unserer Hilfsvariable »Einfluß-Struktur« zu einem sehr undifferenzierten Ergebnis hinsichtlich unserer Zurückweisungsregel geführt hat, wollen wir ergänzend auch noch die Ergebnisse der Hilfsvariablen »Einfluß-Strategie« betrachten. Das heißt konkret die Schnittmenge aus denjenigen Kombinationen, für die der strategische Imperativ zurückgewiesen wurde, der strukturelle Imperativ jedoch aufrechterhalten bleibt. Es sind dies die folgenden Kombinationen (Tabelle 4.2 und 4.3):

– Bei der Strategievariable »organisatorischer Geltungsbereich (Teilbereich)« die Strukturvariable »formale Aspekte«.
– Bei der Strategievariable »organisatorischer Geltungsbereich (Unternehmung)« die Strukturvariablen »formale Aspekte« und »Koordinationscharakter«.
– Bei der Strategievariable »Ressourcensteuerung« die Strukturvariable »formale Aspekte«.
– Bei der Strategievariable »Gestaltung der Umweltabhängigkeit« die Strukturvariablen »formale Aspekte«, »Koordinationscharakter« und »Grad der Entscheidungszentralisation«.
– Bei der Strategievariable »strategische Grundhaltung (innovativ)« die Strukturvariablen »formale Aspekte« und »Formalisierungs-/Standardisierungsgrad«.
– Ergänzend ist zu berücksichtigen, daß bei sämtlichen strategischen Inhaltsdimensionen auch die Kombinationen mit den Strukturmerkmalen »Hierarchiekonfiguration« zu einer Zurückweisung des strategischen Imperativs führten. Allerdings waren wir auch hier nicht in der Lage, entsprechende Verteilungen für unsere Hilfsvariable »Einfluß-Struktur« zu berechnen.

Vor dem Hintergrund dieser Ergebnisse fällt es schwer, von einer generellen Gültigkeit der »Fähigkeitsstruktur-Hypothese« zu sprechen. Zwar wird für das Koordinationsinstrument »Hierarchiekonfiguration« durchgängig der strategische Imperativ zurückgewiesen, für sämtliche anderen Koordinationsinstrumente wie auch für die Spezialisierungsaspekte kann jedoch nicht von einer eindeutigen Zurückweisung gesprochen werden. In der Regel läßt sich kein Strukturmerkmal als genereller »Engpaß« hinsichtlich der Ausgestaltung strategischer Inhalte begreifen, zumal wir bei der Hierarchiekonfiguration nur zeigen können, daß der strategische Imperativ zurückzuweisen ist. Über die Beibehaltung oder Zurückweisung der strukturellen Imperativ-Vermutung können wir keine Aussage treffen. Wir wollen dies hier auch nicht.

Folglich bleibt zu fragen, ob vielleicht bei bestimmten strategischen Inhalten davon gesprochen werden kann, daß strukturelle Komponenten als

»Engpaß« wirken, die es verhindern, daß sich bietende strategische Optionen genutzt werden. Auch diese Vermutung kann nicht zweifelsfrei aufrechterhalten werden, da sich für die Strukturmerkmale »nicht formale Aspekte«, »Spezialisierungscharakter« und »Typ der Organisationsstruktur« die Hypothesen, die einen strategischen Imperativ unterstellen, nicht zurückweisen lassen. Zieht man den Kreis der strukturellen Merkmale jedoch enger und beschränkt sich ausschließlich auf formale Koordinationsinstrumente, so zeigt sich für den strategischen Inhalt »Gestaltung der Umweltabhängigkeit« ein interessantes Ergebnis: Für sämtliche dann in Betracht kommenden Strukturmerkmale zeigen die Ergebnisse, daß die Hypothesen des strategischen Imperativs zurückzuweisen sind, ohne daß gleichzeitig ein struktureller Imperativ ebenfalls zurückgewiesen wird. Die strategische Inhaltsdimension ist damit die einzige, für die eine derartige Aussage getroffen werden kann. Es läßt sich ähnlich der Diversifikationsstrategie bei der Struktur-Folge-Hypothese ein bestimmter Strategietyp identifizieren, für den in diesem Fall die Fähigkeitsstruktur-Hypothese zuzutreffen scheint.

Durchaus plausibel ist dabei die Annahme, daß unterschiedlich stark formalisierte und standardisierte organisatorische Abläufe sowie ein unterschiedliches Maß an Zentralisierung der Entscheidungsbefugnisse an der Unternehmungsspitze dazu beitragen, daß bestimmte Optionen zur Gestaltung der Umweltabhängigkeit ergriffen werden und andere nicht. So dürfte eine gezielte Einwirkung auf den Wettbewerb sicherlich dort am effektivsten sein, wo dezentrale Einheiten über entsprechend hinreichende Kenntnisse und Entscheidungsbefugnisse verfügen. Vielstufige hierarchische Entscheidungs- und Informationswege könnten hier hinderlich sein. Auf der anderen Seite sind nur Stellen mit ausreichend hierarchischem Potential auch in der Lage, Einfluß auf mächtige unternehmungsexterne Gruppen zu nehmen. Ein hoher Zentralisierungsgrad von Entscheidungskompetenz an der Unternehmungsspitze ist sicherlich von Vorteil, wenn es darum geht, Einfluß auf politische oder gesellschaftliche Gruppen zu nehmen. Wir hätten insofern eine Erklärung für die von uns ermittelte Gültigkeit der Fähigkeitsstruktur-Hypothese bei Strategien, die der Gestaltung der Umweltabhängigkeit dienen.

Wir wollen an dieser Stelle die Spekulation über mögliche Abhängigkeitsverhältnisse beenden und vielmehr ein weiteres Zwischenergebnis festhalten:

Die Fähigkeitsstruktur-Hypothese ist nur sehr eingeschränkt geeignet, einen strukturellen Imperativ zu erklären. Lediglich für den Fall, daß der Inhalt einer Strategie sich auf die Gestaltung der Umweltabhängig-

keit richtet, kommt den formalen Koordinationsinstrumenten ein Beitrag bei der Fähigkeit zur Wahl bestimmter strategischer Optionen zu.

d. Die Prozeßstruktur-Hypothese

Als letzte Hypothese, die einen strukturellen Imperativ unterstellt, zielt, im Gegensatz zur Fähigkeitsstruktur-Hypothese, die Prozeßstruktur-Hypothese nicht auf den Inhalt einer Strategie, sondern auf den Prozeß der Strategiebildung, d.h. in erster Linie auf die gewählten ablauforganisatorischen Instrumente, die den Prozeß der Strategieformulierung steuern. Derartige Strukturen führen dazu, daß sich ein strategischer Entscheidungsprozeß nicht frei entfalten kann, sondern von eben diesen Strukturen bestimmt wird, was sich auch auf das Ergebnis eines solchen Entscheidungsprozesses auswirkt.

Wie schon bei der »Fähigkeitsstruktur-Hypothese« stützen unsere Ergebnisse diese Hypothese nur teilweise. Zurückzuweisen ist sie jedoch selbst in Teilbereichen nicht, da, wie wir schon mehrfach betont haben, die Ergebnisse der Hilfsvariablen »Einfluß-Struktur« in keinem Fall eine Zurückweisung der strukturellen Imperativ-Vermutung nahelegen. Insofern müssen wir auch hier den umgekehrten Weg gehen und fragen, ob bestimmte Ergebnisse der Hilfsvariablen »Einfluß-Strategie« in Verbindung mit den Ergebnissen der Hilfsvariablen »Einfluß-Struktur« nicht Strategie-Struktur-Kombinationen identifizieren helfen, die zu einer Bekräftigung der »Prozeßstruktur-Hypothese« beitragen. Folgende Strategie-Struktur-Komponenten bilden die Schnittmenge, für die gilt, daß die Ergebnisse der Hilfsvariablen »Einfluß-Strategie« zu einer Zurückweisung des strategischen Imperativs führen (Tabelle 4.1, 4.2 und 4.3).

– Bei der Strategievariablen »Rolle der Interaktion (initiativ)« die Strukturvariablen »formale Aspekte«, »Koordinationscharakter« und »Formalisierungs-/Standardisierungsgrad«.
– Bei der Strategievariable »Zeit-Perspektive (nur langfristig)« die Strukturvariable »Formalisierungs-/Standardisierungsgrad«.
– Bei der Strategievariable »Bewußtseinsaspekt (ex ante)« die Strukturvariablen »formale Aspekte« und »Koordinationscharakter«.
– Bei der Strategievariable »organisatorischer Geltungsbereich (Teilbereich)« die Strukturvariable »formale Aspekte«.
– Bei der Strategievariable »organisatorischer Geltungsbereich (Unternehmung)« die Strukturvariablen »formale Aspekte« und »Koordinationscharakter«.

B. Die Prüfung der Abhängigkeitshypothesen 185

- Bei der Strategievariable »Ressourcensteuerung« die Strukturvariable »formale Aspekte«.
- Bei der Strategievariable »Gestaltung der Umweltabhängigkeit« die Strukturvariablen »formale Aspekte«, »Koordinationscharakter« und »Grad der Entscheidungszentralisation«.
- Bei der Strategievariable »strategische Grundhaltung (innovativ)« die Strukturvariablen »formale Aspekte« und »Formalisierungs-/Standardisierungsgrad«.
- Ergänzend sei auch hier wiederum angemerkt, daß wir aufgrund der nicht gegebenen Prüfung mittels der Hilfsvariable »Einfluß-Struktur« auf die Betrachtung des Strukturmerkmals »Hierarchiekonfiguration« verzichten wollen, obwohl es bei ihm durchweg zu einer Zurückweisung des strategischen Imperativs kam.

Nur der Formalisierungs-/Standardisierungsgrad organisations-struktureller Abläufe als formalem Instrument der Koordination trägt anscheinend zur Bekräftigung der Prozeßstruktur-Hypothese bei, zumindest soweit wir in der Lage waren, die Vermutung des strukturellen Imperativs zu testen. Formalisierung und Standardisierung von Prozeduren bestimmen damit anscheinend nicht nur den Prozeß der Strategiebildung sondern auch das Ergebnis dieses Prozesses.

Wir sind damit in der Lage, auch für die Prozeßstruktur-Hypothese ein Ergebnis zu formulieren:

Die Prozeßstruktur-Hypothese besitzt nur einen eingeschränkten Gültigkeitsbereich. Lediglich Aspekte des Formalisierungs- und Standardisierungsgrads von Abläufen besitzen einen prägenden Einfluß auf die Entwicklung strategischer Prozesse.

Abschließend wollen wir uns noch fragen, welcher der deduzierten Hypothesen zum strukturellen Imperativ denn nun das größte Gewicht beizumessen ist. Sicherlich den geringsten Grad der Bestätigung durch unsere Re-Analyse-Ergebnisse fand die Fähigkeitsstruktur-Hypothese. Sie kann somit kaum als eigentliche Erklärung für den möglicherweise vorhandenen strukturellen Imperativ herangezogen werden. Vergleicht man den Inhalt wie auch die Ergebnisse der Prüfung der Informations-Filter-Hypothese mit denen der Prozeßstruktur-Hypothese, so zeigen sich erhebliche Bereiche der Übereinstimmung. Wir würden sogar soweit gehen und postulieren, daß die Prozeßstruktur-Hypothese eher anzeigt, wo ein struktureller Imperativ auftritt, die Informations-Filer-Hypothese hingegen eine Erklärung liefert, warum bei bestimmten Strategie-Struktur-Kombinationen Strukturmerkmale

»strukturierend« und damit prägend auf den Prozeß der Strategieentwicklung wirken. Damit ließe sich das gesamte Problem des strukturellen Imperativs als ein Informationsproblem begreifen. Strukturelle Mechanismen bestimmen – zumindest in Teilbereichen – die Art und Weise der Informationsverarbeitung, wie sie für die Hervorbringung von Strategien notwendig ist. Eine derartige Erklärung wäre auch kompatibel mit unseren Ausführungen zum strategischen Imperativ. Dort hatten wir die Hypothese eben für den Bereich der Instrumente der Koordination zurückgewiesen, für die Effekte der Informationsfilterung denkbar sind.

Damit wollen wir die Prüfung der Hypothesen zum strukturellen Imperativ beenden und uns nun den Interdependenz-Hypothesen zuwenden.

IV. Prüfung der Hypothesen zur Strategie-Struktur-Interdependenz

Unsere vorangegangenen Prüfungen haben gezeigt, daß sowohl die Hypothesen zum strategischen Imperativ als auch diejenigen zum strukturellen Imperativ keine generelle Gültigkeit für sich beanspruchen können. Auch ließ sich keine der Hypothesen generell für alle von uns untersuchten Strategie-Struktur-Kombinationen zurückweisen. Folglich liegt die Vermutung nahe, daß der unter bestimmten Bedingungen anscheinend gültige strategische Imperativ und der unter anderen Bedingungen gültige strukturelle Imperativ ein Indiz dafür sind, daß möglicherweise eine der vorne abgeleiteten Interdependenz-Hypothesen zutreffend ist. Drei Arten der Interdependenz gilt es zu prüfen:

– Zeitliche-Segregations-Hypothese: In bestimmten Intervallen des Entwicklungsprozesses einer Unternehmung besitzt der strategische Imperativ Gültigkeit, in anderen der strukturelle Imperativ.
– Strukturelle-Segregations-Hypothese: Nur für bestimmte organisatorische Komponenten trifft der strategische Imperativ zu, für andere hingegen nicht. Dort gilt der strukturelle Imperativ.
– Strategische-Segregations-Hypothese: Bei bestimmten strategischen Aspekten trifft der strategische Imperativ zu, bei anderen wiederum der strukturelle Imperativ.

Wie unschwer zu sehen ist, lassen sich die drei Segregations-Hypothesen ineinander überführen. Es stellt sich lediglich die Frage, welche strukturellen Komponenten beeinflussen strategische Komponenten und welche strategische Komponenten beeinflussen wiederum strukturelle Komponenten. Sowie ergänzend: Kann eine strategische oder eine strukturelle Komponente zu unterschiedlichen Zeitpunkten sowohl abhängige als auch unabhängige Größe sein?

Leider sind wir nicht in der Lage, die zeitliche Komponente der Interdependenz-Hypothese in unserer Re-Analyse-Stichprobe abzubilden. Hierzu wären Informationen notwendig, die bei einem Analyseobjekt – der jeweils betrachteten Unternehmung – Abhängigkeitsbeziehungen zu unterschiedlichen Zeitpunkten aufzeigen. Derartige Daten lassen sich nur bei Längsschnittsuntersuchungen finden. Längsschnittsuntersuchungen sind jedoch bei der Analyse des Strategie-Struktur-Zusammenhangs so gut wie nicht anzutreffen. Nur 5,7% der einbezogenen Effekte (Analyseebene II) entstammen einem derartigen empirischen Design. Dieser Anteil verringert sich nochmal dramatisch, wenn gleichzeitig auch noch die Bedingung erfüllt sein soll, daß die Prüfung einer Abhängigkeitsbeziehung vorliegen soll. Bei nur 18 »Längsschnittseffekten« wird ein strategischer Imperativ geprüft. Die Prüfung, ob ein struktureller Imperativ vorliegt, wird bei keinem dieser »Längsschnittseffekte« vorgenommen. Insofern sehen wir uns außerstande, die Zeitliche-Segregations-Hypothese mit Hilfe der uns vorliegenden Daten zu prüfen. Die Analyse der Strategie-Struktur-Interdependenz reduziert sich damit auf die Frage, für welche Strategie-Struktur-Kombinationen der strukturelle Imperativ und für welche der strategische Imperativ gilt.

Die Prüfung erstreckt sich somit im wesentlichen auf die beiden Hypothesenkomplexe, die bereits im vorangegangenen Kapitel geprüft wurden. Mit Hilfe unserer Zurückweisungsregel gelang es dabei nicht, die Hypothesen des strategischen und des strukturellen Imperativs generell zurückzuweisen. Folglich läßt sich auch hier die Hypothese von der Interdependenz von Strategie und Struktur nicht falsifizieren. Wir können nicht einmal den Weg gehen, eine Zurückweisung damit zu begründen, daß nicht für alle Strategie-Struktur-Kombinationen ein Imperativ festzustellen ist. Die Interdependenz-Hypothesen schränken den Gültigkeitsbereich von vornherein ein, indem sie sich nur auf bestimmte Strategiemerkmale bzw. Strukturmerkmale beschränken.

a. Die Strukturelle-Segregations-Hypothese

Wenden wir uns der konkreten Prüfung der Strukturellen-Segregations-Hypothese zu. Folgt man Autoren, die die These von der strukturellen Segregation vertreten, so zeigen die Arbeiten von Boschken[9] aber auch das theoreti-

---

[9] Vgl. Boschken (1990) S. 135 ff.

sche Modell von Hoskisson, Hill und Kim,[10] daß der strategische Imperativ immer dort vorherrscht, wo es gilt, die grundlegenden Formen der Spezialisierung einer Unternehmung, ihre sogenannte Makro-Struktur, festzulegen. Letztendlich ist der Typ einer Organisation das Produkt einer strategischen Entscheidung. Umgekehrt gilt der strukturelle Imperativ hinsichtlich der gewählten Koordinationsinstrumente. Sie wirken prägend auf die Entwicklung neuer Strategien. Stellen wir diese Schlußfolgerung unseren Ergebnissen gegenüber, die wir mit Hilfe unserer Hilfsvariablen »Einfluß-Strategie« und »Einfluß-Struktur« gewonnen haben (Tabelle 4.1, 4.2 und 4.3), so läßt sich die Strukturelle-Segregations-Hypothese nicht zurückweisen. Unsere Ergebnisse zeigen hinsichtlich der Strukturmerkmale »Spezialisierungscharakter« und »Typ der Organisationsstruktur«, daß dort nur schwerlich davon gesprochen werden kann, daß der strategische Imperativ nicht gilt. Unsere Zurückweisungsregel erlaubt hier keine Falsifikation der entsprechenden Abhängigkeitsbeziehung. Bei sämtlichen untersuchten Strategie-Struktur-Kombinationen, die die Strukturmerkmale »Spezialisierungscharakter« und »Typ der Organisationsstruktur« betreffen, dominiert der Befund-Anteil, wenn die Hilfsvariable »Einfluß-Strategie« eine vorhandene Abhängigkeit der Strukturkomponente diagnostiziert.

Wenden wir uns dem zweiten Teil der Hypothese zu, so zeigt sich, daß überall dort, wo die formalen Koordinationsinstrumente der Formalisierung- und Standardisierung in Beziehung zu strategischen Komponenten treten, die Hypothese vom strukturellen Imperativ nicht zurückzuweisen ist. Begründen läßt sich dies mit Hilfe der Informations-Filter-Hypothese. Zwar wird damit auch dem zweiten Teil der Strukturellen-Segregations-Hypothese die Gültigkeit nicht abgesprochen. Der Gültigkeitsbereich erscheint jedoch nicht so umfassend, wie ihn beispielsweise Boschken abgrenzt, wenn er generell von der Mikrostruktur der Organisation spricht, für die der strukturelle Imperativ gilt.[11]

Unsere Ergebnisse zeigen jedoch, daß die Hypothese vom strukturellen Imperativ wohl eher nicht gilt, wenn es sich um Koordinationsinstrumente handelt, die als »nicht formal« zu bezeichnen sind, oder solche, die sich in der Zentralisierung oder Dezentralisierung von Entscheidungsbefugnissen niederschlagen. Für diese Strukturmerkmale kommt unsere Zurückweisungsregel zu dem Schluß, daß hier nicht von einer Falsifikation der Hypothese vom strategischen Imperativ gesprochen werden kann. Bei fast allen Strategie-Struktur-Kombinationen, die sich auf die Merkmale »nicht forma-

---

[10] Vgl. Hoskisson/Hill/Kim (1993) S. 269 ff.
[11] Vgl. Boschken (1990) S. 136.

le Aspekte« und »Grad der Entscheidungszentralisation« beziehen, dominiert der Befund-Anteil, wenn die Hilfsvariable »Einfluß-Strategie« eine vorhandene Abhängigkeit der Strukturkomponente diagnostiziert.

Es bleibt zu fragen, warum für das Strukturmerkmal »Grad der Entscheidungszentralisation« der strategische Imperativ nicht zurückzuweisen ist, wenn man unterstellt, daß mit der Zentralisation von Entscheidungsbefugnissen in erster Linie eine Koordinationsfunktion einhergeht. Entsprechend müßte man vermuten, daß dieses Strukturmerkmal ebenfalls der Mikrostruktur zuzuordnen wäre. Wir können uns dieses Ergebnis nur so erklären, daß anscheinend dort, wo sich ein Abhängigkeitsverhältnis der Strukturvariablen von den Strategievariablen zeigt, der Grad der Entscheidungszentralisation wohl eher eine Funktion der gewählten Spezialisierungsart oder des gewählten Organisationstyps ist. Eine divisionale Struktur mit ihren voneinander weitgehend unabhängigen Divisionen wäre damit durch einen hohen dezentralen Entscheidungsgrad gekennzeichnet, eine Funktionalstruktur durch einen vergleichsweise hohen Zentralisierungsgrad. Entscheidet man sich für eine derartige Interpretation der Ergebnisse hinsichtlich des Grades der Entscheidungszentralisation, so würden auch diese ins Bild der Strukturellen-Segregations-Hypothese passen.

Wir halten damit als Ergebnis fest:

Die Strukturelle-Segregations-Hypothese ist größtenteils aufrechtzuerhalten. Hinsichtlich der Makro-Struktur einer Organisation, ausgedrückt in der grundlegenden Art ihrer Spezialisierung bzw. ihres strukturellen Typs, scheint ein strategischer Imperativ zu gelten. Hinsichtlich der Mikrostruktur einer Organisation, soweit diese die formalen Koordinationsinstrumente und die Formalisierung und Standardisierung von Abläufen betrifft, scheint der strukturelle Imperativ zu gelten.

b. Die Strategische-Segregations-Hypothese

Im Gegensatz zur Strukturellen-Segregations-Hypothese wählt die Strategische-Segregations-Hypothese als Ankerpunkt für die Abhängigkeitsvermutung die Strategie. Die Literatur unterscheidet Strategien, die einen Einfluß auf die Struktur ausüben, von solchen, die ihrerseits von der Struktur beeinflußt werden.[12] Die Primärstrategien bestimmen die für die Unternehmung als Ganzes relevante Umwelt, in dem die zu wählenden Produkt/Markt-

---

[12] Vgl. Uyterhoeven/Ackerman/Rosenblum (1973) S. 71 ff. oder Bourgeois/Astley (1979) S. 58 ff.

Kombinationen festgelegt werden oder eine Wachstumsstrategie verfolgt wird. Sekundäre Strategien lassen sich auch als abgeleitete Strategien verstehen. Sie dienen der operationalen Umsetzung der primären Strategie und richten sich vor allem auf das jeweils relevante Wettbewerbsumfeld in den einzelnen Produkt/Markt-Kombinationen. Für die primären Strategien wird ein strategischer Imperativ postuliert, für die sekundären ein struktureller Imperativ.

Entsprechend müßten wir die von uns untersuchten Strategiemerkmale – soweit sie den Strategieinhalt betreffen – folgendermaßen gruppieren: Sicherlich zur primären Strategie gehört das Merkmal »organisatorischer Geltungsbereich (Unternehmung)« sowie die Variablen »Ressourcensteuerung« und »Produkt/Markt-Kombination«. Unterstellt man, daß eine strategische Grundhaltung nur für die Unternehmung als Ganzes gelten kann, so müßte auch diese Variable mit ihren unterschiedlichen Ausprägungen hierzu gezählt werden.[13] Eher eine sekundäre Strategie beschreiben die Variablen »organisatorischer Geltungsbereich (Teilbereich)« und »Wettbewerbsvorteile«. Inwieweit das Merkmal »Gestaltung der Umweltabhängigkeit« eher primären oder eher sekundären Charakter aufweist, läßt sich nicht klar entscheiden, da es Aspekte umfaßt, die sich sowohl auf die Unternehmung als Ganzes beziehen können als auch auf Abhängigkeitsbeziehungen, die nur bestimmte Wettbewerbssituationen betreffen. Wir wollen das Merkmal »Gestaltung der Umweltabhängigkeit« bei der anschließenden Hypothesenprüfung somit nicht eindeutig zuordnen.

Beginnen wir mit dem ersten Teil der Hypothesenprüfung und fragen uns, ob bei denjenigen Variablen, denen wir primären Charakter attestiert haben, die Hypothese des strategischen Imperativs zurückzuweisen ist. Wie aus den Ergebnissen der Tabelle 4.2 ersichtlich wird, läßt sich der vermutete Imperativ wohl kaum aufrecht erhalten.

Für die Variable »organisatorischer Geltungsbereich (Unternehmung)« muß die Vermutung eines strategischen Imperativs für die Variablen »formale Aspekte«, »Koordinationscharakter« und »Hierarchiekonfiguration« zurückgewiesen werden. Für das Strategiemerkmal »Ressourcensteuerung« sind dies die Strukturmerkmale »formale Aspekte« und »Hierarchiekonfiguration«. Für das Strategiemerkmal »strategische Grundhaltung (innovativ)« sind dies die Strukturmerkmale »formale Aspekte«, »Hierarchiekonfigura-

---

[13] Vgl. hierzu unsere Operationalisierung der Variablen »strategische Grundhaltung«, mit der wir uns an die bei Miles/Snow (1978) S. 29 ff. gewählte Sichtweise anlehnen und somit die Unternehmung als Ganzes durch sie charakterisieren.

tion« und »Formalisierungs-/Standardisierungsgrad«. Für das Strategiemerkmal »strategische Grundhaltung (risikofreudig)« sind dies die Strukturmerkmale »formale Aspekte«, »Koordinationscharakter«, »Hierarchiekonfiguration« und »Formalisierungs-/Standardisierungsgrad«.

Lediglich für den Strategieinhalt »Produkt/Markt-Kombination« ließe sich der erste Teil der Strategischen-Segregations-Hypothese uneingeschränkt aufrechterhalten. Wir meinen, daß dieses Ergebnis den Schluß zuläßt, die Strategische-Segregations-Hypothese abzulehnen. Bestärkt werden wir dabei noch durch zwei weitere Erkenntnisse:

Zum einen sind die Strukturmerkmale derjenigen Strategie-Struktur-Kombinationen, bei denen für die als primär gekennzeichneten Strategiemerkmale eine Zurückweisung des strategischen Imperativs nicht vorzunehmen war, genau diejenigen Strukturmerkmale, die die Grundlage für die Strukturelle-Segregations-Hypothese bilden, nämlich die Strukturvariablen »Spezialisierungscharakter«, »Grad der Entscheidungszentralisation« und »Typ der Organisationsstruktur«. Für sie läßt sich die Hypothese des strategischen Imperativs fast durchgängig nicht zurückweisen.

Zum anderen muß auch der zweite Teil der Strategischen-Segregations-Hypothese verworfen werden. Zwar waren wir nicht in der Lage, entsprechende Ergebnisse für die Variable »Wettbewerbsvorteile« zu ermitteln, jedoch zeigen die Strategie-Struktur-Kombinationen für die Strategievariable »organisatorischer Geltungsbereich (Teilbereich)«, daß hinsichtlich der Merkmale »nicht formale Aspekte«, »Spezialisierungscharakter«, »Koordinationscharakter«, »Grad der Entscheidungszentralisation« und »Typ der Organisationsstruktur« ein strategischer Imperativ nicht verworfen werden kann.

Wir kommen damit zum Ergebnis:

Die Strategische-Segregations-Hypothese ist zurückzuweisen. Sowohl die als primär klassifizierten Strategien als auch die als sekundär klassifizierten Strategien wirken nicht in der postulierten Weise auf die Merkmale der Organisationsstruktur.

Damit verbleibt als einzige Interdependenz-Hypothese die Strukturelle-Segregations-Hypothese. Sie ließ sich nicht zurückweisen. Interessanterweise lassen unsere Ergebnisse, die zur Stützung der Strategischen-Wahl-Hypothese und der Informations-Filter-Hypothese führten, den Schluß zu, daß alle drei Hypothesen ineinander übergehen. Die Strategische-Wahl-Hypothese bildet dabei den Teil der Strukturellen-Segregations-Hypothese ab, der auf den strategischen Imperativ abzielt, und die Informations-Filter-Hypothese denjenigen Teil der Strukturellen-Segregations-Hypothese, der den strukurellen Imperativ beschreibt.

V. Richtung und Stärke der Abhängigkeit

Mit Hilfe der Befund-/Nicht-Befund-Klassifikation gelang es uns, für einen erheblichen Teil der untersuchten Strategie-Struktur-Kombinationen die Abhängigkeitsvermutungen einer Falsifikation zu entziehen. Damit liegt jetzt jedoch noch keine Information darüber vor, wie stark denn gegebenenfalls die entsprechenden Abhängigkeiten sind und welche Richtung sie aufweisen. Die Stärke der Abhängigkeit läßt sich leider nicht bestimmen. Die Ausprägung »Einfluß vorhanden« unserer beiden Hilfsvariablen »Einfluß-Strategie« und »Einfluß-Struktur« basiert auf den Ergebnissen unterschiedlicher statistischer Verfahren, die – wenn überhaupt – so doch zumindest nicht problemlos ineinander überführbar sind. Als gute Approximation für die zu untersuchenden Einflußbeziehungen bieten sich daher die von uns erhobenen Korrelationskoeffizienten an. Der Betrag der Korrelation soll dabei jedoch nicht als Stärke der Abhängigkeit interpretiert werden. Dies wäre statistisch auch nicht zulässig. Uns interessiert in erster Linie das Vorzeichen der Korrelation. Es läßt sich als Richtung einer Abhängigkeit interpretieren. Wir gehen damit den Schritt von der Befund-/Nicht-Befund-Klassifikation zur quantitativen Metaanalyse.

Die folgende Tabelle 4.4 weist die korrigierten Korrelationen für diejenigen Effekte der Analyseebene III aus, für die unsere Hilfsvariablen jeweils signalisierten, daß ein Einfluß vorlag. Mithin ist der Umfang der Effekte, die es jetzt zu integrieren gilt, wesentlich geringer als er dies noch bei unserer Abhängigkeitsanalyse war. Bei der Berechnung der Korrelationen orientieren wir uns an der bereits oben vorgestellten Vorgehensweise von Hunter und Schmidt.[14]

Legen wir auch hier wieder unser Kriterium an, wonach mindestens fünf Effekte vorliegen müssen, damit eine verläßliche studienübergreifende Aussage möglich ist, so ist leider nicht für alle uns interessierenden Strategie-Struktur-Effekte eine Berechnung möglich. Dies trifft insbesondere auf die korrigierten Korrelationen zu, die unter der Bedingung zu errechnen wären, daß die Hilfsvariable »Einfluß-Struktur« eine Abhängigkeit der Strategievariablen von der Strukturvariablen signalisiert. Hier war die Besetzung in der

---

[14] Vgl. Hunter/Schmidt (1990) S. 93 ff.

Tab. 4.4: Korrigierte Korrelation und Befund-Anteil der Zusammenhänge der Strategiemerkmale mit den Strukturmerkmalen unter Berücksichtigung der Abhängigkeit des Strukturmerkmales vom Strategiemerkmal

Strategie-merkmale		Strukturmerkmale												
		Formale Aspekte		Speziali-sierungs-charakter		Koordina-tions-charakter		Hierarchie-konfiguration		Grad der Entschei-dungszentra-lisation		Formalisie-rungs-/Stan-dardisierungs-grad		Typ der Organisa-tionsstruktur	
		r (Befund-Anteil)	$r_{Einfluß}$-Anteil	r (Befund-Anteil)	$r_{Einfluß}$-Anteil	r (Befund-Anteil)	$r_{Einfluß}$-Anteil	r (Befund-Anteil)	$r_{Einfluß}$-Anteil	r (Befund-Anteil)	$r_{Einfluß}$-Anteil	r (Befund-Anteil)	$r_{Einfluß}$-Anteil	r (Befund-Anteil)	$r_{Einfluß}$-Anteil
Rolle der Inter-aktion	reaktiv	0,14 39%	0,31 60%	0,21 63%	** **	0,15 43%	0,31 64%	0,25 43%	** **	-0,14 39%	-0,30 57%	0,12 36%	0,23 67%	0,19 56%	** **
	initiativ	0,15 35%	0,11 36%	0,20 47%	0,31 77%	0,12 37%	0,11 39%	0,06 18%	0,07 21%	-0,22 48%	-0,24 67%	0,08 35%	** **	0,20 47%	0,28 68%
Bewußt-seins-aspekt	ex post ermittelt	0,15 44%	0,20 65%	0,24 62%	** **	0,11 39%	0,21 70%	0,30 56%	** **	-0,11 45%	-0,20 68%	0,07 28%	** **	0,22 61%	0,24 71%
	ex ante geplant	0,12 34%	0,14 39%	0,24 48%	** **	0,12 37%	0,13 40%	0,07 23%	** **	-0,14 43%	-0,28 50%	0,10 36%	** **	0,14 48%	0,34 83%
Organisa-torischer Geltungs-bereich	Teilbereich	0,13 31%	0,13 43%	0,16 43%	** **	0,12 32%	0,13 56%	0,18 47%	** **	-0,12 33%	** **	0,11 25%	** **	0,17 36%	** **
	Unterneh-mung	0,14 45%	0,16 48%	0,25 58%	** **	0,11 41%	0,15 47%	0,07 21%	** **	-0,21 51%	-0,27 67%	0,08 40%	** **	0,24 59%	0,27 74%
Ressourcensteuerung		0,12 40%	0,16 46%	0,22 56%	** **	0,13 40%	0,18 62%	0,18 42%	** **	-0,15 49%	-0,16 67%	0,06 26%	** **	0,20 53%	0,21 71%
Gestaltung der Umweltabhängigkeit		0,14 35%	0,18 46%	0,17 47%	** **	0,14 36%	0,16 44%	0,07 40%	** **	-0,18 40%	-0,15 43%	0,08 32%	** **	0,15 47%	** **
Strat. Grund-haltung	innovativ	0,15 38%	0,10 36%	0,26 53%	** **	0,16 40%	0,12 53%	0,16 48%	** **	-0,18 42%	** **	0,14 31%	** **	0,12 50%	** **
Produkt/Markt-Kombi.	Diversifi-kation	0,15 47%	0,24 67%	0,30 71%	0,27 75%	0,10 38%	0,27 78%	0,37 57%	** **	-0,18 56%	-0,27 75%	0,04 15%	** **	0,28 68%	0,24 67%

Erläuterung: – r: korrigierte Korrelation über alle Effekte.
– $r_{Einfluß}$: korrigierte Korrelation über Effekte, bei denen ein Einfluß der Strategie auf die Struktur besteht.

Regel dermaßen gering, daß wir völlig darauf verzichtet haben, entsprechende Berechnungen vorzunehmen. Für das uns in diesem Zusammenhang besonders interessierende Strukturmerkmal »Formalisierungs-/Standardisierungsgrad« sind damit keine Aussagen darüber möglich, wie sich die Stärke des Zusammenhangs und besonders die Richtung des Zusammenhangs verändert, wenn ein Einfluß der Struktur auf die Strategie besteht. Die Tabelle 4.4 zeigt somit nur die entsprechenden korrigierten Korrelationen, soweit sich diese für eine Abhängigkeitsvermutung der Strukturvariable ergeben.

Die berechneten Korrelationen stützen unsere Einschätzung, die wir aufgrund der Befund-/Nicht-Befund-Klassifikation gewonnen haben. Immer dort, wo wir die Hypothese vom strategischen Imperativ nicht zurückweisen konnten, kommt es jetzt zu einer vom Betrag her höheren korrigierten Korrelation. Die Richtung der Zusammenhänge verändert sich nicht. Auf einen Vergleich der Korrelationskoeffizienten untereinander wollen wir verzichten, da zum einen Korrelationen keine Auskunft über die relative Stärke der Abhängigkeit liefern und zum anderen in ihnen keine Interaktionseffekte Berücksichtigung finden.

Die vorangegangenen Ausführungen haben gezeigt, daß sämtliche Hypothesen, die eine Abhängigkeit zwischen strategischen und strukturellen Komponenten unterstellen, zurückzuweisen sind, will man ihnen einen generellen Gültigkeitsbereich attestieren. Nur bei ganz bestimmten Strategie-Struktur-Kombinationen zeigen sich Abhängigkeiten. Folglich müssen wir zu weniger strengen Hypothesen übergehen, will man den Bereich erweitern, für den die Falsifikation scheitert. Es ist damit zu fragen, ob nicht möglicherweise eine bloße Zusammenhangsvermutung, wie sie Gegenstand der Fit-Hypothese ist, einer Zurückweisung widersteht.

C. Die Prüfung der Fit-Hypothesen

I. Allgemeine Überlegungen zur Hypothesenprüfung

a. Zur Prüfung der Fit-Annahme

Die entsprechend nächste Stufe im Gerüst unserer Hypothesen zum Strategie-Struktur-Zusammenhang (Abbildung 4.1) sind Hypothesen, die nicht mehr eine Abhängigkeit postulieren, sondern nur noch einen Zusammenhang. Sie sind demgemäß schwächer formuliert, da sie für Strategie- und Strukturkomponenten keine Festlegung mehr erfordern hinsichtlich der Frage, wer abhängige Größe und wer unabhängige Größe ist. In unserem Hypothesensystem sind dies die Fit-Hypothesen. Bei ihnen wird ein Zueinanderpassen von Strategie und Struktur postuliert. Der Fit-Gedanke kommt darin zum Ausdruck, daß unter erfolgswirtschaftlicher Perspektive nur bestimmte Ausprägungen der Strategie- und Strukturmerkmale zueinander passen. Die Prüfung der Fit-Hypothesen darf damit streng genommen nicht nur auf den Zusammenhang von Strategie und Struktur achten. Sie muß die identifizierten Zusammenhänge auch danach beurteilen, ob sie der Nebenbedingung der Erfolgssicherung genügen.

Leider sind wir mit unserer Untersuchung nur in der Lage, den Zusammenhangsaspekt zu beurteilen. Der Erfolgsaspekt entzieht sich unserer Analyse. Verantwortlich hierfür sind die veröffentlichten empirischen Ergebnisse, die die Grundlage unserer Re-Analyse darstellen. Prinzipiell wäre es denkbar Hilfsvariablen zu bilden, deren Aufgabe es ist, den Erfolg zu messen.[1] Die betrachteten Studien legen hierzu jedoch keine empirischen Ergebnisse vor.[2] In der Regel wird nur der Zusammenhang von Strategie und

---

[1] Da wir nicht in der Lage sind, eine Erfolgsbeurteilung durchzuführen, soll an dieser Stelle auch darauf verzichtet werden, eine Diskussion darüber zu führen, welcher Erfolgsbegriff einer solchen Analyse zugrundezulegen sei.

[2] Als Ausnahme sind lediglich die Studien von Gupta (1987) S. 477 und Miller (1988) S. 298 f. zu nennen. Bei ihnen wird explizit das Zueinanderpassen bestimmter Ausprägungen von Strategie- und Strukturmerkmalen unter erfolgswirtschaftlicher Perspektive gete-

Struktur geprüft, ohne den Erfolgsbezug zu berücksichtigen. Uns verbleibt also nur die Möglichkeit der Prüfung eines Zusammenhangs bestimmter Strategiemerkmale mit bestimmten Strukturmerkmalen. Wir meinen jedoch, auch hiermit unsere Fit-Hypothesen einer soliden Prüfung unterziehen zu können. Zum einen übernehmen wir damit die Sichtweise eines großen Teils der von uns integrierten Studien, die stillschweigend unterstellen, daß der jeweils identifizierte empirische Zusammenhang bestimmter Strategie- und Strukturaspekte auch gleichzeitig ein Zusammenhang ist, der dem Erfolgsanspruch genügt. Zum anderen kann man annehmen, daß überall dort, wo die Vermutung einer Abhängigkeit nicht zurückzuweisen ist, sich die unabhängige Größe nur solche Ausprägungen der abhängigen Größe »sucht«, die die Nebenbedingungen der Erfolgssicherung nicht verletzen. Die antizipierte Wirkung der Strategie- und Strukturwahl auf den Erfolg war Bestandteil mehrerer Modelle,[3] auf deren Grundlage wir die Abhängigkeitshypothesen spezifizierten. Wir wollen diese Überlegungen auch auf die Fit-Hypothese übertragen. Die antizipierte Erfolgswirkung wird auch hier dazu führen, daß nur solche Strategie-Struktur-Kombinationen zugelassen werden, die zumindest den Erfolg nicht in erheblichem Maße beeinträchtigen. Sicherlich läßt dieser von uns gewählte Weg der Prüfung einer Fit-Beziehung noch viele Fragen offen. So sind wir beispielsweise nicht in der Lage zu erkennen, ob eine bestimmte Strategie-Struktur-Kombination möglicherweise sowohl bei einer erfolgreichen als auch bei einer erfolglosen Unternehmung auftreten kann. Auch können wir nicht abschätzen, ob die Erfolgswirkung ihre Ursache im Fit von Strategie und Struktur besitzt oder ob andere Faktoren hierfür verantwortlich sind.

b. Zur Strenge des hypothetischen Schlusses

Zur Prüfung stehen die folgenden Hypothesen an:

– Fit-Hypothese 1: Der Zusammenhang von Strategie und Struktur läßt sich als Fit-Konstellation beschreiben. Eine Fit-Konstellation ist durch den Unternehmungserfolg als Ankervariable gekennzeichnet.
– Fit-Hypothese 2: Der Zusammenhang von Strategie und Struktur läßt sich als Fit-Konstellation beschreiben, wobei tendenziell von der Strategie eine einflußnehmende Wirkung auf die Struktur ausgeht. Eine Fit-Kon-

---

stet. Vgl. ferner Horovitz/Thietart (1982) S. 79, die entsprechende Prüfungen für eine Diversifikationsstrategie vornehmen.

[3] Vgl. z.B. Child (1972a) S. 16, Bourgeois/Astley (1979) S. 58 ff., Hoffmann (1981) S. 19 und Boschken (1990) S. 149.

stellation ist durch den Unternehmungserfolg als Ankervariable gekennzeichnet.

Wie unschwer zu erkennen ist, stellt die Fit-Hypothese 2 speziellere Anforderungen an den Strategie-Struktur-Zusammenhang als die Fit-Hypothese 1. Die Ausprägungen der Strategie- und Strukturmerkmale müssen unter Erfolgsgesichtspunkten zueinander passen, wobei von der tendenziellen Gültigkeit des strategischen Imperativs ausgegangen wird. Es stellt sich an dieser Stelle die Frage, ob denn die Fit-Hypothese 2 mit ihren Annahmen überhaupt über die von uns zuvor geprüften Hypothesen zum strategischen Imperativ hinausgeht. Besonders die Struktur-Folge-Hypothese wäre hier zu nennen. Unstrittig ist in der Regel die Tatsache, daß Autoren, die eine Struktur-Folge-Hypothese unterstellen, nicht von einem Fit sprechen. Sie unterstellen nicht explizit, daß nur bestimmte Ausprägungen der Strategie- und Strukturmerkmale zueinander passen, soll der Unternehmungserfolg nicht gefährdet werden. Nur bei einigen Modellen wird der Zusammenhang der Abhängigkeitsbeziehung von Strategie und Struktur zum Unternehmungserfolg ebenfalls berücksichtigt. Insbesondere wenn unterstellt wird, daß das Management derartige Erfolgswirkungen antizipiert und das Zielsystem des Managements determinierend auf die Strategiewahl und damit auch auf deren organisations-strukturelle Umsetzung wirkt, kann zumindest implizit von einem Fit gesprochen werden. Es wird das Management nur diejenigen Strategie-Struktur-Alternativen wählen, die dem eigenen Zielsystem nicht widersprechen. Dabei kann wohl davon ausgegangen werden, daß der Unternehmungserfolg, wenn nicht alleiniger Bestandteil, so doch zumindest ein Bestandteil des Zielsystems der Unternehmungsleitung ist. Vor dem Hintergrund dieser Überlegungen ist für die Fit-Hypothese 2 festzustellen, daß sie nur unwesentlich über die Hypothesen zum strategischen Imperativ hinausgeht. Nur der explizite Bezug zum Erfolg als Ankerpunkt für die Wahl der Strategie-Struktur-Alternativen beschreibt den Unterschied.

Im Rahmen unserer Hypothesenprüfung kann die Fit-Hypothese 2 somit nur in der Form geprüft werden, wie wir dies bereits bei den Hypothesen zum strategischen Imperativ durchgeführt haben. Es muß die Abhängigkeitsvermutung, soweit sie die Kombinationen unterschiedlicher Strategie- und Strukturmerkmale betrifft, einer Falsifikation widerstehen. Dabei ist das Strategiemerkmal die determinierende Größe und das Strukturmerkmal die determinierte Größe. Da sich eine Prüfung der Erfolgswirksamkeit unserer Re-Analyse entzieht, können wir folglich das Ergebnis der Hypothesenprüfung zum strategischen Imperativ für die Fit-Hypothese 2 übernehmen. Hinsichtlich des allgemeinen Gültigkeitsanspruches läßt sich für die Fit-Hypothese 2 ein klares Urteil fällen: Sie ist zurückzuweisen. Nur hinsichtlich bestimmter Strategie-Struktur-Kombinationen läßt sich die Fit-Hypothese 2 aufrecht erhalten. Ihr kommt dabei allerdings weniger Erklärungskraft zu, als der Strukturellen-Segregations-Hypothese. Wir können insofern an dieser Stelle die Prüfung der Fit-Hypothese 2 bereits beenden.

Die Fit-Hypothese 1 sowie die Strukturelle-Segregations-Hypothese sind hingegen kompatibel. Die dort aufgezeigten Abhängigkeiten sind als Spezialfall des Zusammenhangs von Strategie und Struktur zu verstehen. Im nächsten Schritt soll daher geprüft werden, ob die Fit-Hypothese 1 in Bereichen einer Falsifikation widersteht, für die es die Strukturelle-Segregations-Hypothese zurückzuweisen galt. Um dies zu prüfen, ist es jedoch in einem ersten Schritt notwendig, die entsprechenden studienübergreifenden Ergebnisse der Befund-/Nicht-Befund-Klassifikation sowie der quantitativen Metaanalyse über alle von uns untersuchten Strategie-Struktur-Kombinationen zu ermitteln.

II. Re-Analyse-Ergebnisse zum Zusammenhang von Strategie und Struktur

a. Die Ergebnisse der Befund-/Nicht-Befund-Klassifikation

Ausgangspunkt unserer Analyse ist die Analyseebene II, also die Klassifikation der einbezogenen empirischen Ergebnisse als Befunde oder Nicht-Befunde. Von den dort analysierten 734 Effekten klassifiziert der Nicht-Befund-Algorithmus 296 (40,3%) als Befunde und 438 (59,7%) als Nicht-Befunde. Für den Zusammenhang der Dimensionen des zugrunde gelegten Strategieverständnisses mit den einzelnen Strukturvariablen zeigen sich die folgenden Häufigkeiten der Befund-/Nicht-Befund-Klassifikation:

Zum besseren Verständnis der Tabelle 4.5 sei auch hier wieder eine Strategie-Struktur-Kombination detailliert erläutert. Der Zusammenhang des Strategieverständnis-Merkmals »Rolle der Interaktion« mit seiner Ausprägung »reaktiv« zu sämtlichen Strukturmerkmalen wird bei 84 Effekten als Befund klassifiziert. Dies sind 42% der Zusammenhangseffekte. Bei 117 Effekten führt die Klassifikation zu einem Nicht-Befund. Entsprechend sind dies die verbliebenen 58% der Effekte. Der Zusammenhang des Strukturmerkmals »formale Aspekte« mit sämtlichen Merkmalen des Strategieverständnisses wird in 229 Fällen als Befund klassifiziert, in 357 Fällen als Nicht-Befund. In Prozent sind dies 39% bzw. 61%. Der Zusammenhang der Strategieverständnis-Dimension »Rolle der Interaktion« mit der Auspra-

Tab. 4.5: Verteilung der Befund-/Nicht-Befund-Klassifikation der einbezogenen Zusammenhänge der Strukturmerkmale mit den Dimensionen des Strategieverständnisses

Strategie-merkmale (Verständnis)		Strukturmerkmale														Summe (Strategie-merkmal)	
		Formale Aspekte		Nicht formale Aspekte		Speziali-sierungs-charakter		Koordina-tions-charakter		Hierarchie-konfiguration		Grad der Entschei-dungszentra-lisation		Formalisie-rungs-/Stan-dardisierungs-grad		Typ der Organisa-tionsstruk-tur			
		Bef.	NB	Bef.	NB	Bef.	NB	Bef.	NB	Bef.	NB	Bef.	NB	Bef.	NB	Bef.	NB	Bef.	NB
Rolle der Interaktion	reaktiv	60 39%	95 61%	24 52%	22 48%	15 63%	9 37%	78 43%	105 57%	13 54%	11 46%	38 39%	59 61%	29 36%	52 64%	10 56%	8 44%	84 42%	117 58%
	initiativ	88 35%	167 65%	28 42%	38 58%	54 47%	62 53%	109 37%	189 63%	13 18%	60 82%	92 48%	101 52%	46 35%	84 65%	65 47%	73 53%	116 36%	205 64%
Zeit-Perspektive	kurz- + langfr.	36 40%	54 60%	12 34%	23 66%	20 50%	20 50%	43 37%	73 63%	4 24%	13 76%	23 37%	40 63%	25 47%	28 53%	16 44%	20 56%	48 38%	77 62%
	nur langfr.	132 40%	202 60%	29 51%	28 49%	65 59%	45 41%	138 40%	207 60%	18 49%	19 51%	107 49%	111 51%	35 26%	100 74%	67 56%	53 44%	161 41%	230 59%
Phasen-bezug	ohne Ziel-aspekt	0 **%	0 **%	0 **%	0 **%	0 **%	0 **%	0 **%	0 **%	0 **%	0 **%	0 **%	0 **%	0 **%	0 **%	0 **%	0 **%	0 **%	0 **%
	mit Ziel-aspekt	4 40%	6 60%	0 **%	2 **%	2 50%	2 50%	4 40%	6 60%	0 **%	2 **%	3 60%	2 40%	1 25%	3 75%	2 40%	3 64%	4 67%	8 33%
Bewußt-seins-aspekt	ex post ermittelt	128 44%	160 56%	19 42%	26 58%	87 62%	53 38%	105 39%	164 61%	10 56%	8 44%	83 45%	99 55%	23 28%	59 72%	85 61%	54 39%	147 44%	186 56%
	ex ante geplant	101 34%	197 66%	48 47%	55 53%	43 48%	47 52%	133 37%	231 63%	20 23%	68 77%	86 43%	113 57%	65 36%	115 64%	50 48%	55 52%	149 37%	252 63%
S u m m e (Strukturmerkmal)		229 39%	357 61%	67 45%	81 55%	130 57%	100 43%	238 38%	395 62%	30 28%	76 72%	169 44%	212 56%	88 34%	174 66%	135 55%	109 45%	296 40%	483 60%

Tab. 4.6: Verteilung der Befund-/Nicht-Befund-Klassifikation der einbezogenen Zusammenhänge der Strukturmerkmale mit den Dimensionen des Strategieinhalts

		Strukturmerkmale														Summe (Strategiemerkmal)	
		Formale Aspekte		Nicht formale Aspekte		Spezialisierungscharakter		Koordinationscharakter		Hierarchiekonfiguration		Grad der Entscheidungszentralisation		Formalisierungs-/Standardisierungsgrad		Typ der Organisationsstruktur			
Strategiemerkmale (Inhalt)		Bef.	NB	Bef.	NB	Bef.	NB	Bef.	NB	Bef.	NB	Bef.	NB	Bef.	NB	Bef.	NB	Bef.	NB
Organisatorischer Geltungsbereich	Teilbereich	64 29%	160 71%	31 44%	39 56%	13 43%	17 57%	83 32%	178 68%	14 47%	16 53%	47 33%	96 67%	28 25%	85 75%	13 36%	23 64%	95 32%	199 68%
	Unternehmung	165 45%	197 55%	36 46%	42 54%	117 58%	83 42%	155 41%	217 59%	16 21%	60 79%	122 51%	116 49%	60 40%	89 60%	122 59%	86 41%	201 46%	239 54%
Ressourcensteuerung		121 40%	182 60%	23 47%	26 53%	70 56%	56 44%	124 40%	185 60%	14 42%	19 58%	99 49%	104 51%	28 26%	80 74%	69 53%	61 47%	144 41%	208 59%
Gestaltung der Umweltabhängigkeit		79 35%	147 65%	26 45%	32 55%	23 47%	26 53%	90 36%	162 64%	16 40%	24 60%	63 40%	95 60%	36 32%	75 68%	28 47%	32 53%	105 37%	179 63%
Strategische Grundhaltung	innovativ	52 38%	86 62%	20 63%	12 37%	9 53%	8 47%	59 40%	87 60%	13 48%	14 52%	41 42%	56 58%	16 31%	36 69%	13 50%	13 50%	72 42%	98 58%
	risikofreudig	28 32%	59 68%	13 77%	4 23%	2 40%	3 60%	36 39%	56 61%	9 29%	22 71%	28 49%	29 51%	7 25%	21 75%	6 60%	4 40%	41 39%	63 61%
	sonstige	25 30%	59 70%	5 26%	14 74%	6 43%	8 57%	26 28%	67 72%	3 25%	9 75%	16 41%	23 59%	13 26%	37 74%	6 46%	7 54%	30 29%	73 71%
insgesamt*)		89 34%	171 66%	29 53%	26 47%	15 46%	18 54%	100 36%	176 64%	19 36%	35 65%	71 44%	90 56%	31 28%	81 72%	21 48%	23 52%	118 37%	197 63%

*) Bei einigen Strategie-Struktur-Zusammenhängen war es notwendig, sie sowohl als innovative Grundhaltung zu codieren als auch als risikofreudig. Demzufolge entspricht die Zeile »insgesamt« der Summe der Vercodungen jeweils bereinigt um ggf. aufgetretene Doppelvercodungen.

Fortsetzung Tabelle 4.6   Tab. 4.6: Verteilung der Befund-/Nicht-Befund-Klassifikation der einbezogenen Zusammenhänge der Strukturmerkmale mit den Dimensionen des Strategieinhalts

Strategiemerkmale (Inhalt)		Strukturmerkmale														Summe (Strategiemerkmal)	
		Formale Aspekte		Nicht formale Aspekte		Spezialisierungscharakter		Koordinationscharakter		Hierarchiekonfiguration		Grad der Entscheidungszentralisation		Formalisierungs-/Standardisierungsgrad		Typ der Organisationsstruktur			
		Bef.	NB	Bef.	NB	Bef.	NB	Bef.	NB	Bef.	NB	Bef.	NB	Bef.	NB	Bef.	NB	Bef.	NB
Wettbewerbsvorteile	kostenorientiert	16 38%	23 59%	6 40%	9 60%	7 64%	4 36%	22 45%	27 55%	0 **%	2 **%	7 35%	13 65%	17 55%	14 45%	4 57%	3 43%	22 41%	32 59%
	sonstige	37 37%	63 63%	4 31%	9 69%	18 51%	17 49%	37 35%	68 65%	3 50%	3 50%	28 42%	39 58%	14 27%	38 73%	17 47%	19 53%	41 36%	72 64%
	insgesamt	*53 38%*	*86 62%*	*10 36%*	*18 65%*	*25 54%*	*21 46%*	*59 38%*	*95 62%*	*3 38%*	*5 62%*	*35 40%*	*52 60%*	*31 37%*	*52 63%*	*21 49%*	*22 51%*	*63 38%*	*104 62%*
Produkt/Markt-Kombination	Diversifikation	92 47%	102 53%	14 45%	17 55%	74 71%	30 29%	64 38%	103 62%	8 57%	6 43%	52 51%	50 49%	9 15%	51 85%	68 68%	32 32%	106 47%	119 53%
	Akquisition	4 50%	4 50%	0 **%	0 **%	2 40%	3 60%	4 50%	4 50%	0 **%	0 **%	4 50%	4 50%	2 67%	1 33%	2 40%	3 60%	4 50%	4 50%
	sonstige	19 48%	21 52%	8 57%	6 43%	24 51%	23 49%	27 51%	26 49%	0 **%	1 **%	26 53%	23 47%	8 53%	7 47%	25 50%	25 50%	27 50%	27 50%
	insgesamt	*115 48%*	*127 52%*	*22 49%*	*23 51%*	*100 64%*	*56 36%*	*95 42%*	*133 58%*	*8 53%*	*7 47%*	*82 52%*	*77 48%*	*19 24%*	*59 76%*	*95 61%*	*60 39%*	*137 48%*	*150 52%*
Sonstige strategische Inhalte		8 18%	36 82%	8 44%	10 56%	2 **%	0 **%	15 25%	45 75%	4 19%	17 81%	4 24%	13 76%	4 40%	6 60%	5 **%	0 **%	16 26%	46 74%
S u m m e (Strukturmerkmal)		229 39%	357 61%	67 45%	81 55%	130 57%	100 43%	238 38%	395 62%	30 28%	76 72%	169 44%	212 56%	88 34%	174 66%	135 55%	109 45%	296 40%	483 60%

gung »reaktiv« und dem Strukturmerkmal »formale Aspekte« wird bei 60 Effekten als Befund klassifiziert und bei 95 als Nicht-Befund. Die Nicht-Befunde dominieren also auch hier die Befunde mit 61% zu 39%.

Die Ergebnisse der Befund-/Nicht-Befund-Klassifikation für den Zusammenhang der Dimensionen des Strategieinhalts mit den Strukturmerkmalen zeigt Tabelle 4.6.

Mit den Ergebnissen der Befund-/Nicht-Befund-Klassifikation wären wir damit in der Lage, unsere Fit-Hypothese zu prüfen. Wir wollen dies einstweilen jedoch noch unterlassen und uns noch einem weiteren Ergebnis unserer Re-Analyse zuwenden, den Ergebnissen der quantitativen Metaanalyse. Im Gegensatz zu den Abhängigkeitshypothesen, bei denen wir nicht in der Lage waren, die Stärke der Abhängigkeit zu quantifizieren, ist es uns jetzt möglich, die Stärke des Zusammenhangs zu bestimmen, da wir mit unserer Analyseebene III die jeweils publizierten Korrelationskoeffizienten betrachten. Der Vergleich der Ergebnisse der Befund-/Nicht-Befund-Klassifikation mit den Ergebnissen der quantitativen Metaanalyse erlaubt uns ferner eine Einschätzung darüber, wann von einer nachhaltigen Effektstärke gesprochen werden kann. Sie bezeichnet diejenige studienübergreifende Stärke der Korrelation, die sich bei Dominanz des Befund-Anteils ergibt.

b. Die Ergebnisse der quantitativen Metaanalyse

Für die Berechnung der Stärke der studienübergreifenden Zusammenhangseffekte wählen wir wiederum die bereits weiter oben vorgestellte Vorgehensweise, die sich an derjenigen von Hunter und Schmidt orientiert.[4] Die folgende Tabelle 4.7 weist die durchschnittlichen mit der jeweiligen Stichprobengröße gewichteten Korrelationskoeffizienten sowie die dazugehörige Varianz aus. Zu berücksichtigen ist, daß aufgrund der mangelhaften Datenqualität die Zahl der Effekte im Rahmen der quantitativen Metaanalyse bedeutend kleiner ist als bei der Befund-/Nicht-Befund-Klassifikation. Wir betrachten hier unsere Analyseebene III, d.h. nur noch 641 der ursprünglich analysierten 734 Strategie-Struktur-Effekte.

Für die Dimension des Phasenbezugs haben wir aufgrund der geringen Effektzahl bei den einzelnen Strategie-Struktur-Kombinationen keine Berechnungen vorgenommen.

Bereits ein erster Blick auf die berechneten Korrelationskoeffizienten wirft ein Problem auf: Wie ist die Stärke der einzelnen Korrelationen zu be-

---

[4] Vgl. Hunter/Schmidt (1990) S. 93 ff.

Tab. 4.7: Korrigierte Korrelation und Varianz der Zusammenhänge der Strukturmerkmale mit den Dimensionen des Strategieverständnisses

Strategiemerkmale (Verständnis)		Formale Aspekte		Nicht formale Aspekte		Spezialisierungscharakter		Koordinationscharakter		Hierarchiekonfiguration		Grad der Entscheidungszentralisation		Formalisierungs-/Standardisierungsgrad		Typ der Organisationsstruktur	
		r	σ^2	r	σ^2	r	σ^2	r	σ^2	r	σ^2	r	σ^2	r	σ^2	r	σ^2
Rolle der Interaktion	reaktiv	0,14	0,04	0,20	0,03	0,21	0,05	0,15	0,04	0,25	0,06	-0,14	0,04	0,12	0,03	0,19	0,04
	initiativ	0,15	0,06	0,16	0,07	0,20	0,09	0,12	0,05	0,06	0,03	-0,22	0,08	0,08	0,04	0,20	0,08
Zeitperspektive	kurz- + langfr.	0,12	0,05	0,14	0,02	0,12	0,07	0,12	0,04	0,12	0,06	-0,10	0,05	0,15	0,05	0,10	0,06
	nur langfr.	0,13	0,05	0,21	0,03	0,28	0,08	0,12	0,05	0,21	0,05	-0,18	0,08	0,06	0,02	0,25	0,08
Bewußtseinsaspekt	ex post ermittelt	0,15	0,06	0,11	0,04	0,24	0,08	0,11	0,06	0,30	0,04	-0,11	0,07	0,07	0,04	0,22	0,08
	ex ante geplant	0,12	0,04	0,16	0,04	0,24	0,07	0,12	0,04	0,07	0,04	-0,14	0,08	0,10	0,04	0,14	0,10

werten? Wir stehen vor dem bereits oben diskutierten Problem, ab welcher Effektstärke von einem nachhaltigen Effekt gesprochen werden kann. Hierauf gibt die quantitative Metaanalyse keine Antwort. Der Großteil der Korrelationen schwankt, wenn sie sich nicht dem Wert Null nähern, vom Betrag her zwischen $|r| = 0{,}10$ und $|r| = 0{,}30$. Kann hier bereits von einem nachhaltigen Effekt gesprochen werden? Zum Vergleich ziehen wir unsere Befund-/Nicht-Befund-Klassifikation der Tabelle 4.5 heran, die allerdings eine größere Anzahl von Effekten (Analyseebene II) berücksichtigt. Wie man aus dem Vergleich relativ leicht ersehen kann, führt eine Korrelation von größer als $|r| = 0{,}20$ dazu, daß die Befund-Klassifikation die Nicht-Befund-Klassifikation dominiert bzw. beide Gruppen in etwa gleich stark sind. Leider gibt es auch einige wenige Kombinationen, bei denen die Befund-/Nicht-Befund-Klassifikation und die Ergebnisse der quantitativen Metaanalyse auseinanderfallen. Zur besseren Übersicht haben wir diese Fälle in der folgenden Tabelle 4.8 gegenübergestellt.

Als Ursache für die Unterschiede vermuten wir die im Rahmen der metaanalytischen Berechnung durchgeführte Gewichtung um die hinter der Korrelation stehende Stichprobengröße. Eine derartige Korrektur kann insbesondere bei der Einbeziehung einer geringen Anzahl von Korrelationen zu einer erheblichen Verzerrung führen, wenn der Stichprobenumfang sehr unterschiedlich ist.

In der Tat sind diejenigen Kombinationen, bei denen es zu einem Auseinanderfallen unserer Ergebnisse kommt, durch eine relativ geringe Häufigkeit gekennzeichnet. Dies hat zur Folge, daß beim Auftreten eines Effektes, der aus einer vergleichsweise umfangreichen Stichprobe stammt und dessen Wert von der durchschnittlichen Korrelation erheblich abweicht, die gewichtete Korrelation über- oder unterschätzt wird, im Verhältnis zu unserer Befund-/Nicht-Befund-Klassifikation. Um die Tragweite dieses Einflusses abzuschätzen, haben wir diejenigen Korrelationskoeffizienten, die wir in der vorangegangenen Tabelle als Grund für die Abweichung identifiziert haben, bei einer abermaligen Berechnung der studienübergreifenden Korrelation ausgeschlossen. Die sich dann ergebenden Werte boten keinen Anlaß mehr dafür, von einem Auseinanderfallen von Metaanalyse-Ergebnis und Befund-/Nicht-Befund-Klassifikation zu sprechen.

Vor dem Hintergrund einer derartigen Abweichung, die, und dies sollte bei der Beurteilung sicherlich berücksichtigt werden, nur bei fünf von 48 der soeben betrachteten Strategie-Struktur-Kombinationen auftritt, erhebt sich die Frage, welches Ergebnis ein größeres Maß an Validität besitzt. Da die Ergebnisse der Befund-/Nicht-Befund-Klassifikation – im Gegensatz zu denen der quantitativen Metaanalyse – keinem Gewichtungseinfluß ausgesetzt

Tab. 4.8: Strategie-Struktur-Kombinationen, bei denen Ergebnisse der Befund-/Nicht-Befund-Klassifikation und der quantitativen Metaanalyse auseinanderfallen

Strategie-variable	Struktur-variable	Ergebnis-klassifikation		gewichtete metaanalyt. Korrelation	Anzahl der Korr.	Stichproben-umfang der Metaanalyse	durchschn. Stichproben-umfang	Spannweite des Stichpro-benumfangs	Erklärung der Abweichung
		Bef.	NB.						
Rolle der Interaktion – reaktiv	Typ der Organisations-struktur	56%	44%	0,19	16	1431	89,4	18 bis 288	2 Korr. mit n = 288 besitzen relativ geringe Effektstärken
Rolle der Interaktion – initiativ	Spezialisierungs-charakter	47%	53%	0,20	84	5371	63,9	18 bis 570	5 Korr. mit n = 288/570 besitzen relativ hohe positive Effektstärken
Rolle der Interaktion – initiativ	Typ der Organisations-struktur	47%	53%	0,20	103	6476	62,9	18 bis 570	5 Korr. mit n = 288/291/570 besitzen rel. hohe positive Effektstärken
Zeit-Perspektive – ku+la	Spezialisierungs-charakter	50%	50%	0,12	40	3454	86,4	18 bis 288	2 Korr. mit n = 288 besitzen relativ hohe negative Effektstärken
Bewußtseins-aspekt – ex ante	Spezialisierungs-charakter	48%	52%	0,24	83	4953	59,7	18 bis 570	3 Korr. mit n = 200/229/570 besitzen rel. hohe positive Effektstärken

sind, wollen wir uns bei diesen fünf ausgewiesenen Zusammenhangseffekten in erster Linie an den Ergebnissen der Befund-/Nicht-Befund-Klassifikation orientieren. Andernfalls bekämen die Ergebnisse einer Einzelstudie vor dem Hintergrund der relativ geringen Zahl der einbezogenen Effekte ein zu großes Gewicht.

Verlassen wir nun diejenigen Ergebnisse, die im Gegensatz zur Befund-/Nicht-Befund-Klassifikation stehen, und wenden uns denjenigen zu, bei denen keine Gegensätze auftraten. Es läßt sich ein Ergebnis relativ klar formulieren:

Immer dann, wenn ein Befund dominiert, nimmt der metaanalytische Effekt eine Stärke von $|r| \geq 0{,}20$ an. Korrelationen, die unter $|r| = 0{,}20$ bleiben, lassen sich in der Regel als Nicht-Befunde klassifizieren.

Ergänzend sei aber noch auf ein weiteres Ergebnis hingewiesen: Bei sämtlichen Kombinationen mit dem Strukturmerkmal »Grad der Entscheidungszentralisation« weisen die metaanalytischen Korrelationen ein negatives Vorzeichen auf. Dominiert bei einer derartigen Kombination der Befund-Anteil, so bedeutet dies, daß bei Vorliegen eines entsprechenden Strategieverständnisses hiermit eine verstärkte Dezentralisierung der Entscheidungskompetenz einhergeht. Wir wollen auch dies als Ergebnis festhalten:

Bei sämtlichen Kombinationen der Strategieverständnis-Dimensionen zu den Strukturmerkmalen ist die Richtung des Zusammenhangs positiv. Eine Ausnahme bildet das Strukturmerkmal »Grad der Entscheidungszentralisation«. Hier zeigt sich durchgängig ein negativer Zusammenhang.

Wenden wir uns nun den Ergebnissen der quantitativen Metaanalyse zu, die die Zusammenhänge zwischen den unterschiedlichen Strategieinhalten und den Strukturmerkmalen charakterisieren. Die folgende Tabelle 4.9 zeigt die entsprechenden gewichteten Korrelationen mit den dazugehörigen Varianzen.

Leider zeigen sich auch hier Abweichungen zu den Ergebnissen der Befund-/Nicht-Befund-Klassifikation. Unproblematisch und leicht zu erklären sind dabei die Unterschiede, die sich in der Zeile »sonstige strategische Inhalte« ergeben. Da es sich hierbei um eine Sammelkategorie handelt, ist es nicht möglich, die einbezogenen Korrelationen hinsichtlich ihrer Vorzeichen einheitlich zu codieren. Sie werden so übernommen, wie sie publiziert werden. Damit führt die überproportionale Summation von positiven und negativen Korrelationen dazu, daß sich überwiegend Korrelationen ergeben, deren Wert sich Null annähert. Zur Überprüfung haben wir alternativ die gewichteten Korrelationen abermals errechnet, dort aber nur den Betrag der

Tab. 4.9: Korrigierte Korrelation und Varianz der Zusammenhänge der Strukturmerkmale mit den Dimensionen des Strategieinhalts

Strategiemerkmale (Inhalt)		Strukturmerkmale													
		Formale Aspekte		Nicht formale Aspekte		Spezialisierungscharakter		Koordinationscharakter		Hierarchiekonfiguration		Grad der Entscheidungszentralisation		Formalisierungs-/Standardisierungsgrad		Typ der Organisationsstruktur
		r	σ²	r	σ²	r	σ²	r	σ²	r	σ²	r	σ²	r	σ²	r	σ²
Organisatorischer Geltungsbereich	Teilbereich	0,13	0,05	0,16	0,02	0,16	0,04	0,12	0,03	0,18	0,03	-0,12	0,05	0,11	0,04	0,17	0,06
	Unternehmung	0,14	0,06	0,18	0,06	0,25	0,07	0,11	0,06	0,07	0,03	-0,21	0,08	0,08	0,04	0,24	0,08
Ressourcensteuerung		0,12	0,06	0,15	0,05	0,22	0,09	0,13	0,06	0,18	0,03	-0,15	0,08	0,06	0,02	0,20	0,09
Gestaltung der Umweltabhängigkeit		0,14	0,06	0,06	0,09	0,17	0,07	0,14	0,04	0,07	0,03	-0,18	0,09	0,08	0,04	0,15	0,08
Strategische Grundhaltung	innovativ	0,15	0,05	0,27	0,03	0,26	0,08	0,16	0,04	0,16	0,05	-0,18	0,05	0,14	0,03	0,12	0,08
	risikofreudig	0,10	0,03	0,30	0,03	**	**	0,14	0,04	0,07	0,03	-0,20	0,04	0,06	0,03	0,36	0,01
	sonstige	0,10	0,04	0,00	0,04	0,12	0,05	0,06	0,04	0,18	0,01	-0,06	0,06	0,06	0,03	0,17	0,03
insgesamt		*0,12*	*0,04*	*0,22*	*0,03*	*0,14*	*0,05*	*0,11*	*0,04*	*0,15*	*0,05*	*-0,15*	*0,06*	*0,09*	*0,03*	*0,23*	*0,06*

Fortsetzung nächste Seite

Fortsetzung Tabelle 4.9
Tab. 4.9: Korrigierte Korrelation und Varianz der Zusammenhänge der Strukturmerkmale mit den Dimensionen des Strategieinhalts

Strategiemerkmale (Inhalt)		Formale Aspekte		Nicht formale Aspekte		Spezialisierungscharakter		Koordinationscharakter		Hierarchiekonfiguration		Grad der Entscheidungszentralisation		Formalisierungs-/Standardisierungsgrad		Typ der Organisationsstruktur	
		r	σ^2	r	σ^2	r	σ^2	r	σ^2	r	σ^2	r	σ^2	r	σ^2	r	σ^2
Wettbewerbsvorteile	kostenorientiert	0,13	0,08	0,11	0,03	0,22	0,01	0,14	0,06	**	**	-0,13	0,08	0,23	0,06	0,20	0,02
	sonstige	0,11	0,04	0,15	0,01	0,24	0,07	0,10	0,03	**	**	-0,13	0,05	0,06	0,02	0,19	0,05
	insgesamt	*0,11*	*0,05*	*0,13*	*0,02*	*0,18*	*0,07*	*0,12*	*0,04*	**	**	*-0,13*	*0,06*	*0,10*	*0,04*	*0,17*	*0,05*
Produkt/Markt	Diversifikation	0,15	0,05	0,11	0,05	0,30	0,07	0,10	0,05	0,37	0,05	-0,18	0,08	0,04	0,01	0,28	0,07
	Akquisition	0,21	0,16	**	**	**	**	0,21	0,16	**	**	-0,21	0,16	**	**	**	**
Kombination	sonstige	0,12	0,05	0,37	0,04	0,21	0,05	0,14	0,06	**	**	-0,21	0,04	0,23	0,04	0,21	0,04
	insgesamt	*0,14*	*0,06*	*0,22*	*0,03*	*0,23*	*0,09*	*0,12*	*0,05*	*0,29*	*0,01*	*-0,18*	*0,08*	*0,05*	*0,02*	*0,30*	*0,05*
Sonstige strategische Inhalte		0,06	0,03	0,09	0,03	**	**	0,07	0,03	0,01	0,03	-0,06	0,03	0,08	0,03	0,14	0,09

Korrelation berücksichtigt. Die sich dann ergebenden Werte verändern sich in Richtung der Ergebnisse der Befund-/Nicht-Befund-Klassifikation. Die Beträge der korrigierten Korrelationen erhöhen sich leicht auf Größenordnungen, die im Bereich von $|r| = 0{,}10$ liegen. Da wir im weiteren Verlauf der Untersuchung die Ergebnisse der Kategorie »sonstige strategische Inhalte« nicht betrachten wollen, haben wir darauf verzichtet, diese nachträglich berechneten Werte ebenfalls im Detail auszuweisen.

Wir möchten diese Erkenntnis jedoch als ein eher methodisches Ergebnis festhalten:

Werden korrigierte Korrelationen über Merkmale berechnet, deren Meßdimension nicht in einer einheitlichen Art und Weise festgelegt ist, so ist dieses Verfahren wenig geeignet, studienübergreifende Effekte zu berechnen. In einem solchen Fall bietet sich die Befund-/Nicht-Befund-Klassifikation als leistungsstarke Alternative an.

Vergleicht man die übrigen errechneten Korrelationen mit den Ergebnissen der Befund-/Nicht-Befund-Klassifikation, so zeigt sich bei den überwiegenden Strategie-Struktur-Kombinationen eine weitgehende Übereinstimmung der Ergebnisse. Von insgesamt 120 Kombinationsmöglichkeiten lassen sich nur bei sieben Abweichungen identifizieren. Auch hier haben wir diese Kombinationen nochmals in einer separaten Tabelle auf Seite 210 zusammengestellt.

Das metaanalytische Ergebnis reagiert relativ sensitiv auf »Ausreißer«, wenn diese einer vergleichsweise großen Stichprobe entstammen und die Anzahl der einbezogenen Korrelation nicht zu groß ist. Wir wollen auch hier analog zu unserer Vorgehensweise weiter oben diese metaanalytischen Korrelationen nur eingeschränkt zur inhaltlichen Interpretation heranziehen und uns in erster Linie an den Ergebnissen der Befund-/Nicht-Befund-Klassifikation orientieren. Allenfalls die Kombination »Produkt/Markt-Kombination (insgesamt)« mit »Grad der Entscheidungszentralisation« könnte hier noch eine Ausnahme bilden, da ihre Korrelation nicht die Effektstärke annimmt, die gewöhnlich bei der Dominanz der Befund-Klassifikation auftritt. Allerdings liegt sie nur geringfügig unter der von uns als kritisch ermittelten Grenze von $|r| = 0{,}20$.

Neben der Analyse aufgetretener Abweichungen zwischen den Ergebnissen der Befund-/Nicht-Befund-Klassifikation und der quantitativen Metaanalyse ist eine im Vergleich zur Befund-/Nicht-Befund-Klassifikation weitergehende Interpretation der Ergebnisse erst dann sinnvoll, wenn geprüft wurde, ob die gewonnenen Ergebnisse sich als stabil hinsichtlich der Variation bestimmter studienübergreifender Einflußfaktoren erweisen.

Tab. 4.10: Strategie-Struktur-Kombinationen, bei denen Ergebnisse der Befund-/Nicht-Befund-Klassifikation und der quantitativen Metaanalyse auseinanderfallen

Strategie-variable	Struktur-variable	Ergebnis-klassifikation Bef.	Ergebnis-klassifikation NB.	gewichtete metaanalyt. Korrelation	Anzahl der Korr.	Stichproben-umfang der Metaanalyse	durchschn. Stichproben-umfang	Spannweite des Stichpro-benumfangs	Erklärung der Abweichung
Gestaltung der Umwelt-abhängigkeit	nicht formale Aspekte	45%	55%	0,06	54	3358	62,2	15 bis 110	5 Korr. mit n = 110 besitzen relativ geringe Effektstärken
Gestaltung der Umwelt-abhängigkeit	Hierarchie-konfiguration	36%	64%	0,07	36	2551	70,1	18 bis 110	5 Korr. mit n = 97 besitzen relativ hohe negative Effektstärken
Strategische Grundhaltung - sonstige	nicht formale Aspekte	26%	74%	0,00	17	1778	104,6	18 bis 110	2 Korr. mit n = 110 besitzen relativ hohe negative Effektstärken
Strategische Grundhaltung - sonstige	Hierarchie-konfiguration	25%	75%	0,18	9	846	94,0	18 bis 110	2 Korr. mit n = 110 besitzen relativ hohe positive Effektstärken
Strategische Grundhaltung - insgesamt	Typ der Organisations-struktur	48%	52%	0,23	33	2469	74,8	18 bis 288	3 Korr. mit n = 103/170 besitzen relativ hohe positive Effektstärken
Wettbewerbs-vorteile - kostenorient.	Typ der Organisations-struktur	57%	43%	0,20	7	635	90,7	85 bis 113	1 Korr. mit n = 113 besitzt eine rel. hohe positive Effektstärke
Produkt/Markt-Kombination - insgesamt	Grad der Entschei-dungszentralisa-tion	52%	48%	-0,18	107	9924	92,7	18 bis 570	4 Korr. mit n = 113 besitzen relativ hohe negative Effektstärken

Ferner können wir auch hier wieder feststellen, daß sämtliche Kombinationseffekte zum Strukturmerkmal »Grad der Entscheidungszentralisation« ebenfalls, wie schon bei den Variablen der strategischen Verständnisdimensionen, ein negatives Vorzeichen aufweisen. Die Deutlichkeit, mit der dies zu verzeichnen ist, läßt uns annehmen, daß die negative Richtung des Zusammenhangs auch hier von nachhaltigem Bestand ist.

III. Re-Analyse-Ergebnisse zum Zusammenhang von Strategie und Struktur unter Berücksichtigung moderierender Variablen

a. Die Identifikation moderierender Variablen

Im Zuge der quantitativen Metaanalyse wurden Kennziffern berechnet, die eine Antwort auf die Frage geben sollen, ob eine Suche nach moderierenden Variablen angezeigt ist oder nicht. Wir haben diese im Rahmen der Entwicklung unserer Nicht-Befund-Analyse vorgestellt. Für jede der oben präsentierten korrigierten Korrelationen wurden entsprechende Prüfungen durchgeführt. Die bei der überwiegenden Anzahl der Strategie-Struktur-Kombinationen ermittelten Prüfgrößen signalisierten, daß eine weitere Suche nach Moderatoren notwendig erscheint. Da die genauen Werte dieser Indikatoren für die weitere Vorgehensweise von keinem Interesse sind, haben wir darauf verzichtet, diese hier auszuweisen.

Auf ihren moderierenden Effekt hin haben wir folgende Merkmale untersucht: Das Jahr der Erhebung, die Art der Erhebung, die Art des Zusammenhangsmaßes, die Frage, ob eine Konstruktbildung bei der Strategie- oder bei der Strukturvariablen vorlag, und die Frage, ob der Zusammenhang von Strategie und Struktur im Forschungsfokus der jeweils integrierten Studie lag oder nicht. Von diesen Merkmalen zeigt nur die Variable »Forschungsfokus« einen nachhaltigen Einfluß auf die Ergebnisse der Befund-/Nicht-Befund-Klassifikation. Von den 84 untersuchten Strategie-Struktur-Kombinationen ergeben sich bei 35 signifikante Unterschiede in der Häufigkeitsverteilung der Befund-/Nicht-Befund-Klassifikation. Es läßt sich damit als Ergebnis unserer Moderatorenanalyse festhalten:

Die Klassifikation empirischer Ergebnisse als Befund oder Nicht-Befund ist nicht unabhängig von dem Umstand, ob die Analyse des Zusammenhangs von Strategie und Struktur primäres Analyseziel der jeweiligen Untersuchung war oder nicht.

Dieses Ergebnis wirft nun jedoch zahlreiche Fragen für die weitere Re-Analyse auf:

(i) Ist es überhaupt zulässig, Studien, die den Strategie-Struktur-Zusammenhang nicht als Forschungsfokus gewählt haben, in die Re-Analyse einzubeziehen, da sie unter Umständen die einzelnen Effekte nicht sachgerecht gemessen haben? Dies hätte zur Konsequenz, daß wir die überwiegende Zahl unserer Effekte von der Re-Analyse ausschließen müßten. Von den 734 Effekten entstammen nur 277 (37,7%) aus Untersuchungen, die den Strategie-Struktur-Zusammenhang explizit als Forschungsfokus gewählt haben.

(ii) Umgekehrt kann man jedoch auch vermuten, daß immer dann, wenn der Forschungsfokus auf dem Strategie-Struktur-Zusammenhang lag, eine Vorgehensweise bei der Messung und Auswertung gewählt wurde, die möglichst einen Befund im Ergebnis zeigt.

(iii) Wieso zeigen sich derartige Einflüsse nicht gleichmäßig über alle untersuchten Strategie-Struktur-Effekte, sondern treten bei bestimmten Kombinationsarten gehäuft auf? Bei den Strategiemerkmalen »Rolle der Interaktion (initiativ)«, »organisatorischer Geltungsbereich (Teilbereich)«, »Gestaltung der Umweltabhängigkeit« und »strategische Grundhaltung (innovativ)« ist so gut wie kein Einfluß feststellbar. Dies gilt auch für das Strukturmerkmal »Spezialisierungscharakter«.

Ein solcher Fragenkatalog ist sicherlich nicht erschöpfend. Auch sollen an dieser Stelle hierauf keine Antworten gegeben werden. Wir ziehen lediglich die Konsequenz, daß es notwendig erscheint, sämtliche Strategie-Struktur-Effekte hinsichtlich des Einflußfaktors »Forschungsfokus« neu zu berechnen, um so gegebenenfalls Einflüsse auf die Klassifikation und damit die Beurteilung unserer Strategie-Struktur-Hypothesen zu erkennen.

b. Der Strategie-Struktur-Zusammenhang unter Berücksichtigung des Einflusses der Variablen »Forschungsfokus«

Grundsätzlich stellt sich die Frage, wie Ergebnisse zu interpretieren sind, bei denen sich ein Einfluß der Variablen »Forschungsfokus« feststellen läßt. Die in der Literatur oft geäußerte Vermutung, daß die Motivlage empirisch Forschender in Richtung auf die Generierung signifikanter Ergebnisse weist, hat sich auch in unserer Re-Analyse gezeigt. Liegt der Strategie-Struktur-Zusammenhang im Forschungsfokus, so kommt es signifikant häufiger zum Ausweis eines Befundes. Letztendlich würde eine derartige Vermutung jedoch dazu führen, das jeweils präsentierte empirische Ergebnis zu diskreditieren, ein Ansinnen, welches uns fern liegt. Nichtsdestoweniger hat dieses

Ergebnis für die metaanalytische Betrachtung zur Folge, daß das tendenzielle Übergewicht des Ausweises signifikanter Ergebnisse dazu führt, daß insbesondere unsere Befund-/Nicht-Befund-Klassifikation gegebenenfalls von Verzerrungen in Richtung auf einen zu hohen Befund-Anteil betroffen ist. Die Klassifikation orientiert sich in erster Linie am jeweils ausgewiesenen Signifikanzniveau. Entsprechend anfällig ist unsere Klassifikation für empirische Ergebnisse, die auf Signifikanz »getrimmt« wurden. Diese Anfälligkeit kann sich jedoch auch als Stärke erweisen. Immer dann, wenn unser Nicht-Befund-Algorithmus ein Ergebnis studienübergreifend als Nicht-Befund klassifiziert und diese Klassifikation auch stabil bleibt bei Studien, bei denen der zu untersuchende Sachverhalt im Fokus der Forschungsbemühungen steht, können wir relativ sicher sein, daß wir bei einer Nicht-Befund-Interpretation keine Artefaktinterpretation vornehmen. Demzufolge müßte ein Befund, welcher sich nicht nur dort ergibt, wo der Strategie-Struktur-Zusammenhang im Forschungsfokus der jeweiligen Untersuchung liegt, sondern auch in der Re-Analyse-Stichprobe insgesamt, ebenfalls als stabil bezeichnet werden.

Die bereits oben angesprochenen Abweichungen, die sich zwischen den klassifizierten Befund-Anteilen und den errechneten korrigierten Korrelationen ergeben, erschweren jedoch stellenweise eine eindeutige Klassifikation. Die folgende Abbildung 4.12 (S. 214) will dies verdeutlichen.

Bei der Stärke der Korrelationen wollen wir zwischen niedrig und hoch unterscheiden, wobei wir eine Stärke von | r | ≥ 0,2 als Grenze wählen. Dies hat sich in unserer Analyse über alle Strategie-Struktur-Effekte als eine Stärke erwiesen, ab der sich eine Befund-Dominanz zeigt. Selbstverständlich kann eine solche Grenze nicht als allgemeingültig definiert werden. Wir verweisen hier nur auf die weiter oben geführte Diskussion der Frage, ab welcher Stärke man für den Zusammenhang von Strategie und Struktur von einem nachhaltigen Effekt sprechen kann. Bereits dort ließ sich diese Frage nicht eindeutig beantworten. Wir hatten uns deshalb in unserer Nicht-Befund-Analyse für einen formal bestimmten Wert von | r | ≥ 0,3 entschieden. Jedoch zeigen unsere Re-Analyse-Ergebnisse, daß anscheinend für den von uns untersuchten Zusammenhang von Strategie und Struktur dieser Wert zu hoch ist. Würden wir die Grenze | r | ≥ 0,3 beibehalten, so hätte dies zur Folge, daß so gut wie keine Effekte von uns als nachhaltig zu klassifizieren wären. Die vergleichsweise geringe Stärke des korrelativen Effekts verwundert, wenn man die Literatur betrachtet, die sich stellenweise doch sehr nachdrücklich für einen entsprechenden Zusammenhang von Strategie und Struktur ausspricht. Man sollte insofern schon erwarten, daß die studienübergreifenden Korrelationen einen höheren Wert annehmen.

214 4. Teil · Prüfung eines Hypothesensystems zum Strategie-Struktur-Zusammenhang

Abb. 4.2: Klassifikationsschema zur Beurteilung des Einflusses der Moderatorvariable »Forschungsfokus«

Re-Analyse-Ergebnis über alle Effekte			Re-Analyse-Ergebnis bei vorhandenem Forschungsfokus			
			Nicht-Befund		Befund	
			niedrige Korr.	hohe Korr.	niedrige Korr.	hohe Korr.
Nicht-Befund	niedrige Korr.		NB	NB	NB	
	hohe Korr.		NB	NB		Bef.
Befund	niedrige Korr.		NB		Bef.	Bef.
	hohe Korr.			Bef.	Bef.	Bef.

C. Die Prüfung der Fit-Hypothesen

Kommen wir zurück zur Abbildung 4.2, so sind ein Großteil der Fälle eindeutig als Befund oder Nicht-Befund zu klassifizieren. Hier stimmen die Klassifikationsergebnisse überein. Dort wo die Re-Analyse-Ergebnisse – je nachdem, ob der Einfluß des Forschungsfokus berücksichtigt wird – unterschiedlich in ihrer Klassifikation sind, orientieren wir uns am Wert der studienübergreifenden Korrelation. Weist die Korrelation einen niedrigen Wert auf, so sprechen wir von einem Nicht-Befund, im umgekehrten Fall von einem Befund. Problematisch ist die Klassifikation bei den grau hinterlegten Feldern. Hier fällt je nach Analyse nicht nur die Befund-/Nicht-Befund-Klassifikation unterschiedlich aus, sondern auch der Wert der errechneten Korrelation. Es erscheint uns insofern nicht angebracht, auch für diese Fälle eine abschließende Klassifikation vorzunehmen.

Prüft man den Einfluß, den die Tatsache, daß der Strategie-Struktur-Zusammenhang im Forschungsfokus einer Studie steht, auf die Stärke der Effekte der Strategie-Struktur-Zusammenhänge besitzt, so zeigt sich, soweit es sich um die Dimensionen des Strategieverständnisses handelt, das folgende Bild (Tabelle 4.11 auf Seite 216):

Um eine bessere Beurteilung der Ergebnisse zu ermöglichen, haben wir ergänzend zu den neu berechneten Effektstärken sowie den Befund-Anteilen unserer Befund-/Nicht-Befund-Klassifikation auch nochmals die Ausgangswerte angegeben, die sich ohne Berücksichtigung des Einflusses der Variablen »Forschungsfokus« ergeben. Auf die Angabe der Nicht-Befund-Anteile haben wir verzichtet. Sie ergeben sich als Differenz des Wertes des Befund-Anteils zu 100%. Wir haben immer dann von einer Berechnung Abstand genommen, wenn für einen Kombinationseffekt weniger als fünf Effekte vorlagen, da dann keine zuverlässigen Berechnungen möglich sind. Wir haben dies in der Tabelle mit * gekennzeichnet.

Die Ergebnisse zeigen deutlich, daß die Variable »Forschungsfokus« nicht nur die Ergebnisse der Befund-/Nicht-Befund-Klassifikation beeinflußt, sondern auch die Höhe der studienübergreifenden Korrelation, die im Regelfall vom Betrag höher ausfällt, wenn der Strategie-Struktur-Zusammenhang im Forschungsfokus der integrierten Studie liegt.

Wir wollen auch dies als ein Zwischenergebnis festhalten:

Der Einfluß der Moderatorvariable »Forschungsfokus« führt nicht nur dazu, daß bei den betrachteten Strategie-Struktur-Kombinationen ein signifikant höherer Befund-Anteil ausgewiesen wird, sondern er bewirkt auch, daß bei den jeweiligen Strategie-Struktur-Kombinationen ein nachhaltig höherer korrelativer Effekt ausgewiesen wird.

Tab. 4.11: Korrigierte Korrelation und Befund-Anteil der Zusammenhänge der Strukturmerkmale mit den Dimensionen des Strategieverständnisses unter Berücksichtigung der Moderatorvariable »Forschungsfokus«

Strategie-merkmale (Verständnis)		Strukturmerkmale																				
		Formale Aspekte			Speziali-sierungs-charakter			Koordina-tions-charakter			Hierarchie-konfiguration			Grad der Entschei-dungsdezentra-lisation			Formalisie-rungs-/Stan-disierungs-grad			Typ der Organisa-tionsstruktur		
		r	r_F	r_{nF}	r	r_F	r_{nF}	r	r_F	r_{nF}	r	r_F	r_{nF}	r	r_F	r_{nF}	r	r_F	r_{nF}	r	r_F	r_{nF}
		(Befund-Anteil)			(Befund-Anteil)			(Befund-Anteil)			(Befund-Anteil)			(Befund-Anteil)			(Befund-Anteil)			(Befund-Anteil)		
Rolle der Inter-aktion	reaktiv	0,14 39%	0,20 55%	0,12 33%	0,21 63%	0,17 77%	** **	0,15 43%	0,19 59%	0,13 35%	0,25 54%	** **	0,27 63%	-0,14 39%	-0,19 55%	-0,13 37%	0,12 36%	0,18 71%	0,09 21%	0,19 56%	0,19 88%	0,19 30%
	initiativ	0,15 35%	0,16 31%	0,09 37%	0,20 47%	0,35 60%	0,18 38%	0,12 37%	0,15 31%	0,10 40%	0,06 18%	0,05 11%	0,30 60%	-0,22 48%	-0,35 58%	-0,14 45%	0,08 35%	** **	0,08 35%	0,20 47%	0,35 59%	0,17 41%
Zeit-Perspek-tive	kurz- + langfr.	0,12 40%	0,12 47%	0,13 33%	0,12 50%	0,10 61%	0,19 35%	0,12 37%	0,13 52%	0,12 27%	0,12 24%	** **	** **	-0,10 37%	-0,11 61%	-0,08 27%	0,15 47%	0,17 70%	0,14 33%	0,10 44%	0,09 58%	0,11 29%
	nur langfr.	0,13 40%	0,22 47%	0,09 34%	0,28 59%	0,26 61%	0,33 55%	0,12 40%	0,22 49%	0,08 36%	0,21 49%	** **	0,37 77%	-0,18 49%	-0,27 61%	-0,10 42%	0,06 26%	** **	0,05 25%	0,25 56%	0,26 60%	0,25 49%
Bewußt-seins-aspekt	ex post ermittelt	0,15 44%	0,21 55%	0,07 29%	0,24 62%	0,23 65%	0,34 45%	0,11 39%	0,17 50%	0,07 30%	0,30 56%	** **	0,33 77%	-0,11 45%	-0,17 57%	-0,05 33%	0,07 28%	0,20 31%	0,02 27%	0,22 61%	0,22 64%	0,24 43%
	ex ante geplant	0,12 34%	0,15 31%	0,11 35%	0,24 48%	0,29 73%	0,17 40%	0,12 37%	0,14 32%	0,11 38%	0,07 23%	0,06 12%	0,20 54%	-0,14 43%	-0,33 55%	-0,15 42%	0,10 36%	0,22 88%	0,09 31%	0,14 48%	0,33 77%	0,17 42%

Erläuterung:
- r: korrigierte Korrelation über alle Effekte.
- r_F: korrigierte Korrelation über Effekte, bei denen der Zusammenhang von Strategie und Struktur Forschungsfokus der Studie ist.
- r_{nF}: korrigierte Korrelation über Effekte, bei denen der Zusammenhang von Strategie und Struktur nicht Forschungsfokus der Studie ist.

Tab. 4.12: Ergebnisse der Re-Analyse der Zusammenhänge der Strukturmerkmale mit den Dimensionen des Strategieverständnisses unter Berücksichtigung der Moderatorvariable »Forschungsfokus«

Strategie-merkmale (Verständnis)		Strukturmerkmale							
		Formale Aspekte	Speziali-sierungs-charakter	Koordina-tions-charakter	Hierarchie-konfiguration	Grad der Entschei-dungszentra-lisation	Formalisie-rungs-/Stan-dardisierungs-grad	Typ der Organisa-tionsstruk-tur
Rolle der Inter-aktion	reaktiv	o	Bef.	NB	Bef.	NB	NB	Bef.
	initiativ	NB	Bef.	NB	NB	Bef.	NB	Bef.
Zeit-Perspek-tive	kurz- + langfr.	NB	Bef.	NB	NB	NB	NB	NB
	nur langfr.	NB	Bef.	NB	Bef.	o	NB	Bef.
Bewußt-seins-aspekt	ex post ermittelt	o	Bef.	NB	Bef.	NB	NB	Bef
	ex ante geplant	NB	Bef.	NB	NB	o	o	o

Tab. 4.13: Korrigierte Korrelation und Befund-Anteil der Zusammenhänge der Strukturmerkmale mit den Dimensionen des Strategieinhalts unter Berücksichtigung der Moderatorvariable »Forschungsfokus«

Strategie- merkmale (Inhalt)		Strukturmerkmale																				
		Formale Aspekte			Speziali- sierungs- charakter			Koordina- tions- charakter			Hierarchie- konfiguration			Grad der Entschei- dungsdezentra- lisation			Formalisie- rungs-/Stan- dardisierungs- grad			Typ der Organisa- tionsstruktur		
		r	r_F	r_{nF}	r	r_F	r_{nF}	r	r_F	r_{nF}	r	r_F	r_{nF}	r	r_F	r_{nF}	r	r_F	r_{nF}	r	r_F	r_{nF}
		(Befund-Anteil)			(Befund-Anteil)			(Befund-Anteil)			(Befund-Anteil)			(Befund-Anteil)			(Befund-Anteil)			(Befund-Anteil)		
Organisa- torischer Geltungs- bereich	Teil- bereich	0,13 31%	0,15 29%	0,11 28%	0,16 43%	0,18 39%	0,21 47%	0,12 32%	0,14 30%	0,12 32%	0,18 47%	** **	0,31 72%	-0,12 33%	-0,20 36%	-0,11 33%	0,11 25%	0,19 42%	0,09 23%	0,17 36%	0,19 39%	0,15 35%
	Unterneh- mung	0,14 45%	0,19 49%	0,07 40%	0,25 58%	0,25 69%	0,23 39%	0,11 41%	0,16 44%	0,06 39%	0,07 21%	0,06 16%	0,17 46%	-0,21 51%	-0,23 59%	-0,10 45%	0,08 40%	0,23 58%	0,06 36%	0,24 59%	0,25 69%	0,21 44%
Ressourcensteuerung		0,12 40%	0,18 46%	0,08 34%	0,22 56%	0,20 56%	0,31 53%	0,13 40%	0,18 48%	0,08 35%	0,18 42%	** **	0,36 71%	-0,15 49%	-0,20 56%	-0,10 41%	0,06 26%	0,35 32%	0,05 25%	0,20 53%	0,20 55%	0,23 47%
Gestaltung der Umweltabhängigkeit		0,14 35%	0,19 31%	0,11 36%	0,17 47%	0,26 40%	0,27 50%	0,14 36%	0,19 30%	0,12 37%	0,07 40%	** **	0,30 61%	-0,18 40%	** **	-0,13 41%	0,08 32%	** **	0,10 30%	0,15 47%	0,27 42%	0,22 48%
Strat. Grund- haltung	innovativ	0,15 38%	0,14 24%	0,16 41%	0,26 53%	** **	0,30 75%	0,16 40%	0,11 24%	0,18 43%	0,16 48%	** **	0,31 80%	-0,18 42%	** **	-0,17 43%	0,14 31%	** **	0,12 30%	0,12 50%	** **	0,29 58%
	sonstige	0,11 37%	0,19 51%	0,06 30%	0,24 51%	0,23 56%	** **	0,10 35%	0,10 50%	** **	** **	** **	** **	-0,13 42%	-0,23 56%	-0,08 34%	0,06 27%	** **	0,04 25%	0,19 47%	0,23 57%	** **
Wettbe- werbs- vorteile		0,15 47%	0,28 63%	0,07 25%	0,30 71%	0,29 73%	0,38 59%	0,10 38%	0,26 63%	0,05 25%	0,37 57%	** **	** **	-0,18 56%	-0,27 67%	-0,07 29%	0,04 15%	** **	0,04 13%	0,28 68%	0,28 73%	0,27 40%
Produkt- Markt- Kombi.																						

Erläuterung:

– r: korrigierte Korrelation über alle Effekte.
– r_F: korrigierte Korrelation über Effekte, bei denen der Zusammenhang von Strategie und Struktur Forschungsfokus der Studie ist.
– r_{nF}: korrigierte Korrelation über Effekte, bei denen der Zusammenhang von Strategie und Struktur nicht Forschungsfokus der Studie ist.

C. Die Prüfung der Fit-Hypothesen

Tab. 4.14: Ergebnisse der Re-Analyse der Zusammenhänge der Strukturmerkmale mit den Dimensionen des Strategieinhalts unter Berücksichtigung der Moderatorvariable »Forschungsfokus«

Strategie-merkmale (Inhalt)		Strukturmerkmale							
		Formale Aspekte	Speziali-sierungs-charakter	Koordina-tions-charakter	Hierarchie-konfiguration	Grad der Entschei-dungszentra-lisation	Formalisie-rungs-/Stan-dardisierungs-grad	Typ der Organisa-tionsstruk-tur
Organisa-torischer Geltungs-bereich	Teilbereich	NB	NB	NB	NB	NB	NB	NB
	Unterneh-mung	NB	Bef.	NB	NB	Bef.	o	Bef.
Ressourcensteuerung		NB	Bef.	NB	NB	o	NB	Bef.
Gestaltung der NB Umweltabhängigkeit		NB	NB	NB	NB	NB	NB	
Strat. Grund-haltung	innovativ	NB	Bef.	NB	NB	NB	NB	Bef.
	sonstige	NB	Bef.	NB	NB	NB	NB	
Wettbe-werbs-vorteile		NB	Bef.	o	o	o	NB	o
Produkt-Markt-Kombi.	Diversifi-kation	o	Bef.	NB	Bef.	Bef.	NB	Bef.

Wenden wir uns nun dem eigentlichen Ergebnis unserer Moderatorenanalyse zu, so gilt es zu entscheiden, welches Ergebnis wir bei der weiteren Interpretation der einzelnen Strategie-Struktur-Effekte verwenden wollen. Nehmen wir hierzu die in Abbildung 4.2 gewählte Einordnung, so ergibt sich folgendes Bild, welches zugleich die Grundlage für die im weiteren zu prüfenden Fit-Hypothesen liefert, soweit es die Dimensionen des Strategieverständnisses betrifft (Tabelle 4.12 auf Seite 217).

Analog zu den Ergebnissen, die Zusammenhänge der Strategieverständnis-Dimensionen mit den Strukturmerkmalen betreffen, haben wir ebenso korrigierte Korrelationen für die Zusammenhänge der Strategieinhalte mit den Strukturmerkmalen berechnet. Auch hier lassen sich aufgrund der geringen Fallzahl einige Kombinationsfelder in ihrer Korrelationsstärke nicht bestimmen. Die Tabelle 4.13 (S. 218) zeigt die Ergebnisse der Berechnung, wobei wir zur Sicherstellung der Vergleichbarkeit der Ergebnisse den Tabellenaufbau von oben übernommen haben.

Betrachtet man die Stärke der errechneten Korrelationen, so zeigt sich, daß auch diese einem erheblichen Einfluß der Variablen »Forschungsfokus« ausgesetzt sind. Wenn der Zusammenhang von Strategie- und Struktur im Forschungsfokus der Studie liegt, nimmt in der Regel die Korrelation eine höheren Wert an. Legen wir die Klassifikation der Abbildung 4.2 zugrunde und fragen, wo denn die gesicherten Ergebnisse liegen, die einen bestimmten Strategie-Struktur-Zusammenhang als Befund oder Nicht-Befund charakterisieren, so gibt die Tabelle 4.14 (S. 219) hierauf eine Antwort.

Damit haben wir die Berechnung unserer studienübergreifenden Ergebnisse abgeschlossen und können uns nun der Prüfung der Fit-Hypothese 1 zuwenden.

IV. Prüfung der Fit-Hypothese 1

Grundlage der Prüfung ist die Befund-/Nicht-Befund-Klassifikation, die sich für die Analyseebene II ergibt, sowie die Ergebnisse der quantitativen Metaanalyse der Korrelationen der Analyseebene III. Bei beiden gilt es, den identifizierten Einfluß der Moderatorvariablen »Forschungsfokus« zu berücksichtigen.

Die entsprechenden Ergebnisse haben wir in Tabelle 4.12 und Tabelle 4.14 vorgelegt, wobei wir dort nur diejenigen Strategie-Struktur-Kombinationen aufgeführt haben, für die wir auch den Einfluß der Moderatorvariablen »Forschungsfokus« prüfen konnten. Da wir unsere Fit-Hypothese 1 möglichst umfassend testen wollen, haben wir uns dazu entschlossen, auch diejenigen Strategie-Struktur-Kombinationen zu betrachten, für die die Durchführung einer Moderatorenanalyse nicht möglich war. Wir greifen dort auf die Klassifikationsergebnisse der Tabellen 4.5 und 4.7 für Kombinationen der Strategieverständnis-Dimensionen mit den Strukturmerkmalen und der Tabellen 4.6 und 4.9 für Kombinationen der Strategieinhalts-Dimensionen mit den Strukturmerkmalen zurück. Wir wollen diese Ergebnisse als »generalisierende Ergebnisse der Re-Analyse von Strategie-Struktur-Zusammenhängen« bezeichnen.

Die folgende Tabelle 4.15 (S. 222) zeigt die so spezifizierten generalisierenden Ergebnisse für den Zusammenhang der Strategieverständnis-Dimensionen mit den Strukturmerkmalen. Die Tabelle gibt die generalisierenden Ergebnisse für alle von uns untersuchten Strategie-Struktur-Kombinationen wieder.[5] Bei denjenigen Kombinationen, für die sich keine eindeutige Befund-/Nicht-Befund-Klassifikationen durchführen läßt, haben wir dies durch »o« gekennzeichnet. Soweit der Einfluß des Forschungsfokus untersucht wurde, bildet die Grundlage hierfür die von uns gewählte Vorgehensweise, wie sie in Abbildung 4.2 zum Ausdruck kommt. Wurde der Einfluß des Forschungsfokus untersucht, orientierten wir uns an den Ergebnissen der Befund-/Nicht-Befund-Klassifikation und nicht an denjenigen der quantitativen Metaanalyse. Kommt es zu uneinheitlichen Resultaten, so geben wir dem Ergebnis der Befund-/Nicht-Befund-Klassifikation den Vorzug. Zum einen fußt dieses auf einer wesentlich breiteren Analysebasis. Zum anderen reagieren diese nicht so sensitiv auf das Vorliegen einer relativ großen Spannweite des Stichprobenumfangs der einbezogenen Korrelationen, wenn es nur möglich war, wenige Korrelationen zu integrieren. Darüber hinaus haben wir auch versucht, die Ergebnisse der Abhängigkeitsanalyse in die entsprechenden Tabellen aufzunehmen. Wir haben je nach Art des Ergebnisses dieses mit »$*$«, »$**$« und »$***$« gekennzeichnet.

Beginnen wir mit den Strukturmerkmalen und fragen, ob hier Bereiche existieren, für die die Fit-Hypothese nicht zurückzuweisen ist und die über diejenigen hinausgehen, die bereits Gegenstand der Strukturellen-Segregations-Hypothese waren. Das Ergebnis ist insofern eindeutig, als im Hinblick auf das Strategieverständnis nicht davon gesprochen werden kann, daß die Fit-Hypothese 1 uneingeschränkte Gültigkeit besitzt. Strukturmerkmale wie »formale Aspekte« oder auch »Koordinationscharakter« laufen der Hypothesenargumentation eindeutig zuwider. Der Grund der Zurückweisung ist

---

[5] Lediglich die Verständnisdimension »Phasenbezug« wurde ausgeklammert, da sie für unsere Analyse eine zu geringe Besetzung aufwies.

Tab. 4.15: Generalisierende Ergebnisse der Re-Analyse der Zusammenhänge der Strukturmerkmale mit den Dimensionen des Strategieverständnisses

Strategie-merkmale (Verständnis)		Strukturmerkmale							
		Formale Aspekte	Nicht formale Aspekte	Speziali-sierungs-charakter	Koordina-tions-charakter	Hierarchie-konfiguration	Grad der Entschei-dungszentra-lisation	Formalisie-rungs-/Stan-dardisierungs-grad	Typ der Organisa-tionsstruk-tur
Rolle der Inter-aktion	reaktiv	o**)	Bef.	Bef.	NB**)	Bef.	NB**)	NB**)	Bef.
	initiativ	NB***)	NB	Bef.**)	NB***)	NB*)	Bef.**)	NB***)	Bef.**)
Zeit-Perspek-tive	kurz- + langfr.	NB*)	NB	Bef.	NB*)	NB*)	NB*)	NB	NB
	nur langfr.	NB**)	Bef.**)	Bef.**)	NB**)	Bef.*)	o**)	NB***)	Bef.**)
Bewußt-seins-aspekt	ex post ermittelt	o**)	NB**)	Bef.**)	NB**)	Bef.	NB**)	NB***)	Bef.**)
	ex ante geplant	NB***)	NB**)	Bef.**)	NB***)	NB*)	o**)	o**)	o**)

Erläuterungen: ohne Stern: Wurde im Rahmen der Abhängigkeitsanalyse nicht geprüft.
*): Hypothese vom »strategischen Imperativ« wurde zurückgewiesen, die Hypothese vom »strukturellen Imperativ« wurde nicht geprüft.
**): Hypothese vom »strategischen Imperativ« ließ sich nicht zurückweisen.
***): Hypothese vom »strategischen Imperativ« wurde zurückgewiesen, die Hypothese vom »strukturellen Imperativ« ließ sich nicht zurückweisen.

in der Klassifikation der Strategie-Struktur-Kombinationen als Nicht-Befund zu sehen. Entsprechend unserer zu Beginn der vorgelegten Arbeit getroffenen Nicht-Befund-Abgrenzung kann sich ein Zusammenhang zwischen zwei Items nur dann zeigen, wenn hier von uns ein Befund klassifiziert wird.

Bei dieser scheinbar eindeutigen Zurückweisung der generellen Gültigkeit der Fit-Hypothese 1 ist jedoch zu bedenken, daß es sich bei den Strukturmerkmalen »formale Aspekte« und »Koordinationscharakter« um Oberbegriffe für vielfältige organisatorische Instrumente handelt. So sind beispielsweise sowohl die Merkmale »Spezialisierungscharakter« wie auch »Koordinationscharakter« unter dem Begriff »formale Aspekte« zu subsumieren. Betrachtet man jedoch die beiden Untergruppen mit ihren extrem unterschiedlichen Ergebnissen und ferner die sehr viel höhere Zahl der einbezogenen Strategie-Struktur-Effekte beim Merkmal »Koordinationscharakter« im Verhältnis zum Merkmal »Spezialisierungscharakter«, so ist das Ergebnis relativ leicht zu erklären. Beim »Koordinationscharakter« überwiegt der Nicht-Befund, beim »Spezialisierungscharakter« der Befund. Insofern muß zwangsläufig beim Oberbegriff »formale Aspekte« der Nicht-Befund ebenfalls überwiegen. In ähnlicher Weise ließe sich auch hinsichtlich des Merkmals »Koordinationscharakter«, verstanden als Oberbegriff für unterschiedliche Koordinationsinstrumente, argumentieren. Wenn wir also die Fit-Hypothese 1 hinsichtlich dieser beiden Strukturmerkmale zurückweisen, dann darf daraus nicht geschlossen werden, daß sie auch für jedes einzelne formale Organisationsinstrument oder jedes einzelne Koordinationsinstrument zurückzuweisen ist. Selbstverständlich kann es Instrumente geben, für die eine derartige Zurückweisung keinen Bestand hat. Es sind dies diejenigen Kombinationen, die bereits gegen die Zurückweisung der Strukturellen-Segregations-Hypothese sprachen.

Als weiteres zu prüfendes Strukturmerkmal wollen wir uns dem Merkmal »nicht formaler Aspekt« zuwenden. Dieses wurde in der Abhängigkeitsanalyse nur sehr unvollständig geprüft. Hier ist das Bild uneinheitlich. Es gibt Kombinationen, für die eine Zurückweisung der Fit-Hypothese 1 angezeigt wäre. Für andere hingegen nicht. Dies hängt jeweils davon ab, welche Ausprägungen das Strukturverständnis annimmt. Wird die Strategie als ein langfristig wirkendes Instrument angesehen, welches darauf gerichtet ist, den Wettbewerb als Gegenspieler zu begreifen, um so auf dessen Aktionen angemessen reagieren zu können, dann zeigt sich jeweils ein Zusammenhang zu den nicht formalen Aspekten der Organisation.

Wie bereits unsere Ergebnisse weiter oben gezeigt haben, lassen sich die Muster der Abhängigkeit von Strategie und Struktur hinreichend gut auch mit einem unterschiedlichen Strategieverständnis erklären. Die Erkenntnis der Abhängigkeit des Strategie-Struktur-Zusammenhangs vom vorherrschenden Strategieverständnis findet sich wiederum auch in den komplexen Modellen zum Fit von Strategie und Struktur, wie sie in der Literatur vorgestellt werden.[6] In ihnen resultiert der Fit von Strategie und Struktur in der Regel aus einem Anpassungsdruck an bestimmte mehr oder minder genau spezifizierte unternehmungsinterne und unternehmungsexterne Einflußgrößen. Diese Rahmendaten scheinen sich somit auch im Verständnis niederzuschlagen, welches einer Strategie entgegengebracht wird. Dieses Verständnis von Strategie ist letztendlich dafür verantwortlich, ob sich ein Zusammenhang, der sich als Fit-Beziehung interpretieren läßt, auftritt.

Ob eine so weitgehende Interpretation der Ergebnisse zulässig ist, sei dahingestellt. Für uns von besonderem Interesse ist die Tatsache, daß sich hier eine Erweiterung des Gültigkeitsbereichs im Vergleich zur Strukturellen-Segregations-Hypothese zeigt. Auch für bestimmte Kombinationen des Strategieverständnisses mit nicht formalen Aspekten der Organisationsstruktur sind wir jetzt in der Lage, zumindest einen Zusammenhang zu unterstellen. Dieser kann sich sogar als Abhängigkeit darstellen, denn nicht immer war es uns möglich, eine entsprechende Analyse durchzuführen.

Schließlich gilt es noch, die Ergebnisse des Merkmals »Hierarchiekonfiguration« zu würdigen. Auch diese ließen sich in der Abhängigkeitsanalyse nur unvollständig analysieren. Allerdings dort, wo es möglich war, wurde ein strategischer Imperativ konsequent zurückgewiesen. Ähnlich wie beim Merkmal »nicht formale Aspekte« zeigt sich auch hier wieder ein Muster in den Ausprägungen der Verständnisdimensionen. Liegt eine langfristig konzipierte, reaktive Strategie vor, die sich erst ex post als solche identifizieren läßt, dann kann die Fit-Hypothese 1 nicht zurückgewiesen werden. Bei eben diesen Ausprägungen dominiert der Nicht-Befund. Interessanterweise hatten wir dasselbe Muster des Strategieverständnisses bereits oben bei der Prüfung der Strategischen-Wahl-Hypothese identifizieren können, allerdings soweit es das Merkmal »Hierarchiekonfiguration« betraf, nur für die Kombination zur langfristigen Zeitperspektive. Man könnte insofern schon fast geneigt sein, hier einen strategischen Imperativ zu sehen. Wir wollen jedoch nicht soweit gehen, da immerhin für die einzig geprüfte Kombination der »Hierarchiekonfiguration« mit einer Verständnisdimension dieser Imperativ verworfen wurde. Wir können auch hier wieder eine Fit-Beziehung unterstellen, die sich bei bestimmten Ausprägungen des Strategieverständnisses äußert.

---

[6] Vgl. beispielhaft Gabele (1979) S. 185 ff. oder Kieser/Kubicek (1992) S.430.

Wir halten somit als ein erstes Ergebnis hinsichtlich der Prüfung unserer Fit-Hypothese 1 fest:

Die generelle Gültigkeit der »Fit-Hypothese 1« ist zurückzuweisen, es zeigt sich jedoch, daß bei Vorliegen eines »reaktiven« und »langfristigen« Strukturverständnisses ihr Gültigkeitsbereich denjenigen der Strukturellen-Segregations-Hypothese übertrifft. Es zeigen sich dann auch Zusammenhänge zu nicht formalen Organisationsinstrumenten sowie zu Aspekten der Hierarchiekonfiguration.

Wenden wir uns jetzt der entsprechenden Prüfung der unterschiedlichen strategischen Inhaltsdimensionen zu, so zeigt Tabelle 4.16 auf Seite 226 die generalisierenden Ergebnisse.

Lassen wir die soeben angestellten Überlegungen auch hier in die Interpretation einfließen, so führt dies zu drei Ergebnissen:

– Die Fit-Hypothese 1 ist nicht für sämtliche strategischen Inhalte aufrechtzuerhalten.
– Der noch bei den Verständnisdimensionen existente Zusammenhang zum Strukturmerkmal »Hierarchiekonfiguration« tritt bei den Inhaltsdimensionen so gut wie nicht mehr auf.
– Das Strukturmerkmal »nicht formale Aspekte« steht zu einigen Strategieinhalten in einem Zusammenhang.

Damit führt nur im dritten Punkt die Fit-Hypothese zu einer Erweiterung der Strukturellen-Segregations-Hypothese. Im einzelnen gilt das für die Kombinationen mit den Inhalten »strategische Grundhaltung (innovativ)«, »strategische Grundhaltung (risikofreudig)« und »Produkt/Markt-Kombination (sonstige)«.[7] Für den Fall der Innovationsorientierung ist allerdings zu berücksichtigen, daß wir hier einen strategischen Imperativ nicht zurückweisen konnten. Entsprechend reicht der Gültigkeitsbereich der Fit-Hypothese 1 kaum über den der Strukturellen-Segregations-Hypothese hinaus. Interessant ist vielmehr, daß die Betonung nicht formaler Aspekte als zusammenhängend mit einer innovativen und risikofreudigen strategischen Grundhaltung sich bereits frühzeitig – zumindest implizit – in entsprechenden Arbeiten der Organisationsforschung findet.[8]

---

[7] Es sei an dieser Stelle nochmals darauf verwiesen, daß die Ausprägung »sonstige« hier vor allem eine Strategie der vertikalen Integration beschreibt.
[8] Vgl. z.B. Burns/Stalker (1961) S. 119 ff.

Tab. 4.16: Generalisierende Ergebnisse der Re-Analyse der Zusammenhänge der Strukturmerkmale mit den Dimensionen des Strategieinhalts

Strategie-merkmale (Inhalt)		Strukturmerkmale							
		Formale Aspekte	Nicht formale Aspekte	Speziali-sierungs-charakter	Koordina-tions-charakter	Hierarchie-konfiguration	Grad der Entschei-dungszentra-lisation	Formalisie-rungs-/Stan-dardisierungs-grad	Typ der Organisa-tionsstruk-tur
Organisa-torischer Geltungs-bereich	Teilbereich	NB***)	NB**)	NB**)	NB**)	NB*)	NB**)	NB***)	NB**)
	Unterneh-mung	NB***)	NB	Bef.**)	NB***)	NB*)	Bef.**)	o**)	Bef.**)
Ressourcensteuerung		NB***)	NB	Bef.**)	NB**)	NB*)	o**)	NB**)	Bef.**)
Gestaltung der Umweltabhängigkeit		NB***)	NB	NB**)	NB***)	NB*)	NB***)	NB***)	NB**)
Strat. Grund-haltung	innovativ	NB***)	Bef.**)	Bef.**)	NB**)	NB*)	NB**)	NB***)	Bef.**)
	risikofreudig	NB*)	Bef.	o	NB*)	NB*)	o**)	NB*)	NB
	sonstige	NB	NB	NB	NB	NB	NB	NB	NB
Wettbe-werbs-vorteile	kostenorient.	NB	NB	Bef.	NB	o	NB	Bef.	Bef.
	sonstige	NB	NB	Bef.	NB	o	o	NB	o
Produkt/Markt-Kombi.	Diversifikation	o**)	NB	Bef.**)	o**)	Bef.	Bef.**)	NB***)	Bef.**)
	Akquisition	Bef.	o	o	Bef.	o	Bef.	o	o
	sonstige	NB	Bef.	Bef.	o	o	Bef.	Bef.	Bef.

Erläuterungen: ohne Stern: Wurde im Rahmen der Abhängigkeitsanalyse nicht geprüft.
*): Hypothese vom »strategischen Imperativ« wurde zurückgewiesen, die Hypothese vom »strukturellen Imperativ« wurde nicht geprüft.
**): Hypothese vom »strategischen Imperativ« ließ sich nicht zurückweisen, die Hypothese vom »strukturellen Imperativ« ließ sich nicht zurückweisen.
***): Hypothese vom »strategischen Imperativ« wurde zurückgewiesen, die Hypothese vom »strukturellen Imperativ« ließ sich nicht zurückweisen.

Wir sind damit in der Lage, auch ein Ergebnis hinsichtlich der strategischen Inhaltsdimensionen zu formulieren:

Die generelle Gültigkeit der Fit-Hypothese 1 ist zurückzuweisen, es zeigt sich jedoch, daß für den Fall, daß in der Strategie eine innovative oder risikofreudige Grundhaltung der Unternehmung zum Ausdruck kommt oder daß mit ihr eine Strategie der vertikalen Integration beschrieben wird, ihr Gültigkeitsbereich den der Strukturellen-Segregations-Hypothese übertrifft. Es zeigen sich dann Zusammenhänge zu nicht formalen Organisationsinstrumenten.

Die Fit-Hypothese 1 geht in ihrem Gültigkeitsbereich über den der Strukturellen-Segregations-Hypothese hinaus. Sie läßt sich somit als Verallgemeinerung der Strukturellen-Segregations-Hypothese verstehen. Betrachtet man denjenigen Gültigkeitsbereich, für den es die Strukturelle-Segregations-Hypothese zurückzuweisen gilt, für den dies jedoch für die Fit-Hypothese 1 nicht möglich ist, so könnte man hieraus die folgende Schlußfolgerung ziehen: Dieser Bereich ist auf der einen Seite dadurch gekennzeichnet, daß Strategie- und Strukturaspekte zueinander passen müssen, will die Unternehmung erfolgreich sein. Auf der anderen Seite ist das Fehlen von Abhängigkeitsbeziehungen ein Indiz dafür, daß anscheinend keine klar erkennbaren »Stellgrößen« existieren, mit deren Hilfe Organisationsstrukturen an Strategien angepaßt werden oder umgekehrt Strukturen zur Entwicklung von Strategien beitragen. Man könnte insofern vermuten, daß das erfolgreiche Zusammenspiel von Strategie und Struktur nicht ausschließlich durch die aktive Einflußnahme des Managements bestimmt wird. Das Fehlen derartiger Ansatzpunkte wäre ein Anzeichen für das Vorhandensein weitergehender Einflußbeziehungen, die für das Zueinanderpassen von Strategie und Struktur verantwortlich sind, die wir jedoch in unserer Analyse nicht berücksichtigt haben.

Unterstrichen wird eine solche Vermutung auch dadurch, daß es vor allem Aspekte der nicht formalen Organisation sind, bei denen die Fit-Hypothese 1 über die Strukturelle-Segregations-Hypothese in ihrer Zurückweisung der Falsifikationsabsicht hinausgeht. Die vielfältigen Instrumente nicht formaler Organisation entziehen sich zwar nicht vollständig der Einflußnahme des Managements, ihre Wirkung auf strategische Verhaltensweisen sowie ihre instrumentelle Wirkung zur Umsetzung von strategischen Entscheidungen sind jedoch nur schwer abschätzbar. Unsere Re-Analyse-Ergebnisse zeigen jedoch, daß auch dort ein Zueinanderpassen von Strategie und Struktur erforderlich ist, will man den Erfolg nicht gefährden. Anscheinend ist dies von besonderer Bedeutung bei dem Vorliegen einer strategischen Grundhaltung, die sich als innovativ oder risikofreudig charakterisieren läßt. Welche Merkmalsausprägungen sich dabei konkret als zueinander passend und damit als erfolgreich bezeichnen lassen, ist im Rahmen unserer Re-Analyse nur schwer zu sagen, da wir für das Merkmal »nicht formale Aspekte« nur die Ausprägung »vorhanden« und »nicht vorhanden« messen. Dabei muß jedoch berücksichtigt werden, daß wir mit unserer Messung von der Qualität der zu integrierenden empirischen Ergebnisse zum Strategie-Struktur-Zusammenhang abhängig sind und dort das Merkmal »nicht formale Aspekte« – wenn überhaupt – sehr unscharf gemessen wird.

Verlassen wir einstweilen diese Überlegungen, so gilt es ferner festzustellen, daß die Fit-Hypothese 1 im Gegensatz zur Strukturellen-Segregations-Hypothese zwar einen größeren Bereich der Strategie-Struktur-Kombinationen umfaßt, für den die entsprechende Falsifikation scheitert, dieser Bereich aber nicht sämtliche von uns untersuchten Strategie-Struktur-Kombinationen umfaßt. Infolgedessen bleibt es uns nicht erspart, in unserem Hypothesensystem noch einen Schritt weiterzugehen und zu fragen: Bei welchen Strategie-Struktur-Kombinationen kann man davon ausgehen, daß zwischen Strategie und Struktur kein Zusammenhang existiert?

D. Die Prüfung der Unabhängigkeits-Hypothese

Vor dem Hintergrund unserer Ergebnisse der Prüfungen zur Strukturellen-Segregations-Hypothese und der Fit-Hypothese 1 ist die Unabhängigkeits-Hypothese in ihrem uneingeschränkten Gültigkeitsanspruch zurückzuweisen. Uns bleibt nur noch zu fragen, wo denn die Grenzen liegen, bei denen die Falsifikationsabsicht im Hinblick auf die Unabhängigkeits-Hypothese scheitert. Die Prüfung des Gültigkeitsbereichs der Unabhängigkeits-Hypothese baut dabei natürlich auf die vorangegangenen Ergebnisse der Hypothesenprüfung auf. Grundlage sind somit wiederum die Ergebnisse, die sich in den Tabellen 4.15 und 4.16 finden.

Wählt man die Strukturmerkmale als Ankerpunkt für die Beurteilung der Unabhängigkeits-Hypothese, so ließ sich bereits bei der Prüfung der Fit-Hypothese 1 ein Bereich identifizieren, für den diese zurückzuweisen war: die Strukturmerkmale »formale Aspekte« und »Koordinationscharakter«. Entsprechend des Aufbaus unseres Hypothesensystems müßte gelten, daß hier die Unabhängigkeits-Hypothese nicht zurückzuweisen ist. Kann man jetzt wirklich so weit gehen und sagen, daß zwischen der Strategie und formalen Koordinationsinstrumenten kein Zusammenhang besteht? Wir meinen nicht. Wir haben bereits oben darauf verwiesen, daß es sich bei beiden Strukturmerkmalen um Oberbegriffe handelt. Aufgrund des sich unterschiedlich gestaltenden Zusammenhangs der strukturellen Einzelinstrumente zu den Strategiemerkmalen wäre eine derart pauschale Argumentation nicht zulässig. Würde man sie trotzdem vornehmen, läge ihr ein undifferenzierter Strukturbegriff zugrunde, wobei das Nicht-Erkennen der dahinter stehenden Heterogenität der Zusammenhänge dazu führt, daß die Nicht-Befund-Interpretation sich zur Artefaktinterpretation wandelt.

Verläßt man die Ebene der zusammenfassenden Begriffe und wendet sich den Einzelinstrumenten zu, so mag man – zumindest soweit es sich um Zusammenhänge zu den Strategieinhalten handelt – für den formalen Aspekt der Hierarchiekonfiguration von einem Nicht-Befund sprechen. Bis auf die Diversifikationsstrategie gilt es, sowohl den strategischen Imperativ als auch das Postulat des Fits von Strategie und Struktur zurückzuweisen. Bei den Dimensionen des Strategieverständnisses ist das Bild differenzierter. Nichtsdestoweniger läßt sich die Unabhängigkeits-Hypothese hinsichtlich des Strukturmerkmals »Hierarchiekonfiguration« nicht uneingeschränkt aufrechterhalten.[1]

Ferner könnte man auch annehmen, daß hinsichtlich des Strukturmerkmals »nicht formale Aspekte« in Teilbereichen die Unabhängigkeits-Hypothese gilt, da ähnlich wie bei der Hierarchiekonfiguration Felder existieren, für die die Fit-Hypothese 1 zu falsifizieren war. Dabei ist jedoch auch wieder zu bedenken, daß das Merkmal »nicht formale Aspekte« ebenfalls eine Sammelkategorie für mehrere Einzelinstrumente darstellt. Allerdings haben wir in unserer Re-Analyse keine weitere Aufspaltung dieses Strukturmerkmals vorgenommen. Wir sind deshalb auch nicht in der Lage abzuschätzen, ob die Einzelinstrumente nicht formaler Organisationsstruktur möglicherweise ein in sich unterschiedliches Zusammenhangsmuster zu den Strategiemerkmalen aufweisen.

Selbst wenn man unterstellt, daß das Strukturmerkmal »nicht formale Aspekte« in seinem Ergebnis nicht durch einander widersprechende Einzelinstrumente beeinflußt ist, so kommt man nicht umhin, eine nicht unerhebliche Anzahl von Strategie-Struktur-Kombinationen zu nennen, bei denen das generalisierende Ergebnis keinen Nicht-Befund anzeigt: »Rolle der Interaktion (reaktiv)«, »Zeit-Perspektive (nur langfristig)«, »strategische Grundhaltung (innovativ)«, »strategische Grundhaltung (risikofreudig)« und »Produkt/Markt-Kombination (sonstige)«. Folglich muß man auch für das Strukturmerkmal »nicht formale Aspekte« die Unabhängigkeits-Hypothese zurückweisen. Eine Zurückweisung, die sowohl für die Kombinationen mit den strategischen Verständnisdimensionen als auch für die Kombinationen mit den strategischen Inhaltsdimensionen gilt.

Wir halten damit als ein weiteres Ergebnis fest:

Die Unabhängigkeits-Hypothese ist in ihrem uneingeschränkten Gültigkeitsbereich zurückzuweisen. Weder für die Kombinationen mit den strategischen Verständnisdimensionen noch für Kombinationen mit den strategischen Inhaltsdimensionen lassen sich Strukturmerkmale identifizieren, für die eine Zurückweisung der Unabhängigkeits-Hypothese

---

[1] Wir wollen an dieser Stelle nicht verkennen, daß die Reliabilität der klassischen Maße der Hierarchiekonfiguration oft angezweifelt wird. Vgl. hierzu ausführlich Kieser/Kubicek (1992) S. 181 ff. Vgl. hierzu auch die empirischen Ergebnisse von Wollnik (1984) S. 365 ff., wonach sich Konfigurationsmaße durch eine schwer zu kontrollierende Mehrdeutigkeit der Wahrnehmung auszeichnen.

nicht erforderlich ist. *Allenfalls für Einzelaspekte der Strukturmerkmale »nicht formale Aspekte« und »Hierarchiekonfiguration« ließe sie sich aufrechterhalten.*

Es bleibt damit nur noch die Frage offen, ob nicht denn vielleicht bei bestimmten Strategiemerkmalen die Zurückweisung der Unabhängigkeits-Hypothese scheitert. Eine derartige Vermutung läßt sich, wie wir gesehen haben, allenfalls für bestimmte Strukturmerkmale aufrechterhalten. Unsere vorangegangenen Ergebnisinterpretationen haben gezeigt, daß bei sämtlichen Aspekten, die die Spezialisierung sowie den sich daraus im Regelfall ableitenden »Typ der Organisation« und bestimmten Formen der Entscheidungszentralisation umfassen, sich in der Regel Zusammenhänge zu strategischen Komponenten zeigen. Dies galt auch hinsichtlich der Formalisierung und Standardisierung organisatorischer Abläufe, womit sich die weitere Prüfung im wesentlichen wiederum auf die beiden Strukturmerkmale »nicht formale Aspekte« und »Hierarchiekonfiguration« konzentriert. Allenfalls Kombinationen, die nicht in die Abhängigkeitsanalyse Eingang gefunden haben, können diesen Kreis noch erweitern.

Wählt man diese Einschränkung, so zeigen sich Ansatzpunkte, die vermuten lassen, daß möglicherweise ein eng begrenzter Bereich besteht, für den es nicht möglich ist, die Unabhängigkeits-Hypothese zurückzuweisen. Bei den strategischen Verständnisdimensionen sind dies die »Rolle der Interaktion« mit ihrer Ausprägung »initiativ« und die Dimension »Zeit-Perspektive« mit der Ausprägung »kurz-+langfristig.«[2] Bei den strategischen Inhaltsdimensionen wird die Identifikation sehr schwierig. Sicherlich noch relativ unproblematisch ist das Merkmal »Wettbewerbsvorteile«. Die geringe Besetzung erlaubte es uns nicht, hierfür eine Abhängigkeitsanalyse durchzuführen. Ansonsten ließe sich höchstens noch das Strategiemerkmal »Gestaltung der Umweltabhängigkeit« herauslösen, da sich bei ihm in der Abhängigkeitsanalyse die vergleichsweise schwächsten Abhängigkeiten gezeigt haben.

Diese vier Strategiemerkmale charakterisieren die Strategien, die versuchen, im jeweils eng begrenzten Wettbewerbsumfeld die Unabhängigkeit der eigenen Unternehmung gegenüber äußeren Einflüssen zu stärken. Hierzu werden nicht nur langfristig wirkende Aktivitäten ergriffen, sondern auch

---

[2] Die Dimension »Bewußtseinsaspekt« wollen wir hier ausblenden. Sie zeichnet sich zwar durch eine Vielzahl von Nicht-Befund-Ereignissen aus, jedoch haben wir weiter oben darauf hingewiesen, daß insbesondere die Ausprägung »ex post« nicht zwangsläufig ausschließt, daß keine bewußte strategische Absicht verfolgt wird.

vermehrt kurzfristige. Immer wenn Strategien vorliegen, auf die eine derartige Beschreibung zutrifft, läßt sich die Unabhängigkeits-Hypothese, soweit sie formale Koordinationsaktivitäten betrifft, nicht zurückweisen.

Diese Argumentation kommt dem Modell des fehlenden Zusammenhangs von Strategie und Struktur, wie es von Park und Mason[3] skizziert wurde, sehr nahe. Die Autoren konzentrieren sich in ihren Ausführungen ausschließlich auf Wettbewerbsaspekte. So steht die Wettbewerbsstrategie und das Wettbewerbsumfeld im Vordergrund ihres Modells. Auch werden nicht nur langfristige strategische Verhaltensweisen unterstellt, sondern auch kurz- und mittelfristige Reaktionen auf das jeweilige Wettbewerberverhalten. Allerdings kommen Park und Mason nicht auf eine Unterscheidung der Organisationsstruktur in eine Spezialisierungs- und eine Koordinationskomponente zu sprechen. Vielmehr kann man sich des Eindrucks nicht erwehren, daß Park und Mason bei ihrer Unabhängigkeitsvermutung eher den Spezialisierungsaspekt meinen als den Koordinationsaspekt. Wir wollen die Spekulation hier nicht weiter vertiefen und ein letztes Ergebnis festhalten:

Die Unabhängigkeits-Hypothese ist in ihrem uneingeschränkten Gültigkeitsbereich zurückzuweisen. Allenfalls für Strategien, die vorwiegend wettbewerbsorientiert sind und neben langfristigen Aspekten auch kurzfristige umfassen und die demnach sowohl Vorteile gegenüber dem Wettbewerb anstreben als auch die Unabhängigkeit vom wettbewerblichen Umfeld, läßt sich, soweit bestimmte Instrumente der Koordination betroffen sind, die Unabhängigkeits-Hypothese aufrechterhalten.

Wir sind damit am Ende unserer Re-Analyse der Strategie-Struktur-Zusammenhänge angelangt. Die Ergebnisse der Re-Analyse haben uns in die Lage versetzt, das sehr heterogene Verständnis, welches sich in der Literatur zum Strategie-Struktur-Zusammenhang findet, mit Hilfe eines hierarchischen Hypothesensystems auf seine Gültigkeit hin zu überprüfen. Die umfangreiche Prüfung der Hypothesen war nur möglich, weil wir – im Rahmen unserer Nicht-Befund-Analyse – ergänzend zu den Ergebnissen der quantitativen Metaanalyse eine Befund-/Nicht-Befund-Klassifikation vorgenommen haben. Auch wenn wir nicht in der Lage waren, für einen Teil der von uns analysierten Strategie-Struktur-Zusammenhänge eine Nicht-Befund-Interpretation vorzunehmen, so war der Nicht-Befund jedoch eine zentrale Größe unserer Hypothesenprüfung. Hätten wir den Nicht-Befund nicht in das Zen-

---

[3] Vgl. Park/Mason (1990) S. 157 ff.

trum unserer Analyse gerückt, wäre es nicht möglich gewesen Aussagen über Bereiche des Strategie-Struktur-Zusammenhangs zu machen, für die die Falsifikation unterschiedlichster Hypothesen scheitert. Die ausschließliche Betrachtung der Ergebnisse der quantitativen Metaanalyse hätte dies nicht geleistet.

5. Teil

Zusammenfassung und Ausblick

Im abschließenden Teil unserer Arbeit wollen wir die ermittelten Ergebnisse nochmals zusammenfassend würdigen. Die Zusammenfassung konzentriert sich dabei auf zwei Bereiche:

– Den methodischen Aspekt der Durchführung einer Re-Analyse empirischer Forschungsarbeiten. Wir wollen hier insbesondere zeigen, wo die von uns im Rahmen der Nicht-Befund-Analyse entwickelte Befund-/Nicht-Befund-Klassifikation Vorteile gegenüber einer reinen quantitativen Metaanalyse besitzt und welche Nachteile sich bei ihrer Anwendung gezeigt haben.
– Die studienübergreifenden Ergebnisse zum Strategie-Struktur-Zusammenhang, wie sie sich bei unserer Hypothesenprüfung gezeigt haben. Sie gilt es nochmals prägnant zu würdigen.

Ferner soll diese Zusammenfassung dazu dienen, Wege für zukünftige Forschungsvorhaben zu weisen. Es gilt Implikationen für die praktische Umsetzung der Erkenntnisse aufzuzeigen.

A. Methodische Konsequenzen für die Re-Analyse empirischer Forschungsarbeiten

Ein Fazit wollen wir an dieser Stelle gleich vorwegnehmen: Es geht hier nicht darum, das eine oder andere Verfahren der Re-Analyse empirischer Forschungsarbeiten, also die Befund-/Nicht-Befund-Klassifikation oder die quantitative Metaanalyse als »besser« oder »schlechter« zu qualifizieren. Beide Ansätze sind unserer Meinung nach gleich notwendig und nützlich. Sie ergänzen einander und können damit dazu beitragen, Schwächen des jeweils anderen Verfahrens auszugleichen.

Der von uns konzipierte Algorithmus zur Nicht-Befund-Analyse zeigte vielfältige Probleme auf, die es gegebenenfalls notwendig erscheinen lassen, gewisse Eingriffe in das Datenmaterial vorzunehmen. Die stärkste Konsequenz besaß dabei zweifellos die Forderung nach Ausschluß eines Effektes von der weiteren Re-Analyse. Vor diesem Hintergrund zeigt sich ein nicht unwesentlicher Unterschied der beiden von uns angewandten metaanalytischen Verfahren. Während die Befund-/Nicht-Befund-Klassifikation ihre Berechnungen auf einer Basis von 734 Effekten durchführte, sind dies bei der quantitativen Metaanalyse nur noch 641 Effekte. Dabei ist zu berücksichtigen, daß 18 dieser 641 Effekte erst von uns nachträglich berechnet werden mußten. Die quantitative Metaanalyse führt damit aufgrund ihrer vergleichsweise hohen Anforderungen an das zur Verfügung stehende Datenmaterial dazu, daß fast 13% der veröffentlichten Effekte zum Strategie-Struktur-Zusammenhang im Vergleich zur Befund-/Nicht-Befund-Klassifikation nicht verarbeitet werden können. Wir können hieraus nur den Schluß ziehen, daß für weitere studienübergreifende Re-Analysen zu prüfen ist, ob der Vorteil, den man durch die Ermittlung einer studienübergreifenden Korrelation erzielt, die Nachteile aufwiegt, die mit dem Ausschluß eines nicht unerheblichen Teils empirischer Ergebnisse einhergehen.

Den Kern unserer zusammenfassenden Würdigung der methodischen Aspekte der Re-Analyse bildet zweifelsohne die Frage, ob die beiden von uns verwendeten Verfahren der Re-Analyse, die Befund-/Nicht-Befund-

Klassifikation sowie die quantitative Metaanalyse, zu ähnlichen oder zu unterschiedlichen Ergebnissen kommen.

Allgemein kann diese Frage dahingehend beantwortet werden, daß in der Regel beide Verfahren ein einheitliches Ergebnis ermitteln. Sowohl die Befund-/Nicht-Befund-Klassifikation als auch die quantitative Metaanalyse widersprechen sich in ihrem Ergebnis nicht. Allerdings unterscheiden sich beide in zwei ganz wichtigen Fragen:

- Die Ergebnisse der quantitativen Metaanalyse erlauben es im Gegensatz zur Befund-/Nicht-Befund-Klassifikation, die Stärke mehrerer korrigierter Korrelationen miteinander zu vergleichen, da hier eine studienübergreifende Effektstärke ermittelt wird, vorausgesetzt, die miteinander verglichenen Beziehungen sind als unabhängig voneinander zu klassifizieren.
- Die Ergebnisse der Befund-/Nicht-Befund-Klassifikation zeigen im Gegensatz zur quantitativen Metaanalyse relativ eindeutig an, wann kein Zusammenhang zwischen zwei Merkmalen existiert. Es wird ersichtlich, wann es sinnvoll erscheint, auch einen Nicht-Befund zu interpretieren. Damit eröffnet sich der Re-Analyse die Gelegenheit, bisher wenig gewürdigte Sachverhalte einer Interpretation zugänglich zu machen. Wie die Literatur zum Forschungsverhalten zeigt, sind es gerade die Nicht-Befunde, die, wenn sie denn überhaupt veröffentlicht werden, so doch kaum inhaltlich gewürdigt werden.

Die Ergebnisse der Befund-/Nicht-Befund-Klassifikation versetzen den externen Analytiker damit in die Lage, eine zusätzliche Antwort auf vorliegende Re-Analyse-Fragestellungen zu geben. Dieser Vorteil wird mit dem Nachteil erkauft, daß das Ergebnis der Befund-/Nicht-Befund-Klassifikation keine Aussage darüber liefert, welche Stärke ein studienübergreifender Effekt besitzt. Hier liegt der Vorteil der quantitativen Metaanalyse.

Die Schlußfolgerung kann nur lauten: Beide Verfahren ergänzen sich gegenseitig. Sie können einander nicht ersetzen. Allerdings stellt die quantitative Metaanalyse wesentlich höhere Anforderungen an das zu integrierende Datenmaterial. Sie wird folglich immer auf weniger Effekte zurückgreifen können als die vor dem Hintergrund unserer Analysezielsetzung robustere Befund-/Nicht-Befund-Klassifikation.

Ein zentrales Problem der quantitativen Metaanalyse ist die Frage, ab welcher Stärke einer studienübergreifenden Korrelation bereits von einem Zusammenhang gesprochen werden darf. In der Literatur existieren hierzu zwar Klassifikationsvorschläge, jedoch kann für sie keine Allgemeingültigkeit reklamiert werden. Auch zeigen vergleichbare quantitative Metaanalysen, die sich ebenfalls auf Korrelationskoeffizienten beziehen, daß derartige Effektstärken doch oftmals sehr klein sind.[1] Sie passen insofern nur schwer in ein Raster, wie es beispielsweise Cohen[2] entwickelte, wenn man nicht Gefahr laufen will, sämtliche Korrelationen als unbedeutend zu charakterisieren.

Dieses Problems der Bestimmung der Bedeutsamkeit eines Effektes konnten wir uns wiederum mit Hilfe unserer Ergebnisse der Befund-/Nicht-Befund-Klassifikation entledigen. Es zeigte sich, daß in der Regel bei der Analyse des Zusammenhangs von Strategie und Struktur bereits dann von einer nachhaltigen korrigierten Korrelation gesprochen werden konnte, wenn diese einen Wert von $|r| \geq 0{,}20$ aufweist. Nahm der Korrelationskoeffizient einen derartigen Wert an, so zeigt die Befund-/Nicht-Befund-Klassifikation eine Dominanz des Befund-Anteils. Dieser Wert darf nun aber nicht als generelle Richtschnur für die Nachhaltigkeit eines Zusammenhangs interpretiert werden. Sie gilt lediglich für den Zusammenhang von Strategie und Struktur, wie er sich in empirischen Korrelationsstudien der Organisationsforschung zeigt.

Hierin liegt auch eine Schwäche der quantitativen metaanalytischen Auswertung. Die korrigierten Korrelationskoeffizienten reagierten äußerst sensitiv auf eine große Spannweite der hinter den einbezogenen Effekten stehenden Stichprobenumfänge, wenn nur vergleichsweise wenige Einzeleffekte die Grundlage der Berechnung der korrigierten Korrelation bildeten. Vor dem Hintergrund einer solchen Erkenntnis ist sehr bedenklich, wie gering in einigen quantitativen metaanalytischen Auswertungen die zur Verfügung stehende Datenbasis ist.

Bei der Analyse des Einflusses moderierender Variablen auf das studienübergreifende Re-Analyse-Ergebnis haben wir der Befund-/Nicht-Befund-Klassifikation die höhere Priorität eingeräumt. Wiesen sowohl das Ergebnis der Moderatorenanalyse als auch das Ergebnis der Analyse über alle Effekte einen Befund oder einen Nicht-Befund auf, so haben wir dieses Ergebnis ohne Beachtung der Stärke der korrigierten Korrelation als »letztendliches« Ergebnis übernommen.

Aber auch bei einer solchen Konstellation ergänzen sich beide Verfahren der Re-Analyse. Bei bestimmten Ergebniskonstellationen wurde von einer endgültigen Klassifikation abgesehen. Dies immer dort, wo Moderatorenanalyse und die Analyse über alle Effekte zu unterschiedlichen Ergebnissen hinsichtlich der Befund-/Nicht-Befund-Klassifikation gelangten. Wider-

---

[1] Vgl. z.B. Gooding/Wagner (1985) S. 470 und Damanpour (1991) S. 568 ff.
[2] Vgl. z.B. Cohen (1977) S. 83.

sprachen sich dort die errechneten studienübergreifenden Korrelationen vom Betrage her, so haben wir an den entsprechenden Stellen auf eine endgültige Ergebnisfestlegung verzichtet. Auch hier wird deutlich, wie sich beide Verfahren trotz der prinzipiellen Priorität, die der Befund-/Nicht-Befund-Klassifikation eingeräumt wurde, ergänzen. Würde man nur die Befund-/Nicht-Befund-Klassifikation durchführen oder aber ausschließlich eine quantitative Metaanalyse, so wären diese schwer zu klassifizierenden Ergebnisse gar nicht registriert worden.

Abschließend wollen wir uns noch dem Problem der Hypothesenprüfung im Rahmen einer Re-Analyse zuwenden. Leider ist die quantitative Metaanalyse, zumindest so, wie sie von uns und in vergleichbaren Untersuchungen durchgeführt wurde, nur sehr eingeschränkt in der Lage, eine Hypothese zu falsifizieren. Eine Signifikanzprüfung der errechneten korrigierten Korrelationen scheitert, wenn nicht bereits an grundsätzlichen Erwägungen, ob überhaupt eine Zufallsstichprobe vorliegt, so doch zumindest an methodischen Problemen, die sich aus der Behandlung des zugrunde gelegten Stichprobenumfangs ergeben. Dieses Problem ließ sich erst mit Hilfe unserer Befund-/Nicht-Befund-Klassifikation lösen. Wir entwickelten eine Zurückweisungsregel, deren Kern die Befund-/Nicht-Befund-Klassifikation war. Diese führten wir bei zwei Hilfsvariablen durch, die wir zur Charakterisierung der Abhängigkeitsbeziehung zwischen dem jeweiligen Strategiemerkmal und dem jeweiligen Strukturmerkmal eingeführt haben. Prinzipiell ist die Bildung derartiger Hilfsvariablen auch bei Verfahren der quantitativen Metaanalyse möglich. Allerdings liefert auch hier nur die Häufigkeitsverteilung aufgrund der Befund-/Nicht-Befund-Klassifikation die Richtschnur für die Beurteilung eines studienübergreifenden Effektes dahingehend, ob eine Zurückweisung einer Hypothese notwendig erscheint.

B. Zusammenfassende Beurteilung der Beziehung von Strategie und Struktur

Die folgenden Ausführungen sollen die Ergebnisse unserer Re-Analyse zum Zusammenhang von Strategie und Struktur zusammenfassen und daneben auch Implikationen für die praktische Umsetzung aufzeigen sowie Wege für weitere Forschungsbemühungen weisen.

I. Der Zusammenhang von Strategie und Struktur

a. Die Vorgehensweise der Analyse

Das Ziel unserer Untersuchung war die Analyse des Zusammenhangs von Strategie und Struktur. Den Anstoß zu dieser Frage gab bereits frühzeitig Chandler, indem er als Ergebnis seiner historisch orientierten Analyse postulierte: »A new strategy required a new or at least refashioned structure if the enlarged enterprise was to be operated efficiently (…). Unless new structures are developed to meet new administrative needs which result from an expansion of a firm's activities into new areas, functions, or product lines, the technological, financial, and personnel economies of growth and size cannot be realized.«[1]

Bereits diese frühen Ausführungen machen deutlich, daß eine Analyse des Zusammenhangs von Strategie und Struktur sich nicht darauf beschränken darf, Strategie und Struktur in undifferenzierter Form zu analysieren. Unterschiedliche strategische Aspekte werden bereits genannt, wie die Besetzung neuer Geschäftsfelder oder die Aufnahme neuer Produktlinien. Aber auch der Strukturkomplex scheint vielfältig zu sein. Es ist die Rede von neuen administrativen Erfordernissen, was sicherlich koordinierende Aspekte ebenso umfaßt wie spezialisierende. Der Spezialisierungsgedanke

---

[1] Chandler (1962) S. 15 f.

wird nochmals explizit betont, wenn die neuen betrieblichen Funktionen angesprochen werden.

Eine derartige Abkehr vom Gedanken einer weitgehenden undifferenzierten Analyse des Strategie-Struktur-Zusammenhangs verstärkt sich natürlich noch weiter, wenn man die entsprechende Literatur studiert, die sich ausschließlich dem Strategieaspekt oder dem Strukturaspekt widmet. Vielfältige Komponenten beider Größen werden genannt. Wir haben sie ausführlich im zweiten Teil unserer Arbeit vorgestellt. Für uns hatten die dort gewonnenen Erkenntnisse zur Folge, daß wir zu der Überzeugung gelangten, die Analyse des Zusammenhangs von Strategie und Struktur nur in differenzierter Form vornehmen zu können. Bestärkt wurden wir auch von den unterschiedlichen theoretischen Ansätzen, die sich explizit der Erklärung des Strategie-Struktur-Zusammenhangs angenommen haben. Will man das Zusammenspiel von Strategie und Struktur analysieren, so kommt man nicht umhin, beide Aspekte in detaillierter Form zu untersuchen. Theoretische Überlegungen geben Anlaß zu der Vermutung, daß möglicherweise bei bestimmten Strategieformen und Strukturkomponenten die Strategie als unabhängige Größe zu charakterisieren ist. Bei anderen wiederum von der Strukturkomponente Einflüsse auf die Strategie ausgehen.

Entsprechend differenziert haben wir versucht, sowohl die Strategie als auch die Struktur zu analysieren. Wir unterschieden Aspekte, die das Strategieverständnis beschreiben, von solchen, die sich auf den Inhalt einer Strategie richten. Konkret waren dies:

- Der *Interaktionsgedanke* im Strategieverständnis, welcher explizit die Auseinandersetzung mit einem Wettbewerber betont.
- Die *Zeit-Perspektive* im Strategieverständnis, die versucht den zeitlichen Horizont zu beschreiben.
- Der *Phasenbezug* im Strategieverständnis, welcher die Frage nach dem Einschluß von Zielaspekten in die Strategie stellt.
- Der *Bewußtseinsaspekt* im Strategieverständnis, in welchem zum Ausdruck kommt, daß eine Strategie möglicherweise nicht bewußt konzipiert wird, sondern sich erst ex post als Muster von Einzelentscheidungen ergibt.
- Der *organisatorische Geltungsbereich*, der den Bereich charakterisiert, für den eine Strategie entwickelt wird.
- Die *Steuerung des Ressourceneinsatzes* in Form einer Schrumpfungs-, Stabilisierungs- oder Wachstumsstrategie.
- Das Ziel der aktiven *Gestaltung der Abhängigkeitsbeziehungen* zur Umwelt.

- Die Beschreibung einer *Grundhaltung der Unternehmung*.
- Die Erzielung von *Wettbewerbsvorteilen*.
- Die Bestimmung der relevanten *Produkt/Markt-Kombinationen*.
- Sonstige Strategieinhalte.

Zur detaillierten Beschreibung der Strukturkomponente wählten wir folgende Sachverhalte:
- Werden ausschließlich *formale Aspekte* beschrieben?
- Werden auch *nicht formale Aspekte* beschrieben?
- Läßt sich die Strukturkomponente als *Spezialisierungsform* charakterisieren?
- Läßt sich die Strukturkomponente als *Koordinationsform* charakterisieren?
- Liegen Maße der *Hierarchiekonfiguration* vor?
- Bezieht sich die Strukturkomponente auf Fragen des *Grads der Entscheidungszentralisation*?
- Beschreibt die Strukturkomponente unterschiedliche *Grade der Formalisierung und Standardisierung* von Abläufen?
- Kommt in der Strukturkomponente ein bestimmter *Typ der Organisation* zum Ausdruck?

Neben einer solchermaßen differenzierten Analyse der Strategie- und der Strukturkomponente haben wir ferner Hypothesen aus der Literatur abgeleitet. Diese versuchten, die in der wissenschaftlichen Forschung konzipierten theoretischen Modelle zum Strategie-Struktur-Zusammenhang wiederzugeben.

Um den Zusammenhang von Strategie und Struktur prüfen zu können, müssen wir von der prinzipiellen Möglichkeit der Unabhängigkeit von Strategie und Struktur ausgehen. Das heißt, sämtliche Strategiekomponenten sind als unabhängig von sämtlichen Strukturkomponenten zu verstehen und umgekehrt. Entsprechend läßt sich ein Raum unterschiedlichster Strategie-Struktur-Kombinationen aufspannen. Die Kombinationen ergeben sich als Ergebnis unserer einzelnen Strategie- und Strukturmerkmale. Mit den entsprechenden Ausprägungen der einzelnen Komponenten sind wir in der Lage, 21 Strategiecharakteristika in Kombination mit acht Strukturcharakteristika zu untersuchen. Für diese Kombinationen fragten wir, ob für sie empirisch Effekte ermittelt und in der einschlägigen Literatur publiziert wurden. Die so identifizierten Effekte wurden, nachdem sie die Prüfung im Rahmen unserer Nicht-Befund-Analyse erfolgreich bestanden hatten, zusammengefaßt und als Ergebnisse der Befund-/Nicht-Befund-Klassifikation und der quantitativen Metaanalyse ausgewertet. Es wurden Häufigkeitsverteilungen hinsichtlich der Befund-Anteile und der Nicht-Befund-Anteile ermittelt sowie um den Einfluß der Stichprobenumfangs korrigierte studienübergreifende Korrelationskoeffizienten. Vor dem Hintergrund dieser Re-Analyse-Ergebnisse galt es dann, unser im zweiten Teil spezifiziertes hierarchisches Hypothesensystem zum Zusammenhang von Strategie und Struktur zu prüfen.

(i) Relativ unspezifisch wurde auf der obersten Ebene gefragt, ob ein Zusammenhang zwischen Strategie und Struktur besteht oder nicht. Konkret galt es die »Unabhängigkeitshypothese« zu prüfen.

(ii) Auf einer zweiten Ebene wurde gefragt, ob sich der Zusammenhang als Fit-Beziehung bezeichnen läßt oder nicht. Derartige Fit-Hypothesen prüften wir in zwei leicht unterschiedlichen Versionen.

(iii) Im nächsten Schritt galt es für den Fall, daß keine Fit-Beziehung anzunehmen war, eine weitere Spezifizierung in Richtung auf ein interdependentes Abhängigkeitsverhältnis vorzunehmen. Konkret standen hier die sogenannte »Zeitliche-Segregations-Hypothese«, die »Strukturelle-Segregations-Hypothese« und die »Strategische-Segregations-Hypothese« zur Prüfung an.

(iv) Für den Fall, daß keine interdependente Beziehung anzunehmen war, sondern eine eindeutige Abhängigkeitsbeziehung, spezifizierten wir je nach Art der Abhängigkeit eine »Struktur-Folge-Hypothese«, eine »Strategische-Wahl-Hypothese«, eine »Informations-Filter-Hypothese«, eine »Fähigkeitsstruktur-Hypothese« und eine »Prozeßstruktur-Hypothese«.

Die Prüfung der einzelnen Hypothesen erfolgte mittels einer Zurückweisungsregel, die sich im Kern an der Häufigkeitsverteilung der Befund-/Nicht-Befund-Klassifikation orientierte. Für die Bereiche der Strategie-Struktur-Kombinationen, bei denen eine Falsifikation der jeweils zu prüfenden Hypothese nicht möglich war, wurde ihre einstweilige Gültigkeit unterstellt. Eine solche Falsifikationsregel erwies sich jedoch nur als praktikabel im Hinblick auf die Prüfung des Hypothesensystems, indem wir zwei sogenannte Hilfsvariablen eingeführt haben, die es uns ermöglichten, auch Abhängigkeitsbeziehungen zwischen den Strategie- und Strukturmerkmalen zu untersuchen. Erst jetzt waren wir in der Lage, auch die vielfältigen Abhängigkeitshypothesen einer Prüfung zu unterziehen. Unsere Zurückweisungsregel lautete:

Eine Abhängigkeitshypothese ist zurückzuweisen, wenn der Befund-Anteil einer Strategie-Struktur-Kombination bei Vorliegen der Ausprägung »es zeigt sich eine Abhängigkeit« der Hilfsvariablen »Einfluß-Strategie« oder »Einfluß-Struktur« vom entsprechenden Nicht-Befund-Anteil dominiert wird.

b. Die Ergebnisse der Hypothesenprüfung

Unsere umfangreiche Prüfung der Hypothesen kam zu folgendem Ergebnis: Für keine der Hypothesen kann der Anspruch auf allgemeine Gültigkeit aufrechterhalten werden, wenn wir eine Prüfung anhand sämtlicher von uns spezifizierten Strategie-Struktur-Kombinationen vornehmen. Führt man allerdings eine differenzierte Analyse durch und fragt, ob es bestimmte Bereiche der Kombination von Strategie-Struktur gibt, für die es nicht möglich ist, eine Falsifikation herbeizuführen, so zeichnen sich drei Bereiche ab, die durch ein unterschiedliches Verhältnis von Strategie und Struktur gekennzeichnet sind. Jedem dieser Bereiche liegt eine unserer Hypothesen zugrunde. Im einzelnen sind dies die »Strukturelle-Segregations-Hypothese«, die »Fit-Hypothese 1« und die »Unabhängigkeits-Hypothese«. Für sie formulierten wir die folgenden Ergebnisse:

(i) Die Strukturelle-Segregations-Hypothese, die unterstellt, daß nur ein Teil der Strukturkomponenten von der Strategie beeinflußt wird, ein anderer Teil jedoch seinerseits die Strategie bestimmt, ist größtenteils aufrechtzuerhalten. Hinsichtlich der Makro-Struktur einer Organisation, ausgedrückt in der grundlegenden Art ihrer Spezialisierung bzw. ihres strukturellen Typs, scheint ein strategischer Imperativ zu gelten. Hinsichtlich der Mikro-Struktur einer Organisation, soweit diese die Koordinationsinstrumente der Formalisierung und Standardisierung von Abläufen betrifft, scheint ein struktureller Imperativ zu gelten.

(ii) Mit der Fit-Hypothese 1 wurde unterstellt, daß – will die Unternehmung erfolgreich sein – die Strategie- und Strukturkomponenten zueinander passen müssen, wobei der Aspekt der Abhängigkeit ohne Bedeutung ist.

Die generelle Gültigkeit der Fit-Hypothese 1 ist zurückzuweisen, es zeigt sich jedoch, daß bei Vorliegen eines »reaktiven« und »langfristigen« Strategieverständnisses ihr Gültigkeitsbereich denjenigen der Strukturellen-Segregations-Hypothese übertrifft. Es lassen sich dann auch Zusammenhänge zu nicht formalen Organisationsinstrumenten sowie zu Aspekten der Hierarchiekonfiguration erkennen.

Ferner wird deutlich, daß für den Fall, daß in der Strategie eine innovative oder risikofreudige Grundhaltung einer Unternehmung zum Ausdruck kommt oder daß sie als Strategie der vertikalen Integration zu verstehen ist, ihr Gültigkeitsbereich den der Strukturellen-Segregations-Hypothese ebenfalls übertrifft. Es zeigen sich dann Zusammenhänge zu nicht formalen Organisationsinstrumenten.

(iii) Die Unabhängigkeits-Hypothese, wonach zwischen Strategie und Struktur kein direkter Zusammenhang besteht, ist in ihrer uneingeschränkten Gültigkeit zurückzuweisen. Weder für die Kombinationen mit den strategischen Verständnisdimensionen noch für Kombinationen mit den strategischen Inhaltsdimensionen lassen sich Strukturmerkmale identifizieren, für die eine Zurückweisung der Unabhängigkeits-Hypothese nicht erforderlich wäre. Allenfalls für Einzelaspekte der Strukturmerkmale »nicht formale Aspekte« und »Hierarchiekonfiguration« ließe sie sich aufrechterhalten.

Für Strategien, die vorwiegend wettbewerbsorientiert sind, die neben langfristigen Aspekten auch kurz- und mittelfristige umfassen und die demnach sowohl Vorteile gegenüber dem Wettbewerb als auch die Unabhängigkeit vom wettbewerblichen Umfeld anstreben, läßt sich, soweit bestimmte Instrumente der Koordination betroffen sind, die Unabhängigkeits-Hypothese aufrechterhalten.

Diese Ergebnisse unterstreichen, daß das Verhältnis von Strategie und Struktur anscheinend kein wohl geordnetes Zusammenhangsmuster darstellt. Es gilt vielschichtige Beziehungen zu unterscheiden. Damit einher geht die Frage, welche praxeologischen Konsequenzen aus diesen Ergebnissen zu ziehen sind.

II. Praxeologische Konsequenzen der Re-Analyse-Ergebnisse zum Strategie-Struktur-Zusammenhang

a. Der Einfluß der Strukturkomponente

Vor dem Hintergrund unserer Ergebnisse sicherlich unbestritten ist der Umstand, daß die Unternehmungsführung bei der Entwicklung und Implementation strategischer Entscheidungen die strukturelle Komponente nicht außer acht lassen darf. Dies gilt aber nicht nur für den Instrumentalcharakter organisations-struktureller Komponenten mit Blick auf die bestmöglichen Umsetzung eines Strategiekonzeptes. Vielmehr muß bei der Strategieentwicklung auch berücksichtigt werden, daß von bestimmten organisationsstrukturellen Gegebenheiten Einflüsse ausgehen, die den strategischen Prozeß in eine bestimmte Richtung lenken. Das Management sollte sich also darüber bewußt sein, daß neben den vielfältigen anderen Einflußgrößen der Strategieentwicklung auch die Organisationsstruktur hier mit bestimmten Instrumenten prägend wirkt.

Derart prägende Größen finden sich vor allem bei den organisatorischen Abläufen in einer Unternehmung, von denen anscheinend auch die strategischen Entscheidungen nicht unberührt bleiben. Je nach Strukturierung der Abläufe kommt es zur Filterung strategie-relevanter Informationen. Die

Entscheidung für eine bestimmte Strategie wird damit nicht mehr vor dem Hintergrund sämtlicher verfügbarer Informationen getroffen, sondern basiert auf denjenigen, denen es gelang, von den organisatorischen Abläufen nicht »ausgesteuert« oder verändert zu werden. Unterschiedliche Grade der Formalisierung und Standardisierung sind dabei als unterschiedlich stark wirkende Informationsfilter zu interpretieren.

Der Grad der Formalisierung und Standardisierung ist somit nicht ohne Einfluß auf das Strategieergebnis. Wir sind allerdings nicht in der Lage die Frage zu beantworten, ob bestimmte Strategien in unterschiedlicher Weise auf derartige Einflüsse reagieren. Eine entsprechende Berechnung ließ sich nicht durchführen. Man könnte jedoch vermuten, daß möglicherweise in der Richtung wechselnde Beziehungen existieren. Eine Strategie der innovativen Grundhaltung mag sich vielleicht eher dort etablieren, wo ein vergleichsweise niedriger Formalisierungs- und Standardisierungsgrad der Abläufe gegeben ist. Eine strategische Grundhaltung, die eher darauf gerichtet ist, die bisher erreichte Marktposition zu verteidigen, wird möglicherweise dort entwickelt, wo stark formalisierte und standardisierte Entscheidungsprozesse vorliegen. Weitere Unterschiede wären hinsichtlich anderer Strategieinhalte ebenfalls denkbar.

Der Umstand, daß wir entsprechende Berechnungen nicht durchführen konnten, zeigt, daß für derartige Fragestellungen noch ein erheblicher Forschungsbedarf zu bestehen scheint. Trotz der Tradition, auf die die Forschung zum Zusammenhang von Strategie und Struktur zurückblicken kann, sind kaum Untersuchungen zu verzeichnen, die sich der Fragestellung zuwenden, inwieweit Formalisierungs- und Standardisierungsaspekte Bereiche der Strategieentwicklung und der Strategieumsetzung beeinflussen. Man kann hier sicherlich nicht argumentieren, daß eine derartige Forschungsfrage ohne Relevanz ist, denn immerhin weisen diejenigen Untersuchungen, die entsprechende Berechnungen durchgeführt haben, Ergebnisse aus, die zur Stützung der Vermutung eines strukturellen Imperativs beitragen.

Unabhängig von einem bestimmten Strukturmerkmal zeigten unsere Ergebnisse ferner, daß anscheinend auch das Verständnis, welches vom Management einer Strategie entgegengebracht wird, nicht unwichtig ist, wenn es darum geht, die strukturellen Instrumente zur Strategieumsetzung entsprechen zu gestalten. Strategien, die sich dadurch auszeichnen, daß sie den Wettbewerb als aktiv handelnden Gegenspieler begreifen, langfristig orientiert sind und nicht als bewußte strategische Entscheidung bis ins letzte Detail ex ante geplant sind, werden anscheinend sehr viel stärker von organisatorischen Abläufen beeinflußt, als Strategien, die diese Charakteristika nicht

B. Zusammenfassende Beurteilung der Beziehung von Strategie und Struktur   247

aufweisen. Man könnte sogar soweit gehen und bereits vom Verständnis einer Strategie eine Schlußfolgerung dahingehend ziehen, daß strukturelle Einflüsse auftreten werden oder nicht.

b. Die Abhängigkeit der Strukturkomponente

Ein umgekehrtes Abhängigkeitsverhältnis zeigen die Strukturmerkmale, wenn sie als Spezialisierungsform oder als ein bestimmter Organisationstyp zu klassifizieren sind. In der Regel sind diese Strukturkomponenten dann das Ergebnis strategischer Entscheidungen. Mit ihnen wird versucht, eine Strategie möglichst erfolgreich in der Unternehmung umzusetzen. Eine direkte Folge der getroffenen Strategieentscheidungen scheint dabei auch die Festlegung bestimmter Formen der Zentralisierung und Dezentralisierung von Entscheidungsbefugnissen zu sein. Auch sie sind oftmals das Ergebnis strategischen Handelns. Insofern muß die Unternehmungsführung, will sie denn eine Strategie umsetzen, auch diesen eher koordinativen Aspekt berücksichtigen.

Immer dann, wenn sich ein Einfluß der Strategie auf den Grad der Entscheidungszentralisation gezeigt hat, war dieser negativ. Je stärker ein bestimmtes Strategieverständnis ausgeprägt war und je nachhaltiger ein strategischer Inhalt konzipiert wurde, desto stärker ging dies mit einer Dezentralisierung der Entscheidungsbefugnis einher. Ein entsprechender Zusammenhang galt auch für die Aspekte der Spezialisierung und des Typs der Organisation. Auch hier führte die Nachhaltigkeit einer bestimmtem Strategie dazu, daß wesentlich aufwendigere und komplexere Formen der Organisationsstruktur gewählt wurden; eventuell sogar notwendig waren, um eine bestimmte Strategie umzusetzen.

c. Das Zueinanderpassen von Strategie und Struktur

Ergänzend zu diesen relativ klar erkennbaren Abhängigkeitsverhältnissen zeigen unsere Ergebnisse aber auch, daß die Unternehmungsführung noch weitere strukturelle Aspekte zu beachten hat, wenn es gilt, bestimmte strategische Entscheidungen zu treffen und umzusetzen. Diese von uns als Fit-Beziehungen gekennzeichneten Zusammenhänge lassen sich nicht eindeutig danach differenzieren, welche Art der Abhängigkeit vorliegt. Fit-Beziehungen bedeuten, daß einer entsprechenden Strategie-Struktur-Kombination Aufmerksamkeit geschenkt werden sollte, wenn es darum geht, eine Strategie zu entwickeln. Es sind dies insbesondere Aspekte nicht formaler Organisation. Sie gilt es vor allem dann zu berücksichtigen, wenn das Strategieverständnis als reaktiv und langfristig zu kennzeichnen ist und mit der Strategie eine innovative oder risikofreudige Grundhaltung zum Ausdruck kommt. Die Innovationsorientierung einer Unternehmung ist nur als langfristige Strategie denkbar. Wie eine Reihe von Untersuchungen in diesem Bereich gezeigt haben,[2] sind starre formale Regelwerke wenig geeignet, innovatives Verhalten in einer Unternehmung erfolgreich zu etablieren. Insofern gilt es, insbesondere solche Strategien auch hinsichtlich nicht formaler Aspekte der Organisation abzustimmen.

Betrachtet man diese Ergebnisse unserer Re-Analyse so stellt sich natürlich die Frage, ob sich denn nun überhaupt keine Bereiche identifizieren lassen, für die man dem Management die Empfehlung geben könnte, daß sie hinsichtlich der Abstimmung von Strategie und Struktur ohne Bedeutung sind. Existieren Felder von Strategie und Struktur, bei denen kein entsprechender Zusammenhang besteht? Es ist die Frage nach der Nicht-Befund-Interpretation gestellt.

d. Die Unabhängigkeit von Strategie und Struktur

Ein Ergebnis läßt sich gleich vorwegnehmen: Es gibt kaum Bereiche, für die die Abstimmung von Strategie und Struktur ohne Belang ist. Zeigt sich dennoch ein Nicht-Befund, so hat seine Interpretation mit Vorsicht zu erfolgen. Insbesondere sollte man nicht in den Fehler verfallen, sogenannte Sammelkategorien zu interpretieren. Wir haben die Probleme, die hierbei auftreten können, am Beispiel der von uns gemessenen Strukturmerkmale »formale Aspekte« und »Koordinationscharakter« ausführlich diskutiert. Eine Aussage, die in etwa lauten würde: Hinsichtlich der Spezialisierungsaspekte ist eine Abstimmung strategischer Entscheidungen mit strukturellen Gegebenheiten notwendig, hinsichtlich der Instrumente der Koordination jedoch nicht, ist nicht zulässig. Dies, obwohl sich der erste Teil der Aussage auf die sich in vielfältigen Analysen gezeigte Befund-Dominanz stützt, der zweite Teil auf die ebenfalls oft identifizierte Nicht-Befund-Dominanz. Die Koordinationsinstrumente sind in ihrer Einzelwirkung zu unterschiedlich, als daß es erlaubt wäre, hier ein pauschales Urteil zu fällen. Würde man den Schluß ziehen, daß der gesamte Bereich der Koordination ohne Relevanz für das Problem der Abstimmung von Strategie und Struktur ist, so würden wichtige Erkenntnisse verloren gehen. Zu denken ist dabei beispielsweise an die Filterfunktion, die die Formalisierung und Standardisierung von organisatori-

---

[2] Vgl. zu einem entsprechenden Überblick Schewe (1992) S. 82 ff. und Schewe (1994) S. 27 ff.

schen Abläufen auf die Strategieentwicklung ausüben, oder aber die prägende Wirkung, die eine Strategie auf das Ausmaß der Entscheidungszentralisation besitzt.

Die Konsequenz kann somit nur lauten, nur dann bestimmte Aspekte aus dem Abstimmungsbereich von Strategie und Struktur auszuklammern, wenn es sich um Einzelaspekte handelt. Bei Sammelkategorien ist dies nicht zulässig. Derartige Probleme der Interpretation von Sammelkategorien treten übrigens nicht nur bei den von uns untersuchten Strukturmerkmalen auf, sondern auch bei den einzelnen Strategieaspekten. Es gilt auch dort ebenfalls Einzelanalysen vorzunehmen, da anderenfalls die heterogene Befund-/Nicht-Befund-Klassifikation zu einer Artefaktinterpretation führen würde.

Wenden wir uns den Einzelaspekten des Strategie-Struktur-Zusammenhangs zu. Es läßt sich nur für wenige Kombinationen die Behauptung aufrechterhalten, daß kein Zusammenhang existent sei. Es sind dies vielfach Aspekte, die mit dem Strukturmerkmal »Hierarchiekonfiguration« in Zusammenhang stehen. Anscheinend ist eine Hierarchie im Regelfall derart »gefestigt«, daß sie weder von einer Strategie nachhaltig verändert wird, noch ihre bloße Gestalt einen Einfluß auf die Strategieentwicklung besitzt. Nicht der Aufbau der Hierarchie ist für das Zusammenspiel von Strategie und Struktur entscheidend, sondern wie die organisatorischen Abläufe innerhalb der Hierarchie strukturiert sind. Es mag also weniger entscheidend sein, welches Ausmaß eine bestimmte Leitungsspanne besitzt oder wieviele hierarchische Ebenen es zu unterscheiden gilt. Beide Hierarchiekennzeichen werden in empirischen Untersuchungen auch oftmals als eine Funktion der Unternehmungsgröße angesehen.[3]

Wenn wir eine derartige Schlußfolgerung ziehen, so wollen wir dabei jedoch nicht verkennen, daß das von uns gemessene Merkmal der »Hierarchiekonfiguration« streng genommen auch eine Sammelkategorie darstellt. Mit ihr wurden von uns unterschiedliche Konfigurationsmaße zusammengefaßt. Folglich sind die Schlußfolgerungen, die wir aus dem Merkmal »Hierarchiekonfiguration« gezogen haben, sicherlich mit Vorsicht als praxeologische Konsequenzen zu interpretieren. Allerdings vermuten wir, daß sich hier nicht eine derartige Heterogenität der Ergebnisse zeigt, wie wir diese beispielsweise noch bei den Einzelinstrumenten der Koordination festgestellt haben.

Wesentlich eher lassen sich da schon Schlußfolgerungen für einen bestimmten Typus von Strategie ziehen. Es sind dies wettbewerbsorientierte

---

[3] Vgl. Healey (1956), Burack (1967) S. 479 ff., Udell (1967) S. 420 ff., MacKenzie (1978), Woodward (1980) und Grinyer/Yasai-Ardekani (1981) S. 471 ff.

kurzfristige Verhaltensweisen, die entweder über das Ziel der Kostenführerschaft oder sonstiger Wettbewerbsvorteile versuchen, die Unabhängigkeit gegenüber Wettbewerberaktivitäten zu stärken. Liegt eine derartige Strategie vor, so weisen unsere Ergebnisse in der Tendenz darauf hin, daß dann der gesamte Bereich der Koordination – nicht nur als Sammelkategorie gemessen, sondern auch hinsichtlich der Einzelinstrumente der Koordination – kaum eine Abstimmung mit der Strategie erfordert. Das relativ schnelle Reagieren auf Wettbewerberaktionen, welches sich in der Regel nur auf einen vergleichsweise kurzen Zeithorizont bezieht, ist im wesentlichen ein Abstimmungsproblem mit Aspekten der Spezialisierung. Es ist hier eine Arbeitsteilung gefordert, die sich der wettbewerblichen Umwelt anpaßt, da nur so ein rechtzeitiges Erkennen von Wettbewerberaktionen möglich ist. Fragen der Koordination scheinen dabei nicht entscheidend zu sein.

Wenn wir wie eben eine Abwägung von Spezialisierungs- und Koordinationsaspekten vornehmen, so stehen dahinter natürlich bereits implizit Erfolgsvermutungen. Diese können wir jedoch streng genommen nicht äußern, da wir sie nicht untersucht haben. Man könnte allenfalls vermuten, daß die Vielzahl der Unternehmungen, die hinter unseren Daten der Re-Analyse stehen, in der Mehrheit sicherlich nicht ein Muster des Zusammenhangs von Strategie und Struktur aufweisen, welches sich als wenig erfolgreich klassifizieren ließe. Wir können insofern annehmen, daß das von uns ermittelte Beziehungsgeflecht von Strategie- und Strukturkomponenten in der Regel Kombinationsmuster aufweist, die sich in der Praxis bewährt haben. Aber auch gegen diese Argumentation könnte man Einwände erheben. Unser Ziel ist es auch nicht, eine Erfolgsaussage zu liefern. Wir wollen insofern auch an dieser Stelle davon Abstand nehmen. Die vorliegende Arbeit liefert nur Ergebnisse zum Zusammenhang von Strategie und Struktur.

Literaturverzeichnis

Ackhoff, R.L. (1970), A Concept of Corporate Planning, New York.
Ahaus, C., Kastelein, A. (1986), Strategische Wahl im Situationsmodell, in: Zeitschrift für betriebswirtschaftliche Forschung, 38, S. 1007–1013.
Akesson, G., Fredrikson, L., Normark, P. (1992), Strategic Bridging and Organizational Change, in: EFI Research Paper 6497, Ekonomiska Forskningsinstitutet, Handelshögskolani Stockholm, Stockholm.
Albers, S., Eggert, K. (1988), Kundennähe: Strategie oder Schlagwort?, in: Marketing, 10, Nr. 1, S. 5–16.
Aldrich, H.E. (1979), Organizations and Environments, Englewood Cliffs (NJ).
Allen, S.A. (1979), Understanding Reorganization of Divisionalized Companies, in: Academy of Management Journal, 22, S. 641–671.
Alsegg, R.J. (1971), Control Relationships Between American Corporations and Their European Subsidiaries, American Management Association Research 107.
Amburgey, T.L., Miner, A.S. (1990), Strategic Momentum: The Effects of Product Diversification, Decentralization, and History on Merger Activity, in: L.R. Jauch, J.L. Wall (Hrsg.), Academy of Management Best Papers Proceedings, San Francisco (CA), S. 2–7.
–, (1992), Strategic Momentum: The Effects of Repetitive, Positional, and Contextual Momentum on Merger Activity, in: Strategic Management Journal, 13, S. 335–348.
Anderson, C.R, Paine, F.T. (1975), Managerial Perceptions and Strategic Behavior, in: Academy of Management Journal, 18, S. 811–823.
Andrews, K.R. (1987), The Concept of Corporate Strategy, 8. Auflage, Homewood (Ill).
Ansoff, H.I. (1957), Strategies of Diversification, in: Havard Business Review, 35, S. 113–124.
–, (1965), Corporate Strategy: An Analytic Approach to Business Policy for Growth and Expansion, New York.
–, (1979), Strategic Management, London.
–, (1980a), Managing the Process of Discontinous Change: Part I – Behavioral Resistance, Working Paper Nr. 80 – 26, European Institute for Advanced Studies in Management, Brüssel.

–, (1980b), Managing the Process of Discontinous Change: Part II – Systematic Resistance, Working Paper Nr. 80 – 36, European Institute for Advanced Studies in Management, Brüssel.

–, (1982), Methoden zur Verwirklichung strategischer Änderungen in der Unternehmung, Band 27, in: H. Jacob (Hrsg.), Schriften zur Unternehmensführung, Wiesbaden, S. 69–87.

Atkinson, D.R., Furlong, M.J., Wampold, B.E. (1982), Statistical Significance, Reviewer Evaluations and the Scientific Process: Is there a (Statistically) Significant Relationship?, in: Journal of Counseling Psychology, 29, S. 189–194.

Baker, M.J. (1979), Industrial Buying Behaviour and the Adoption of Innovations, in: M.J. Baker (Hrsg.), Industrial Innovation: Technology, Policy, Diffusion, London, S. 345–366.

Baligh, H.M., Burton, R.M. (1979), Marketing in Moderation: The Marketing Concept and the Organization's Structure, in: Long Range Planning, 12, S. 92–96.

Baligh, H.M., Burton, R.M., Obel, B. (1990), Divising Expert Systems in Organization Theory: Putting „Design" into Organizational Design, in: M. Masuch (Hrsg.), Organization, Management and Expert System, Berlin, S. 35–57.

Bart, C.K. (1986), Product Strategy and Formal Structure, in: Strategic Management Journal, 7, S. 293–312.

–, (1987), Implementing „Growth" and „Harvest" Product Strategies, in: California Managemant Review, 29, Nr. 4, S. 139–156.

Bartlett, C.A. (1981), Multinational Structural Change: Evolution versus Reorganisation, in: L. Otterbeck (Hrsg.), The Management of Headquarters – Subsidiary Relationships in Multinational Corporations, Guildford, S. 121–145.

Bartlett, C.A., Ghoshal, S. (1987), Managing Across Borders, in: Sloan Management Review, 29, S. 43–53.

–, (1989), Managing Across Borders, London.

Batelaan, V.J. (1991), The Strategic Dimension of Organization, Centre for Research in Business Economics, Erasmus University Rotterdam, Report 9111/0.

Becker, J. (1992), Marketing-Konzeption, 4. Auflage, München.

Behling, O. (1980), The Case for the Natural Science Model for Research in Organizational Behavior and Organization Theory, in: Academy of Management Review, 5, S. 483–490.

Benölken, H., Greipel, P. (1989), Strategische Organisationsentwicklung, in: zeitschrift führung + organisation, 58, S. 15–22.

Berg, N. (1973), Corporate Role in Diversified Companies: A Working Paper, in: B. Taylor, K. MacMillan (Hrsg.), Business Policy: Teaching and Research, New York, S. 298–347.

Berlinger, L.R., Glick, W.H., Rodgers, R.C. (1988), Job Enrichment and Performance Improvement, in: J.P. Campbell, R.J. Campbell (Hrsg.), Productivity in Organizations: New Perspectives from Industrial and Organizational Psychology, San Francisco (CA), S. 219–254.

Beuermann, G. (1993), Spieltheorie und Betriebswirtschaftslehre, in: W. Wittmann et al. (Hrsg.), Handwörterbuch der Betriebswirtschaft, Teilband 3, 5. Auflage, Stuttgart, Sp. 3929–3940.

Beutelmeyer, W., Kaplitza, G. (1987), Die Sekundäranalyse, in: E. Roth (Hrsg.), Sozialwissenschaftliche Methoden, 2. Auflage, München, Wien, S. 303–318.

Blau, P.M., Schoenherr R.A. (1971), The Structure of Organizations, New York.

Bleicher, K. (1991), Organisation: Strategien, Strukturen, Kulturen, 2. Auflage, Wiesbaden.

Blois, K.J. (1983), The Structure of Service Firms and Their Marketing Policies, in: Strategic Management Journal, 4, S. 251–261.

Bobbit, H.R. jr., Ford, J.D. (1980), Decision-Maker Choice as a Determinant of Organizational Structure, in: Academy of Management Review, 5, S. 13–23.

Boecker, W., Goodstein, J. (1991), Organizational Performance and Adaption: Effects of Environment and Performance on Changes in Board Composition, in: Academy of Management Journal, 34, S. 805–826.

Boettcher, R., Welge, M.K. (1994), Strategic Information Diagnosis in the Global Organization, in: Management International Review, 34, Nr. 1, S. 7–24.

Borch, K. (1969), Wirtschaftliches Verhalten bei Unsicherheit, München.

Bort, C.K. (1983), Product-Strategy and Structure in Selected Consumer Packaged Goods Firms, in: K.H. Chung (Hrsg.), Academy of Management Best Papers Proceedings 1983, Dallas, S. 2–7.

Bortz, J. (1984), Lehrbuch der empirischen Forschung für Sozialwissenschaftler, Berlin u.a.

–, 1989), Statistik für Sozialwissenschaftler, 3. Auflage, Berlin u.a.

Boschken, H.L. (1988), Strategic Design and Organizational Change: Pacific Rim Seaports in Transition, Tuscaloosa/London.

–, (1990), Strategy and Structure: Reconceiving the Relationship, in: Journal of Management, 16, Nr. 1, S. 135–150.

Boseman, G., Phatak, A. (1989), Strategic Management: Text and Cases, 2. Auflage, New York u.a.

Bourgeois, L.J. (1980), Strategy and Environment: A Conceptual Integration, in: Academy of Management Review, 5, S. 25–39.

Bourgeois, L.J., Astley, W.G. (1979), A Strategic Model of Organizational Conduct and Performance, in: International Studies of Management and Organization, 9, Nr. 3, S. 40–66.

Bracker, J. (1980), The Historical Development of the Strategic Management Concept, in: Academy of Management Review, 5, S. 219–224.

Brass, D.J. (1984), Being in the Right Place: A Structural Analysis of Individual Influence in an Organization, in: Administrative Science Quarterly, 29, S. 518–539.

Breilmann, U. (1990), Die Berücksichtigung der strategischen Wahl im Rahmen eines neo-kontingenztheoretischen Ansatzes, Bern.

–, (1995), Dimensionen der Organisationsstruktur: Ergebnisse einer empirischen Untersuchung, in: zeitschrift führung + organisation, 64, S. 159–164.

Brockhoff, K., Hauschildt, J. (1993), Schnittstellen-Management: Koordination ohne Hierarchie, in: zeitschrift führung + organisation, 62, S. 396–408.

Bühner, R. (1992), Betriebswirtschaftliche Organisationslehre, 6. Auflage, München/Wien.

–, (1993), Strategie und Organisation: Analyse und Planung der Unternehmensdiversifikation mit Fallbeispielen, 2. Auflage, Wiesbaden.

Burack, E. (1967), Industrial Management in Advanced Productions Systems, in: Administrative Science Quarterly, 12, S. 479–500.

Burgelman, R.A. (1983), A Model of the Interaction of Strategic Behavior, Corporate Context, and the Concept of Strategy, in: Academy of Management Review, 8, S. 61–70.

Burns, T., Stalker, G.M. (1961), The Management of Innovation, London.

Burrell, G., Morgan, G. (1979), Sociological Paradigms and Organizational Analysis: Elements of the Sociology of Corporate Lifes, London.

Cable, J.R., Dirrheimer, M.J. (1983), Hierarchies and Markets: An Empirical Test of the Multidivisional Hypothesis in West Germany, in: International Journal of Industrial Organization, 1, S. 43–62.

Calantone, R.J., di Benedetto, C.A., Bhoovaraghavan, S. (1994), Examing the Relationship between Degree of Innovation and New Product Success, in: Journal of Business Research, 30, S. 143–148.

Campbell, J.P. (1982), Editorial: Some Remarks from the Outgoing Editor, in: Journal of Applied Psychology, 67, S. 691–700.

Capon, N., Farley, J.U., Hulbert, J.M. (1987), Corporate Strategic Planning, New York.

Caves, R.E. (1980), Industrial Organization, Corporate Strategy and Structure, in: Journal of Economic Literature, 18, S. 64–92.

–, (1984), Industrial Organization, Corporate Strategy and Structure, in: R.B. Lamb (Hrsg.), Competitive Strategic Management, Englewood Cliffs (NJ), S. 134–170.

Certo, S.C., Peter, J.P. (1991), Strategic Management: Concepts and Applications, 2. Auflage, New York et al.

Chaffee, E.E. (1985), Three Models of Strategy, in: Academy of Management Review, 10, S. 89–78.

Chandler, A.D. (1962), Strategy and Structure, Cambridge u.a.

–, (1977), The Visible Hand: The American Revolution in American Business, Cambridge (MA).

Chandrasekaran, G. (1982), Strategy, Structure, Market Concentration, and Organization Performance, Diss. State University of New York, Buffalo (NY).

Channon, D.F. (1973), The Strategy & Structure of British Enterprises, Harvard Graduate School of Business Administration, Cambridge (MA).

–, (1978), The Service Industries: Strategy, Structure and Financial Performance, London.

Chenhall, R.H. (1979), Some Elements of Organizational Control, in: Australian Journal of Management, 4, Nr. 1, S. 1–36.

Chesnais, F. (1988), Technical Co-operation Agreements between Firms, in: STI-Review, 4, S. 51–115.

Child, J. (1972a), Organizational Structure, Environment and Performance: The Role of Strategic Choice, in: Sociology, 6, S. 1–22.

–, (1972b), Organizational Structure and Strategies of Control: A Replication of the Aston Study, in: Administrative Science Quarterly, 17, S. 163–177.

–, (1984), Organization: A Guide to Problems and Practice, 2. Auflage, London.

Child, J., Francis, A. (1977), Strategy Formulation as a Structured Process, in: International Studies of Management and Organisation, 7, S. 110–126.

Clark, D.L. (1985), Emerging Paradigms in Organizational Theory and Research, in: Y.S. Lincoln (Hrsg.), Organizational Theory and Inquiry: The Paradigm Revolution, Beverly Hills (CA), S. 43–78.

Clegg, S. (1981), Organization and Control, in: Administrative Science Quarterly, 17, S. 454–462.

Cohen, M.D., March, J.G., Olsen, J.P. (1972), A Garbage Can Model of Organizational Choice, in: Administrative Science Quarterly, 17, S. 1–25.

Cohen, J. (1977), Statistical Power Analysis for the Behavioral Sciences, 2. Auflage, New York.

Cohen, J., Cohen, P. (1983), Applied Multiple Regression/Correlation Analysis for the Behavioral Sciences, Hillsdale (NJ).

Conant, J., Mokwa, M., Varadarajan, R. (1990), Strategic Types, Destinctive Marketing Competencies, and Organizational Performance: A Multiple Measured-Based Study, in: Strategic Management Journal, 11, S. 365–383.

Cowherd, D.M., Luchs, R.H. (1988), Linking Organization Structures and Processes to Business Strategy, in: Long Range Planning, 21, Nr. 5, S. 47–53.

Cullen, J.B., Baker, D.D. (1984), Administrative Size and Organization Size: An Examination of the Log Structure, in: Academy of Management Journal, 27, S. 644–653.

Cusumano, M., Nobeoka, K. (1992), Strategy, Structure and Performance in Product Development: Observations from the Auto Industry, in: Research Policy, 21, S. 265–293.

Cyert, R.M., March, J.G. (1963), A Behavioral Theory of the Firm, Englewood Cliffs (NJ).

Damanpour, F. (1991), Organizational Innovation: A Metaanalysis of Effects of Determinants and Moderators, in: Academy of Management Journal, 34, S. 555–590.

–, (1992), Organizational Size and Innovation, in: Organization Studies, 13, S. 375–402.

Daniels, J.D., Pitts, R.A., Tretter, M.J. (1984), Strategy and Structure of U.S. Multinationals: An Exploratory Study, in: Academy of Management Journal, 27, S. 292–307.

–, (1985), Organizing for Dual Strategies of Product Diversity and International Expansion, in: Strategic Management Journal, 6, S. 223–237.

Davis, P.S., Schul, P.L. (1993), Adressing the Contingent Effects of Business Unit Strategic Orientation on Relationships between Organizational Context and Business Unit Performance, in: Journal of Business Research, 27, S. 183–200.

Dess, G., Origer, N.K. (1987), Environment, Structure, and Consensus of Strategy Formulation: A Conceptional Integration, in: Academy of Management Review, 13, S. 314–330.

Dlugos, G., Dorow, W. (1992), Organisationstheorie, konfliktorientierte, in: E. Frese (Hrsg.), Handwörterbuch der Organisation, 3. Auflage, Stuttgart, Sp. 1797–1805.

Donaldson, L. (1982), Divisionalism and Diversification: A Longitudinal Study, in: Academy of Management Journal, 25, S. 909–914.

–, (1984), Explaining Structural Change in Organizations: Contingency Determinism or Contingency Fit, in: Australian Journal of Management, 9, Nr. 2, S. 15–24.

–, (1986), Size and Bureaucracy in East and West: A Preliminary Meta Analysis, in: S.R. Clegg, D. Dunphy, S.G. Redding (Hrsg.), The Enterprise and Management in East Asia, Hong Kong, University of Hong Kong Press, S. 67–91.

–, (1987), Strategy and Structural Adjustment to Regain Fit and Performance: In Defence of Contingency Theory, in: Journal of Management Studies, 24, S. 1–24.

Downs, A. (1967), Inside Bureaucracy, Boston (MA).

Drexel, G. (1987), Organisatorische Verankerung strategischer Geschäftsfelder, in: Die Unternehmung, 41, S. 148–162.

Duncan, R.B. (1979), What is the Right Organization Structure? Decision Tree Analysis Provides the Answer, in: Organizational Dynamics, S. 59–80.

Dvir, D., Segev, E., Shenhar, A. (1993), Technology's Varying Impact on the Success of Strategic Business Units within the Miles and Snow Typology, in: Strategic Management Journal, 14, S. 155–162.

Dyas, G.D. (1972), The Strategy and Structure of French Industrial Enterprises, Diss. Harvard University, Cambridge (MA).

Dyas, G.D., Thanheiser, H.Th. (1976), The Emerging European Enterprise, Boulder, (CO).

Ebers, M. (1992), Organisationstheorie, situative, in: E. Frese (Hrsg.), Handwörterbuch der Organisation, 3. Auflage, Stuttgart, Sp. 1817–1838.

Egelhoff, W.G. (1982), Strategy and Structure in Multinational Corporations: An Information-Processing Approach, in: Administrative Science Quarterly, 27, S. 435–458.

–, (1988), Strategy and Structure in Multinational Organizations, in: Strategic Management Journal, 8, S. 1–14.

Eisenführ, F. (1980), Divisionale Organisation, in: E. Grochla (Hrsg.), Handwörterbuch der Organisation, 2. Auflage, Stuttgart, Sp. 558–568.

Ettlie, J.E., Bridges, W.P., O'Keefe, R.D. (1984), Organization Strategy and Structural Differentiation for Radical Versus Incremental Innovations, in: Management Science, 30, S. 682–695.

Ettlie, J.E., Reza, E.M. (1992), Organizational Integration and Process Innovation, in: Academy of Management Journal, 35, S. 795–827.

Evan, W.M. (1993), Organization Theory: Research and Design, New York.

Fahey, L., Christensen, H. (1986), Evaluating Research on Strategic Content, in: Journal of Management, 12, S. 167–183.

Fisher, C.D., Gitelson, R. (1983), A Meta-Analysis of the Correlates of Role Conflict and Ambiguity, in: Journal of Applied Psychology, 68, S. 320–333.

Fligstein, N. (1985), The Spread of the Multidivisional Form Among Large Firms, 1919–1979, in: American Sociological Review, 59, S. 377–391.

Fombrun, C.J. (1989), Convergent Dynamics in the Production of Organizational Configurations, in: Journal of Management Studies, 26, S. 439–458.

Fouraker, L.E., Stopford, J. (1968), Organization Structure and Multinational Strategy, in: Administrative Science Quarterly, 13, S. 47–64.

Franko, L.G. (1974), The Move Toward Multidivisional Structure in European Organizations, in: Administrative Science Quarterly, 19, S. 493–506.

–, (1976), The European Multinationals, London.

Frederick, W.C., Davis, K., Post, I.E. (1988), Business and Society: Corporate Strategy, Public Policy, Ethics, 6. Auflage, New York.

Fredrickson, J.W. (1984a), The Comprehensiveness of Strategic Decision Processes: Extension, Observations, Future Directions, in: Academy of Management Journal, 27, S. 445–466.

–, (1984b), The Effect of Structure on the Strategic Decision Process, in: J.A. Pearce II, R.B. Robinson (Hrsg.), Academy of Management Best Papers Proceedings 1984, Boston (MA), S. 12–17.

Fredrickson, J.W. (1986), The Strategic Decision Process and Organizational Structure, in: Academy of Management Review, 11, S. 280–297.

Frese, E. (1988), Grundlagen der Organisation, 4. Auflage, Wiesbaden.

–, (1992), Organisationstheorie: Historische Entwicklung, Ansätze, Perspektiven, 2. Auflage, Wiesbaden.

Fricke, R., Treinies, G. (1985), Einführung in die Metaanalyse, Bern.

Frost, P. (1980), Toward a Radical Framework for Practicing Organization Science, in: Academy of Management Review, 5, S. 501–507.

Gabele, E. (1979), Unternehmensstrategie und Organisationsstruktur, in: zeitschrift führung + organisation, 48, S. 181–190.

Gälweiler, A. (1979), Strategische Geschäftseinheiten (SGE) und Aufbauorganisation der Unternehmung, in: zeitschrift führung + organisation, 48, S. 252–260.

–, (1980), Organisation der Planung, in: E. Grochla (Hrsg.), Handwörterbuch der Organisation, 2. Auflage, Stuttgart, Sp. 1884–1894.

–, (1987), Strategische Unternehmensführung, Frankfurt/New York.

Gaitanides, M. (1985), Strategie und Struktur, in: zeitschrift führung + organisation, 54, S. 115–122.

–, (1986), Strategic Planning and Structuring of Organization, in: K. Macharzina, W. Staehle (Hrsg.), European Approaches to International Management, Berlin/New York, S. 261–274.

Gaitanides, M. (1992), Ablauforganisation, in: E. Frese (Hrsg.), Handwörterbuch der Organisation, 3. Auflage, Stuttgart, Sp. 1–34.

Gaitanides, M., Wicher, H. (1986), Strategien und Strukturen innovationsfähiger Organisationen, in: Zeitschrift für Betriebswirtschaft, 56, S. 385–403.

Galbraith, J.R. (1973), Designing Complex Organizations, Reading, (MA).

Galbraith, J.R., Kazanjian, R.K. (1986), Strategy Implementation: Structure, Systems and Process, 2. Auflage, St. Paul (MN).

Galbraith, J.R., Nathanson, D.A. (1978), Strategy Implementation: The Role of Structure and Process, St. Paul.

Galbraith, J.R., Schendel, D. (1983), An Empirical Analysis of Strategy Types, in: Strategic Management Journal, 4, S. 153–173.

Gasparini, G. (1978), Organizational Power, Strategies and Social Classes: Towards a Critique of the Contingency Theory of Organizations, in: M. Warner (Hrsg.), Organizational Choice and Constraint, Westmead, S. 215–248.

Gates, S.R., Egelhoff, W. (1986), Centralization in Headquarters – Subsidiary Relationships, in: Journal of International Business Studies, 17, S. 71–92.

Gebert, D. (1978), Organisation und Umwelt, Stuttgart et al.

Gebert, F. (1983), Diversifikation und Organisation, Frankfurt.

Gemünden, H.G. (1983), Entscheidungstyp und Informationsnachfrage, in: J. Hauschildt, H.G. Gemünden, S. Grotz-Martin, U. Haide (Hrsg.), Entscheidungen der Geschäftsführung: Typologie, Informationsverhalten, Effizienz, Tübingen, S. 103–143.

Gerpott, T.J. (1993), Integrationsgestaltung und Erfolg von Unternehmensakquisitionen, Stuttgart.

Ghoshal, S., Korine, H., Szulanski, G. (1994), Interunit Communication in Multinational Corporations, in: Management Science, 40, S. 96–110.

Giddens, A. (1984), Interpretative Soziologie: Eine kritische Einführung, Frankfurt/New York.

Glass, G.V., Hopkins, K.D. (1984), Statistical Methods in Education and Psychology, 2. Auflage, New York.

Glass, G.V., McGaw, B., Smith, M.C. (1981), Meta-Analysis in Social Research, Beverly Hills (CA).

Glueck, W.F. (1972), Business Policy: Strategy Formation and Management, New York.

Gomez-Mejia, L.R. (1992), Structure and Process of Diversification, Compensation Strategy, and Firm Performance, in: Strategic Management Journal, 13, S. 381–397.

Gooding, R.Z., Wagner, J.A. (1985), A Meta-Analytic Review of the Relationship between Size and Performance, in: Administrative Science Quarterly, 30, S. 462–481.

Govindarajan, V. (1988), A Contingency Approach to Strategy Implementation at the Business-Units Level: Integrating Administrative Mechanisms with Strategy, in: Academy of Management Journal, 31, S. 828–853.

Govindarajan, V., Fisher, J. (1990), Strategy, Control Systems and Resource Sharing: Effects on Business-Unit Performance, in: Academy of Management Journal, 33, S. 259–285.

Grinyer, P.H., Yasai-Ardekani, M. (1981), Strategy, Structure, Size and Bureaucracy, in: Academy of Management Journal, 24, S. 471–486.

Grinyer, P.H., Yasai-Ardekani, M., Al-Bazzaz, S. (1980), Strategy, Structure, the Environment and Financial Performance in 48 United Kingdom Companies, in: Academy of Management Journal, 23, S. 193–220.

Grochla, E. (1982), Grundlagen der organisatorischen Gestaltung, Stuttgart.

Grün, O. (1966), Informale Entscheidungen in der Betriebsorganisation, Berlin.

–, (1980), Informale Organisation, in: E. Grochla (Hrsg.), Handwörterbuch der Organisation, 2. Auflage, Stuttgart, Sp. 881–889.

Gupta, A.K. (1987), SBU Strategies, Corporate-SBU Relations, and SBU Effectiveness in Strategy Implementation, in: Academy of Management Journal, 30, S. 477–500.

Gupta, A.K., Govindarajan, V. (1991), Knowledge Flow Patterns, Subsidiary Strategic Roles, and Strategic Control Within MNCs, in: J. L. Wall, L. R. Jauch (Hrsg.), Academy of Management Best Papers Proceedings 1991, Miami Beach, S. 21–25.

Guzzo, R.A., Jackson, S.E., Katzell, R.A. (1987), Meta-Analysis Analysis, in: Research in Organizational Behavior, 9, S. 407–442.

Habib, M.M., Victor, B. (1991), Strategy, Structure, and Performance of U.S. Manufacturing and Service MNCs: A Comparative Analysis, in: Strategic Management Journal, 12, S. 589–606.

Hage, J. (1977), Choosing Constraint and Contraining Choice, in: M. Warner (Hrsg.), Organizational Choice and Constraint, Westmead, S. 1–56.

Hall, D.J., Saias, M.A. (1980), Strategy Follows Structure!, in: Strategic Management Journal, 1, S. 149–163.

Hambrick, D.C. (1982), Environmental Scanning and Organizational Strategy, in: Strategic Management Journal, 3, S. 159–174.

–, (1983a), High Profit Strategies in Mature Capital Goods Industry, in: Academy of Management Journal, 26, S. 687–707.

–, (1983b), Some Tests of the Effectiveness of Functional Attributes of Miles and Snow's Strategic Types, in: Academy of Management Journal, 26, S. 5–26.

–, (1984), Taxonomic Approaches to Studying Strategy: Some Conceptual and Methodological Issues, in: Journal of Management, 10, S. 27–41.

Hambrick, D.C., Mason, P.A. (1984), Upper Echelons: The Organization as a Re-

flection of Its Top Management, in: Academy of Management Review, 9, S. 193–206.
Hamel, G., Prahalad, C.K. (1983), Managing Strategic Responsibility in the MNC, in: Strategic Management Journal, 4, S. 341–351.
Hamel, W. (1974), Zieländerungen im Entscheidungsprozeß, Tübingen.
Hamilton, R.T., Shergill, G.S. (1992), The Relationship between Strategy-Structure Fit and Financial Performance in New Zealand: Evidence of Generality and Validity with Enhanced Controls, in: Journal of Management Studies, 29, S. 95–113.
Hannan, M.T., Freeman, J. (1984), Structural Inertia and Organizational Change, in: American Sociological Review, 49, S. 149–164.
–, (1989), Organizational Ecology, Cambridge (MA).
Hanssmann, F. (1990), Quantitative Betriebswirtschaftlehre: Lehrbuch der modellgestützten Unternehmensplanung, 3. Auflage, München/Wien.
Hauschildt, J. (1977), Entscheidungsziele – Empirische Untersuchung zur Zielbildung in innovativen Entscheidungen, Tübingen.
–, (1987), Entwicklungslinien der Organisationstheorie, in: Berichte aus den Sitzungen der Joachim Jungius-Gesellschaft der Wissenschaften Nr. 5, S. 3–21.
–, (1988), Unternehmenskrisen: Herausforderung an die Bilanzanalyse, in: J. Hauschildt (Hrsg.), Krisendiagnose durch Bilanzanalyse, Köln, S. 1–16.
–, (1993), Innovationsmanagement, München.
Hauschildt, J., Petersen, K. (1987), Phasen-Theorem und Organisation komplexer Entscheidungsverläufe – Weiterführende Untersuchungen, in: Zeitschrift für betriebswirtschaftliche Forschung, 39, S. 1043–1062.
Healey, J.H. (1956), Executive Coordination and Control, Columbus (OH).
Hedberg, B., Nystrom, P., Starbuck, W. (1976), Camping on Seasaws: Prescriptions for a self-designing organization, in: Administrative Science Quarterly, 21, S. 41–65.
Hedberg, B., Jönsson, S.A. (1977), Strategy Formulation as a Discontinuous Process, in: International Studies of Management & Organization, 7, Nr. 2, S. 88–109.
Hedges, L.V., Olkin, I. (1985), Statistical Methode for Meta-Analysis, Orlando (FL).
Hedlund, G. (1979), Autonomy of Subsidiaries and Formalization of Headquarters-Subsidiary Relationships in Swedish MNC's, in: Institute of International Business at the Stockholm School of Economics, Stockholm.
Hedlund, G. (1981), Autonomy of Subsidiaries and Formalization of Headquarters-Subsidiary Relationships in Swedish MNC's, in: L. Otterbeck (Hrsg.), The Management of Headquarters-Subsidiary Relationships in Multinational Corporations, Guildford, S. 25–78.
Hentze, J., Brose, P. (1985), Unternehmensplanung: Eine Einführung, Bern/Stuttgart.

Henzler, H. (1978), Strategische Geschäftseinheiten (SGE): Das Umsetzen von strategischer Planung in Organisation, in: Zeitschrift für Betriebswirtschaft, 48, S. 912–919.

Herbert, T., Deresky, H. (1987), Generic Strategies: An Empirical Investigation of Typology Validity and Strategic Content, in: Strategic Management Journal, 8, S. 135–147.

Hill, C.W.L. (1985), Internal Organization and Enterprise Performance, in: Managerial and Decision Economics, 6, S. 210–216.

–, (1988a), Corporate Control Type, Strategy Size and Financial Performance, in: Journal of Management Studies, 25, S. 403–417.

–, (1988b), Differentiation Versus Low Cost or Differentiation and Low Cost: A Contingency Framework, in: Academy of Management Review, 13, S. 401–412.

Hill, C.W.L., Hoskisson, R.E. (1987), Strategy and Structure in Multiproduct Firm, in: Academy of Management Review, 12, S. 331–341.

Hill, C.W.L., Jones, C.R. (1992), Strategic Management: An Integrated Approach, 2. Auflage, Boston.

Hill, C.W.L., Pickering, J.F. (1986), Divisionalization, Decentralization, and Performance of Large United Kingdom Companies, in: Journal of Management Studies, 23, S. 26–50.

Hinterhuber, H.H. (1978), Die organisatorische Umsetzung der strategischen Planung, in: Zeitschrift für Betriebswirtschaft, 48, S. 425–429.

–, (1989), Strategische Unternehmensführung, Band 1: Strategisches Denken, 4. Auflage, Berlin/New York.

–, (1990), Wettbewerbsstrategie, 2. Auflage, Berlin/New York.

–, (1992), Strategische Unternehmensführung, Band 1: Strategisches Denken, 5. Auflage, Berlin/New York.

Hirota, T. (1990), Evolving Strategy and Organization: Corporate Skills Perspective, in: Review of Economics and Business, 18, Nr. 2, S. 89–127.

Hofer, C.W., Schendel, D. (1978), Strategy Formulation: Analytical Concepts, St. Paul (MN).

Hofer, C.W., Murry, E.A. jr., Charan, R., Pitts, R.A. (1980), Strategic Management: A Casebook in Business Policy and Planning, St. Paul (MN).

Hoffmann, F. (1980), Führungsorganisation, Band 1: Stand der Forschung und Konzeption, Tübingen.

–, (1981), Erste Ergebnisse einer empirischen Studie in 40 Großunternehmen in Deutschland und USA im Rahmen eines Forschungsprojektes, in: Organisationsstrukturen und ihre Einflußgrößen, Sonderheft der Zeitschrift für betriebswirtschaftliche Forschung, Nr. 13, S. 9–28.

–, (1992), Aufbauorganisation, in: E. Frese (Hrsg.), Handwörterbuch der Organisation, 3. Auflage, Stuttgart, Sp. 208–221.

Holler, M.J., Illing, G. (1993), Einführung in die Spieltheorie, 2. Auflage, Berlin.

Homburg, C., Sütterlin, S. (1992), Strategische Gruppen: Ein Survey, in: Zeitschrift für Betriebswirtschaft, 62, S. 635–662.

Horovitz, J.H., Thietart, R.A. (1982), Strategy, Management Design, and Firm Performance, in: Strategic Management Journal, 3, S. 67–76.

Horvath, D., MacMillan, C.J. (1979), Strategic Choice and the Structure of Decision Processes, in: International Studies of Management & Organization, 9, Nr. 3, S. 87–112.

Hoskisson, R.E., Harrison, J.S., Dubofsky, D.A. (1991), Capital Market Evaluation of M-Form Implementation and Diversification Strategy, in: Strategic Management Journal, 12, S. 271–279.

Hoskisson, R.E., Hill, C.W.L., Kim, H. (1993), The Multidivisional Structure: Organizational Fossil or Source of Value?, in: Journal of Management, 19, S. 269–298.

Hrebiniak, L.G., Joyce, W.F. (1985), Organizational Adaption: Strategic Choice and Environmental Determinism, in: Administrative Science Quarterly, 30, S. 336–349.

Huber, G.P., Miller, C.C., Glick, W.H. (1990), Developing more Encompassing Theories about the Relationships between Organizational Design and Organizational Effectiveness, in: Organization Science, 1, S. 11–40.

Huff, A., Reger, R. (1987), Review of Strategic Process Research, in: Journal of Management, 13, S. 211–236.

Hungenberg, H. (1995), Zentralisation und Dezentralisation: Strategische Entscheidungsfindung in Konzernen, Wiesbaden.

Hunter, J.E., Schmidt, F.L. (1990), Methods of Meta-Analysis: Correcting Error and Bias in Research Finding, 2. Auflage, Newbury Park/London/New Dehli.

Hunter, J.E., Schmidt, F.L., Jackson, G.B. (1982), Meta-Analysis, Beverly Hills (CA).

Jacob, H. (1980), Unternehmungsorganisation: Gestaltung und Entwicklung sozio-technischer Systeme, Stuttgart.

Jacobs, S. (1991), Strategische Erfolgsfaktoren der Diversifikation, Wiesbaden.

Jacquemin, A.P., Berry, C.H. (1979), Entropy Measure of Diversification and Corporate Growth, in: The Journal of Industrial Economics, 27, S. 359–369.

Jaffaldano, M.Y., Muchinsky, P.M. (1985), Job Satisfaction and Job Performance: A Meta-Analysis, in: Psychological Bulletin, 97, S. 251–273.

Jauch, L.R. (1988), An Inventory of Selected Academic Research in Strategic Management, in: L.v. Lamb, P. Shirvanstava (Hrsg.), Advances in Strategic Management, Greenwich (CN), S. 141–175.

Jauch, L.R., Osborn, R.N. (1981), Toward an Integrated Theory of Strategy, in: Academy of Management Review, 6, S. 491–498.

Jemison, D.B. (1987), Risk and the Relationship among Strategy, Organizational Process, and Performance, in: Management Science, 33, S. 1087–2001.

Jennings, D.F., Seaman, S.L. (1994), High and Low Levels of Organizational Adaption, in: Strategic Management Journal, 15, S. 459–475.

Jones, G.R., Hill, C.W.L. (1988), Transaction Cost Analysis of Strategic-Structure Choice, in: Strategic Management Journal, 9, S. 159–172.

Katz, R.L. (1970), Cases and Concepts in Corporate Strategy, New York.
Keats, B.W., Hitt, M.A. (1988), A Causal Model of Linkages among Environmental Dimensions Macroorganizational Characteristics and Performance, in: Academy of Management Journal, 31, S. 570–598.
Keller, R. (1978), Dimensions of Management System and Performance in Continuous Process Organization, in: Human Relations, 31, S. 59–75.
Kelly, D., Amburgey, T.L. (1991), Organizational Inertia and Momentum: A Dynamic Model of Strategic Change, in: Academy of Management Jounal, 34, S. 591–612.
Kemery, E.R., Mossholder, K.W., Dunlop, W.P. (1989), Metaanalysis and Moderator Variables: A Cautionary Note on Transportability, in: Journal of Applied Psychology, 74, S. 168–170.
Kenter, M.E. (1985), Die Steuerung ausländischer Tochtergesellschaften, Frankfurt a.M.
Kerr, S., Tolliver, J., Petree, D. (1977), Manuscript Characteristics which Influence Acceptance for Management and Social Science Journals, in: Academy of Management Journal, 20, S. 132–141.
Ketchen, D.J., Thomas, J.B., Snow, C.C. (1993), Organizational Configurations and Performance: A Comparison of Theoretical Approaches, in: Academy of Management Journal, 36, S. 1278–1313.
Khandwalla, P.N. (1977), The Design of Organizations, New York.
Kieser, A. (1988), Darwin und die Folgen für die Organisationstheorie, in: Die Betriebswirtschaft, 48, S. 603–620.
–, (1992), Organisationstheorie, evolutionsorientierte, in: E. Frese (Hrsg.), Handwörterbuch der Organisation, 3. Auflage, Stuttgart, Sp. 1758–1777.
Kieser, A., Kubicek, H. (1976), Organisation, Berlin/New York.
Kieser, A., Kubicek, H. (1992), Organisation, 3. Auflage, Berlin/New York.
King, W.R., Sabherwal, R. (1992), The Factors Affecting Strategic Information Systems Applications, in: Information & Management, 23, S. 217–235.
Kirsch, W. (1990), Unternehmenspolitik und strategische Unternehmensführung, München.
–, Habel, S. (1991), Das strategische Manövrieren von Unternehmen, in: W. Kirsch (Hrsg.), Beiträge zum Management strategischer Programme, München, S. 411–458.
Kirsch, W., Trux, W. (1981), Perspektiven eines Strategischen Managements, in: W. Kirsch (Hrsg.), Unternehmenspolitik: Von der Zielforschung zum Strategischen Management, München, S. 290–369.
Kirsch, W., Knyphausen, D. zu, Ringlstetter, M. (1991), Strategie und Struktur in der Unternehmenspraxis, in: W. Kirsch (Hrsg.), Beiträge zum Management strategischer Programme, München, S. 297–355.
Klaus, P. (1987), Durch den Strategie-Theorien-Dschungel zum strategischen Management Paradigma, in: Die Betriebswirtschaft, 47, S. 50–68.

Knyphausen-Aufsess, D. zu. (1995), Theorie der strategischen Unternehmensführung, Wiesbaden.
Kono, T. (1978), Comparative Study of Strategy, Structure and Long-Range Planning in Japan and in the United States of America, in: Angewandte Planung, 2, S. 6–21.
–, (1984), Strategy & Structure of Japaneses Enterprises, New York.
Kosiol, E. (1962), Organisation der Unternehmung, Wiesbaden.
–, (1980a), Aufbauorganisation, in: E. Grochla (Hrsg.), Handwörterbuch der Organisation, Stuttgart, Sp. 179–187.
–, (1980b), Ablauforganisation, in: E. Grochla (Hrsg.), Handwörterbuch der Organisation, 2. Auflage, Stuttgart, Sp. 1–8.
Kossbiel, H., Sprengler, T. (1992), Personalwirtschaft und Organisation, in: E. Frese (Hrsg.), Handwörterbuch der Organisation, 3. Auflage, Stuttgart, Sp. 1949–1962.
Krause, B., Metzler, P. (1978), Zur Anwendung der Inferenzstatistik in der psychologischen Forschung, in: Zeitschrift für Psychologie, 186, S. 244–267.
Kreikebaum, H. (1993), Strategische Unternehmensplanung, 5. Auflage, Stuttgart.
Kriz, J. (1981), Methodenkritik empirischer Sozialforschung: Eine Problemanalyse sozialwissenschaftlicher Forschungspraxis, Stuttgart.
Krüger, W. (1993), Organisation der Unternehmung, 2. Auflage, Stugart et al.
Kubicek, H. (1980), Bestimmungsfaktoren der Organisationsstruktur, in: E. Potthoff (Hrsg.), RKW-Handbuch Führungstechnik und Organisation, 6. Lfg. VIII 80, S. 1–62.
–, (1987), Organisatorische Gestaltungsbedingungen, in: Welge, M.K. (Hrsg.), Unternehmungsführung, Band 2: Organisation, Stuttgart, S. 67–359.
Kubicek, H., Welter, G. (1985), Messung der Organisationsstruktur, Stuttgart.
Kuhn, K. (1987), Führungsstrukturen von Großunternehmen, in: Zeitschrift für Betriebswirtschaft, 57, S. 457–465.
Laux, H., Liermann, F. (1993), Grundlagen der Organisation: Die Steuerung von Entscheidungen als Grundproblem der Betriebswirtschaftslehre, 3. Auflage, Berlin.
Learned, E.P., Christensen, C.R., Andrews, K.R., Guth, W.D (1965), Business Policy: Text and Cases, Homewood (Ill).
Leifer, R., Huber, G.P. (1977), Relations among Perceived Environmental Uncertainty, Organization Structure, and Boundary-Spanning Behavior, in: Administrative Science Quarterly, 22, S. 235–247.
Lemak, D.J., Bracker, J.S. (1988), A Strategic Contingency Model of Multinational Corporate Structure, in: Strategic Management Journal, 9, S. 521–526.
Leontiades, M. (1982), The Confusing Words of Business Policy, in: Academy of Management Review, 7, S. 45–48.
Lessing, R., Groeger, H. (1983), Führen mit strategischen Geschäftseinheiten (SGE), in: zeitschrift führung + organisation, 52, S. 148–152.
Lindblom, C.E. (1959), The Science of „Muddling Through", in: Public Administration Review, 19, S. 79–88.

–, (1965), The Intelligence of Democracy, New York/London.

Link, J. (1985), Organisation der Strategischen Planung: Aufbau und Bedeutung strategischer Geschäftseinheiten sowie strategischer Planungsorgane, Heidelberg/Wien.

Löffler, C. (1995), Die Wirkungen der strategischen Planung auf den Unternehmenserfolg, Wiesbaden.

Loher, B.T., Noe, R.A., Moeller, N.L., Fitzgerald, M.P. (1985), A Meta-Analysis of the Relation of Job Characteristics to Job Satisfaction, in: Journal of Applied Psychology, 70, S. 280–289.

Luhmann, N. (1972), Funktionen und Folgen formaler Organisationen, 2. Auflage, Berlin.

Macharzina, K. (1993), Unternehmensführung: Das internationale Managementwesen – Konzepte – Methoden – Praxis, Wiesbaden.

MacKenzie, K.D. (1978), Organizational Structures, Arlington Heights (Ill).

Mahoney, J.T. (1992a), The Adoption of the Multinational Form of Organization: A Contingency Model, in: Journal of Management Science, 29, S. 49–72.

–, (1992b), The Choice of Organizational Form: Vertical Financial Ownership vs. Other Methods of Vertical Integration, in: Strategic Management Journal, 13, S. 559–584.

Mansfield, R. (1973), Bureaucracy and Centralization: An Examination of Organizational Structure, in: Administrative Science Quarterly, 18, S. 477–488.

March, J.G., Simon, H.A. (1958), Organizations, New York/London/Sydney.

Marlin, D., Hoffman, J.J., Lamont, B.T. (1994), Porter's Generic Strategies, Dynamic Environments, and Performance: A Profile Deviation Fit Perspective, in: The International Journal of Organizational Analysis, 2, S. 155–175.

McArthur, J.H., Scott, B.R. (1969), Industrial Planning in France, Division of Research, Graduate School of Business Administration, Harvard University, Boston (MA).

McDaniel, S.W., Kolari, J.W. (1987), Marketing Strategy Implications of the Miles and Snow Strategy Typology, in: Journal of Marketing, 51, S. 19–30.

McEvoy, G.M., Cascio, W.F. (1987), Do Good or Poor Performers Leave? A Meta-Analysis of the Relationship Between Performance and Turnover, in: Academy of Management Journal, 30, S. 744–762.

Meehl, P.E. (1967), Theory Testing in Psychology and Physics: A Methodoligical Paradox, in: Philosophy of Science, 34, S. 103–115.

Meffert, H. (1994), Marketing-Management: Analyse – Strategie – Implementierung, Wiesbaden.

Meier, A. (1969), Koordination, in: E. Grochla (Hrsg.), Handwörterbuch der Organisation, Stuttgart, Sp. 893–899.

Miles, R.E. (1980), Macro Organizational Behavior, Santa Monica (CA).

Miles, R.E., Snow, C.C. (1978), Organizational Strategy: Structure and Process, New York u.a.

Miles, R.E., Snow, C.C., Pfeffer, J. (1974), Organization-Environment: Concepts and Issues, in: Industrial Relations, 13, S. 244–264.

Miles, R.E., Snow, C.C., Meyer, A.D., Coloman, H.J. jr. (1978), Organizational Strategy, Structure, and Process, in: Academy of Management Review, 3, S. 546–556.

Miller, D. (1976), Strategy-Making in Context: Ten Empirical Archetypes, Diss. McGill University.

–, (1979), Strategy, Structure and Environment: Context Influences upon some Bivariate Associates, in: Journal of Managment Studies, 16, S. 294–346.

–, (1981), Towards a New Contingency Approach: The Search for Organizational Gestalt, in: Journal of Management Studies, Nr. 1, S. 1–26.

–, (1983), The Correlates of Entrepreneurship in Three Types of Firms, in: Mangement Science, 29, S. 770–791.

–, (1986), Configurations of Strategy and Structure: Towards a Synthesis, in: Strategic Management Journal, 7, S. 233–249.

–, (1987a), Strategy Making and Structure: Analysis and Implications for Performance, in: Academy of Management Journal, 30, S. 7–32.

–, (1987b), The Structural and Environmental Correlates of Business Strategy, in: Strategic Management Journal, 8, S. 55–76.

–, (1988), Relating Porter's Business Strategies to Environment and Structure: Analysis and Performance Implications, in: Academy of Management Journal, 31, S. 208–308.

Miller, D., Friesen, P.H. (1978), Archetypes of Strategy Formulation, in: Management Science, 24, S. 921–931.

–, (1980), Archetypes of Organizational Transition, in: Administrative Science Quarterly, 25, S. 268–299.

–, (1984a), Organizations: A Quantum View, Engelwood (NJ).

–, (1984b), A Longitudinal Study of the Corporate Life Cycle, in: Management Science, 30, S. 1161–1183.

Miller, D., Mintzberg, H. (1983), The Case for Configuration, in: G. Morgan (Hrsg.), Beyond Method: Strategies for Social Science, Beverly Hills (CA), S. 57–73.

Miller, D., Toulouse, J.-M. (1986), Strategy, Structure, CEO Personality and Performance in Small Firms, in: American Journal of Small Business, S. 46–62.

Miller, D., Dröge, C., Toulouse, J.-M. (1988), Strategic Process and Content as Mediators Between Organizational Context and Structure, in: Academy of Management Journal, 31, S. 544–569.

Mintzberg, H. (1978), Patterns in Strategy Formulation, in: Management Science, 24, S. 934–948.

–, (1979), The Structuring of Organizations, Englewood Cliffs (NJ).

–, (1983), Structure in Fives: Designing Effective Organizations, Englewood Cliffs (NJ).

–, (1988), Opening up the Definition of Strategy, in: J.B. Quinn, H. Mintzberg,

R.M. James (Hrsg.), The Strategy Process: Concepts, Contexts, and Cases, Englewood Cliffs (NJ), S. 13–20.

–, (1991), Mintzberg über Management: Führung und Organisation Mythos und Realität, Wiesbaden.

Mintzberg, H., Raisinghani, D., Théorlét, A. (1976), The Structure of „Unstructured" Decision Processes, in: Administrative Science Quarterly, 21, S. 246–275.

Mintzberg, H., Waters, J. (1990), Does Decision Get in the Way, in: Organization Studies, 11, S. 1–6.

Montanari, J.R. (1978), Managerial Discretion: An Expanded Model of Organization Choice, in: Academy of Management Review, 3, S. 231–241.

–, (1979), Strategic Choice: A Theoretical Analysis, in: Journal of Management Studies, 16, S. 202–221.

Morrison, D.E., Henkel, R.E. (1970), The Significance Test Controversy, Chicago.

Müller, G. (1984), Trends im strategischen Management, in: Harvard Manager, 41, S. 106–112.

Müller-Stewens, G. (1992), Strategie und Organisationsstruktur, in: E. Freese (Hrsg.), Handwörterbuch der Organisation, 3. Auflage, Stuttgart, Sp. 2344–2355.

Mullins, L.J. (1993), Management and Organisational Behavior, 3. Auflage, London.

Murray, E.A. (1978), Strategic Choice as a Negotiated Outcome, in: Mangement Science, 24, S. 960–972.

Naman, J.L., Slevin, D.P. (1993), Entrepreneurship and the Concept of Fit: A Model and Empirical Tests, in: Strategic Management Journal, 14, S. 137–153.

Napier, N., Smith, M. (1987), Product Diversification, Performance Criteria and Compensation at the Corporate Management Level, in: Strategic Management Journal, 8, S. 195–202.

Negandhi, A.R., Welge, M.K. (1984), Beyond Theory Z, Greenwich.

Nelson, R., Winter, S. (1982), The Evolutionary Theory of Economic Change, Cambridge (MA).

Neumann, J.v., Morgenstern, O. (1961), Spieltheorie und wirtschaftliches Verhalten, Würzburg.

Nohria, N., Ghoshal, S. (1994), Differentiated Fit and Shared Values: Alternatives for Mangaging Headquarters-Subsidiary Relations, in: Strategic Management Journal, 15, S. 491–502.

Ollinger, M. (1993), Organizational Form and Business Strategy in the U.S. Petroleum Industry, New York/London.

Opp, K.-D. (1972), Methodologie der Sozialwissenschaften, 2. Auflage, Reinbek bei Hamburg.

Orwin, R.G. (1983), A Fail-Safe N for Effect Size, in: Journal of Educational Statistics, 8, S. 157–159.

Osterloh, M. (1985), Zum Begriff des Handlungsspielraumes in der Organisations- und Führungstheorie, in: Zeitschrift für betriebswirtschaftliche Forschung, 37, S. 219–310.

–, (1993), Interpretative Organisations- und Mitbestimmungsforschung, Stuttgart.
Paese, P.W., Switzer, F.S. III (1988), Validity Generalization and Hypothetical Reliability Distributions: A Test of the Schmidt-Hunter-Procedure, in: Journal of Applied Psychology, 73, S. 267–274.
Palmer, D., Friedland, R., Jennings, P.D., Powers, M.E. (1987), The Economics and Politics of Structure, in: Administrative Science Quarterly, 32, S. 25–48.
Palmer, D., Jennings, P.D., Zhou, X. (1993), Late Adoption of the Multidivisional Form by Large U.S. Corporations: Institutional, Political and Economic Accounts, in: Administrative Science Quarterly, 38, S. 100–131.
Park, M.-H., Mason, J.B. (1990), Toward an Integrated Model of the Determinants of Business Performance: A Business-Lever Strategic Planning Perspective, in: J.N. Sheth (Hrsg.), Research in Marketing 10, S. 157–202.
Parthasarthy, R., Sethi, S.P. (1993), Relating Strategy and Structure to Flexible Automation: A Test of Fit and Performance Implications, in: Strategic Management Journal, 14, S. 529–549.
Pavan, R.J. (1972), The Strategy and Structure of Italian Enterprises, Diss. Harvard University, Cambridge (MA).
Pearce, J.A., Robinson, R.B. (1988), Strategic Management: Strategy Formulation and Implementation, 3. Auflage, Homewood (Ill).
Pearlman, K., Schmidt, F.L., Hunter, J.E. (1980), Validity Generalization Results for Tests Used to Predict Job Proficiency and Training Success in Clerical Occupations, in: Journal of Applied Psychology, 65, S. 373–406.
Perrow, C. (1970), Organizational Analysis: A Sociological View, Belmont (CA).
Peters, T.J. (1984), Strategy Follows Structure, in: California Management Review, 26, S. 111–125.
Peters, L.H., Hartke, D.D., Pohlmann, J.T. (1985), Fiedler's Contingency Theory of Leadership: An Application of the Meta-Analysis Procedures of Schmidt and Hunter, in: Psychological Bulletin, 97, S. 274–285.
Pettigrew, A.M. (1990), Studying Strategic Choice and Strategic Change, in: Organization Studies, 11, S. 6–11.
Petty, M.M., McGee, G.W., Cavender J.W. (1984), A Meta-Analysis of the Relationship between Individual Job Satisfaction and Individual Performance, in: Academy of Management Review, 9, S. 712–721.
Pfeffer, J. (1978), Organizational Design, Arlington Heights.
–, (1982), Organizations and Organization Theory, Boston (MA).
Pfeffer, J., Salancik, G.R. (1978), The External Control of Organizations: A Resource Dependence Perspective, New York.
Phillips, L.W., Chang, D.R., Buzzell, R.D. (1983), Product Quality: Cost Position and Business Performance: A Test of Some Key Hypotheses, in: Journal of Marketing, 47, S. 26–43.
Picard, J. (1977), Factors of Variance in Multinational Marketing Control, in: L.G. Mattson, F. Widersheim-Paul (Hrsg.), Recent Research on the Internationalization of Business, S. 220–232.

Pitts, R.A. (1974), Incentive Compensation and Organization Design, in: Personnel Journal, 53, S. 338–344.

–, (1977), Strategies and Structures for Diversification, in: Academy of Management Journal, 20, S. 197–208.

Poensgen, O.H., Marx, M. (1982), Die Ausgestaltung der Geschäftsbereichsorganisation in der Praxis, in: Zeitschrift für Betriebswirtschaft, 52, S. 238–249.

Pondy, L.R. (1969), Effects of Size, Complexity, and Ownership on Administrative Intensity, in: Administrative Science Quarterly, 14, S. 47–60.

Popper, K. (1964), Logik der Forschung, 2. Auflage, Tübingen.

Porter, M.E. (1981), The Contributions of Industrial Organization to Strategic Management, in: Academy of Management Review, 6, S. 609–620.

–, (1986), Wettbewerbsvorteile: Spitzenleistungen erreichen und behaupten, Frankfurt a.M.

Powell, T.C. (1992), Organizational Alignment as Competitive Advantage, in: Strategic Management Journal, 13, S. 119–134.

Priem, R.L. (1991), CEO Decision Rules for Strategy-Structure-Environment Alignment, Configuration Outcomes, and Firm Performance, in: J.L. Wall, L.R. Jauch (Hrsg.), Academy of Management Best Papers Proceedings 1991, Miami Beach, S. 41–45.

Probst, G.J.B. (1993), Organisation: Strukturen, Lenkungsinstrumente und Entwicklungsperspektiven, Landsberg a. Lech.

Pugh, D.S. (1973), The Measurement of Organization Structures: Does Context Determines Form?, in: Organizational Dynamics, 1, S. 19–34.

Pugh, D.S., Hickson, D.J. (1976), Organizational Structure in Its Context, Westmead.

Pugh, D.S., Hickson, D.J., Hinings, C.R. (1969), An Empirical Taxonomy of Structures of Work Organizations, in: Administrative Science Quarterly, 14, S. 115–126.

Pugh, D.S., Hickson, D.J., Hinings, C.R., Turner, C. (1969), The Context of Organization Structures, in: Administrative Science Quarterly, 14, S. 91–114.

Quinn, J.B. (1980), Strategies for Change: Logical Incrementalism, Homewood (Ill).

–, (1984), Managing Strategies Incrementally, in: R.B. Lamb (Hrsg.), Competitive Strategic Management, Englewood Cliffs (NJ), S. 35–61.

Risse, W. (1969), Begriff der Organisation, in: E. Grochla (Hrsg.), Handwörterbuch der Organisation, Stuttgart, Sp. 1091–1994.

Robbins, St. P. (1987), Organization Theory, 2. Auflage, Englewood Cliffs (NJ).

Rogers, D.C.D. (1975), Essentials of Business Policy, New York.

Romanelli, E., Tushman, M.L. (1986), Inertia, Environments, and Strategic Choice: A Quasi-Experimental Design for Comparative-Longitudinal Research, in: Management Science, 32, S. 608–621.

Romme, S., Kunst, P., Schreuder, H., Spangenberg, J. (1989), Characteristics of

Strategy in Different Organizational Structures: An Empirical Assessment, in: European Institue for Advanced Studies in Management, Brüssel.

Ronen, S. (1986), Comparative and Multinational Management, New York.

Rosenstiel, L.v. (1992), Grundlagen der Organisationspsychologie, 3. Auflage, Stuttgart.

Rosenthal, R. (1979), The „File Drawer Problem" and Tolerance for Null Results, in: Psychological Bulletin, 86, S. 638–641.

Rosenthal, R., Rosnow, R.L. (1984), Essentials of Behavioral Research, New York.

Rosenthal, R., Rubin, D.B. (1982), A Simple, General Purpose Display of Magnitude of Experimental Effect, in: Journal of Educational Psychology, 74, S. 166–169.

Roventa, P. (1979), Portfolio-Analyse und strategisches Management, München.

Rühli, E. (1992), Koordination, in: E. Frese (Hrsg.), Handwörterbuch der Organisation, 3. Auflage, Stuttgart, Sp. 1164–1175.

Rumelt, R.P. (1974), Strategy, Structure and Economic Performance, Boston (MA).

Russo, H.V. (1991), The Multidivisional Structure as an Enabling Device: A Longitudinal Study of Discretionary Cash as a Strategic Resource, in: Academy of Management Journal, 34, S. 718–733.

Sackett, P.R., Harris, M.M., Orr, J.M. (1986), On Seeking Moderator Variables in the Meta-Analysis of Correlation Data: A Monte Carlo Investigation of Statistical Power and Resistance to Type I Error, in: Journal of Applied Psychology, 71, S. 302–310.

Sahner, H. (1979), Veröffentlichte empirische Sozialforschung: Eine Kumulation von Artefakten?, in: Zeitschrift für Soziologie, 8, S. 267–278.

Sandler, G. (1989), Strategie und Struktur, in: N. Szyperski, U. Winand (Hrsg.), Handwörterbuch der Planung, Stuttgart, Sp. 1885–1893.

Sarrazin, J. (1981), Top Management's Role in Strategy Formulation: A Tentative Analytical Framework, in: International Studies of Management & Organization, 11, Nr. 2, S. 9–23.

Saunders, D.R. (1956), Moderator Variables in Prediction, in: Educational Psychological Measurement, 16, S. 209–222.

Schanz, G. (1992), Organisation, in: E. Frese (Hrsg.), Handwörterbuch der Organisation, 3. Auflage, Stuttgart, Sp. 1459–1471.

Schendel, D. (1985), Strategic Management and Strategic Marketing: What is Strategic about Either One?, in: H. Thomas, D. Gardner (Hrsg.), Strategic Marketing and Management, New York, S. 41–63.

Schermerhorn, J.R., Hunt, J.G., Osborn, R.N. (1991), Managing Organizational Behavior, 4. Auflage, New York et al.

Scheuss, R. (1985), Trends im strategischen Management in den USA, in: Die Unternehmung, 39, S. 17–27.

Schewe, G. (1992), Imitationsmanagement: Nachahmung als Option des Technologiemanagements, Stuttgart.

–, 1994), Successful Innovation Management: An Integrative Perspective, in: Journal of Engineering and Technology Management, 11, S. 25–53.
Schmidt-Offhaus, E. (1983), Führen mit strategischen Geschäftseinheiten bei Billstein, in: zeitschrift führung + organisation, 52, S. 153–156.
Schmitz, R. (1988), Kapitaleigentum, Unternehmensführung und interne Organisation, Diss. Universität Bonn, Bonn.
Schoeffler, S. (1977), Cross-Sectional Study of Strategy, Structure and Performance: Aspects of the PIMS Program, in: H.B. Thornelli (Hrsg.), Strategy + Structure = Performance: The Strategic Planning Imperative, Bloomington/London, S. 108–121.
Scholz, C. (1987), Strategisches Management: Ein integrativer Ansatz, Berlin/New York.
Schoonhoven, C.B. (1981), Problems with Contingency Theory: Testing Assumptions Hidden within the Language of Contingency „Theory", in: Administrative Science Quarterly, 26, S. 349–377.
Schrader, S. (1994), Spitzenführungskraft, Unternehmensstrategie und Unternehmenserfolg, Habil. Universität Kiel, Kiel.
Schreyögg, G. (1978), Umwelt, Technologie und Organisationsstruktur: Eine Analyse des kontingenztheoretischen Ansatzes, Bern/Stuttgart.
–, (1980), Contingency and Choice in Organization Theory, in: Organization Studies, 1, S. 305–326.
–, (1984), Unternehmensstrategie: Grundfragen einer Theorie strategischer Unternehmensführung, Berlin/New York.
Schreyögg, G., Steinmann, H. (1981), Trennung von Eigentum und Verfügungsmacht, in: Zeitschrift für Betriebswirtschaft, 51, S. 533–558.
Schüle, F.M. (1992), Diversifikation und Unternehmenserfolg, Wiesbaden.
Schwalbach, J. (1989), Diversifikationsstrategien deutscher Unternehmen, in: Arbeitspapier, Wissenschaftszentrum Berlin, Berlin.
Schwödianer, G. (1976), Spieltheorie, in: E. Grochla (Hrsg.), Handwörterbuch der Betriebswirtschaftslehre, 4. Auflage, Stuttgart, Sp. 3617–3634.
Scott, W.R. (1986), Grundlagen der Organisationstheorie, Frankfurt/New York.
Selznick, P. (1957), Leadership in Administration, New York.
Shortell, S.M., Zajac, E.J. (1990), Perceptual and Archival Measures of Miles and Snow's Strategic Types: A Comprehensive Assessment of Reliability and Validity, in: Academy of Management Journal, 33, S. 817–832.
Simons, R. (1991), Strategic Orientation and Top Management Attention to Control Systems, in: Strategic Management Journal, 12, S. 49–62.
Smith, K.G., Grimm, C.M., Gannon, M.J. (1992), Dynamics of Competitive Strategy, Newsbury Park (CA).
Snow, C.C., Hambrick, D.C. (1980), Measuring Organizational Strategies: Some Theoretical and Methodological Problems, in: Academy of Management Review, 5, S. 527–538.
Snow, C.C., Hrebiniak, L.G. (1980), Strategy, Destinctive Competence, and

Organizational Performance, in: Administrative Science Quarterly, 25, S. 317–336.
Song, J.H. (1982), Diversification Strategies and the Experience of Top Executives of Large Firms, in: Strategic Management Journal, 3, S. 377–380.
Staehle, W. (1991), Management: Eine verhaltenswissenschaftliche Perspektive, 6. Auflage, München.
–, (1994), Management: Eine verhaltenswissenschaftliche Perspektive, überarbeitet von P. Conrad und J. Sydow, 7. Auflage, München.
Starbuck, W.H. (1965), Organizational Growth and Development, in: J.G. March (Hrsg.), Handbook of Organizations, Chicago (Ill), S. 451–533.
Starbuck, W., Hedberg, B. (1977), Saving an Organization from a Stagnation Environment, in: H. Thorelli (Hrsg.), Strategy + Structure = Performance: The Strategic Planning Imperative, Bloomington/London, S. 249–258.
Steinmann, H., Schreyögg, G. (1991), Management: Grundlagen der Unternehmensführung, 2. Auflage, Wiesbaden.
Steinmann, H.J., Schreyögg, G., Dütthorn, C. (1983), Managerkontrolle in deutschen Unternehmen, in: Zeitschrift für Betriebswirtschaft, S. 4–25.
Steiss, A.W. (1985), Strategic Management and Organizational Decision Making, Lexington (MA).
Stelzl, I. (1982), Fehler und Fallen der Statistik, Bern.
Sterling, T.D. (1959), Publications Decisions and their Possible Effects on Inferences Drawn from Tests of Significance – or Vice Versa, in: Journal of the American Statistical Association, 54, S. 30–34.
Stinchcombe, A.L. (1965), Social Structure and Organizations, in: J.G. March (Hrsg.), Handbook of Organizations, Chicago (Ill), S. 142–193.
Stopford, J.M., Wells, L.J. (1972), Managing the Multinational Enterprise, London.
Summer, C.E (1976), Strategies for Organization Design, in: R.H. Kilman, L.R. Pondy, D.P. Slevin (Hrsg.), The Management of Organization Design: Strategies and Implementation, Band 1, New York, S. 103–139.
Suzuki, Y. (1980), The Strategy and Structure of Top 100 Japanese Industrial Enterprises 1950–1970, in: Strategic Management Journal, 1, S. 265–291.
Sydow, J. (1985), Organisationsspielraum und Büroautomatisation, Berlin/New York.
Szyperski, N., Winand, U. (1979), Duale Organisation: Ein Konzept zur organisatorischen Integration der strategischen Geschäftsplanung, in: Zeitschrift für betriebswirtschaftliche Forschung, 31, S. 195–205.
Szyperski, N., Winand, U. (1980), Grundbegriffe der Unternehmensplanung, Stuttgart.
Teece, D. (1984), Economic Analysis and Strategic Management, in: California Management Review, 26, Nr. 3, S. 38–63.
Terry, G.R. (1972), Principles of Management, 6. Auflage, Homewood (Ill).
Thanheiser, H.T. (1972), Strategy and Structure of German Industrial Enterprises, Diss. Harvard University, Cambridge (MA).

Theisen, M.R. (1987), Überwachung der Unternehmensführung, Stuttgart.
Thompson, J.D. (1967), Organizations in Action, New York.
Thompson, R.S (1983), Diffusion of the M-Form Structure in the UK: Rate of Imitation, Inter-Firm and Inter-Industry Differences, in: International Journal of Industrial Organization, 1, S. 297–315.
Thornton, G.C. III, Gaugler, B.B., Rosenthal, D.B., Bentson, C. (1987), Die prädiktive Validität des Assessment Centers: Eine Metaanalyse, in: H. Schuler, W. Staehle (Hrsg.), Assessment Center als Methode der Personalentwicklung, Stuttgart, S. 36–60.
Udell, J.G. (1967), An Empirical Test of Hypotheses Relating to Span of Control, in: Administrative Science Quarterly, 12, S. 420–439.
Ulrich, H. (1978), Unternehmenspolitik, Bern/Stuttgart.
Uyterhoeven, H.E.R., Ackerman, R.W., Rosenblum, J.W. (1973), Strategy and Organization: Text and Cases in General Management, Homewood (Ill).
Van de Ven, A.H. (1976), A Framework for Organization Assessment, in: Academy of Management Review, 1, S. 64–78.
Venkatraman, N. (1989), The Concept of Fit in Strategy Research: Toward Verbal and Statistical Correspondence, in: Academy of Management Review, 14, S. 423–444.
Weber, M. (1956), Wirtschaft und Gesellschaft: Grundriß der verstehenden Soziologie, 4. Auflage, Tübingen.
Wehrli, H.P. (1988), Globale Strategien in Kontext von Führung und Organisation, in: Die Unternehmung, 42, S. 178–189.
Weick, K.E. (1985), Der Prozeß des Organisierens (Dt. Übersetzung von „The Social Psychology of Organizations, New York 1969), Frankfurt a.M.
Welge, M.K., Al-Laham, A. (1992), Planung: Prozesse – Strategien – Maßnahmen, Wiesbaden.
Werkmann, G. (1989), Strategie und Organisationsgestaltung, Frankfurt a.M./New York.
White, R.E. (1986), Generic Business Strategies: Organizational Context and Performance: An Empirical Investigation, in: Strategic Management Journal, 7, S. 217–231.
White, R.E., Hammermesh, R.G. (1981), Toward a Model of Business Unit Performance: An Integrative Approach, in: Academy of Management Review, 6, S. 213–223.
Williamson, O.E. (1975), Markets and Hierarchies: Analysis and Antitrust Implications – A Study in the Economics of Internal Organizations, New York und London.
Witte, E. (1968), Phasen-Theorem und Organisation komplexer Entscheidungsverläufe, in: Zeitschrift für betriebswirtschaftliche Forschung, 20, S. 625–647.
–, (1981a), Nutzungsanspruch und Nutzungsvielfalt, in: E. Witte (Hrsg.), Der praktische Nutzen empirischer Forschung, Tübingen, S. 13–40.
Witte, E. (1981b), Die Unabhängigkeit des Vorstands im Einflußsystem der Un-

ternehmung, in: Zeitschrift für betriebswirtschaftliche Forschung, 33, S. 273–296.

Witte, E.H. (1977), Zur Logik und Anwendung der Inferenzstatistik, in: Psychologische Beiträge, 19, S. 290–303.

–, (1980), Signifikanztest und statistische Inferenz, Stuttgart.

Witteloostuijn, A.v., Lier, A.v. (1991), Organizational Inertia, Strategic Competition and Permanent Failure, Research Memorandum, Faculty of Economics, Limburg University, Limburg.

Wolf, F.M. (1986), Meta-Analysis: Quantitative Methods for Research Synthesis, Sage University Paper Series on Quantitative Applications in the Social Science, 07–059, Beverly Hills (CA).

Wollnik, M. (1984), Organisation in der Praxis, Trier/Köln.

–, (1992), Organisationstheorie, interpretative, in: E. Frese (Hrsg.), Handwörterbuch der Organisation, 3. Auflage, Stuttgart, Sp. 1778–1797.

Woodman, R.W., Wayne, L.E. (1985), An Investigation of Positive-Findings Bias in Evaluation of Organization Development Interventions, in: Academy of Management Journal, 28, S. 889–913.

Woodward, J. (1980), Industrial Organization: Theory and Practice, 2. Auflage, London/New York/Toronto.

Wright, P. (1987), A Refinement of Porter's Strategies, in: Strategic Management Journal, 8, S. 93–101.

Wright, P., Kroll, M., Tu, H., Halms, M. (1991), Generic Strategies and Business Performance: An Empirical Study of the Screw Machine Product Industry, in: British Journal of Management, 2, S. 57–65.

Wrigley, L. (1970), Divisional Autonomy and Diversification, Diss. Harvard Business School, Cambridge (MA).

Zeithaml, C.P., Zeithaml, V.A. (1984), Environmental Management: Revising the Marketing Perspectives, in: Journal of Marketing, 48, S. 6–53.

Zey-Ferrel, M., Aiken, M. (1981), Complex Organizations: Critical Perspectives, Glenview (Ill).

Sachregister

Ablauforganisation
– siehe Ablauf der *Organisation*
Aufbauorganisation
– siehe Aufbau der *Organisation*
Akquisition 37, 155, 201, 208, 226
Analysedesign
– Dokumentenanalyse 153
– Fallstudie 2, 93, 113 f.
– Hypothesenprüfung 101 ff., 113 ff., 158 ff., 163 ff., 195 ff., 240 ff.
– Längsschnittuntersuchung 6 f.
– Merkmalsmessung 114 f., 116 ff., 153 f., 164, 173, 211
– Querschnittsuntersuchung 6 f.
– Re-Analyse 3, 8 ff., 12 f., 99, 198 ff., 211 ff., 236 ff.
– Re-Analyse-Stichprobe 133 ff., 149 f.
– Sekundäranalyse 4
– Stichprobenwahl 108 ff., 121, 124, 211

Befund 8 f., 100
– siehe auch *Empirisches Ergebnis*
Befund-/Nicht-Befund-Klassifikation 100, 113, 198 ff., 236 ff.

Delegation 46, 51
Desinvestitionsstrategie 25, 29 f.
Differenzierung 37
Dezentralisation
– siehe *Entscheidungszentralisation*
Diversifikation

– (s)grad 5, 141
– (s)strategie 3, 37, 56 f., 172
– Messung der 6 f.
Divisionalstruktur 3, 5, 48, 56 f., 74, 80, 90
– siehe auch Typen der *Organisation*
Dokumentenanalyse
– siehe *Analysedesign*

Effektstärke
– siehe *Empirisches Ergebnis*
Emergente Strategie 25 ff., 67 f., 85, 136
Empirisches Ergebnis
– Begriff 8 f.
– Effektstärke 103 ff., 119, 123, 124, 144, 192 ff., 203 ff., 213, 238
– Gültigkeitsbereich 5, 101 ff., 194, 197 f., 209, 227 f., 230, 232
– Moderatoren 129 ff., 173 ff., 211 ff., 238 f.
– Stabilität 104, 116, 173 ff., 211 ff., 238 f.
Entscheidungskompetenz
– siehe *Entscheidungszentralisation*
Entscheidungsprozeß
– siehe Phasenbezug der *Strategie*
Entscheidungsverhalten 63, 67 ff., 71 f., 77
Entscheidungszentralisation 40 ff., 80 f., 136, 148, 172, 183, 206, 247

»File-drawer« Problem 129, 148 f.

Fokussierung 36
Formalisierung 46f., 137, 169, 172, 179, 181, 188f., 241, 246
– siehe auch formale Struktur der *Organisation*
Forschungsartefakte 108, 109ff., 118ff., 121f., 137ff., 249
Forschungsverhalten 106ff., 116f., 151ff., 173f., 211, 212ff.
Funktionalstruktur 5, 48, 74
– siehe auch Typen der *Organisation*
Funktionsbereichsstrategie 27f., 136
– siehe auch Geltungsbereich der *Strategie*

Geschäftsfeldstrategie
– siehe *Funktionsbereichsstrategie*

Hierarchiekonfiguration
– siehe *Konfiguration*
Holdingstruktur 6, 48, 74
– siehe auch Typen der *Organisation*
Hypothesenprüfung
– siehe *Analysedesign*

Informationsverarbeitung
– sie Informations-Filter-Hypothese der *Strategie-Struktur-Beziehung*
Innovationsstrategie 33f., 170, 225, 228, 246

Kapazität
– siehe Fähigkeitsstruktur-Hypothese der *Strategie-Struktur-Beziehung*
Konfiguration 43ff., 132, 169, 172, 223ff., 230f., 241
Koordination 42ff., 132, 141, 151, 169, 172, 179, 223ff. 241, 248
Korrelationskoeffizient 102, 111, 127, 143, 147f., 192ff., 203ff., 214, 237
Kostenführerschaft 35, 250

Macht
– siehe Strategische-Wahl-Hypothese der *Strategie-Struktur-Beziehung*
Marktdurchdringung 37
Marktentwicklung 37
Matrixstruktur 6, 44
– siehe auch Typen der *Organisation*
Merkmalsmessung
– siehe *Analysedesign*
Metaanalyse 10f., 99f., 111, 113, 127ff., 202ff., 233, 236ff.
Moderatoren
– siehe *Empirisches Ergebnis*

Nicht realisierte Strategie 25f.
Nicht-Befund
– Analyse 10f., 99ff., 111ff.
– Begriff 8f., 101ff., 106, 122ff., 147
– siehe auch *Empirisches Ergebnis*

Organisation
– Ablauf 46f., 181
– Aufbau 40ff.
– Begriff 40f.
– Struktur 5, 40ff.
  – formale 40ff., 76, 136, 169, 172, 179, 182f., 188f., 241, 248
  – nicht formale 50f., 76, 136, 141, 223ff., 230f., 241
– Typen 5f., 47ff., 137, 141, 172, 188f., 223ff., 241
Organisationskultur 59

Produktentwicklung 37
Publikationsverhalten
– siehe *Forschungsverhalten*

Re-Analyse
– siehe *Analysedesign*
Realisierte Strategie 25f.
Ressourcensteuerung 29ff., 136, 141, 241

Risikoeinstellung 33 ff., 136, 141, 170, 225, 228
Rückzugsstrategie
– siehe *Desinvestitionsstrategie*

Schrumpfungsstrategie
– siehe *Desinvestitionsstrategie*
Sekundäranalyse
– siehe *Analysedesign*
Signifikanzprüfung 8 f., 101 ff., 108 f., 120, 161
– α-Fehler 8 f., 101 f., 119, 121
– β-Fehler 103 ff., 121 f., 126 f., 144
Situativer Ansatz 53 f., 62 f.,
Spezialisierung 42, 132, 141, 151, 172, 188 f., 223 ff., 241
Spieltheorie 20 f.
Stabilisierungsstrategie 22, 30
Standardisierung 46 f., 137, 169, 172, 179, 181, 188 f., 241, 246
– siehe auch formale Struktur der *Organisation*
Strategie
– Begriff 16 ff.
– Bewußtsein 25 f., 92, 135 f., 153, 169, 175 ff., 241
– Entwicklung 24 f., 79 ff., 82 ff., 84 ff., 92 f., 176 f., 184 f., 246 f.
– Geltungsbereich 26 ff., 136, 141, 241
– Inhalt 17 ff., 26 ff., 154, 171, 178, 193, 200, 207, 218, 219, 226
– Interaktionsbezug 20 f., 135, 169, 175 ff., 241, 246
– Phasenbezug 22 ff., 135, 151, 241
– Verständnis 17 ff., 20 ff., 152, 168, 178, 193, 199, 203, 216, 217, 222
– Zeitorientierung 21 f., 88 f., 135, 169, 175 ff., 180 f., 223 ff., 231 f., 241
Strategie-Struktur-Beziehung 53 ff., 158 ff.

– Fähigkeitsstruktur-Hypothese 82 ff., 159, 181 ff.
– Fit-Hypothese 69 ff., 159, 195 ff., 220 ff., 244, 247 f.
– Interdependenz-Hypothese 87 ff., 159, 186 ff.
– Informations-Filter-Hypothese 79 ff., 159, 180 f.
– Prozeßstruktur-Hypothese 84 ff., 159, 186 ff.
– Strategie-Folge-Hypothese 79 ff., 159, 177 ff.
– Strategische-Segregations-Hypothese 91 ff., 159, 189 ff.
– Strategische-Wahl-Hypothese 62 ff., 159, 174 ff.
– Strategischer Imperativ 55 ff., 159, 167 ff., 188 f., 247
– Struktur-Folge-Hypothese 56 ff., 159, 167 ff.
– Strukturelle-Segregations-Hypothese 89 ff., 159, 187 f., 223 ff., 244
– Struktureller Imperativ 78 ff., 159, 177 ff., 185 f., 245 ff.
– Unabhängigkeits-Hypothese 94 f., 159, 228 ff., 244 f., 248 ff.
– Zeitliche-Segregations-Hypothese 88 f., 159
Strategische Allianz
– siehe Kooperation der *Unternehmung*
Strategische Geschäftseinheit 26, 136, 141
– siehe auch Geltungsbereich der *Strategie*
Strukturelle Trägheit
– siehe *Widerstand*

Umwelt
– Abhängigkeit von 30 ff., 53 f., 61, 65, 86, 94, 136, 141, 182 f., 190, 223 ff., 231 f., 241

– siehe auch Interaktionsbezug der *Strategie*
Unternehmung
– Aufgabe 41, 47, 72
  – analyse 43
  – synthese 43
– Entwicklung 58 f., 62, 65, 91 f.
– Erfolg 49, 54, 57, 62 f., 70 f., 90, 195 f., 227
– Größe 5, 75, 122, 173
– Kooperation 31 f., 56
– Strategie 27, 33 ff., 136, 141, 241

– Verfassung 72
– Ziele 22 f., 60 f.,

Wachstumsstrategie 22, 29 f., 58, 190
Wettbewerb(s)
– strategie 27, 35 ff., 190, 225, 231 f., 241, 250
– vorteile 35 ff., 136, 141, 170, 231 f., 241
Widerstand 66, 86

Zeitorientierung
– siehe Zeitorientierung der *Strategie*